무대감독 툴킷
3RD EDITION

무대감독 툴킷 3RD EDITION

발행일	2025년 8월 22일
지은이	로리 킨크만
옮긴이	어경준
발행인	어경준
편집인	마진욱
기획	마진욱, 최지원
펴낸곳	한국예술종합학교 출판부
출판등록	2007. 7. 13. (제 25100-2007-037호)
주소	서울시 성북구 화랑로32길 146-37, 한국예술종합학교 창조관 208호
홈페이지	www.kartssanhak.kr
전화번호	02-746-9053
팩스	02-746-9059

ISBN   979-11-993274-0-5 93680 (종이책)   979-11-993274-1-2 95680 (전자책)

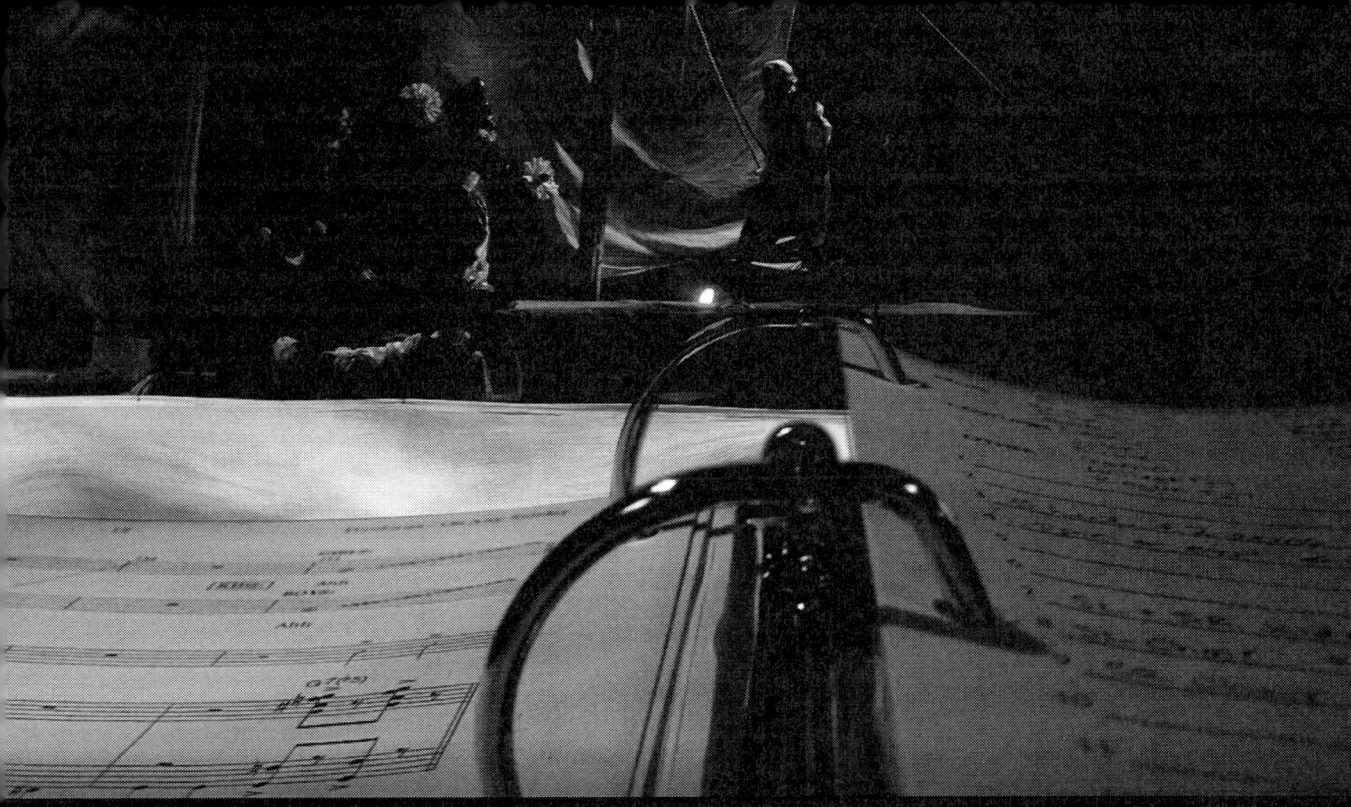

무대감독 툴킷

3RD EDITION

THE STAGE
MANAGER'S TOOLKIT

로리 킨크만 저 / 어경준 역

한국예술종합학교 출판부

무대감독
툴킷

무대감독 툴킷, 세 번째 판은 공연 현장에서 무대감독의 역할에 대한 포괄적인 설명을 제공하며, 특히 문서뿐 아니라 구두로 소통하는 최상의 방법을 소개합니다.

이 책은 무대감독과 무대조감독이 공연 작품에서 어떤 역할을 하는지 설명하며, 왜 그래야 하는지도 논의해 볼 것입니다. 또한 공연 제작의 각 단계에서 소통해야 할 목표를 정하고, 작성해야 할 문서를 만들고, 성공적인 작업을 위한 필요 질문을 찾아냅니다. 이번 세 번째 판에는 아래와 같은 내용이 포함되었습니다.

- 대본 작성 프로그램, 클라우드 저장소, 소셜 미디어 도구 등 무대감독의 디지털 도구들의 새로운 환경을 설명합니다.
- 건강하고 안전한 연습실 환경에 대한 새로운 논점을 소개합니다.
- 수정된 문서 예제들도 포함했습니다.
- 학생과 신입 무대감독들을 위한 배우 노조 수칙에 대한 새로운 정보를 설명합니다.

이 책은 학생 무대감독과 신입 무대감독을 위해 썼기 때문에, 대학 무대감독 과정에 완벽한 교재가 될 것입니다.

본 책의 웹사이트에는 맞춤 수정이 가능한 문서 양식이 들어 있고, 교육 동영상, 추가 정보를 제공하는 웹 링크, 또한 챕터별로 교사들이 사용할 만한 자료와 무대감독 교육을 위한 추가 챕터도 찾아볼 수 있습니다.

로리 킨크맨Laurie Kincman은 위스콘신 라 크로스Wisconsin-La Crosse 대학 공연예술학과 부교수로 재직 중이며, 무대감독과 예술경영 학부 전공의 학과장을 맡고 있고, 학과의 제작감독도 겸하고 있습니다. 무대감독과 제작감독의 현장 경력으로는 올드 글로브 극장Old Globe Theatre, 말라샥 무용단Malashock Dance & Company, LA 셰익스피어 축제Shakespeare Festival/LA, 태평양 오페라단Opera Pacific, 캘리포니아 발레단California Ballet Company, 미국공연축제American Stage Festival 그리고 안무가 제시카 이완슨Jessica Iwanson과 도날 맥케일Donal McKayle과의 협업을 들 수 있습니다. 로리는 미국공연기술학회United States Institute for Theatre Technology의 회원이며, 제작감독 포럼, 무대감독 협회, 미국배우조합Actor's Equity Association의 회원입니다.

The focal press toolkit series

독자의 직업과 관계없이, 무대감독이건 무대크루이건 포컬 출판사Focal Press의 툴킷 Toolkit 시리즈만 있으면 됩니다. 전문 지식과 문서 양식, 현장 직업과 전문성을 위해 필요한 일상의 세부 정보 등, 이 시리즈는 공연 제작 과정을 수월하게 할 만물상이 될 것입니다.

소품감독 툴킷

공연을 위한 소품 제작소 관리하기

산드라 스트론Sandra Strawn과 리사 쉴렌커Lisa Schlenker

의상감독 툴킷

공연 의상 제작의 첫 미팅에서 마지막 회 공연까지 관리하기

레베카 프라이드Rebecca Pride

무대감독 툴킷

공연 제작의 첫 미팅에서 마지막 회 공연까지 안내할 문서 양식과 소통 기술

로리 킨크만Laurie Kincman

조명감독 툴킷

환상적인 조명 디자인을 기술적으로 풀어내는 협업, 조사, 기술 개발을 위한 지침서

제이슨 웨버Jason E. Weber

시리즈에 대한 더 많은 정보는 https://www.routledge.com/The-Focal-Press-Toolkit-Series/book-series/TFPTS를 방문하길 바랍니다.

목차

Chapter 1: 소통의 통로

Chapter 2: 문서 디자인의 원칙

Chapter 6: 테크니컬 리허설

Chapter 7: 공연

Chapter 8: 다음 단계

부록

서문

무대감독들은 모두 자신이 좋은 소통가라고 생각할 것입니다. 하지만, 모든 무대감독이 사적인 소통에 실패하여 작업에 영향을 주었던 경험이 한 번쯤은 있을 것입니다. 소통은 협조적인 공연 제작의 초석이며, 무대감독은 소통의 여러 요소를 하나로 연결하는 핵심 요소입니다.

전문 무대감독으로서 여러분이 빠르게 적응하고 배워야 할 것들은 배우, 크루, 공연 제작 스태프들과 소통하는 방법뿐 아니라, 저마다 다양하게 쏟아 내는 소통 방식에서 개연성 있는 정보를 해석하는 방법도 포함됩니다. 이것은 많은 사람이 타고난 재능이라고 주장하기도 하지만, 뛰어난 무대감독은 단순히 정보를 구분하는 능력을 연마할 뿐이며, 훌륭한 소통 능력을 갖춘 사람들이라 하더라도 정보를 교환하고 전달하는 능력을 개선하는 것에 게으르지 않습니다.

대학 교육자로서, 저자가 하는 일은 젊은 무대감독들이 이런 능력을 스스로 찾아내도록 돕는 것입니다. 세상에는 무대감독에 관한 책도 많고 전문 무대감독이나 교육자들이 근본적인 도움을 받을 수 있는 포럼들도 많이 있습니다. 이 중 어떤 것들은 무대감독 교육에 필수 교과서로 알려져 있습니다. 하지만 어떤 것도 앞으로 다룰 내용만큼 깊이 있게 다루지 않습니다.

무대감독 툴킷이 다루는 내용은 무대감독이 반드시 알고 소통해야 하는 정보뿐 아니라 그 과정에 따른 심리적인 요소도 포함합니다. 사람들에게 말하는 내용뿐 아니라 그 다양한 대상까지 고려하면서, 로리 킨크만은 공연 예술 매니저 교육의 공백을 채웠습니다.

이 책은 무대감독을 겨냥하면서도, 다른 사람들이나 다른 분야에 같은 정보를 다른 방법으로 전달하면서 그들의 구체적인 필요에 맞추어 정보를 잘 이해하도록 여지를 주기도 합니다. 주간 일정처럼 단순한 것도 많은 정보를 담고 있습니다. 따라서 때로는 여러 버전으로 배포해야 하거나, 한 부서에 중요한 정보가 다른 정보에서 누락되지 않도록 확인해야 하며, 반면 누군가에게 중요한 정보가 다른 이에게는 소음일 수도 있습니다.

우리 사회가 점점 실시간 정보화 사회가 되면서 기술의 장단점에 대한 토론이 많습니다. 성급하게 소통하려는 요구를 다스려, 시간을 두고, 공유하려는 정보가 무엇인지, 어떤 형식으로 전달할 것인지 고려해야 합니다. 무대감독 툴킷은 소통의 형식뿐 아니라 인간의 심리와 정보에 이렇게 반응하는지도 다루고 있습니다. 그리고 이런 선택의 실질적인 면도 들여다봅니다. 예를 들어, 우리 뇌는 색에 잘 반응하지만, 제작 예산과 컬러 출력비가 항상 그런 비용을 허락하지는 않습니다. 이렇게 장단점을 모두 고려하는 태도가 이 책에 여러모로 실용적인 접근을 가능하게 합니다.

아마도 이 책의 가장 훌륭한 측면은 저자가 한 가지로 모든 것을 해결하려 하지 않는다는 것입니다. 어느 한 작품의 제작 기간에 다루는 정보가 여느 작품들과 보통 거기서 거기라 하더라도, 전달 방식은 작품 또는 제작사마다 다를 것입니다. 소통 기술뿐 아니라 그 기술이 해당 순간에 적절한지 필요한 질문까지 공유하면서, 로리 킨크만은 실로 유용하고 실용적인 내용을 선사하고 있으며, 이는 모든 공연 현장 매니지먼트에 적용할 수 있을 것입니다.

데이빗 그린들David Grindle
상임이사Executive Director
USITT(미국공연기술협회)

감사의 글

이 책에는 공연의 협업 정신이 잘 살아 있습니다. 제일 처음 감사를 전하고 싶은 공연 예술가들이 있습니다. 자신의 소중한 작업과 생각을 나누어 주신 고마운 분들입니다: 무대감독 키스 마이클Keith Michael, 헤더 소펠Heather Sopel, 알렉시스 웰스Alexis Wells, 퀸 매스터슨Quinn Masterson, 에리카 부시Erica Bush, 크리스틴 해리스Kristen Harris, 니콜 스미스Nicole Smith; 디자이너 메간 모리Megan Morey, 맨디 콜비Mandy Kolbe, 션 마이클 스몰맨Sean Michael Smallman; 제작감독 알 프랭클린Al Franklin, 수잔 스레드길 Susan Threadgill; 음악감독 캐서린 스켐프 모란Kathryn Skemp Moran, 개리 월스Gary Walth. 그리고 나의 현장 사진사인 데이비드 하티그David hartig와 크리스 아나야 고만 Chris Anaya-Gorman, 제 맥북 통역사 하나 스틸Hannah Steele에게도 감사한 마음을 표합니다.

위스콘신 라 크로스 대학the University of Wisconsin-La Crosse에서 지원해 주신 덕분에 이 책의 첫 출판이 가능했습니다. 덧붙여 자유전공학부 전 학장님들(현재는 예술 사회 과학 인문학부) 줄리아 존슨Julia Johnson, 루선 벤슨Ruthann Benson 그리고 공연예술학과 전-현직 학과장님인 베스 션Beth Chern, 조 앤더슨Joe Anderson께도 감사드립니다.

이 책은 포컬 프레스Focal Press의 전문가들이 없었다면 만들어지지 못했을 것입니다. 편집 제작팀에 감사드리고 더불어 크리스 루시아Kris Lucia, 메간 메레디스Megan Meredith, 엠마Emma에게도 감사를 전합니다. 앰버 빌린스키Amber Bielinski도 심오한 의견으로 도움을 주었습니다. 가장 중요하고도 특별한 감사를 전하고 싶은 스테이시 워커Stacey Walker는 꾸준히 이 작업을 도와주었고 저를 바른길로 이끌어 독자의 손에 완성된 결과를 전달할 수 있었습니다.

이 책은 학생과 신입 무대감독을 위한 책이며, 가르침에 대한 제 애정의 결실입니다. 이 애정은 그동안 사랑으로 가르친 젊고 훌륭한 수많은 무대감독에게서 기인한 것입니다. 그대들의 지속적인 성공을 축하하며 앞으로도 그 성장을 지켜볼 것입니다.

　그리고 제가 더 나은 무대감독이자 더 나은 선생이 될 수 있도록 영감을 준 분들에게
도 감사한 마음을 빚지고 있습니다. 제 부모님; 메기 클라인Meggie Kline, 마이클 반 다
이크Michael Van Dyke; 동료인 매리 레오나드Mary Leonard, 크레그 파메터Creg Parmeter,
마이클 맥나마라Michael McNamara, 제리 디키Jerry Dickey; 무대감독인 줄리 하버Julie
Harber, 메리 양키 피터스Mary Yankee Peters, 피터 반 다이크Peter Van Dyke에게 감사를
전합니다.

　지금까지 주어진 모든 기회에 감사한 마음을 표현하고 싶습니다. 이 기회들로 무대
감독의 예술과 기술을 실천할 수 있었고, 그 애정을 많은 학생과 나눌 수 있었습니
다. 감사의 마음을 이보다 더 잘 표현할 수는 없을 유일무이한 캐서린 그래햄Kathar-
ine Graham의 말을 빌리고 싶습니다. 1974년 10월 발행된 「미스 매거진Ms. Magazine」에
실린 말입니다. "하는 일을 좋아하고 의미 있게 느낀다면, 더 이상 즐거운 것이 있을
까요?"

3판 서문

앞서 나온 무대감독 툴킷 1판과 2판에 대한 대중과 전문가들의 평가에 진심으로 영광이라 생각합니다. 이 책은 몇 년간 머릿속에 담아 둔 작업이었고 마침내 생각을 종이에 옮길 때 느낀 흥분이 온기와 열정을 만나 그동안의 노력이 훨씬 가치 있게 되었습니다. 2판 요청 때와 마찬가지로, 이 책의 3판을 시작하는 이메일을 받고서 이제 막 시작하는 무대감독들에게 제 생각, 경험, 요령들을 나눌 생각에 다시금 설레었습니다.

무대감독 툴킷의 이번 세 번째 판에는 두 번째 판 내용에 새로운 작품 예제와 이제 시작하는 젊은 무대감독의 관점을 담았고, 무대조감독의 역할에 대한 내용을 더 확충했습니다. 제 무대감독에 대한 열정이 이 책에 고스란히 담겨 있으며 뮤지컬이나 움직임이 강조된 연극에 접근하기에 유용한 언어로 전달하고 있습니다. 또한 리허설 rehearsal 과정에서의 안전과 건강한 리허설 환경을 만드는 방법에 대해서도 다루고 있습니다.

지키고자 하는 전제 한 가지는 훌륭한 의사소통이 무대감독의 가장 중요한 책임이라는 것입니다. 그래서 이 책에서 다루는 문자나 육성으로 전하는 소통 기술과 그 예제는 사전에 약속한 대로 오늘날 무대감독에게 유용한 컴퓨터 기술을 기반으로 소개하도록 하겠습니다. 저는 여전히 출력한 종이 프롬프트 북prompt book에 연필로 동선을 표시하며 손에 쥔 스톱워치의 느낌을 소중하게 생각하는 구닥다리 SM(무대감독, Stage Manager)으로 남을 것입니다. 하지만 드롭박스Dropbox나 구글드라이브Google Drive와 같은 협업 도구의 발전이나 디지털 문서 작업과 디지털 프롬프트 대본의 개념에 대해서도 다루어야 한다고 생각합니다. 이런 도구들을 즐겁게 사용해 왔고 독자들과 경험을 기꺼이 나누고 싶습니다.

세 번째 판은 학생과 신입 무대감독에게 좀 더 중심을 두어, 미국배우조합Actors' Equity Association에 대해 좀 더 살펴보고 무대 안전을 개선하고 우리와 일해야 할 작업 조건을 지정하는 지침에 대해 다루고 있습니다. 이 책의 일반적인 무대감독 참고 사항에 더해 미국배우조합 정보라는 새로운 시리즈를 두어 공연 제작 과정의 각 단계에 따른 구체적인 내용을 제공합니다.

이 책에서 볼 수는 없어도, 무대감독 툴킷의 연관 웹사이트에도 변화를 주었습니다. 문서 서식과 예제, 큐 콜링 비디오 예제 그리고 웹 링크에 더해 무대감독 교수법에 관한 2편의 내용도 담겨 있습니다. 여기에 추후 연구 과제에 대한 생각도 추가하였고 수업 시간에 사용한 구체적인 방법과 이유에 대한 의견도 담았습니다.

2014년 1월 어느 매우 추운 한 주 동안 전설적인 무대감독이자 저자인 톰 캘리Tom Kelly와 함께 시카고 무대 격투에 대한 워크숍에 참석하는 영광스러운 시간을 보냈습니다. 무대감독의 세계를 지면에 옮기려던 저의 노력에 대해 대화를 나눌 기회가 있었습니다. 저 자신을 그와 비슷한 전설적인 위치에 올리려는 시도 따위는 전혀 없었고, 그의 유명세에 너무 눌려 무슨 말씀을 했는지 구체적으로 기억할 수 없다는 것은 인정하면서도, 잊을 수 없는 것은 우리 직업에 대한 애정과 그것을 활자로 담을 수 있는 기회를 얻었다는 사실을 감사해하셨다는 것입니다.

그 마음을 담아, 세 번째 판의 첫 페이지로 갑시다.

역자 서문

공연 현장에서 일을 시작한 지도 어느덧 30년이 되었습니다. 처음 시작할 때에는 공연장이라는 생소한 공간에 대한 경외심과 새롭고 신기한 볼거리로 채워진 무대의 신비로움에 빠졌습니다. 시간이 지나고 경험이 쌓여 직업이 되고 나니 보이지 않던 것들이 보이기 시작했고, 그것들에는 불필요한 갈등과 낭비되는 노동과 비용들이 있었습니다. 사전에 알고만 있었어도, 서로 조율만 했더라면, 의도와 계획을 공유하는 것만으로도 불필요한 갈등과, 밤샘을 줄일 수 있었을 것입니다.

미국 유학 중에 경험한 공연제작 환경은 사뭇 다른 것이었습니다. 약속과 공유. 공연제작은 실시간으로 관객 앞에서 실연되는 것이므로 모두가 모든 계획을 알고 있어야 합니다. 사전에 약속을 만들고 계획을 공유하는 것이 공연예술의 창의적 협업의 중심입니다. 무대감독이 소통의 중심이 되어 예술과 기술의 다리가 되어 연습실의 변화무쌍한 실험을 무대, 조명, 의상, 소품 각 분야의 제작실에 전달하고 조율합니다. 공연제작 중 소비되는 인력, 비용, 물질, 시간 등의 자원이 낭비 없이 가치 있게 활용될 수 있도록 소통하고 조율합니다. 무대감독의 활약으로 과거에 경험했던 갈등과 낭비가 줄어들며 창의적인 팀워크를 경험하고 나니 전문 역할과 사람의 중요성을 절실히 느끼게 되었습니다.

공연제작은 약속으로 이루어집니다. 우리는 이것을 '큐cue'라고 합니다. 연습실의 연습 과정은 이 약속을 만드는 과정이며 무대 위 리허설은 이 약속을 함께 맞춰보는 과정입니다. 공연은 모두가 각자의 자리에서 지금까지 연습한 약속을 관객에게 실시간으로 공유하는 자리입니다. 하나라도 어긋나면 모두에게 영향을 끼칩니다. 이런 긴장감은 공연의 매력이기도 하지만 위험 요소이기도 합니다. 무대감독은 이 긴장감이 관객에게 사고 없이 감동으로 이어지도록, 각자가 가진 능력을 자신의 자리에서 최선을 다해 발휘할 수 있도록 무대 뒤 지휘자의 역할을 합니다. 개성이 넘치는 제멋대로 예술가들과 무뚝뚝하고 퉁명스러운 기술 스태프를 모두 안아 엄마처럼 살림을 주도

합니다. 창의성과 경제성, 즉흥성과 계획성의 균형은 훌륭한 무대감독의 활약으로 완성됩니다.

공연제작은 매 순간 수많은 사람들의 에너지 조합으로 이루어진 화학적인 과정입니다. 갑작스러운 아이디어로 계획이 바뀌기도 하고 예기치 않은 사건이 발생하기도 합니다. 어제까지 멀쩡한 소품이 오늘따라 속을 썩이기도 합니다. 이런 환경에서는 시도에 대한 믿음과 신뢰가 중요하며 이는 지금까지 연습한 약속으로 지켜집니다. 무대감독은 이 약속의 수호자이자 집행자입니다.

다양한 인간이 뒤섞여 살아가는 사회에서도 문제를 공유하고 의견을 수렴하며 협의를 통해 약속을 만들어 성실하게 지키는 민주적 절차가 그 사회를 지키는 초석이 됩니다. 공연의 과정을 훈련하는 것은 훌륭한 시민을 기르는 과정과도 닮아 있어 많은 공연선진국은 정치선진국이기도 합니다. 이런 약속과 질서를 만드는 과정에 그 중재자인 무대감독 역할의 중요성은 아무리 강조해도 지나치지 않습니다. 본서는 무대감독의 역할, 기술, 가치에 대해 다루며, 특히 공연제작을 처음 접하는 학생들에게 훌륭한 지침이 될 것으로 생각합니다. 이미 현장에서 활동하고 있는 현직 무대감독이나 제작자, 스태프들에게도 훌륭한 교육자이자 현장 전문가인 저자의 관점이 도움이 될 것으로 생각합니다.

끝으로 쉽지 않은 생소한 업무를 준비하면서 새로운 역할을 기꺼이 같이 해준 한국예술종합학교 산학협력단 직원들에게 감사드리며, 쉽지 않은 길을 묵묵히 걸으며 자신의 성장을 스스로 독려하는 무대 뒤 수많은 스태프들이 이 책을 통해 더욱 성장하길 바랍니다.

2025년 6월
옮긴이 어경준

소개: 전달자로서 무대감독

공연 제작의 가장 중요한 역할 중 하나가 무대감독일 것입니다. 정보 교환소로서 무대감독은 리허설을 조직하고 공연을 진행하는 일을 담당합니다. 이 일에 필요한 자질로는 자신감, 강한 정리 및 관리 기술, 이해심과 공감 능력, 유머 감각 그리고 일을 시작하고 끝까지 끌고 가는 동기 부여 능력이 필요합니다. 무대감독은 연출, 제작감독, 디자이너들, 무대 기술자들, 배우들과 팀을 이루어 창의성이 발현될 수 있도록 과정을 갖추어 냅니다.

약간은 비공식적인 면에서, 무대감독을 공연 제작의 항공관제사로 생각하기도 합니다. 극장으로 들어가고 나오는 정보의 흐름을 조율하고 예술적 고려 사항이 모두 반영되어 최종 결과에 닿을 수 있도록 참여자들을 안내합니다.

직업적인 면으로는, 많은 무대감독이 미국배우조합(AEA) 소속입니다. 이 연기자와 무대감독 연합은 1913년에 결성되었습니다. 남녀 구분 없이 브로드웨이, 지역 극단 혹은 미국 전역의 여러 곳에서 몇 가지 중 하나의 계약 조건으로 일하게 됩니다. 조합은 모든 규모의 공연이 성공적으로 제작되도록 지원하며, 다양한 분야에 지침을 제공합니다. 그 범위는 하루 작업 시간에 따른 급여에서부터 무대 경사도, 무용수에게 의상과 함께 제공될 신발을 제공하는 날짜까지 포함됩니다. 무대감독은 무기와 특수효과의 사용, 홍보용 리허설 준비, 위급 사항에 대한 정보, 특정 개인이나 공연장 전체와 관련한 사건 사고를 보고하는 방법 등에 대한 질문과 요령으로 무장하고 있습니다. 다양한 분야의 공연 제작사에서 조합원 고용에 참고할 수 있도록, AEA는 브로드웨이에서 대학 초청 행사 출연까지 50개가 넘는 범주로 나누어 지침을 만들어 두고 있습니다. 어떤 지침은 계약마다 동일하지만 어떤 지침은 제작사의 규모와 행사 기간을 반영하여 조정되기도 합니다. 이 책의 부록에 이 범주들에 대한 개요와 해당 범주를 대표하는 극장의 표본을 담았습니다.

   조합 규정의 가장 포괄적인 공통 요소 중 하나가 무대감독을 정의한 부분입니다. 이 정의의 일부만 보더라도 이 역할을 수행하는 데 필요한 다양한 기술과 경험을 분명하게 일 수 있습니다.

무대감독은

- 개막 전후 모든 연습을 소집합니다.
- 프롬프트 북을 만들고 관리합니다. 프롬프트 북은 공연용 대사와 사건을 기록한 대본이며, 큐 시트cue sheet와 도면, 작업 일지 등 공연의 실제 기술적·예술적 구현을 위해 필요한 것들을 담은 것입니다.
- 연출과 모든 다른 분야의 팀장들과 협업합니다. 리허설과 개막 후 일정, 정기 연습 및 외부 일정 등을 조합의 규정 안에서 진행합니다.
- 리허설과 공연의 형식과 규율에 대해 적극적인 책임을 지며 매회 공연 기술적인 진행의 실행 도구가 됩니다.
- 공연 개막 후 연출과 제작자의 예술적 방향성이 유지될 수 있도록 최선을 다합니다. 필요에 따라 작품의 수정 연습을 소집하고 대역 배우Understudy, 교체 배우, 엑스트라, 군중 배우들을 준비시킵니다.
- 필요한 기록을 남겨 제작자에게 전달합니다. 출석 여부, 출석 시간, 건강 보험, 조합원의 권리와 관련한 사항들이 포함됩니다.
- 조합 규정과 부칙, 세칙에 정한 사항을 현장에서 실천하고, 필요시 조합에 지원을 요청합니다.

미국배우조합 Actors' Equity Association

앞의 요구 사항에 맞추려면 훌륭한 무대감독의 가장 중요한 특징은 소통 기술일 것입니다. 『무대감독의 기본Essentials of Stage Management』에서 저자 피터 매코이Peter Maccoy는 공연 창작을 "동적이고 진화하는 과정"이라고 정의하면서 무대감독은 정보가 지나는 통로로 규정합니다. 연습실은 여러 가지 실험실이라 할 수 있습니다. 연출의 실험 결과가 명료하고 신속하게 다른 분야 창작팀에게도 전달되어야 합니다. 그렇게 작품의 방향이 집단으로 발전하고 미학적 고려 사항과 실질적인 안전 및 물류 문제 모두 고려할 수 있습니다.

AEA의 정의와 매코이의 설명을 종합하면 무대감독이 소통하는 몇 가지 방법을 강조하고 있다는 것을 알 수 있습니다: 회의와 리허설 기간에 대면으로; 일지, 목록 등의 문서를 통해서; 전자적으로는 이메일과 작품 웹사이트에 게시물을 올리는 방법입니다. 정보의 성질과 대상에 따라, 무대감독은 이 방법 중 하나 이상을 활용하여 매일 세부 정보를 공유할 것입니다. 그래서 다양한 소통 기술을 이해하는 것이 매우 중요합니다.

소통 vs 자기표현

보통 우리가 정보를 다른 사람에게 전달할 때 우리는 소통하고 있다고 생각하기 쉽습니다. 사실 의사소통이란 말은 여러분이 말하거나 글을 쓰고 있는 대상들과 여러분 사이의 매우 구체적인 관계를 반영합니다.

책 『당신이 말하는 방식』의 저자 캐럴 플레밍은 의사소통이 무엇이고 무엇은 아닌지 훌륭하게 구분하고 있습니다. 구체적으로 무대감독이나 공연예술가에 관해 전혀 언급하지 않지만 무대감독이 모든 연출, 연기자, 디자이너, 무대 기술자와 상호 관계하는 관점을 그대로 강조하고 있습니다.

자기표현이란 무엇일까요? 하고 싶은 말을 자연스럽게 하는 것입니다. 화제도 자신이 정하고. 보통 사용하는 언어를 사용해서, 아마도 자신의 경험에 따라 진행하겠죠. 자기 생각을 찾아 말하는 것을 100% 염두에 두고 다른 사람들 앞에서 하는 독백입니다. 반면에 소통은 당신이 말하는 순간에도 머릿속에

듣는 사람을 염두에 둡니다. 그들의 언어로 얘기하고 그들의 관심사에 관해 얘기하며 결국 그들과 관련한 요점에 도달합니다.

훌륭한 무대감독은 단순히 사실을 전달하거나 질문하지 않습니다; 소통합니다. 우리 관심사는 작품 전체입니다. 개인적인 견해를 피하고 대화를 유도합니다. 시간을 투자해 올바른 용어를 배우며, 개별 요소가 큰 그림에 어떤 영향을 주는지 관심을 두고, 문서를 통해 정보를 전달하고, 개별 동료를 예술가임과 동시에 인간으로 존중하는 방식으로 연합하도록 대화를 조성합니다.

이 책의 형식

이 책은 무대감독에게 이런 관점을 염두에 두고 공연 정보를 찾아내어 공유하는 길을 안내하려고 합니다.　이 책은 일반적인 공연 제작의 시간순으로 정리되었습니다: 프리 프로덕션, 리허설, 테크 기간, 공연 그리고 포스트 프로덕션 업무. 각 부분에서 이 책은 무대감독의 목표와 성공적인 소통 기술에 대해 설명하겠습니다. 무엇을 해야 하고 어떻게 접근해야 할지 들여다보겠습니다. 인물의 등퇴장을 기록하는 법, 연출과 첫 회의를 준비하는 법, 무대 크루의 백스테이지Baxkstage 작업을 정리하는 법 그리고 언더스터디 리허설을 준비하는 법 등이 될 것입니다.

각 과정은 여러 작품에서 가져온 예제와 함께 설명하도록 하고, 독자들이 무엇을 하고, 왜 필요한지 알아볼 수 있도록 할 것입니다. 기초적인 구두 소통 전략에 대해 논의해 보며 회의를 위한 제안 사항과 체크리스트에 대해서도 논의해 보겠습니다. 무대감독 소통의 주요소는 문서입니다. 이 책에서 자세히 다루겠습니다. 각 장을 통해 만들어야 할 주요 문서들에 대해 많은 예제를 발견할 수 있을 것입니다. 이 책은 연극과 뮤지컬의 다양한 접근을 포함해 요약 일정표에 담긴 공연용 단축 기호들 그리고 일관성과 가독성을 유지하는 전략을 담고 있습니다. 이 책에는 전문적인 공연과 학교 공연에서 무대감독이 마주치게 될 차이점인 미국배우조합의 주요 쟁점을 책 전반을 통해 강조하고 있습니다.

이 책에서 제공하는 문서와 관련 소프트웨어는 주로 PC용 마이크로소프트의 오피스를 참고하고 있습니다. 온전히 저에게 익숙한 환경과 취향으로 정해진 것입니다. 그러나 유일한 방법은 아닙니다. 매킨토시의 워드 프로그램과 스프레드시트 프로그램으로 거의 동일한 기능을 사용할 수 있고 이 외에 여러 무료 혹은 유료 소프트웨어를 찾아볼 수 있을 것입니다. 이 책에서 소프트웨어 사용법을 설명할 의도는 없습니다. 간혹 요령을 알려 주긴 하겠지만, 간단한 인터넷 검색이나 서점을 방문하는 것으로 각자 선호하는 소프트웨어의 사용법을 구할 수 있을 것이며, 특정 프로그램의 복잡하고 자세한 작업 과정을 배울 수 있을 것입니다.

이 책의 마지막에는 독자들에게 각자 실전에 사용할 수 있는 문서 양식이 들어 있습니다. 무대감독 툴킷의 온라인 연관 웹사이트에서 이 양식들을 다운받아 자신에게 맞게 사용할 수 있습니다. 전문적이든 학문적이든 모든 공연은 저마다 요구 사항이 있습니다. 한 회사 안에서도 작품은 서로 매우 다릅니다. 잘 정리된 양식을 통해 무대감독이 회사 로고를 넣을 수도 있고, 개인적인 폰트를 선택하거나, 색상을 넣고 뺄 수도 있으며, 다른 관리 목적에도 유용하게 사용할 수 있습니다.

독자들은 양식을 수정하여 4인 단막극이나 멀티 세트 앙상블 뮤지컬 모두에도 주요 기능을 쉽게 사용할 수 있습니다. 무대감독으로서 우리는 모두 문서 작업에 드는 시간을 좀 더 효율적으로 쓸 수 있는 방법을 찾습니다. 이 책은 바로 그 방법을 제시하고자 노력합니다.

Chapter 1

소통의 통로

교육 경력 초기에 한 그룹의 학생들에게 무대감독을 떠올리는 이미지가 무엇인지 물어본 적이 있습니다. 그 답으로 헤드셋, 끝없는 서류, 마킹 테이프, 스톱워치가 있었습니다. 이것들은 무대감독이 상호 작용을 하는 정보를 상징적으로 나타낸 것들이며, 소통을 위해 사용하는 물건들입니다.

그러나 동시에 이것들은 두 번째 사실을 보여 줍니다: 소통은 단 하나의 도구로 국한되지 않는다는 것입니다. 무대감독은 다양한 경로로 정보를 수신하고 이런 세부 정보를 공유하기 위해 여러 기술을 사용합니다. 우리의 가장 중요한 업무는 여러 사실을 하나의 관점을 가진 정보로 결합해야 한다는 것입니다. 즉, 무대 디자인 도면이 2층 바닥으로 연결된 계단에 대해 보여 주는 것, 3막에서 어느 배우가 해야 할 연출의 노트, 의상 제작소에서 전달된 정보로 그 당시에 그 배우가 입을 스커트의 길이와 같은 것입니다. 그 순간의 큰 그림을 그리기 위해 하나 이상의 정보에 의지해야 하는 것처럼, 글과 말로 된 소통 전략을 혼합하여 연기자들과 제작팀이 모든 사실을 이해할 수 있도록 할 뿐 아니라 그 사실들이 서로 어떤 영향을 주는지도 확인할 수 있도록 합니다. 리허설 노트도 중요하지만 디자이너가 자신의 작업을 논의하고 조정할 수 있는 대화를 촉진하는 것도 중요합니다. 많은 사람이 참여할수록, 특히 조정이 필요하다면, 무대감독은 그림이나 대화 중 어떤 것이 전체 제작팀에 적합할지 고려해야 합니다.

어떤 경우에는 효과적인 소통을 위해 대상에 따라 정보를 재가공하기도 합니다. 제작팀이 알아야 하는 것과 연기자나 홍보 담당자가 알아야 하는 것이 다를 수 있습니다. 무대감독의 목적은 실행 가능한 정보를 제공하는 것이며, 쉽게 접근할 수 있어야 합니다. 사실은 일관되고 정확해야 합니다. 하지만, 이 책의 여러 사례에서 볼 수 있듯이, 전달 태도와 세부 정보의 수준은 전달받는 사람과 정보 교환 수단에 따라 달라집니다. 이번 장을 통한 요점은 무대감독의 맥락에서 전달될 것입니다. 하지만 무대조감독에게 해당되는 내용이기도 합니다.

신중하게, 적시에 그리고 구체적으로

저는 이 세 가지 단어를 대면이든 서면이든 성공적인 소통의 핵심 요소로 소개합니다. 이 요소들은 작품과 참여 인원 모두에게 존중을 표현하면서, 무대감독이 창의성과 협업을 매우 성공적인 방법으로 촉진할 수 있도록 도와줍니다.

대면 소통

무대감독은 말을 많이 합니다. 구인 면접에서부터 제작 회의까지 모든 것이 해당합니다. 단어 선택을 신중히 하고, 자세하고 간결히 전달하며, 협업의 정신을 유지하는 것이 중요합니다. 작업 과정에서 우리의 역할은 중립적입니다. 누구의 편에 서지 않습니다. 그 과정에서 고려해야 할 것이 많습니다.

여러 책에서 직장에서 성공적인 상호 작용을 위한 소통 이론과 기술에 대해 다루고 있습니다. 이 장을 쓰기 시작한 날, 대면 소통이라는 단어를 아마존 웹사이트에서 검색했더니 거의 900권의 책이 이 주제로 쓰였다고 나타났습니다(두 번째 판에서 검색했던 것보다 늘었더군요). 같은 단어를 구글에 검색했더니 백만 개가 넘는 정보가 나타났습니다. 이 책을 읽는 독자가 무대감독으로서 이 주제에 대해 깊이 있는 공부를 하려는 사람이라면, 선택의 여지가 끝도 없어 보일 것입니다. 그러나 여기 당장 시작해 볼만한 몇 가지 관점을 소개합니다.

명료함. 단어 선택, 발음, 문법이 도움을 줄 것입니다. 특정 주제에 대해 필요한 모든 정보를 얻을 수는 없겠지만 어떻게 질문할지 알고 다른 이와 신중하게 대화할 줄 안다면 훨씬 나은 답을 얻을 것입니다.

적확함. 훌륭한 무대감독은 최소한 공연 제작 분야의 적합한 용어와 특정 공연의 공용어에 대한 이해를 갖게 될 것입니다. 이런 용어들에는 다음과 같은 기본적인 것들도 포함합니다. 예를 들어 연출이 선호하는 막과 장을 기록하는 방법이라든가(II-1 이나 2막 1장), 조명기에 새 "램프"를 가는 것이지 새 "전구"를 가는 것이 아니라든지, 무대 장치 이름을 제작팀에서 정한 별명으로 칭한다든가 하는 것들입니다. 무대 장치 이름 짓기에 대해서는 5장에서 더 다루도록 하겠습니다. 적확함에는 인적 사항도 포함되는데 각자 선호하는 이름이나 출연자나 제작팀이 선호하는 성별 호칭 등과 같은 것도 해당합니다. 사려 깊은 무대감독이라면 전화번호나 이메일과 같은 정보를 취합할 때 함께 모아 나머지 팀에 공유할 것입니다.

속도. 한 가지 문제를 설명하는 데 5분씩이나 걸린다면 아마도 좋은 해결책을 얻기는 어려울 것입니다. 아마 설명 과정에서 듣는 사람이 없을 것입니다. 마찬가지로, 안 좋은 소식이라 생각해 내용을 얼버무린다고 해서 "충격이 완화되는 것"은 아닙니다.

톤. 말끝마다 모든 문장을 올려 말한다면, 질문하는 것처럼 들릴 테고, 전달하는 정보가 확인된 사실이라 하더라도 당신의 지식과 권위에 의문을 가질 것입니다. 무대감독은 정보를 중립적·전문적으로 전달하려 최선을 다하므로, 중요한 것이 직설적이거나 비난조로 들리시 않도록 불필요하게 큰 목소리를 내지 않도록 하고, 해야만 힌다거나 부정하는 말을 강조하지 않도록 합니다. 반대로, 너무 조용히 말하거나 중얼거리는 사람도 유약하고 자신 없어 보입니다.

타이밍. 여러분이 하는 말의 설득력은 언제 말하는가에 달렸습니다. 대화를 시작할 때 그 상황을 고려합니다. 연출이 음향 큐에 만족하지 않는다는 소식을 전하는 경우, 팀원들은 부정적인 정보에 덜 수용적일 것입니다. 특히 다른 사람들 앞이라면 더 그렇죠. 당신의 의도와 달리, 자신들이 잘못했다는 인상을 주게 됩니다. 무대 장치 작동 방법을 몰라서 물어보는 경우에는 어떨까요? 한창 바쁠 때 기술감독을 불러 세워 묻는다면, 잘해야 앞뒤 자른 짤막한 설명을 들을 테고 안 좋으면 퉁명스럽게 다음에 보자는 소리를 들을 것입니다. 더 나은 방법은 기술감독에게 질문할 시점이 언제가 좋을지 물어보는 단순한 방법일 것입니다. 이 방법은 상대와 현장 일을 존중하는 태도를 보여 줍니다. 또한 방해받았다는 인상보다 질문에 좀 더 집중할 수 있을 때 더 많은 정보를 얻을 수 있습니다.

주장이 강한 것과 공격적인 것

이 둘은 비슷한 단어입니다만, 전혀 다른 뜻입니다. 주장이 강한 무대감독은 자신감을 가지고, 긴급함과 외교적인 태도를 적절히 섞어 구체적으로 소통할 수 있습니다. 공격적인 무대감독은 적대적인 공기를 뿜으며, 자신이 마치 제작팀과 싸워서라도 공연의 최선을 구현해야 한다는 듯 행동합니다. 이런 무대감독은 훌륭한 협력자라고 할 수 없습니다. 특히 여러분이 젊은 무대감독이라면 자신보다 나이나 경험이 많은 연출이나 디자이너와 작업 중, 두려움과 자괴감이 공격성으로 돌변하지 않도록 해야 합니다.

비언어 소통

믿거나 말거나, 우리가 대화에서 사용하는 말들은 대면 소통의 작은 일부에 지나지 않습니다. 우리의 자세, 몸짓, 표정 그리고 눈을 마주치는 모든 것이 정보를 교환하는 데 사용됩니다. 이렇게 비언어적 신호들을 신체 언어라고 합니다. 비언어 소통에 권위 있는 연구자들에 의하면, 메시지의 55퍼센트가 표정과 몸짓으로 전달된다고 합니다. 나머지 45퍼센트는 단어 자체와 단어를 전달하는 어조로 이루어진다고 합니다. 이것이 믿기지 않으면 아래 그림1.1에서 1.6까지 살펴봅시다.

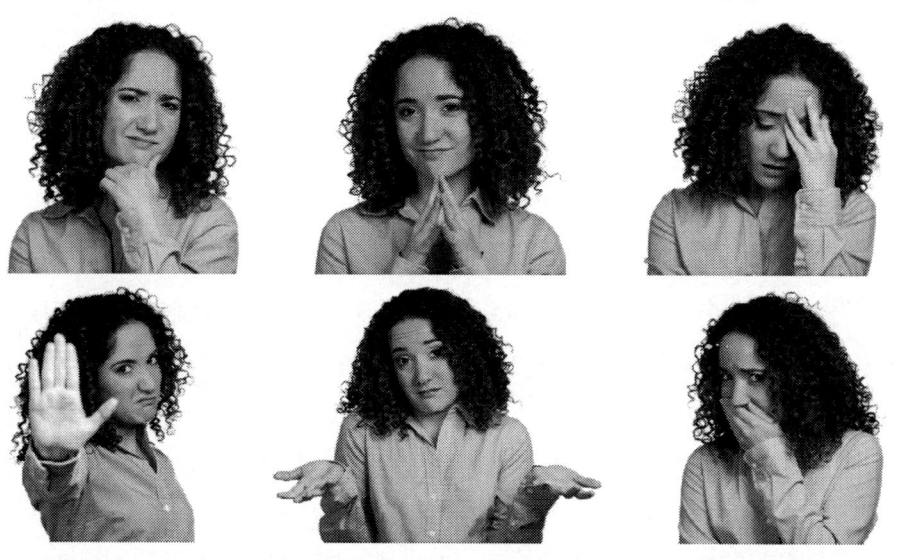

그림1.1-1.6　표정이나 몸짓의 아주 작은 변화만으로도 매우 다른 메시지를 전달합니다. (출처: Shutterstock)

이 그림의 표정이나 몸짓이 다소 과장되어 보이겠지만 연습을 위한 의도로 생각하면 좋겠습니다. 어느 사진이 회의적으로 보입니까? 자책하는 표현은? 수상해 보이는 것은 무엇인가요? 어떻게 답에 도달했는지 생각해 보고 얼마나 빨리 판단했는지도 생각해 봅시다.

당신의 태도는 말만큼이나 많은 말을 전합니다. 가슴에 팔짱을 끼고 선다면 도움이나 정보에 마음이 열려 있지 않아 보입니다. 손을 허리에 얹고 있으면 적대감을 표현할 수 있습니다. 눈을 맞추지 못하면 자신감이 부족해 보이거나 신뢰를 주지 못합니다. 훌륭한 무대감독은 자신의 비언어적 소통을 잘 인지하고 다른 사람들의 신호를 읽는 법을 배웁니다. 그림1.7은 몇 가지 추가 몸짓과 자세에 대한 일반적인 인상을 설명합니다.

　신체 언어가 과학은 아닙니다. 하지만, 이 페이지로 넘어오면서 위 이미지를 보자마자 의미를 파악하고 감정이 반응하기 시작했을 것입니다. 해당 내용을 읽기도 전에 말이죠. 인간은 정보를 처리하면서 시각적 단서에 많이 의존합니다. 하지만, 그 단서들이 항상 철통같은 것은 아닙니다. 『리더의 조용한 언어The Silent Language Leaders』의 저자 캐럴 킨제이 고맨Carol Kinsey Goman은 사람들이 신체 언어를 읽으면서 범하는 몇 가지 실수를 지적합니다. 무대감독으로서 신체 언어가 정보를 주고받는 데 어떻게 도움이 되는지 관심이 있다면, 그녀의 몇 가지 주의 사항도 고려해 봅시다.

　맥락. 장소와 그날의 시간대에 따라 몸짓의 의미가 달라질 수 있습니다. 하품하는 이유가 리허설이 지루해서일까요? 이른 오전 제작 회의를 마치고 하루 종일 저녁 7시까지 리허설에 잠석하기 때문일까요? 이세 막 감기약을 먹었기 때문일까요? 방에 있는 다른 사람들은 그 차이를 이해하기 어려울 것입니다.

비언어적 행동	해석
허리에 손을 얹고 선다	적극성, 공격성
다리를 꼬고 앉아, 다리를 가볍게 흔든다	지루함
다리를 벌리고 앉는다	개방적, 편안함
머리 뒤에 손깍지를 끼고 앉고, 다리를 꼰다	자신감, 우월감
등 뒤로 손깍지를 낀다	분노, 좌절, 불안
가슴에 팔짱을 낀다	방어적
뺨에 붙인 손	판단, 생각 중
손을 비빈다	기대감
코를 만지거나 가볍게 문지른다	거절, 의심, 거짓말
턱을 쓸어내린다	결정을 내리는 중
눈을 비빈다	의심, 불신
턱을 괴고, 시선을 내린다	지루함
콧등을 집고 눈을 감는다	부정적인 평가
손가락으로 두드린다	조급함
손을 모아 세운다	권위
머리를 기울인다	호기심
내려다보고 고개를 돌린다	불신

그림1.7　일반적인 비언어적 행동과 의미

하나의 언어 단서에만 의지해 누군가의 기분과 의도를 파악하는 것은 어느 질문에 한마디로 답하는 것만큼이나 부정확할 것입니다. 더욱이 사람마다 기준선이나 기본 상식이 다릅니다. 일반적으로 어떤 사람이 매우 사교적인지 혹은 고통스러울 정도로 수줍음이 많은지 알지 못한 채 그들이 서 있는 자세만으로 의미를 파악하기는 어렵습니다. 팔짱을 끼고 있는 것이 무관심의 표현이라기보다 자기방어의 무의식적 반응일 수도 있지 않을까요?

편견. 앞에 있는 배우가 대학 때 절친을 닮았나요? 저 크루 팀장의 말투가 가슴 아픈 헤어진 그녀와 똑같은가요? 알아차리기도 전에 우리는 자신의 기억으로 인해 누군가에게 긍정적이거나 부정적인 특징을 부여하게 되고, 이런 특징 때문에 의도치 않게 행동하기도 합니다. 마찬가지로, 특정인이 자신의 지위(상사 대 직원)나 국적에 따라 어떻게 상호 작용을 하는지 무의식적으로 판단하게 된다는 점에서 문화적 편견을 발견할 수 있습니다. 전형적이긴 하지만, 이탈리아인들과 그들의 활동적인 손짓에 대한 인상과 대조되는 일본이나 중국인들의 훨씬 절제된 겉모습에서도 찾을 수 있습니다.

위에 언급한 원칙들을 참고하면서 대면 소통을 자신에게 유리하게 이끌 수 있습니다: (1) 의견 교환은 즉각적입니다. 상대의 반응을 바로 얻을 수 있습니다. (2) 정보는 하나 이상의 경로를 가집니다. 대화하면서 신체 언어로 얻어진 정보를 파악하고, 필요하다면 말의 속도나 전략을 조정할 수 있습니다. (3) 과정은 유동적입니다. 자기 말에서 오해를 바로 수정하거나 답이 불분명하면 바로 다시 질문할 수 있습니다. (4) 교환의 범위는 구체적입니다. 의견 공개 방법을 선택할 수 있습니다. 소그룹 토론에 맞출 것인지 일대일 대화로 진행할 것인지 정할 수 있습니다. (5) 의견 교환의 어조는 개인적입니다. 여러분이 말하고 있는 정보나 대상에 따라 공식적으로 혹은 비공식적으로 발언할 수 있습니다. 그리고 상황이 바뀌면 조정할 수 있습니다.

하지만 대면 소통에는 어려움도 따릅니다. (1) 대화의 즉시성으로 제약이 있습니다. 말하기 전에 단어 하나하나를 고려할 시간이 없습니다. 말하고 수정하길 반복한다면 신뢰를 얻기 어려울 것입니다. (2) 대화는 실시간입니다. 되돌릴 수 없습니다. 질문이나 언급하기에 좋지 않은 상황이라면 사람들에게 이미 한 말을 잊으라고 하는 것은 불가능합니다. (3) 의견 교환의 다중 경로 특성은 서로에게 모두 작동합니다. 여러분이 상대의 신체 언어를 읽는 것처럼 상대도 읽을 수 있습니다. (4) 사람들은 의도와 관계없이 감정적 영향을 받습니다. 당신은 대화 상대의 상태에 휘말릴 수 있습니다.

상대의 분노나 흥분에 휩싸이면 말하는 내용과 방식은 의도치 않게 바뀝니다. (5) 영향을 받지 않는다 해도, 그 "감정 구역"에서 일하는 것은 어려울 수 있습니다. 그 순간에는 열 받은 사람(소리를 지르는 사람)과 자신에게 소리를 지르는 사람의 차이를 구분하기 어려울 수 있습니다.

이런 제약들이 모임의 가치나 대면 소통의 가치를 어떤 식으로도 떨어뜨리지는 않습니다. 다만, 무대감독은 타인과 상호 작용 시 이런 면을 잘 숙지하여야 합니다. 우리는 관찰과 간단한 접촉으로 상대에 대한 인상을 형성하는 경향이 있습니다. 당신을 접근하기 쉽고 적극적인 사람으로 여기는 인상은 이 장에서 강조하는 다양한 요소로 전달될 것입니다. 고맨과 다른 사회학자들의 표현을 빌자면 종합적으로 당신에 대한 "개인의 바깥 모습personal curb appeal"으로 간주되는 것입니다.

감성 지능

상식과 공연 용어의 확실한 이해는 훌륭한 무대감독에게 중요한 도구입니다. 그러나 다른 지식인 감성 지능도 마찬가지로 중요합니다. 종종 EQ로 불리기도 하는 이 용어는 심리학자인 피터 살로베이Peter Salovey와 존 마이어John D. Mayer가 1990년에 처음 사용했는데, 자신의 감정과 타인의 감정을 이해하고 인지하며, 그 감정을 이용해 공감대를 형성하고 문제에 직면하여 탄력적이고, 관계 형성에 성공적인 관리 능력을 말합니다. 이 용어는 다니엘 골맨Daniel Goleman 때문에 유명해졌는데, 이 주제에 대한 그의 연구가 이 분야의 선봉 중 하나로 남아 있습니다. 그와 다른 전문가들은 EQ의 다섯 가지 기본 역량을 자기 인식, 자기 조절, 동기 부여, 공감, 사교성으로 나눕니다.

자기 인식은 감정이 자신과 주변 사람들에게 미치는 영향을 인지하는 능력을 말합니다. 개인의 가치가 자신의 행동과 결정을 어떻게 형성하는지 인지하는 것도 포함합니다. 자기 인식이 뛰어난 무대감독은 얼마 남지 않은 기일이 좌절감을 유발하고, 불필요한 감정의 소요를 만들거나 기일이 다가오면 잘못된 판단을 하게 한다는 사실을 잘 알고 있습니다. 그래서 조명 큐 300개를 발견하고 테크 리허설 첫날 작업하는 재앙을 피하고자 일찌감치 프롬프트 북에 적기 시작할 수도 있습니다.

자기 조절은 타인에게 어떻게 반응하는가를 결정합니다. 만일 리허설을 마친 후 당신의 ASM(무대조감독, Assistant stage manager)에게 리허설 소집 공지를 수정하도록 믿고 맡겼는데, 다음 날 한 배우가 실수로 빠져 공연장에 도착하기 어렵고 리허설은 당장 시작해야 한다면, 야단을 치거나 앞으로 그런 종류의 책임 있는 일을 맡기지 않으려는 충동에 사로잡힐 것입니다. 자기 조절은 "침착하게 일을 처리하는breathe through it" 능력을 말하며, 차분한 태도를 유지하면서 문제를 해결하고 재발을 방지하려고 노력하는 능력입니다.

어떤 무대감독도 무대조감독과 팀원을 포함한 팀 없이는 성공할 수 없습니다. 훌륭한 리더는 팀에 **동기를 부여**하고, 팀원들이 일에서 가치를 찾고 좋은 성과와 더 큰 노력에 대한 기여에 보상받을 수 있도록 돕습니다. 세계 초연 연극에 참여하는 중에 대규모 수정이 일어나 소품 동선과 의상 동선이 거의 모두 수정될 판이라면, 늘어난 작업에 대한 악감정을 뒤로하고 수정된 대본이 출연자와 관객에게 얼마나 유익할 것인지 팀이 이해하도록 돕는 것은 무대감독의 일입니다. 깜짝 초콜릿이 달갑지 않다는 것은 아니지만, 외적인 동기와 일종의 "상"으로 비롯된 행동은 오래가지 못합니다.

공감도 역시 중요합니다. 공감은 타인의 감정을 읽고 결단을 내릴 때 이를 고려하는 능력입니다. 무대조감독에게 좋지 않은 일이 있다면 책상에 앉혀 놓고 대사 수정을 하도록 하는 것이, 빠진 연기자 역할을 대신하게 하거나, 돌아다니는 일을 하도록 하는 것보다 나을 것입니다.

사교성은 "목적이 있는 우정"으로 불리기도 합니다. 다른 사람들과 대화를 시작할 때 숨은 속내가 필요하다는 말이 아닙니다. 관계를 만드는 것에 집중하라는 제안입니다. 친분을 형성하고 공감대를 찾아내는 것에 가치를 두도록 합니다. 반드시 뭔가 필요해서가 아니라 의상실에 들러 그냥 인사를 나누는 것만큼 간단한 것일 수도 있습니다. 단지 일만이 아닌 사람에 투자하세요.

서면 소통

직접 만나 나누는 것이 최선인 정보가 있는 것처럼 서면 소통이 더 적절한 정보도 있습니다. 다음 주 연습 일정 변경 사항을 출연자들에게 일일이 전화하는 것보다 게시판에 붙이는 것이 더 빠릅니다. 수정 사항은 팀 전체에게 이메일로 보내는 것이 일주일 기다렸다 다음 모임에서 전달하는 것보다 효과적입니다. 특히 제작팀이 전국에 흩어져 있거나 도시 전역에 흩어져 있다면 확실히 더 실용적입니다. 표나 목록에 많은 양의 세부 정보를 수집하는 것이 한 시간에 걸쳐 설명하는 것보다 낫습니다. 그리고 억양과 신체 언어를 고려하는 것이 벅차다면 서면으로 전달하는 것이 안전합니다. 새로운 소품에 대한 연출의 비호감을 전달하거나 의상 피팅costume fitting에 배우가 참석할 수 없는 등의 내용은 면전에서 즉각적으로 부정적인 반응을 받지 않는다면 더 편안히 전달할 수 있는 건 당연합니다.

서면 소통은 정보에 대해 일정한 개인적 통제 수준을 제공합니다. 연습 일지를 출력하거나 이메일로 전송하기 전에 여러 번 고쳐 쓰며 "제대로" 확인할 수 있습니다. 서체나 색상을 이용해 문서의 수정 사항을 강조할 수 있고 벽보에 붙이거나 전송할 수도 있습니다.

이 책 전체에서 개별 양식과 일지를 만드는 방법과 이유를 발견할 것입니다. 일단 만들고 나면 배포 방법이 중요합니다. 서면 소통을 공유하는 데 필요한 각 방법에는 무대감독이 반드시 고려해야 할 사항들이 포함됩니다.

이메일

오늘날 이메일이 없는 세상을 상상하는 것은 거의 불가능합니다. 사적인 소통이나 전문적인 소통이나 이메일은 어느 때고 수신자가 그 시점에 자리에 있건 없건 정보를 공유할 기회를 제공합니다. 또한 멀리 떨어진 곳에도 쉽게 소통이 가능합니다. 무대감독은 타지역에 있는 디자이너에게 질문할 수도 있고, 일과를 마친 후 연출에게 수정한 일정을 공유할 수도 있으며, 출연자 전체에게 동시에 노트를 전달할 수도 있습니다. 이메일의 도입은 정보의 흐름을 원활하게 하는 과정에서 주요한 진보를 이루었습니다.

이메일은 소통을 위한 표적 경로를 제공합니다. 세부 정보를 구체적으로 해당 개인에게 보낼 수 있습니다. 동료가 퇴근길에 게시판을 지나지 않거나 자신의 사무실 앞을 지나지 않는다고 해서 중요한 정보를 놓칠 위험이 없습니다. 이메일은 현장 인력에 게조차 인쇄된 일지를 놀리는 것보다 시기적절합니다. 의상 디자이너가 공연장 도착 전에 쇼핑하러 갈지 말지 망설이고 있을 때, 연습 일지를 집에서 받아 보고 첫 의상 피팅 회의가 오전 10시가 아니라 오후 1시에 있다는 사실을 아는 것은 큰 차이가 있습니다. 대개 분명하겠지만, "오전 혹은 오후"를 표기하는 것이 좋습니다. 제작팀이 테크 리허설 중 하루 종일 작업 중이라면 아마 의상 피팅 일정을 일상적이지 않은 시간대에 잡을 것입니다.

그러나 이메일의 편리성에도 불구하고 보통은 게시판만큼 공개적입니다. 무대감독은 일지나 개별 메시지를 보내면서 "전달 금지" 차단 기능을 설정할 수 없습니다. 이는 전송되는 어떤 메시지라도 결국 누구한테고 전달될 수 있다는 뜻입니다. 수신자에게 포함되지 않았다고 하더라도요. 이런 이유로 서면에 담는 어떤 것이라도 공개되는 정보라고 예상하고, 대면 소통에서와 유사한 지침을 가지고 이메일에 접근하는 편이 좋습니다.

명료함과 정확함을 다시 한번. 단어 선택과 문법이 다시 강조됩니다. 심지어 대면 소통에서보다 더 중요합니다. 시간을 두고 철자가 틀리지 않도록 완전한 문장으로 작성하면, 담은 내용을 잘 이해할 가능성이 커집니다. 대개 문서 작성 프로그램들은 철자나 문법을 점검하는 교정 도구가 내장되어 있습니다. 한번 사용해 보세요. 마이크로소프트 워드에 극장 용어가 다 담겨 있는 것은 아니지만, 일반적으로 입력 시에 나타나는 빨간색이나 녹색으로 그려진 구불거리는 밑줄은 생각만큼 문서로 내용 전달이 잘되지 않았다는 신호입니다. 하지만 소프트웨어에 너무 의존하지는 맙시다. 프로그램은 내용의 오류를 잡아내지는 않습니다. 의상 피팅이 1시냐 1시 반이냐, 이름과 날짜, 시간이 맞는지 스스로 작업을 확인해야 합니다.

격식과 전문성. 서면 소통은 일반적으로 사람과 대화하는 것보다 공식적인 소통 수단으로 여겨집니다. 이것은 거리감도 있고 읽는 이가 쓰인 내용의 맥락에 접근하지 못하기 때문입니다. 무대감독이 문장으로 글을 완성해야 할 필요는 없지만 시간을 들여 철저하고 전문적일 필요는 있습니다. "말하듯 쓰는" 글은 업무용 이메일에는 적합하지 않습니다.

어조. 공격적이거나 비난하는 어조는 글에서도 드러납니다. 요구 사항을 전달하기보다 답을 구하는 질문처럼 문장을 표현할 기회를 찾아봅시다. 가능하면 "잊어버렸다", "잘못했다", "해야 했다"와 같은 단어나 문장을 피합니다. 새로운 소품이 해당 장면에서 성공적으로 보이지 않으면, 글로 자세한 사용 요건을 분명히 쓰거나 직접 만나 대화할 기회를 찾아봅시다. 이런 선택으로 모두가 만족스럽게 조정하고 과거의 오해를 해소하도록 합니다.

맥락은 변합니다. 이메일이 정보를 즉시 전달하기는 하지만, 무대감독을 그 자리에 보내 설명하도록 하는 것은 아닙니다. 무대감독은 "보내기" 버튼을 누르는 순간 통제할 수 없습니다. 서면 소통은 문법적으로 적확하고 전문적으로 쓰여야 할 뿐 아니라 중립적이고 객관적이어야 합니다. 당신의 냉소적인 유머 감각이 마크 트웨인 문학상에 필적한다고 생각할지 모르지만 모든 사람이 그렇게 생각하는 것은 아닙니다. 무대감독은 예측할 수 없는 일이 많습니다. 일지를 받아 보는 사람이 책상 모서리에 발을 찧었는지, 가족에게 안 좋은 소식을 들었는지 또는 기저귀 사는 것을 잊고 비를 맞고 다시 돌아가야 하는지 알 수 없습니다. 당신의 정보가 불분명하고 부적절하게 읽힌다면, 의도치 않게 제작팀의 핵심 인원을 소외시킬 수 있습니다.

소셜 미디어

이메일은 이제 더 이상 메시지를 보내는 유일한 전자적 수단이 아닙니다. 페이스북 Facebook, 트위터Twitter와 같은 다른 소셜 미디어 도구들이 주변에 흔히 있어 순식간에 정보를 공유할 수 있습니다. 때로는 이메일보다 빠르기도 합니다. 이런 편리한 도구들이 개인적인 생활에 유익하고 공연 마케팅에도 중요해지고 있습니다. 하지만 무대감독의 전문적인 소통에 항상 적합한 것은 아닙니다.

트위터는 쉬운 도구입니다. 만약 출연자 혹은 제작팀 모두가 계정을 가지고 있다면 회의 알림이나 공지 사항을 보내는 가장 효과적인 방법일 것입니다. 280자 제한으로 자세한 수정 일정을 전할 수는 없지만 대규모 그룹을 동시에 같은 동일한 정보로 안내하기에는 훌륭한 도구입니다. 하지만 메시지 글자 수를 맞추려면 전문적 스타일을 타협해야 할 수 있습니다. 실용적인 관점에서 무대감독은 자기 계정을 갖고 있어야 하고 그룹 내 모든 사람이 각자 계정이 있다는 것을 알아야 합니다. 한 명을 제외한 모든 출연자가 트위터를 사용하며, 각 출연자가 남긴 트윗을 나머지 한 사람에게 이메일이나 문자 메시지에 첨부해 보내려는 경우를 생각해 봅시다. 하지만 이 과정을 잊어버린다면 어찌 될까요? 그리고 유명인의 신상이나 오늘의 격언으로 끊임없이 늘어나는 누군가의 대문에 중요한 일정 변경 사항이 묻히도록 두겠습니까?

인스타그램Instagram은 사진을 공유하는 플랫폼으로 시작했습니다. 하지만 이제 사진, 동영상, 실시간 방송이 가능하며, 문자 전송 기능도 갖추고 있습니다. 내 계정 내용물이 귀여운 강아지나 편의점 음식들뿐이라 해도 계정을 나누어 쓰길 추천합니다.

언뜻 보면 프로덕션용 페이스북 그룹을 만드는 것에 다소 단점이 보일 수 있습니다. 무대감독에게는 전체 출연진이나 제작팀 모두가 볼 수 있는 단일 게시판이 생길 수 있으며, 파일을 올리는 기능도 있습니다. 그러나 만약 여러분이 고양이 동영상이나 친구들과 근황을 나누는 용도로 주로 사용하고 있다면, 개인 페이지에서 작업 그룹으로 옮길 때마다 적절한 직업적 어조로 전환해야 하는 것이 생각보다 어려울 수 있습니다. 또 생각해 봐야 할 점은 사생활의 영역입니다. 홈페이지 설정이 친구 공유로만 되어 있고 그룹에는 차단되어 있는지 확인했나요? 그룹 내 모든 사람이 다 알고 있을까요? 그룹이 공개 설정이고, 검색 엔진으로 검색 가능하다면, 올리는 게시물을 다시 살펴봐야 할 것입니다. (때로 개인 계정의 기본 정보도 검색으로 찾을 수 있습니다. 전문가의 길로 들어서면 사진 태그에 나타날 만한 키워드나 별명이 출연진이나 미래 고용주에게 노출되지 않도록 해야 합니다. 잘하면 부끄럽고 말지만 최악의 상황에서는 자격 미달로 생각됩니다.) 이와 유사한 상황을 생각해 보길 바랍니다. 대학 교수로서 대부분의 학생이 열정적인 페이스북 사용자임을 알기 때문에 새 학기가 시작될 때마다 새로운 친구 신청에 매번 동일하게 반응합니다: "여러분이 졸업하는 순간 우리 관계를 좀 더 사적으로 확장하는 것을 기쁘게 생각합니다. 하지만 그때까진 왜 여러분이 과제를 늦게 제출하는지 알고 싶지 않습니다. 물론 여러분도 내가 알게 되길 바라지 않겠지만!" 물론 모든 교수가 이렇게 생각하는 것은 아니고 스스로 예외도 만들어 왔지만, 사적 소통과 공적 소통이 섞이면 후회스러운 혼선이 생길 가능성이 있습니다. 만일 이 온라인 수단을 선택한다면, 페이지가 유용하면서도 전문적으로 유지되는 방법에 대해 진지하게 생각해 보길 바랍니다.

페이스북에는 그룹을 만드는 몇 가지 선택 사항이 있습니다. "닫힌" 그룹은 플랫폼 이용자는 누군가 볼 수 있지만 글을 남기거나 댓글을 달 수는 없습니다. "비공개" 그룹은 이론적으로는 검색되지 않고 초대받은 페이스북 이용자들만 볼 수 있습니다. 페이스북을 정보 매체로 사용하려는 무대감독은 이런 차이점을 비교해야 합니다. 아래 게시판에 대한 내용을 읽겠지만, 출연자들이 볼 연습 일지를 만드는 것은 까다롭습니다. 왜냐하면 맥락 없이 읽기가 쉽기 때문입니다. 제작팀 전체와 출연자가 한 그룹의 구성원이라면, 인터넷상에서 비공개라 하더라도, 모든 사람이 모든 게시물에 접근합니다. 무대감독은 두 개의 다른 그룹을 만들고, 의상 피팅 일정 등의 정보를 두 그룹에 모두 중복해 게시하거나, 한 그룹만 만들고 일지나 유사한 다른 문서들은 이메일로 보낼 수도 있습니다. 이렇게 하면 전달 사항이 잘못 읽힐 여지가 없습니다. 하지만 과거 일지에서 전달 사항을 찾으려는 디자이너가 자신의 메일함에서 찾을 수 없어 별도 장소에 일지를 저장하려는 기회가 사라지기도 합니다.

개인정보 보호도 문제입니다. 과거 몇 년 동안 페이스북에서 개인정보 유출에 대해 기사와 방송에서 많이 다루었습니다. 사용자 정보에 외부인이 부적절하게 접근하거나 페이스북에 의해 의도치 않게 정보가 노출되었습니다. 배우나 제작 팀원 중 누군가가 페이스북 사용을 꺼리는 사람이 생길 수도 있습니다. 단지 작업용으로만 사용하고 계정에 연결된 정보가 이메일뿐이라도, 여전히 스팸이나 피싱 메시지에 노출될 수 있습니다. 신중한 무대감독은 그런 우려를 그저 무시하고 페이스북이 아니면 안 된다는 식의 주장을 하지는 않을 것입니다. 무대감독은 여전히 동시 소통이라는 과제에 직면할 것입니다. 페이스북을 사용하든 아니든 모두에게 최신 정보를 동일하게 공유할 수 있어야 합니다.

게시판

극장 게시판은 정보를 배포하는 가장 전통적이며 공개적인 방법입니다. 특히 구성원들이 동시에 한 곳에 있을 수 없는 경우 대규모 그룹에 세부 정보를 공유하기에 유용합니다. 또한 눈에 잘 띄는 곳으로서 늘 필요하지는 않아도 정보를 지속적으로 보관할 수 있는 곳입니다.

게시판에 적절한 내용이 있듯이 그렇지 않은 내용도 있습니다. 배우 조합은 배우들의 개인정보가 들어간 주소록을 게시판에 공유하는 것을 금지합니다. 그리고 학교 공연의 경우 연방 학생 개인정보 보호법을 위반할 수 있습니다(역주: 미국의 경우). 이런 규정이 아니더라도 그런 정보를 게시하는 것은 개인정보 보호를 위해 여전히 좋지 않은 선택입니다.

어떤 공연에서는 연습 일지를 게시하거나 회의록을 게시할 때 나름 선호하는 방법이 있습니다. 보통 이런 정보는 개인정보 보호와는 관련이 적고, 게시하는 위치와 외부인이 읽고 내용을 오독할 가능성과 관련이 있습니다. 극장에는 하나 이상의 게시판이 있을 텐데, 게시 내용이 그 게시 위치와 관련이 있어서 연습 일지는 제작소 밖 게시판에, 일일 일정은 연습실 밖에 게시하는 식입니다. 현재 작업 중인 공연 제작사나 관련 학과에 아마도 공식적인 지침이나 관습이 있어 게시 내용에 대해 안내할 것입니다.

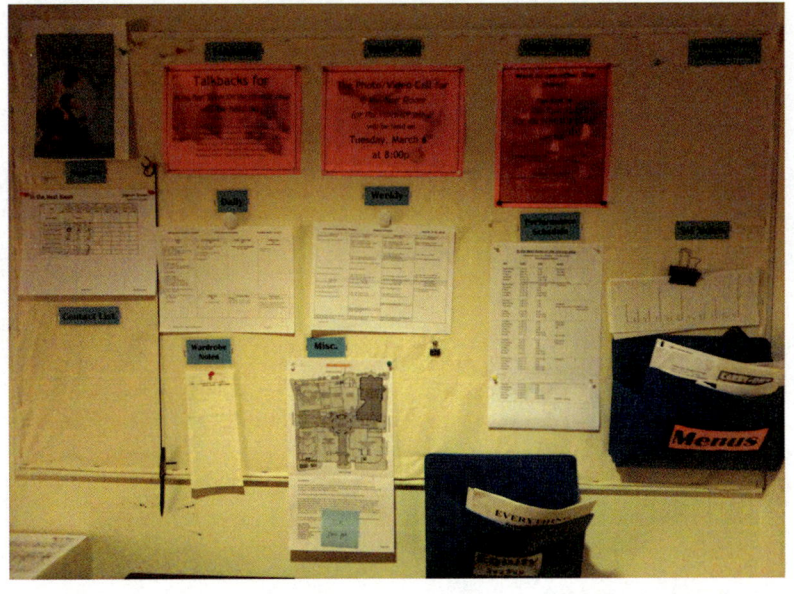

그림1.8 밀워키 레퍼토리 극장Milwaukee Repertory Theatre 연습실 외부에 붙은 게시판. 사진 데이비드 하티그David Hartig

본래 게시판은 극장이나 연습실 복도에 붙은 커다란 코르크 보드처럼 물리적인 개체였습니다. 출연자나 제작팀원들이 필요할 때마다 확인할 수 있습니다. 연습 일정, 공지 사항, 목록이나 분류와 같은 보관 자료 등을 위한 이상적인 장소입니다. 미국배우조합 작품이라면, 조합이 출연자들에게 사용할 수 있는 특정 정보를 제작사에 제공합니다. 보통 기한에 민감한 사항도 아니고 개별 공연에 적용되는 구체적인 내용도 아니라 게시하기에 적당합니다. 게시판이 연습실 복도와 가깝다면 출근 확인부를 붙이기에도 좋습니다. 출연자가 당일 도착 여부를 알릴 수 있는 중앙 관리용 보고서이며 무대감독 팀이 출연자 출석 여부를 한 곳에서 확인할 수 있습니다.

미국배우조합AEA 게시판

출근부나 일정처럼 편리한 문서에 더해 미국배우조합은 연기자를 위해 반드시 게시해야 할 몇 가지 정보를 정하고 있습니다. 계약에 따라 목록이 다소 다를 수는 있지만, 일반적으로 아래 내용을 포함합니다.

- 업무상 부상 처리 절차
- 상해 보험과 보험 번호
- 외과, 치과 등 지역 병원 이름과 연락처
- 비상시 출연자들이 접촉할 제작팀원의 연락처
- 귀중품 보관에 관한 제작사 대책
- 연습실 촬영 및 녹음 관련 세부 사항
- 출연자의 책임에 관해 정한 미국배우조합 서식
- 작품에 따른 특정 배역 및 일정 조정
- 대역, 포그와 헤이즈에 관한 요구 사항 또는 작품에 사용하는 연기자 개인 의상의 대여 조건

미국배우조합원이 참여하는 공연에 게시판의 크기와 위치를 선정할 때, 무대감독은 모든 필요 사항이 게시될 수 있게 확인해야 합니다. 무대감독이 조합으로부터 받는 정보에 위 몇 가지 사항들이 포함됩니다. 조합의 규정에 따라 연기자에게 다음 날 연습 일정의 세부 사항을 최소 12시간 전에 전달해야 합니다. 게시판에 목요일 일정을 당일 종일 붙여 놓는 것이 편할 수는 있지만, 연기자들이 모두 연습에 참여하고 해당 문서를 확인하도록 안내하지 않는 한 수요일에 붙여 놓는 게시물은 공지 규정을 지킨 것으로 보지 않습니다.

오늘날 기술의 시대에 게시판은 물리적인 형태에 국한되지 않습니다. 많은 공연에서 작품이나 공연 시즌용 웹사이트와 같은 전자 게시판을 사용하고, 여기에 유사한 정보를 게시하고 보관합니다.

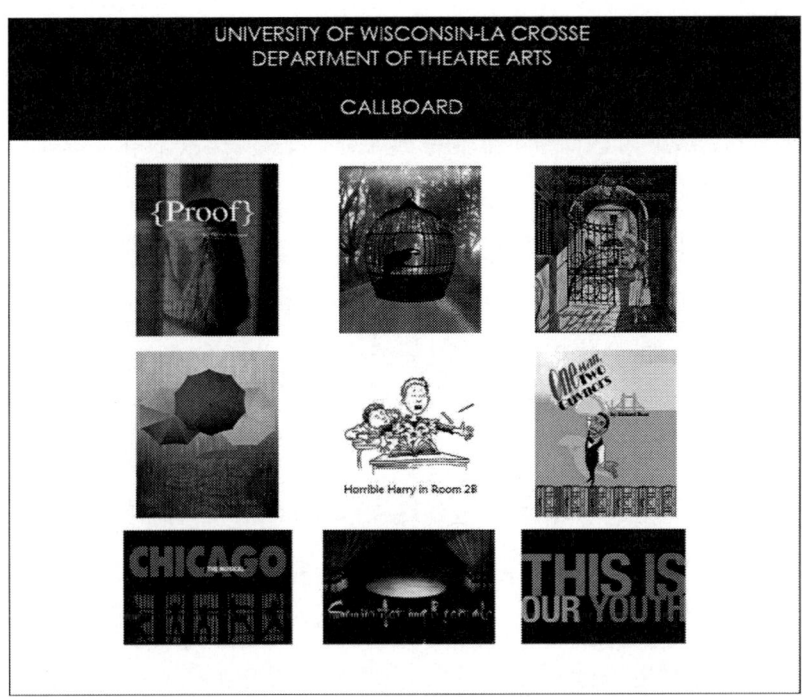

그림1.9 UWL 극장 게시판 홈페이지

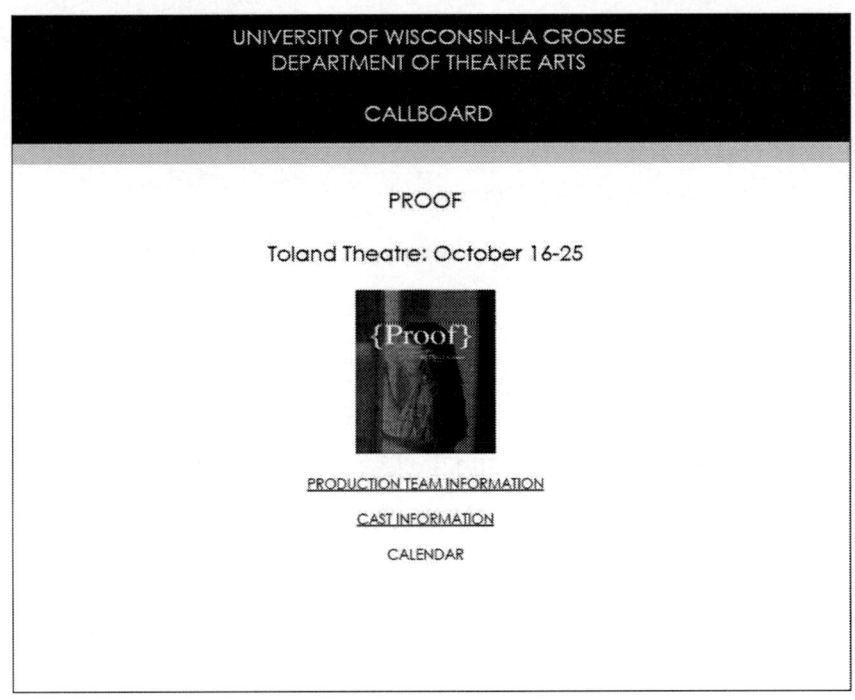

그림1.10 공연 「Proof」 홈페이지

전자 게시판은 과거 출력본에 비해 여러 장점이 있습니다. 무수히 많은 수의 문서를 올리고 서로 연결할 수 있습니다. 문서 제목만 넣은 페이지를 만들면, 핀으로 고정하는 게시판보다 훨씬 깔끔하게 많은 정보를 정돈할 수 있습니다. 그림1.8의 밀워키 레퍼토리 극장의 공연 게시판은 주어진 공간을 매우 잘 활용하고 있습니다. 작품에 필요한 정보와 미국배우조합 서류를 위한 폴더, 점심과 저녁 메뉴에 익숙하지 않은 타지에서 온 배우들을 위해 주변 음식점 메뉴를 한 곳에서 찾을 수도 있습니다. 하지만 공간이 거의 꽉 차서 더 많은 정보를 게시하기 어렵습니다. 전자 게시판은 더 많은 정보를 담을 수 있고 세분화할 수 있어 연기자나 제작팀원들이 각자 관련 내용에 방문할 수 있습니다.

그림1.9에서 위스콘신 라 크로스 대학 공연예술학과의 전자 게시판을 볼 수 있습니다. 홈페이지에서 당해 시즌 각 작품의 제목과 이미지를 보여 줍니다. 클릭하면 해당 공연 페이지로 이동합니다. 이 사이트의 전반적인 서식은 간단하고 중립적이지만 각 페이지에는 작품별 해당 내용이 구체적으로 담겨 있습니다.

그림1.10에서 1.12에서 볼 수 있듯이, 「증명Proof」이라는 작품의 아이콘을 클릭하면 출연자와 제작진은 해당 공연 전용 페이지로 들어갈 수 있습니다. 다음 링크들을 따라 들어가면 각자 필요한 정보에 도달합니다. 이런 전자 게시판이 "구식" 게시판보다 많은 문서를 담고 있으며, 일상적으로 필요할 수 있는 정보와 과거 배포된 서류들도 보관하고 있음을 쉽게 알 수 있습니다. 출연자나 디자이너들이 정보를 잃어버린 경우 언제든지 사본을 얻을 수 있습니다.

연기자와 디자이너가 동일한 정보를 원하는 경우, 무대감독이 한 곳에서 정보를 입력하면 여러 곳에서 찾아볼 수 있습니다. 제작진 페이지 주메뉴인 "문서" 아래 첫 두 항목은 주간 일정과 현재 의상 피팅 일정입니다. 하지만 이 섹션의 다른 항목들과 마찬가지로 문서 링크처럼 보이지만, 실제로는 출연진 페이지에서 해당 정보가 입력된 곳으로 가는 북마크입니다. 디자이너가 필요한 자세한 내용이 있다면 빠르게 접근할 수 있으며, 무대감독은 한 번만 수정하면 됩니다.

전자 게시판에서는 문서 형태가 아닌 정보들도 게시할 수 있습니다. 지난 시즌 작품인 「판스워스의 발명The Farnsworth Invention」에서 무대감독은 작품에 쓰일 여러 영상 자료 수집을 도와야 했습니다. 홈페이지 해당 작품 섹션에 페이지를 추가하여 9개의 영상 자료를 분류해 게시하였습니다(그림1.13).

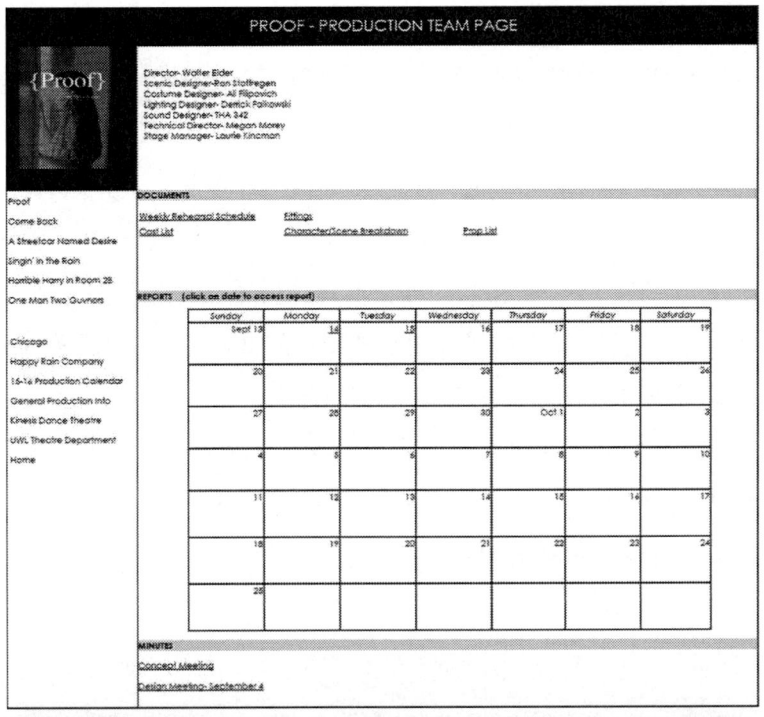

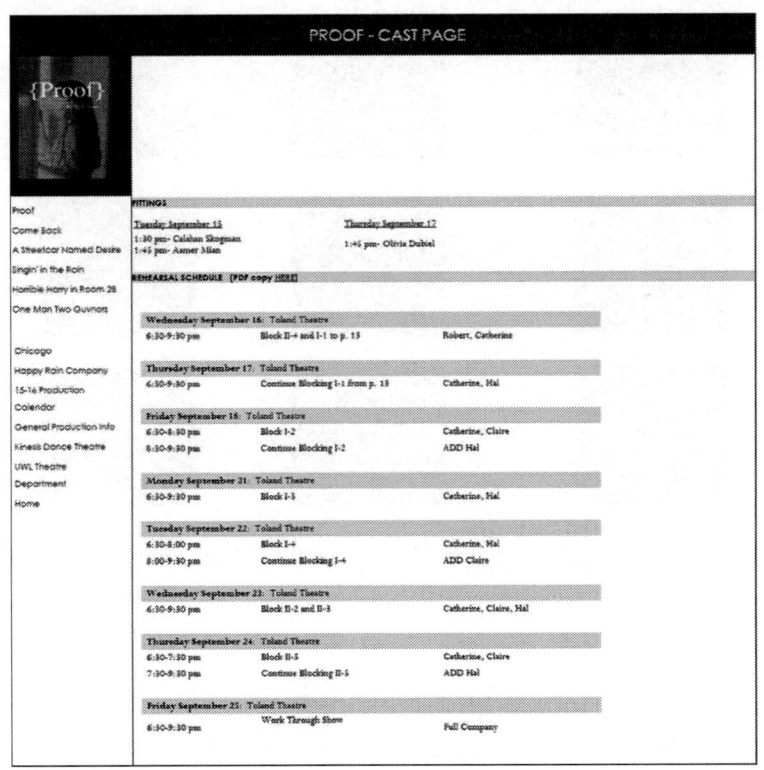

그림1.11과 1.12　「Proof」의 출연진과 제작진 하위 페이지

다른 작품들은 이런 유형의 정보가 필요하지는 않았지만 전자 게시판은 필요에 따라 작품별로 맞춤 설정이 가능합니다. 전통적인 게시판에서 이런 유용한 자료를 게시하는 것은 불가능합니다. 영상 자료가 있는 인터넷 주소를 글로 적는 정도가 가장 현실적이겠지만 그다지 편리하지는 않을 것입니다. 여기서는 영상 자료를 직접 삽입해 바로 시청할 수 있습니다. 게다가 좀 더 재미있는 자료를 위한 공간도 있습니다. 이 연극은 아론 소킨Aaron Sorkin이 썼기 때문에 그의 유명 작품을 인용한 "이 주의 웨스트 윙West Wing of the Week"을 아래 구석에 만들었습니다. 이곳은 배우들에게 소킨의 글쓰기 스타일을 대사로 살리는 방법에 대해 간접적으로 연구하는 데 도움이 됩니다. 하지만 이 드라마의 팬이면서 작품에 참여 중인 사람들에게 웃을 거리를 주기도 합니다. 반드시 봐야 하는 자료는 아니지만, 무대감독이 연습 기간에 애청자들에게 약간의 즐거움을 주는 용도로 사용했습니다.

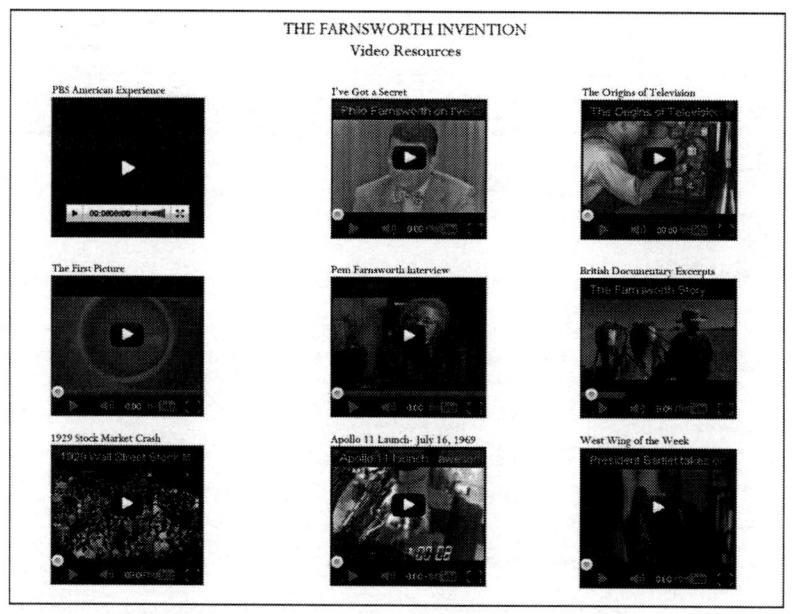

그림1.13　「판스워스의 발명」의 영상 자료 페이지

이런 온라인 게시판이 페이스북 그룹의 훌륭한 대안입니다. 그리고 인터넷 혁명 덕분에 무대감독이 이런 웹사이트를 만들기 위해 프로그래밍 전문가가 될 필요는 없습니다. 워드프레스WordPress, 위블리Weebly, 윅스Wix와 같은 플랫폼에서 미리 만들어진 서식이나 온라인 강좌를 참고할 수 있습니다.

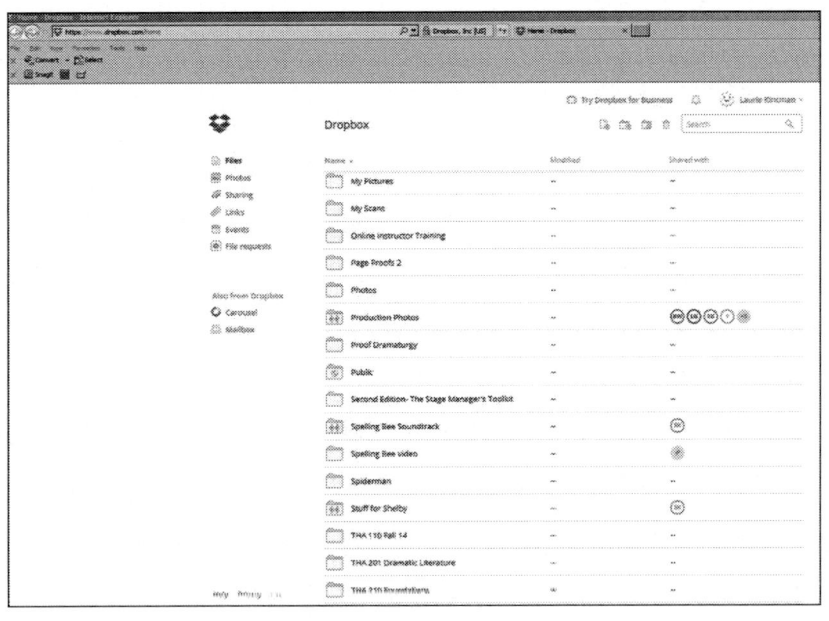

그림1.14　비공개 자료와 공유 자료들이 있는 드롭박스 계정 화면

파일 저장과 공유

온라인으로 옮겨 가는 세 번째 요소는 정보를 저장하고 공유하는 기능에서 찾을 수 있습니다. 무대감독이 세부 사항을 단순히 전달하기만 한다면, 이메일로 정보를 보내거나 웹사이트에 문서를 게시하는 것으로 충분할 것입니다. 하지만 정보가 유동적이라면 즉, 여러 사용자가 하나의 문서에 정보를 게시하고 편집한다면, 파일의 단일 위치를 식별하는 것이 필요할 것입니다.

클라우드 저장소가 나타나기 전에는 무대감독이 소품 목록을 만들고 연출에게 이메일로 보내 의견을 구하거나 추가하도록 하고 제작진의 관련자들에게 전달하였습니다. 정기적으로 새로운 사본을 이런 형식으로 처리했습니다. 하지만 이런 방식으로는 사용자가 최신 버전을 추적해야 하고, 만일 소품감독이 소품 목록에 메모를 남긴다면 무대감독에게 다시 보내 새로운 사본을 만들기 전에 내용이 합쳐지도록 해야 했습니다. 오늘날 무대감독이 온라인 저장소에 한 개의 소품 목록 파일을 저장하면 항상 최신 버전으로 사용할 수 있습니다. 가장 많이 사용하는 클라우드 저장 플랫폼 두 가지는 드롭박스Dropbox와 구글 드라이브google Drive입니다.

드롭박스는 기본적으로 온라인 하드 디스크 드라이브입니다. 업로드한 파일은 사용한 소프트웨어에 남아 있고 그 파일이나 폴더를 공유받은 사람은 작성자의 설정에 따라 보거나 수정할 수 있습니다. 마이크로소프트 워드에서 목록을 만들었다면 마이크로소프트 워드 문서로 남아 있습니다(나중에 다시 살펴보겠지만 구글 방식과는 다릅니다). 사용자는 드롭박스 계정에 가입해야 하지만 기본 요금제는 2GB의 공간을 제공합니다. 친구를 "추천"하면 추가 공간을 받습니다. 소프트웨어가 없는 사람과 파일을 공유한 후 해당 소프트웨어를 설치할 때마다 제공됩니다. 그리고 추가 공간을 구입할 수도 있습니다.

이런 기능으로 무대감독이 드롭박스 계정에 소품 목록을 업로드하고 소품감독과 제작진 누군가에게 공유할 수 있습니다. 각자 문서를 열고 수정할 수 있으며, 다음 사람이 문서를 열면 모든 수정 사항이 자동으로 나타납니다. 온라인 게시판 개발이 어렵거나 페이스북 그룹이 바람직하지 않을 때는 드롭박스에 프로덕션 폴더를 만들어 개별 디자인 영역이나 다양한 정보를 위한 하위 폴더를 만들면 유용한 웹 기반 정보 수집 장소 역할을 할 수 있습니다.

문서를 공유하지 않더라도, 드롭박스는 무대감독에게 여러 이점을 제공합니다. 무대감독이 문서를 업로드하고 공유하지 않아도, 휴대용 드라이브를 들고 다니지 않고도 사무실, 연습실, 집 어디서나 접근이 가능합니다.

드롭박스가 접근성에 대해 이전에 제기된 질문들에 대답이 될 수 있습니다. 드롭박스 폴더를 만든 사람은 각 하위 폴더에 접근 권한을 설정할 수 있고, 심지어 각 파일에도 설정 가능합니다. 플랫폼에서는 이를 "세부 권한"이라고 부릅니다. 이 기능으로 연습 일지를 어느 하위 폴더에 넣어 두고 일정과 의상 피팅을 다른 곳에 넣을 수 있고, 출연자들에게는 해당 파일에 보기 전용 권한만 설정할 수 있습니다.

구글 드라이브도 드롭박스와 유사한 특징을 갖습니다. 하지만 궁극적으로는 공유 문서를 만드는 기능을 갖추도록 설계되었고, 단지 저장소에 머무르지 않습니다. 드롭박스도 마찬가지지만, 사용자는 폴더를 만들 수 있고, 파일을 업로드하며, 둘 다 공유할 수 있습니다. 지메일Gmail을 사용한다면 구글 드라이브도 사용할 수 있습니다. 여러분이 업로드한 문서들, 업로드하고 공유한 문서들, 당신에게 공유된 문서들을 추적합니다. 이 플랫폼으로 폴더를 "구식 게시판"처럼 사용하려면 매우 쉽게 가능합니다.

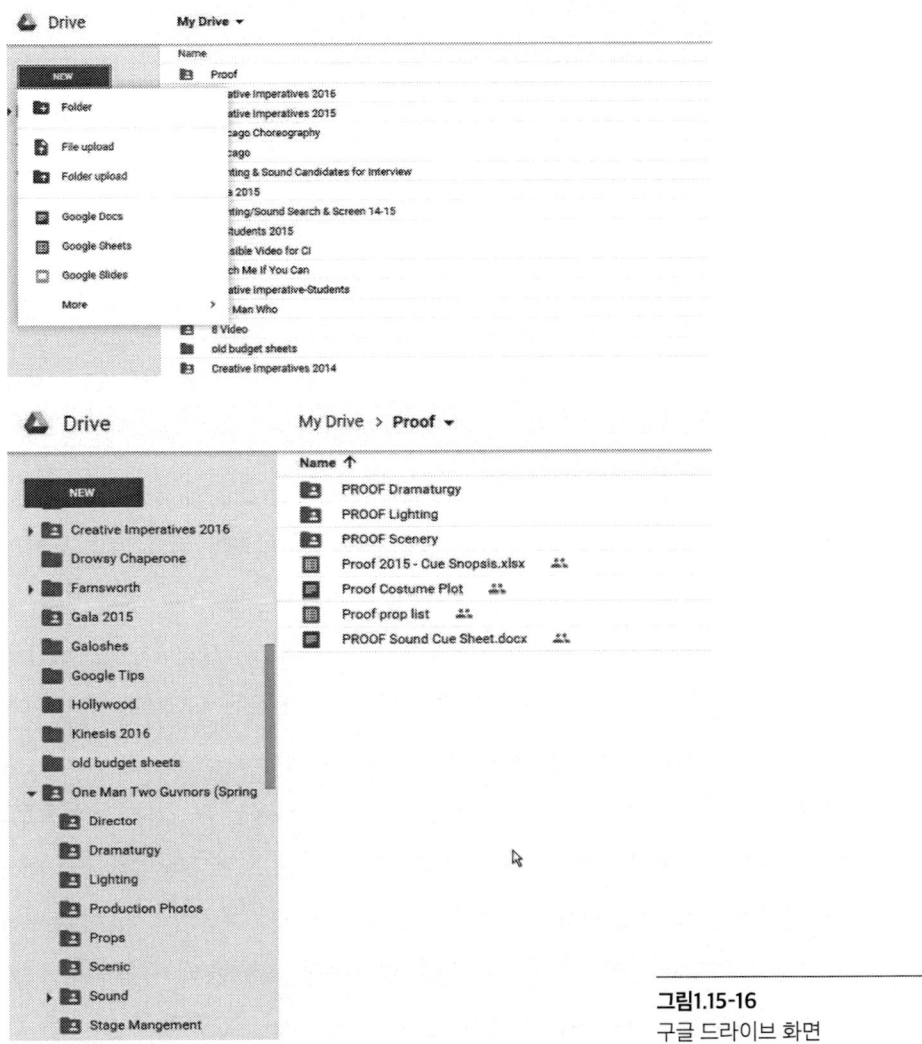

그림1.15-16
구글 드라이브 화면

그러나 구글은 보조 기능을 제공합니다. 만일 파일이 일반적인 워드 프로세서, 스프레드시트, 프레젠테이션용 프로그램으로 작성되었다면, 업로드할 때 해당 파일을 구글의 관련 프로그램으로 전환하는 기능을 선택할 수 있습니다. 마이크로소프트 엑셀에서 작성한 표를 "구글 시트Google Sheet"로 바꿀 수 있고, 워드 문서를 "구글 독스Google Docs" 문서로 변환할 수 있습니다. 파일 전환의 장점은 공유받은 사람이 프로그램이 설치되지 않아도 열어 볼 수 있다는 점입니다. 파일을 인식할 수 없거나 읽을 수 없다면 그 상태로 저장되어 다운로드만 가능합니다. 벡터웍스Vectorworks에서 작성된 평면도를 예로 들자면 어느 것으로도 변환되지 않고 온라인에서도 열어 볼 수 없습니다.

하지만 공유받은 사람은 파일을 다운로드받을 수 있습니다. 구글 드라이브 사용자는 문서, 스프레드시트 및 다양한 파일을 온라인에서 바로 만들 수도 있습니다.

구글 문서 프로그램의 가장 큰 단점은 서식에 제한이 있다는 것입니다. 사용 가능한 글꼴이 얼마 안 되고, 셀이 항상 병합할 수 있는 것이 아니며, 당연하게 생각하던 특수 기능들이 없습니다. 다음 장과 책 전체에서도 다루겠지만 서식은 문서를 이해하는 데 매우 중요합니다. 하지만 어떤 문서들은 많은 서식이 필요하지 않다는 것도 알게 됩니다. 여러 사람이 최신 정보를 공유하려고 끊임없이 수정하는 문서인 경우, 이것이 최선인 경우가 있습니다. 어느 정도 타협할 수도 있습니다. 나의 무대감독 팀은 장면 전환표의 초기 버전을 팀원들과 사용하기에 구글 시트가 최적의 방법이라고 생각합니다(6장 참조). 우리가 모두 문서를 열어 공연 초기에 동선을 정하는 작업 과정에서 상세 내용을 수정할 수 있습니다. 출력해서 배포할 때가 되면 문서를 다운받아 엑셀 워크시트로 전환하여 서식을 다듬습니다.

드라이브를 사용하는 무대감독은 연극과나 구글 스위트의 다른 프로그램을 사용하는 회사에서 일하는 경우가 많습니다. 구글 스위트에는 이메일을 포함하여 웹 페이지를 만드는 프로그램인 사이트Sites와 구글 캘린더가 있습니다. 마감일을 쉽게 알리고 회의 일정을 위해 참여 가능 일정을 조정할 때 사용할 수 있는 다른 프로그램입니다. 드롭박스와 구글 외에 몇 개 독립 회사들이 만든 소프트웨어를 통해 메시지 보내기, 일정 만들기, 파일 저장 등의 기능을 무대감독에게 제공합니다. 현재 일하고 있는 곳이 클라우드 베이스 기능을 사용하지 않는다면, 버추얼 게시판VirtualCallbord, 콜보드 앤 코Callboard & Co 혹은 사용 가능한 다른 온라인 도구들 중 하나를 찾아볼 수 있습니다.

섞어 쓰기

결국, 정보를 공유하는 최고의 방법을 결정하는 것은 무대감독의 결정입니다. 세 가지 기본적인 원칙을 다시 한번 상기합니다: 신중하고, 시기적절하고, 구체적이어야 합니다. 글로 쓰기에는 전달 내용에 오해의 여지가 많은가요? 그럼 직접 만나 대화할 수 있습니다. 여러 사람에게 직접 정보를 전달하기에 시간이 부족한가요? 이메일 배포를 생각해 볼 수 있습니다. 작업이 작거나 필요하지 않은 일반 정보인가요? 아마 게시판이 좋은 방법일 수 있습니다.

때로 한 가지 이상 여러 방법을 사용하게 될 때가 있습니다. 동선을 위한 초기 연습 시기에는 소품 노트가 많은 악명이 높은 시기입니다. 오전에 소품실에 들러 본다면 지난밤 일지의 내용을 직접 확인할 수 있는 기회가 생깁니다. 다양한 분야의 질문을 제작 회의에서 나눌 수 있습니다. 논의와 그 자리에서 나눈 해결 방법이 반영된 노트들을 남깁니다. 다음 날 연습 일정은 당일 일정 뒤에 공지됩니다. 하지만 온라인 게시판에 남기거나 전화로 통지하기도 합니다. 이런 예에서 볼 수 있듯이, 중복 게시가 도움될 수 있습니다. 특히 적극적으로도 수동적으로도 배포하려는 정보가 섞여 있는 경우가 그렇습니다. 하지만 모든 곳에 모든 정보를 게시하는 것에는 조심해야 합니다. 정보 과다로 이어져 출연진과 제작진이 게시판과 이메일을 무시하기 시작하며 "이미 아는 정보구나"라고 생각할 수 있습니다.

공연 조직 내 소통

여느 조직과 마찬가지로 공연 제작사는, 단일 작품 제작사라 하더라도, 고유한 조직 구조를 갖습니다. 연출은 작품의 전체적인 방향을 이끄는 책임을 갖고, 디자이너들은 시청각 언어를 제공하는 창의적인 기술을 활용하고, 연기자들은 인물에 생명을 불어넣고, 무대감독은 그들 모두를 상세한 정보와 그 흐름을 만들어 내면서 관리합니다. 때로는 이런 관계가 피라미드 형태로 나타날 수도 있고, 다른 경우에는 여러 원이 교차하는 형태로 보일 수도 있습니다. 그 형태가 어떨지라도 무대감독은 누군가가 틀린 정보를 갖고 있을 때, 때를 놓칠 때, 늦게 도착할 때를 지적할 필요가 있는 순간에 필연적으로 직면할 것입니다. 제작팀의 다른 사람들과 동등한 전문적인 수준이건, 학생 수준이건 전문적으로 소통하는 것은 매우 도움이 될 것입니다.

이는 학생 무대감독으로는 가장 어려울 것입니다. 출연진이 동급생일 테고 아마도 가까운 친구일 것입니다. 연출은 선생님이며, 아마도 현재 듣고 있는 수업 담당 교수일 수도 있습니다. 그래서 여러분의 절친이 친구의 지시를 어떻게 진지하게 받아들이게 할까요? 또는 교수님의 노트가 틀렸고 무대 장치가 그 위치에서는 무대로 나올 수 없다고 말할 수 있을까요? 신중함과 시기적절함, 구체성이 여기서도 역시 도움이 될 것입니다. 친구에게 배우와 무대감독의 관계는 개인적인 관계에 하나를 더하는 것이라고 설명하도록 합시다. 공연을 잘 해내기 위해, 친구라도 연습에 늦는 경우 남들이 그럴 때와 마찬가지로 연락하고, 연습 일지에 해당 항목이 있다면 기록을 남겨야 합니다. 친구가 특별한 대우를 원한다면 옳은 일은 아닙니다. 우리의 대면 소통 지침을 생각해 봅시다. 다른 사람들 앞에서 당황스럽지 않도록 개별 시간을 만들어 이야기해 보도록 합시다. 친구의 행동이 다른 출연진들에게 미치는 영향에 대해 간결하게 설명해 줍니다. 만일 개인적인 문제로 지각한다면 약간의 전문적인 거리를 유지하면서도 공감을 표현합시다. 하지만 무대감독으로서 출연자가 정시에 오도록 돕는 것에 집중하고, 그날 저녁 어떤 아이스크림을 먹고 놀지는 나중으로 미뤄 둡시다. 친구와 일을 모두 존중함으로써 친구가 당신의 직업 윤리에 따라오도록 유인책을 만들 수 있습니다. 문제의 연기자가 친구와는 거리가 먼 반대 상황에서도 같은 규칙을 적용합니다. 연습 중일 때는 그 사람이 과거에 여러분과 개인적인 악연이 있었는지가 중요하지 않습니다. 물론 쉽지 않습니다. 하지만 여러분이 노력한다면 상대도 그럴 것입니다.

권력의 역할이 작용할 때도 마찬가지입니다. 교수님이 소파가 문을 통과하지 못한다는 사실을 듣고 자신에게 화를 낼지 걱정한다고 해서 문이 커지는 것은 아닙니다. 저 역시 여전히 "틀렸다"는 말을 피하고자 하지만, 공간 문제를 끄집어내는 것으로 디자이너나 기술감독과 대화를 끌어내거나 적어도 전환 동선을 미루지 않고 바로 수정할 것입니다. 연출이 원하는 것은 정보입니다. 또 바른말을 했다고 해서 시험 성적에 영향을 주지 않을 겁니다.

물론 글이 실천보다 쉽다는 것을 압니다. 하지만 여러분은 혼자가 아닙니다. 저도 한때는 학생 무대감독이었고, 확실한 건 이런 것들이 학생들에게만 해당하는 것은 아니라는 것입니다. 무대감독으로서 앞으로 정말 다양한 사람과 일할 것이고, 그중 많은 사람이 여러분보다 경험이 많거나 경력이 더 화려할 것입니다. 여러분이 자기 일에 진지하게 임하며 과정과 동료들을 존중한다면, 여러분이 2학년인지, 신입 조합원인지 혹은 공연을 처음 하는지 따위는 매우 덜 중요할 것입니다.

다음 장에서는 서면 소통의 몇 가지 기본 원칙들을 살펴볼 것입니다. 전달을 위해 선택한 방법이 무엇이든지, 여러분이 세부 내용을 누구에게 전달하든지, 서식이 정보를 이해하는 것에 주는 영향을 들여다볼 것입니다.

chapter 2

문서 디자인의 원칙

이번 챕터를 보고 아마 이런 생각을 하지 않을까 합니다. "내가 왜 이런 걸 알아야 하지? 내 일은 본질을 전하는 일이지, 형식이 아닌데?" 무대감독이 해야 할 일에 문서 디자인은 없지만, 형식은 우리가 책임지고 있는 본질에 미치는 영향이 큽니다.

『문서는 당신의 적이 아니다』의 저자 레베가 헤이건Rebecca Hagen과 킴 골롬비스키 Kim Golombisky는 좋은 시각 디자인에 대해 매우 적절한 정의를 제시합니다. "시선을 사로잡아, 페이지와 화면 위 눈의 움직임을 통제하며, 정보를 전달하고, 감정을 자극합니다." 무대감독이 위 목록 중 4번째에는 관여하지 않겠지만, 앞 3가지는 고려해 봐야 합니다. 일정이나 표를 받아 본 사람이 여러분이 보낸 정보를 이해하지 못한다면, 전달하지 않은 것과 같습니다. 배치, 글꼴, 연속성에 관한 기본 개념을 이해함으로써 무대감독은 서류를 준비하고 전달하는 것에 소비한 시간을 헛되이 보내지 않게 됩니다.

고등학교나 대학에서 과제를 써 본 사람이라면 과제 설명에 붙은 지정 서식 지침을 기억할 것입니다. 내용이 다음과 유사할 것입니다: "타임즈 뉴로만 서체, 12포인트, 2줄 간격, 참고 자료는 보고서 마지막 참조 문헌 페이지에 적을 것. 이름은 보고서 왼쪽 상단 모서리에 적고 페이지 번호는 아래 여백 중앙에 적을 것."

선생님이 이런 지시 사항을 넣은 것은 여러분의 창의성을 가로막기 위한 것이 아니라 제출물들에 공통성을 주어 내용에 초점을 맞추기 위한 것입니다. 최소 혹은 최대 페이지 수만 주어지는 경우처럼, 약삭빠른 학생에게 지침을 대강 주면 어떻게 요령을 피울지 잘 알 것입니다: 여백을 표준보다 6밀리 늘이거나 줄이고, 글꼴은 11.5나 12.5로 키우며 글 내용의 변화 없이 페이지 수만 늘리거나 줄이겠지요. (사실, 가르치는 입장에서 이런 속임수는 다 보인답니다. 그래서 학생들이 생각하는 것만큼 덕을 보지는 못합니다.)

이는 사실 문서 디자인의 한 양식입니다. 전체적으로 시각적인 스타일은 학생이 선택하지 않습니다만 서체를 고르고, 배치하면서, 하지만 미묘하게, 페이지에 담긴 정보 구성에 영향을 미칩니다.

　이것은 무대감독이 목록과 표, 일지를 만들 때도 같은 원리입니다. 우리의 경우 문서 디자인은 정보를 표시하는 방식에 구조를 주어 내용에 접근성을 극대화하는 것이 의도입니다. 읽는 사람의 눈을 이끌어 무대감독은 그들을 도와 세부 내용을 이해하고, 변경 내용을 구분하며, 그에 따른 행동을 준비하도록 합니다.

대상 구분하기

무대감독이 문서를 디자인할 때 가장 먼저 고려해야 할 두 가지는 전달하려는 대상과 사용하려는 소통 수단입니다. 이런 요소들이 다른 디자인 선택의 상대적 중요성을 결정할 때 도움이 됩니다. 게시판에 붙이는 목록은 멀리서도 읽을 수 있도록 글씨가 더 커야 할 것입니다. 크루에게 전달할 작업 목록 표는 더 작은 글씨라도 괜찮은데, 각 기술팀원에게 출력해 전달할 것이기 때문입니다. 하지만 무엇을 하고, 언제 하며, 구체적으로 누가 할 것인지를 구분하려면 추가 구성이 필요합니다. 웹 페이지 서식은 출력용 문서의 서식과 다릅니다. 화면 크기가 모니터 크기에 따라 달라 여백과 문단 정렬이 더 상대적이며 항목을 특정 위치에 배치하는 것이 덜 유용합니다. 단순히 이메일 본문에 보낸 세부 내용은 서식이 전혀 필요하지 않습니다. 하지만 이전 챕터에서 다룬 것처럼 명료한 서면 소통 요령에 따라, 적절한 제목 줄로 시작해 읽는 사람이 메시지에 담긴 정보를 즉시 이해할 수 있도록 합니다.

정보 제공형 혹은 대화형
무대감독의 다음 고려 사항은 받는 사람이 문서를 어떻게 사용할 것인가입니다. 세부 정보로 가득 찬 정보 제공 문서는 아마도 읽는 사람의 시선을 끌기 위해 더 많은 노력이 필요할 것입니다. 그리고 그렇기 때문에 서식 기술이 더 필요합니다. 일정과 전환 계획은 정보 제공 문서의 좋은 예입니다. 소품 목록은 대화형 문서입니다. 여러 사용자가 정보를 입력하는 문서를 말합니다. 대화형 문서도 여전히 몇 가지 구성 원칙이 필요하지만, 무대감독은 양식을 단순하게 유지해야 합니다. 소품감독이 단지 해당 내용을 페이지 어디에 넣어야 할지 몰라서 내용을 무대조감독과 다른 곳에 추가하지 않도록 해야 합니다. 그리고 챕터 1에서 논의한 것처럼, 만일 그 소품 목록이 클라우드 저장 폴더에 있다면 어차피 서식 기능이 제한될 수 있습니다.

페이지 구성

이런 내용들을 염두에 두고, 구성이 첫 번째 디자인으로 결정됩니다. 얼마나 많은 정보를 전해야 할까요? 서술형 글인가요, 아니면 일련의 범주로 채워진 글인가요? 얼마나 많은 개별 항목이 필요한가요? 특히 이 모든 내용을 다 담고 나니 한 페이지 이상 넘어간다면 무대감독은 한 페이지에서 다음 페이지로 어떻게 연결할지 생각해 봐야하고, 어떻게 정보의 접근성이 개선되거나 저해될지도 고려해야 합니다. 이를 쪽 나누기라고 합니다.

페이지 구성의 첫 번째 요소는 페이지 방향입니다. 이 선택 사항은 모든 워드 프로세싱 프로그램과 스프레드시트 프로그램에서 사용할 수 있으며, 많은 정보를 채우기 위해 주요한 결정 사항으로서 페이지의 높이를 우선할지 폭을 우선할지 결정할 수 있도록 합니다(그림2.1).

출연자 명단처럼 간단한 문서도 고민이 필요합니다. 그림2.2와 2.3에서 볼 수 있듯이 출연자가 많고, 대다수 배우가 한 역할만 맡는 경우 전통적인 세로 방향 문서가 좋습니다. 하지만 적은 수의 앙상블이 여러 역할로 구성된 공연의 경우, 문서를 가로 방향으로 바꾸면 좀 더 정보가 분명해지는데, 한 배우가 맡은 모든 역할을 한 줄에 넣을 수 있고, 글자나 여백을 줄이지 않아도 됩니다.

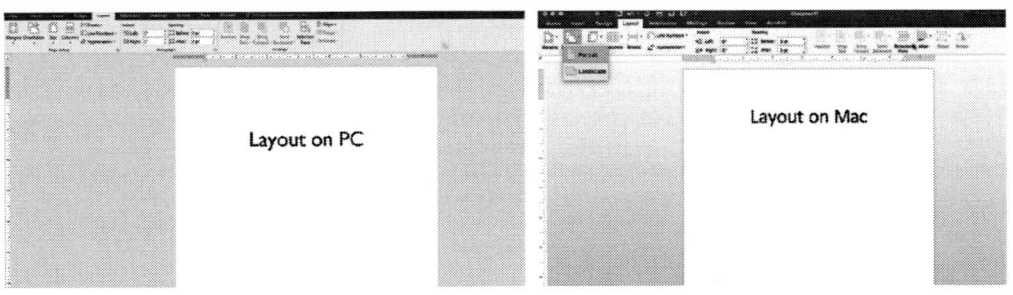

그림2.1　PC와 MAC버전 마이크로소프트 워드의 페이지 레이아웃 탭에 나타난 세로와 가로 옵션

Twelfth Night

Cast List

ORSINO, *Duke of Illyria*	Justin Cooke
SEBASTIAN, *brother of Viola*	Matthew Matuseski
ANTONIO, *a sea captain, friend to Sebastian*	Kevin Fanshaw
SEA CAPTAIN, A PRIEST	Jacob Voss
VALENTINE, SAILOR 3, OFFICER 1	Austin P. Hernandez
CURIO, SAILOR 1, OFFICER 2	Luke Prescott
SIR TOBY BELCH, *Olivia's kinsman*	Jacob Gustine
SIR ANDREW AGUECHEEK	Tim McCarren
MALVOLIO, *steward to Olivia*	Andrew Kelly
FABIAN, *servant to Olivia*	Donnie Mezera
FESTE, *Olivia's jester*	Alden Hedges
OLIVIA, *a countess*	Allyssa Dunn
VIOLA, *sister to Sebastian*	Claire Ganshert
MARIA, *Olivia's gentlewoman-in-waiting*	Amy Nelson
LORD 1, SAILOR 2, OFFICER 3	Brian Coffin
LORD 2, OFFICER 4	Don Hart
ATTENDANT to OLIVIA 1	Emily Ware
ATTENDANT to OLIVIA 2	Lindsay Van Norman
MUSICIAN 1	Suzanne Clum
MUSICIAN 2	Shelby Krarup

THE FARNSWORTH INVENTION
CAST LIST

Kevin Fanshaw	Philo T. Farnsworth
Austin Hernandez	David Sarnoff
Lindsay Van Norman	Pem Farnsworth
Amy Nelson	Lizette
Jake Voss	Officer, Pem's Father, Cliff Gardner, Trader, Broker,
Cody Wesner	Man 1, Atkins, Gifford, Douglas Fairbanks, Solomon
Seth Steidl	Young Philo, Police Officer, Photographer, Howard, Schenck,
Lewis Youngren	Student, Crowd, Wilkins, Analyst, Ridley, Man, Usher, Bartender
Nick Brandt	Officer, Everson, Zworkin,
David Holmes	Young Sarnoff, Executive/James, Doctor 2
Sean Mason	Man 2, Crowd, Stan Willis, Advisor
Bryce Wilson	Man 3, Gorrell, Maître D/Waiter, Sales Rep, Louis, Judge
Quinn Masterson	Justin Tolman, RCA Chair, Jim Harbord, Doctor, Fed Chair
Ryan Vodnik	Sarnoff's Father, Simms, Lippincott, Houston Control, Banker
Natalie Goodman	Student, Sexy Woman, Betty
Brian Coffin	Student, Crowd, Harlan Honn, Radio Announcer, Lennox,
Andrew Kelly	Russian Officer, William Crocker, Banker, Crowd
Colleen Schulz	Sarnoff's Mother, Woman in Crowd, Pem's Mother, Agnes Farnsworth, Mina Edison
Douglas Nogrady	Wachtel, Banker, Lawyer
Kaylyn Forkey	Student, Sexy Woman, Mary Pickford, Speakeasy Woman, Lippincott's Secretary, Stenographer

그림2.2와 2.3 출연자 목록의 양식

복잡한 출연자 목록을 정리해야 할 때, 무대감독은 작은 글씨로 한 페이지에 다 채울지, 두 페이지로 나눌지 선택합니다. 이 경우, 주요 관심사는 혼란을 최소화하기 위해 한 배우의 모든 역할을 함께 모으는 것입니다. 두 번째 페이지로 출연자 목록을 넘길 때 첫 페이지에 다 담기지 않은 19번 배우의 나머지 역할로 시작하는 것보다 배우 20번으로 새로 시작하는 것이 덜 혼란스럽습니다. 페이지 나누기 기능(모든 워드 프로세싱 프로그램과 스프레드시트 프로그램에 있는)을 사용하여 정보를 한데 묶을 수 있습니다.

정보의 양은 문서의 종류 그 자체로 결정됩니다. 출연자 목록은 역할과 배우 이름으로 채우고 끝나는데 반대로, 일정표에는 날짜, 시간, 연습할 대본 페이지, 참석할 배우들, 장소가 많은 경우 해당 장소 등이 필요합니다. 항목이 늘어날수록 시각적으로 구분해야 할 필요성도 늘어납니다. 배우 이름과 역할의 관계는 두 목록을 서로 마주 보는 열에 배치하여 나타낼 수 있습니다. 읽는 사람이 별다른 도움 없이 목록 사이의 공간을 탐색할 수 있습니다. 다섯 종류의 세부 정보를 포함한 일정은 정보를 더 많이 묶어 표시해야 합니다.

정보가 좀 더 자세해짐에 따라 무대감독은 페이지의 접근성을 유지하는 두 가지 방법 즉, 선과 여백 중 선택하게 됩니다. 여백은 페이지 안의 빈 공간을 말하며, 독자의 눈이 쉴 수 있는 여유를 주고 세부 내용을 서로 구분하도록 도와주어 유용합니다. 그림2.4의 「십이야Twelfth Night」의 샘플 주간 일정을 보면 흰 공간이 출연자들에게 작업 일정을 다른 날과 구분하고, 언제 참석하고 무엇을 할 것인지, 각 날짜의 세부 일정을 이해하는 데 어떻게 도움을 주는지 보여 줍니다.

흰 공간이 부족하면, 무대감독은 정보를 표의 형식으로 구성할 수 있습니다. 워드의 표나 스프레드시트를 이용할 수 있습니다. 선과 제목이 있는 행과 열로 읽는 사람이 각 항목과 항목의 개별 구성 요소를 이해하는 데 도움을 줍니다. 그림2.5의 두 번째 샘플은 뮤지컬 「시카고」의 일정입니다. 출연자의 규모는 비슷해도 출연자 일정은 훨씬 복잡합니다. 여러 연습 공간에서 동시에 진행하는 일정입니다. 행과 열을 이용한 서식은 배우들의 정보 검색을 훨씬 단순하게 만들어 줍니다. 연습 일정은 페이지 전체에 걸쳐 위치를 맞춘 수평선으로 그려서 배우들의 참여 시간의 차이를 시각적으로 제공합니다.

한 가지 눈여겨볼 점은 여기에도 여백의 역할이 있다는 점입니다. 각 행의 바닥 줄을 조정하여 항목 간 추가 공간을 만들어 줍니다. 여러 칸에 많은 내용의 글을 담아 선으로 나눈다 해도 페이지가 과밀해 보이기 때문에 이런 방법이 도움이 됩니다.

Twelfth Night

Weekly Rehearsal Schedule
November 8–12

Monday November 8

6:30–7:30 pm	Finish I-5	Olivia, Viola
7:30–8:00 pm	II-2 ring speech	Viola
8:00–9:30 pm	II-1 and III-3	Antonio, Sebastian

Tuesday November 9

6:30–7:30 pm	Work I-2	Viola, Sea Captain (no sailors needed tonight)
Also 6:30–7:30 pm	Music Rehearsal	Alden, Shelby, Suzanne
7:30–8:30 pm	Work I-3	Toby, Andrew, Maria
8:30–9:30 pm	Put Tim into IV-1	Sebastian, Toby, Andrew, Fabian, Olivia, Feste

Wednesday November 10

6:30–7:30 pm	Block III-2	Toby, Andrew, Fabian, Maria
7:30–9:30 pm	Block III-4	Toby, Andrew, Malvolio, Fabian, Olivia, Maria, Lindsay, Emily, Antonio, Viola, Officers 1–4

Thursday November 11

6:30–8:00 pm	Work I-1, I-4, II-4	Orsino, Valentine, Curio, Lord 1 & 2, Viola, Feste, Suzanne, Shelby
8:00–8:30 pm	Review II-3	Toby, Andrew, Malvolio, Feste, Maria
8:30–9:30 pm	Work IV-2	Toby, Malvolio, Maria, Feste

Friday November 12

6:30–9:30 pm	Stumble Through Show	Full Company

그림2.4 간단한 주간 일정의 예

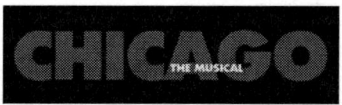

REHEARSAL SCHEDULE: June 1–5

Monday June 1			Beth L at 7:45
6:30–9:30 pm Toland	DANCE: Razzle Dazzle Andreska, Black, Divney, Dubiel, Fitzgerald, Gassner, Gray, Maltinski, Mian, Moilanen, Skogman, Walker, Whalen, Youngren	6:30–7:45 pm Rehearsal Room	MUSIC: Roxie and Velma Cornwell, Schultz
		7:45–8:15 pm Rehearsal Room	MUSIC: Class Lakmann, Schultz
		8:15–9:15 pm Rehearsal Room	STAGING: Class Lakmann, Schultz

Tuesday June 2 (note earlier start time today)			
6:00–6:30 pm Toland	DANCE: Velma lift in All That Jazz Black, Mian, Schultz, Youngren		
6:30–7:30 pm Toland	DANCE/STAGING: 1-1 / All That Jazz Full Company except Divney, Goodner, Lakmann, Masterson	6:30–7:30 pm Kat's Office	MUSIC: Billy Flynn Divney
7:30–8:30pm Toland	DANCE: Continue Cell Block Tango (in order below) Youngren & Moilanen, Gray & Ryan, Mian & Maltinski, Black & Dubiel		
8:30–9:30pm Toland	STAGING: 1-2 and Funny Honey Andreska, Black, Cornwell, Dubiel, Fitzgerald, Gassner , Gray, Maltinski, Masterson, Mian, Moilanen, Ryan, Walker, Whalen, Youngren		

Wednesday June 3 (note later end time today)		Beth L and Kathy after 7:30, No Sophie
6:30–7:30 pm Toland	STAGING: My Own Best Friend Cornwell, Shultz	
7:30–9:00 pm Toland	STAGING: 1-4 through 1-6 and When You're Good to Mama Andreska, Black, Cornwell, Dubiel, Fitzgerald, Gassn er, Gray, Lakmann, Maltinski, Masterson, Mian, Moilanen, Ryan, Schultz, Skogman, Walker, Whalen, Youngren	
9:00–10:00 pm Toland	DANCE: Cell Block Tango Black, Dubiel, Gray, Fitzgerald, Maltinski, Mian, Mo ilanen, Ryan, Skogman, Schultz, Walker, Youngren	

Thursday June 4			No Sophie
6:30–7:45 pm Toland	STAGING: 1-9 through 1-11 Full Company except Masterson	6:30–7:30 pm Rehearsal Room	DANCE: Mister Cellophane Masterson
7:45–9:30 pm Toland	DANCE: Roxie Black, Cornwell, Gray, Mian, Skogman, Youngren		

Friday June 5		No Sophie
6:30–8:00 pm Toland	DANCE: All I Care About Andreska, Black, Divney, Dubiel, Fitzgerald, Gassner, Gray, Maltinski, Mian, Moilanen, Ryan, Skogman, Walker, Whalen, Youngren	
8:00–9:30 pm Toland	DANCE: TBA/Review this Week ADD Cornwell, Schultz, possibly Masterson	

그림2.5 복잡한 주간 일정의 예

> **전자 모눈종이, 스프레드시트**
>
> 마이크로소프트 엑셀과 다른 유사한 스프레드시트 프로그램은 강력한 분석용 도구로 만들어졌고 복잡한 수와 여러 데이터를 처리할 수 있습니다. 그러나 무대감독은 단순한 기본 기능만 사용합니다. 스프레드시트 페이지는 기본적으로 셀을 모은 것이므로, 표와 같은 형태입니다. 행의 높이나 열의 폭을 수정하여, 시트를 전자 모눈종이처럼 만들어 상대적으로 쉽게 양식을 만듭니다. 글자는 각 셀에 써넣으면 되고 워드 프로세스 프로그램과 같이 프로그램의 서식 기능을 이용해 색이나 음영, 선을 추가합니다. 이 책을 읽고 온라인 서식을 참고한다면 어떻게 도움이 될지 알 것입니다.

마지막으로 배치를 고려할 때 고려할 것으로 정렬, 식별, 반복이 있습니다. 텍스트는 왼쪽, 오른쪽 또는 중앙으로 정렬할 수 있습니다. 문서는 항상 맨 위 머리글에 공연명과 문서 이름을 넣고 바닥글에 문서 작성 날짜와 페이지 번호를 넣어 식별해야 합니다. 여러 페이지에서 동일한 내용을 유지하기 위해 모든 페이지에 이런 식별 내용이 반복되어야 합니다. 전체 연습 일정과 같이 연습 중 수정될 내용을 만드는 경우에는 머리글이나 바닥글에 "수정 예정"이라는 문구를 넣어 두어 읽는 사람에게 최신 정보가 있을 가능성에 대해 경각심을 주고, 팀 중 누군가가 "내가 받은 일정에는 없었다"는 말로 늦게 나타나 갈등이 생기지 않도록 도움을 줍니다.

문서에 페이지 번호를 두어 페이지 순서를 유지하도록 하는 것이 좋습니다. 하지만 그저 페이지 번호만 기재하는 것으로는 부족합니다. "페이지 2/5"와 같이 문서의 순서를 구분하는 것뿐 아니라 페이지 전부를 가졌는지 확인할 수도 있습니다.

글꼴

위 예제에서 본 것처럼 글꼴과 그 크기는 한 페이지에 채울 수 있는 정보의 양에 영향을 줍니다. 그러나 글꼴의 선택은 그 양에만 달린 것은 아닙니다. 전반적인 가독성에 주로 영향을 받습니다. 이는 출력하고 복사하는 문서와 이메일로 공유하는 문서 모두에 적용됩니다.

글꼴에 관해 쓰인 많은 책이 있습니다. 이 글의 목적에 따라 중요한 것은 무대감독이 문서를 작성할 때 기본적인 글꼴 스타일 그룹에 대한 일반적인 이해와 사용입니다. 『비전공자를 위한 디자인 책The Non-Designer's Design Book』의 저자 로빈 윌리엄스는 그녀의 책에서 여섯 가지 범주를 소개합니다.

1. 올드스타일Oldstyle : 손 글씨를 기반으로 한 글꼴입니다. 이 범주의 글꼴을 볼 때 펜으로 각 획을 긋는 모습을 상상할 수 있습니다. 올드 스타일 글꼴에는 세리프 serif라고 하는 작은 끝 획이 대부분의 글자에 있습니다.
2. 모던Modern : 올드 스타일에서 발전한 글꼴로 세리프가 있지만 올드 스타일 세리프 와 다르게 대각선이 아닌 수평입니다.
3. 산세리프Sans serif : 이름에서 알 수 있듯이 이 범주에는 끝 획이 없습니다. 좀 더 현대적으로 보이며 발표 자료 및 웹 텍스트에 자주 사용됩니다.
4. 슬라브 세리프Slab serif : 산세리프 글꼴의 사촌 격인 이 그룹은 두꺼운 글자가 특징 이며 항상 볼드체bold로 보일 수 있습니다.
5. 스크립트Script : 이 글꼴은 캘리그라피 또는 영문 필기체와 유사하며 보통 우아함 을 드러냅니다. 청첩장 등에서 흔히 볼 수 있습니다.
6. 장식체Decorative : 이것들은 '재미난 글꼴'이며, 독특하다는 공통점이 있습니다. 로 고에 자주 사용하는 글꼴입니다.

시각 디자이너들은 글꼴 하나 선택하는 데 엄청난 시간을 소비합니다. 무대감독으 로서 우리는 두 가지만 신경 쓰면 됩니다. 첫째로 글꼴이 너무 '개성'이 넘쳐 전반적인 가독성을 떨어뜨리지 않는지, 둘째로 자신과 문서를 받는 이의 컴퓨터에 모두 사용 가능한 일반적인 글꼴인지, 이 두 가지에 신경 써야 합니다.

일반적으로 위에서 소개한 처음 세 가지 글꼴 그룹은 대부분의 글쓰기에 최상의 선택일 것입니다. 튀지 않고 누구나 사용합니다. 거기에 더해 개인적인 선택을 가미할 수 있습니다. 큰 글씨를 써야 하는 표지판이나 공지 사항을 만들 때, 산세리프 글꼴 이 가독성이 좋다는 것을 발견할 것입니다. 어떤 글꼴은 다른 것들보다 얇게 디자인 되어서 표의 셀에 맞출 때 약간 공간을 덜 차지하기도 합니다.

마지막 세 그룹(슬라브 세리프, 스크립트, 장식체)은 제목으로 쓰기에 좋습니다. 문서에 약간의 개성을 주는 것도 나쁘지 않습니다. 주요 내용을 방해하지 않도록 현명하게 사용하면 됩니다. 위에서 본 「십이야」의 문서 예시를 기억한다면 공연 제목을 다른 글 꼴로 표현한 것을 알아차릴 것입니다.

Oldstyle	Goudy Old Style Palatino Times New Roman Perpetua
Modern	Bodoni MT Minion Pro PERPETUA TITLING
Sans serif	Gil Sans MT Arial Calibri Verdana
Slab serif	**Cooper Black** **Myriad Pro Black** **Impact**
Script	Calligraph421 MT *Vladimir Script* Bradley Hand ITC
Decorative	Eye Wit Feerday Chiller **STENCIL** Gallery

그림2.6 여섯 가지 글꼴 그룹의 대표적인 변용

바로 스크립트 글꼴입니다. 작품의 분위기와 디자인을 반영하려고 해당 무대감독이 고민 끝에 고른 것입니다. 그림2.7에서 2.9까지는 같은 정보를 다른 공연에서 어떻게 표현하는지 보여 주는 예시로 제목만 다른 글꼴로 바꾸었습니다. 「빌록시 블루스Biloxi Blues」는 군용 상자에 쓰인 글자를 연상시키는 글꼴을 사용한 것이고, 「그린치가 크리스마스를 훔친 방법How the Grinch Stole Christmas」에는 수스 박사Dr. Seuss의 책에 쓰인 글꼴을 인용한 것입니다. 모두 주제적으로 적절한 선택이었습니다. 하지만 이 제목 글꼴을 모든 곳에 쓴다면 세 작품 모두 실수가 될 것입니다. 스크립트 글꼴은 가볍고 작게 쓰거나 복사했을 때 가독성이 떨어질 수 있고, 슬라브 글꼴은 모든 것이 두꺼워져 과해 보일 것이며, 장식체 글꼴은 다른 것들보다 크고 둥글어 열의 폭이 더 넓어지고 같은 정보에 더 많은 페이지가 소요됩니다.

Twelfth Night

Weekly Rehearsal Schedule
November 8-12

(title font is Caligraph421 BT)

BILOXI BLUES

Weekly Rehearsal Schedule
November 8-12

(title font is Stencil)

How the Grinch Stole Christmas

Weekly Rehearsal Schedule
November 8-12

(title font is Doctor Soos Bold)

그림2.7 - 2.9 글꼴로 문서 강조하기

글꼴 스타일

단일 글꼴이나 글꼴 모음 안에서도 변화를 줄 수 있습니다. 크기를 바꾸어 제목과 본문을 구분합니다. 두께(볼드bold)를 바꾸어 도드라져 보이게 하거나 수정한 부분을 강조하는 데 유용합니다. 중요한 노트를 모두 대문자로 쓰면 또 다르게 강조할 수 있습니다. 이탤릭은 제목으로 사용하기도 하고 주석(본문 내용에 별도로 덧붙이는 설명으로 인근에 넣음)에 사용할 수도 있습니다. 밑줄은 어떤 경우에는 제목으로 사용하기도 하지만 강조할 때 사용하기도 합니다. 취소선은 더 이상 사용하지 않는 내용을 표현할 때 유용합니다. 특히 그냥 지워 버리면 혼란을 줄 수 있는 내용일 때 즉, 소품 목록에서 소품을 삭제할 때나 대본의 대사를 지우는 등의 경우에 사용합니다.

바깥세상의 유행 이해하기

이 책에서는 전문적인 소통을 위한 글쓰기에 비속어 사용에 대해 분명히 반대하는 입장이지만, 무대감독은 이들에 대해 알고는 있어야 합니다. 구체적인 예를 들자면 모두 대문자를 사용하는 경우를 들 수 있습니다. 문서에서 단어를 강조하는 것으로 사용하지만, 온라인에서는 소리치는 것으로 받아들이기도 합니다. 의도하지 않아도 문자나 노트에 모두 대문자를 쓴다는 것은 이런 이유로 적대적으로 받아들여질 수 있습니다. 문맥의 유동성에 대한 주의 사항을 기억하면서 의도하지 않은 어조 없이 메시지의 본질을 전달하는 것이 더 낫다는 것을 알 수 있습니다.

색과 음영

문서 내용을 탐색하는 데 도움이 필요하다면 무대감독은 색상이나 음영을 이용해 강조하거나 시선을 유도할 수 있습니다. 호출 시간을 변경하거나 연습 일에 배우를 추가하는 등의 변경 사항은 밑줄을 긋거나 볼드체로 바꾸는 것보다 다른 색을 사용하는 것이 더 잘 드러납니다. 제목 줄을 시각적으로 드러낸다면 긴 표에서 개별 구역을 더 잘 구분할 수 있습니다.

그러나 이런 것들이 모두 유용한 도구이긴 하지만 중요한 점을 잊지 않으면 좋겠습니다. 색은 그대로 표현될 때만 제 기능을 합니다. 총천연색의 문서를 만들기 위해 시간과 노력을 투자하기 전에 전달 방법에 대해 생각해 보아야 합니다. 수정 사항을 색상으로 구분하고 나서 흑백 복사기를 사용한다면 소용없습니다.

벽에 붙일 표지판이나 필요한 만큼 직접 출력할 문서에 색상을 사용하는 것이 적당합니다. 웹사이트나 온라인으로 전달할 문서를 만드는 것에도 역시 좋습니다.

음영은 너무 많은 양을 출력해야 할 때 색상 대신 사용하기 좋습니다. 동일하게 문서 안에서 강조와 구분 효과를 줍니다. 단지 복사 시에 적당한 농도를 찾아야 합니다. 너무 흐리면 안 보이고 짙으면 강조하려는 글과 구분이 되지 않아 노력이 헛됩니다.

그림2.10과 2.11에서 색과 음영을 효과적으로 사용한 예를 한번 들여다봅시다. 첫 페이지는 대사 수정 페이지입니다(그림2.10). 표의 내용보다는 파란색 글을 사용한 점을 봐주기를 바랍니다. 누적된 정보 즉, 리허설 과정 동안 모이고 수정된 내용들은 매번 다른 문서를 만들기보다 수정 사항을 모두 한 페이지에 담는 것이 더 유용합니다. 어떤 디자이너는 리허설 마지막까지 기다렸다가 테크Tech(기술 연습)를 준비하면서 무대감독에게 큐의 상세한 위치를 전달하기 위해 수정 사항을 전달합니다. 그 디자이너는 수정을 위해 대여섯 개의 문서를 여러 차례 들춰 보기보다 전체 대본을 한 페이지에 담은 문서를 참고할 것입니다. 그러나 배우들은 수정 사항이 생기면 매주 그들의 대본을 다시 확인합니다. 수정한 날짜를 기재하고 수정 사항을 파란색으로 표시하면 단순히 서류에 담긴 내용보다 바뀐 내용에 집중하도록 도움을 줍니다. 색상의 사용은 무대감독에게 매우 작은 일을 추가하여 동시에 여러 사람을 위한 문서를 만들 수 있게 합니다.

그림2.11은 주중에 수정된 연습 일정을 보여 줍니다. 여러 연습에 여러 대본 페이지와 인물들이 관계해 날짜 자체를 나누어 음영으로 뚜렷하게 표현했습니다. 또한 정보가 많아 수요일 저녁에 새로운 배우를 추가한다는 내용은 빨간색으로 표시하여 찾아보기가 편합니다. 수정된 일정은 현장 게시판과 전자 게시판 모두에 게시하였고 무대감독의 프롬프트 북 용으로 출력도 하였습니다. 이런 경우 달랑 두 장만 출력하면 되어 실용적이라 할 수 있습니다.

Twelfth Night
Line Changes
Updated 11/18/10

Act	Scene	Page	Line(s)	Character	Action	Words	Notes
II	5	43	117–118	Fabian	CUT	Sowter will cry upon't for al this, though it be as rank as a fox	Malvolio's lines continue from "Softly, M.O.A.I" to his next speech beginning "M- Malvolio...."
II	5	43	121	Toby	CUT	The cur is excellent at faults	Line now ends with "... work it out?"
II	1	45	2	Viola	CHANGE	TABOR to MUSIC	
III	1	46	9–10	Viola	CUT	or, the church stands by thy tabor, if thy tabor stand by the church	Line now ends with "... dwell near him"
III	1	46	11–13	Feste	CUT	To see this age! A sentence is but a chev'ril glove to a good wit. How quickly the wrong side may be turned outward!	Line now ends after "You have said, sir."
III	2	52	29	Andrew	CUT	I had as lief be a Brownist as a politician	Line now ends after ... "for policy I hate."
III	2	53	42–43	Toby	CUT	although the sheet were big enough for the Bed of Ware in England,	Line now skips from "... lie in thy sheet of paper" to "set 'em down."
III	2	53	48	Toby	CUT	at the cubiculo	Line now reads "We'll call thee. Go."

그림2.10 색과 음영을 사용한 훌륭한 예

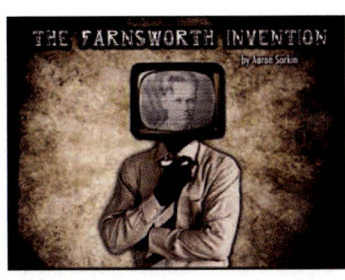

Revised
WEEKLY REHEARSAL SCHEDULE

September 27–30

All Rehearsals in Toland Theatre

Tuesday September 27

6:30–7:30 pm	**Work pp. 66–68, 95–11**	**Philo, Sarnoff**
7:30–7:45 pm	Work American Marconi: pp. 14–16	Philo, Sarnoff, Coffin, Douglas, Goodman, Holmes, Kelly, Mason, Masterson, Nelson, Nogrady, Novak, Schulz,Steidl, Vodnik, Youngren
7:45–9:30 pm	Work Meeting & Conference scenes: pp. 23–26, 44–49, 53–59	ADD Brandt, Voss, Wesner, Wilson

Wednesday September 28

6:30–7:30 pm	Work Stock Market sequence: pp. 61–68	Philo, Sarnoff, Brandt, Coffin, Goodman, Holmes, Kelly, Mason, Masterson, Nogrady, Steidl, Vodnik, Voss, Wesner, Wilson, Youngren
7:30–8:30 pm	**Work all Lab Scenes: pp. 34–44, 69–73, 78–79**	**ADD Pem, Schulz, Novak** **RELEASE: Masterson, Nogrady**
8:30–9:30 pm	Work All Pem/Philo and Lizette/Sarnoff Scenes & Sarnoff Monologue pp. 27–30, 32–34, 39–40, 81–84, 100	RELEASE all but Philo, Sarnoff, Pem, Schulz, Voss ADD: Nelson

Thursday September 29

6:30–9:30 pm	Review Act One	Full Company

Friday September 30

6:30–9:30 pm	Review Act Two	Full Company

그림2.11   색과 음영을 사용한 훌륭한 예

색 선택하기

색은 독자의 주의를 끌 수 있는 매우 효과적인 도구일 것입니다. 여러 요소를 한데 모을 수도 있고 시선이 머물 곳을 만들기도 합니다. 출력을 위해 고려할 사항들은 잠시 제쳐 두고 무대감독이 문서를 위해 색을 선택할 때 마음에 새겨야 할 것은 무엇일까요?

기본적인 가독성으로 시작해 봅시다. 그림2.12에 보이는 색상환을 들여다보고 눈이 어디에 머무는지 생각해 보세요. 흰 배경에서조차 어떤 색들은 다른 것들보다 돋보입니다. 노란색 글씨나 연한 핑크색 글씨는 붉은색이나 파란색 심지어 오렌지색보다 훨씬 읽기 어렵습니다.

다음으로, 색상 이론에서는 우리 두뇌가 색이 있는 정보를 다루면서 어떻게 반응하는지 그 관계를 알려 줍니다. 다른 사람과 대면 소통 시 무의식적 반응으로 생기는 편견에 대해 무대감독이 이해해야 하는 것처럼, 특정 색이 의미하는 바를 잘 파악해야 합니다. 붉은색으로 시작해 봅시다. 붉은 물체를 생각해 보라고 하면 어떤 것이 먼저 떠오르나요? 많은 사람이 정지 표지판이나 정지 신호등을 생각합니다. 이것은 우리 의도가 "여기 좀 봐, 뭔가 달라졌어!"라고 말하려는 거라면 붉은색이 좋은 선택입니다. 파란색은 바라보기에 차분한 색입니다. 검은색 글자와는 쉽게 구분되면서도 강요하지 않습니다. 이것 때문에 앞의 그림2.10의 대사 수정 목록과 같은 상호 작성 문서의 수정 부분에 항상 사용합니다. 녹색도 비슷하게 구분하기 쉽고 부담스럽지 않습니다. 다만 붉은색과 녹색을 한 문서에 모두 수정 표기로 사용하는 것은 추천하지 않습니다. 색맹인 배우나 디자이너의 경우 검은색과의 차이를 알 수는 있지만 서로의 차이를 구분하지는 못할 것입니다.

웹이나 전자 배포용 문서만을 만든다 해도 색을 여기저기 사용해서는 안 됩니다. 그렇게 되면 도구로서 색을 사용한 가치를 잃고 아무것도 강조하지 않거나 구분할 수 없습니다. 그저 혼자 즐거울 뿐이며, 이런 문장은 아마도 읽기 어려울 것입니다. 음영, 구분선, 흰 여백을 색과 함께 어디에 사용할지 생각해 봅시다.

그리고 마지막으로 출력이라는 현실적 문제가 다시 슬그머니 발목을 잡습니다. 컬러 출력을 할 수 있는 시간과 예산이 있다 하더라도 붉은색, 어두운 핑크, 오렌지색이 뚜렷해 보일 만큼 성능이 좋은 프린터를 갖고 있나요? 푸른색이나 어두운 보라색은 또 어떻고? 화면에서 본 색상을 그대로 출력하는 프린터는 매우 드물고 모든 프린터

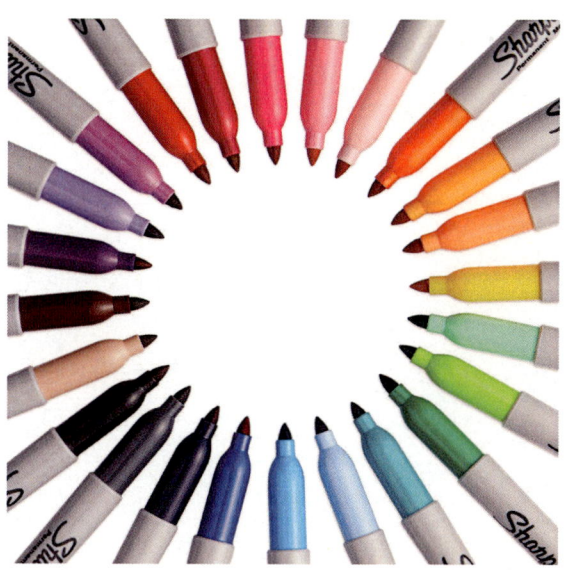

그림2.12　무대감독을 위한 색상환 (출처. Shutterstock)

의 상태가 서로 같은 것도 아닙니다. 간단한 문서의 경우 아마 색의 효과를 좀 다르게 쓸 수 있을 것입니다. 배우들이 연습실을 쉽게 찾을 수 있도록 붙이는 표지판으로 색이 있는 종이에 검은색 글씨를 쓰는 것이 흰 종이에 색 글씨를 쓰는 것보다 나을 것입니다. 그리고 어두운 백스테이지에서 읽어야 하는 표지판이 검은 배경에 흰 글씨를 쓸 수 있는 몇 안 되는 잉크 도둑의 경우일 것입니다. 물론 검은 종이에 접착제가 붙은 글씨를 붙이는 방법도 생각해 볼 수 있습니다.

접근성

모든 문서가 접근성을 높이기 위해 고급 서식이 필요한 것은 아닙니다. 그림2.13의 출석 확인 시트는 많은 장식 없이 사용 가능한 공간을 잘 활용한 예입니다. 세로보기는 모든 이름을 한 페이지에 나열하고 테크 리허설tech rehearsal(기술 연습) 및 공연이 있는 주 동안의 모든 작업일을 표시할 수 있어 적당합니다. 이는 대화형 문서입니다. 각 배우는 해당 주 매일 도착 시 이니셜을 기재합니다. 매우 간단하지만 레이아웃이 제대로 기능하려면 약간의 수정이 필요합니다.

THE FARNSWORTH INVENTION
CAST

PLEASE SIGN IN!

	Mon 10/10	Tues 10/11	Wed 10/12	Thur 10/13	Fri 10/14	Sat 10/15	Sun 10/16
Nick Brandt							
Brian Coffin							
Kevin Fanshaw							
Natalie Goodman							
Austin Hernandez							
David Holmes							
Andrew Kelly							
Sean Mason							
Quinn Masterson							
Amy Nelson							
Douglas Nogrady							
Jandrea Novak							
Colleen Schulz							
Seth Steidl							
Lindsay Van Norman							
Ryan Vodnik							
Jake Voss							
Cody Wesner							
Bryce Wilson							
Lewis Youngren							

그림2.13　간단한 출석표

　　물론 매일 무대감독은 배우 명단만 적어 붙이고 배우들에게 자기 이름 옆에 이니셜을 쓰도록 할 수도 있습니다. 그러나 이름 열이 페이지에서 차지하는 공간이 얼마 안 되어 1장에 담을 수 있는 내용을 한 주간 7장의 문서로 만든다면 종이 낭비일 것입니다(서류 작업과 관련하여 친환경적인 일을 얼마나 자주 할 수 있겠습니까?!). 또한 5일째쯤이 되면 격자선 없이는 출석을 확인하기 어려워질 것입니다. 예시대로라면 무대감독은 출석을 확인할 때 빈칸을 세기만 하면 됩니다. 격자가 없다면 4일 차와 5일 차에 누가 도착했는지 확인하기 위해 배우 이름 옆에 있는 이니셜 수를 일일이 세어야 할 수도 있습니다. 복잡한 일은 아니지만 시간을 효율적으로 사용하는 방법도 아닙니다.

온라인 접근성

온라인으로 작업하면 게시하는 정보가 데스크톱 컴퓨터만이 아니라 다양한 장치에서 보일 것이라는 점도 접근성에 포함해 생각해야 합니다. 스마트폰 사용자가 폭증하면서 무대감독이 고려해야 할 다른 부분이 있습니다. 세부 내용에 대한 접근성을 높이려면 문서 디자인을 '모바일 친화적'으로 생각해 봐야 합니다. 오늘날 웹디자이너들은 모바일 뷰어에 맞춘 하부 페이지 개발 과정뿐 아니라 최적화 기술에 대해서도 배웁니다. 그러나 두려워할 필요는 없는 것이 과감한 무대감독이라면 이런 환경에서 살아남기 위해 고급 훈련이 필요치는 않을 것입니다. 온라인 게시판을 워드프레스Word-Press나 유사한 플랫폼을 이용한다면 모바일 최적화 또한 비용 없이 포함될 것입니다. 우리가 사용하는 온라인 게시판에 엄청 대단한 환경이 필요한 것은 아니어서 정보를 누구나 볼 수 있도록 하려면 간단한 기능 몇 가지면 됩니다. 연습 일정 공지는 링크만 단순히 붙여넣지 말고 페이지에 직접 그 내용을 쓰도록 합니다. 요즘은 배우들이 어디서나 핸드폰으로 공지 사항을 확인할 수 있다는 것이 대단한 일이지만, 다운로드 속도나 첨부 파일을 못 찾거나 열지 못하는 것까지 걱정할 필요는 없습니다. 물론 냉장고에 붙여 놓을 사본을 인쇄할 수 있도록 웹 페이지에 PDF 파일 링크를 넣을 수는 있지만, 사람들이 반드시 열어 본다는 보장은 없습니다. 다른 쉬운 팁으로는 작은 화면으로 볼 것에 대비해 보통 선택하는 것보다는 좀 더 큰 글씨를 사용할 것, 중요한 정보는 페이지 맨 위에 넣을 것, 읽는 사람이 스크롤을 너무 길게 하지 않도록 표의 열 수와 내용의 길이를 파악하는 것 등이 있습니다.

혹시 프로그래밍 능력이 있다면 이미지나 비디오를 최적화하거나, 검색 막대 크기를 조절해 손가락으로 조작할 수 있게 하고 문서의 폭이나 위치가 제한되지 않도록 하면 좋을 것입니다. 하지만 이런 것들에 익숙하지 않다 해도 큰 문제는 아닙니다.

연속성

문서의 시각적 형식에서 마지막으로 고려할 점은 연속성입니다. 각 공연이나 공연장을 위한 문서가 갖는 공통성을 말합니다. 기본적으로 일단 만들고 나면 그것을 유지합니다.

문서의 제목에 쓸 글꼴을 하나 고른다면 다른 곳에도 사용합니다. 작품 로고를 머리글에 넣었더니 보기 좋고 복사기를 거쳐도 무리가 없다면 로고도 유지하세요. 이렇게 작품에 속한 작은 것들로 보는 즉시 그 작품의 것인 줄 알아볼 수 있게 하는 데 도움이 됩니다. 한 시즌에 여러 작품을 제작하는 공연 제작사 학교 학과의 경우 일반적으로 사용하는 서류 목록이나 양식이 있을 것입니다. 이 양식들이 자신과 맞지 않더라도, 회사가 작품마다 새로운 디자인을 받아들여야 하는 것보다 문서 내용을 파악하는 것에 노력을 들이는 것이 맞다고 생각한다면 그들의 양식을 받아들여야 합니다. 그러나 자신이 만든 소품 목록이 누군가의 결재 책상에 다른 작품의 소품 목록들과 차이가 없다면 그건 참을 수 없죠. 제목 글꼴이나 로고와 같은 작은 차이로도 차별화할 수 있습니다.

한 작품의 모든 문서 본문에는 같은 글꼴을 선택하는 것이 좋습니다. 수정 날짜와 페이지 번호 등도 같은 위치에 같은 스타일로 모든 문서에 통일합니다.

연속성의 두 번째 의미는, 첫 번째 것보다 더 중요할지도 모릅니다만, 누가 열어 보고 출력하더라도 동일해야 한다는 것입니다. 알아보기 좋은 글꼴을 힘들게 고르고 여백도 조정해서 내용도 맞추고 음영이나 색으로 시선도 끄는데 마지막에 제대로 기능하지 않으면 낭패겠죠.

프린터에 연결된 모든 컴퓨터는 최적의 기본 출력 상태인 프린터의 설정을 따를 것입니다. 레이저나 잉크젯 프린터는 종이 가장자리 출력 범위 능력이 저마다 다릅니다. 맥 컴퓨터와 PC도 기본 설정의 글꼴이 다소 다릅니다.

이런 차이를 해결하려면 무대감독에게 두 가지 방법이 있습니다. 첫째로 문서를 만들 때 나만의 특별한 글꼴보다는 일반적으로 통용되는 것을 선택합니다. 자신은 돈 주고 샀더라도 아마 다른 사람들은 그렇지 않겠죠. 물론 배우들과 제작팀 모두에게 글꼴 파일을 이메일로 보내 설치하라고 할 수도 있겠지만, 그대로 하는 사람은 별로 없을 겁니다.

　　그러나 그렇게 문제를 해결한다 해도 페이지 구성이 바뀌는 건 막을 수 없을 겁니다. 이 경우 최선의 선택은 문서를 PDF로 출력하는 것입니다. 어도비 소프트웨어Adobe Software에서 1995년에 처음 개발한 것으로 Acrobat Portable Document Format(PDF)은 '파일 정보의 원형을 유지하며, 문자, 그림, 멀티미디어, 영상, 3D, 지도, 천연색 이미지, 사진, 상업적인 로고 등 어떤 프로그램으로 만들었는지, 언제 만들었는지와 상관없이 작동합니다.'

　　기본적으로 PDF는 작성하는 시점에 그 문서의 스냅숏이라고 보면 됩니다. 그 내용과 형식이 어떤 컴퓨터나 모바일 기기에서도 바뀌지 않습니다. 애크러뱃 리더Acrobat Reader는 무료 프로그램이며 어느 컴퓨터에서나 다운로드 할 수 있으면 어떤 PDF 문서라도 열 수 있습니다. 문서를 PDF로 변환하려면 어도비 애크러뱃 유료 버전이나 다른 무료 소프트웨어, 혹은 거의 모든 오피스 소프트웨어에서 가능합니다. 예를 들어 이 글을 쓰는 2007년 기준으로 마이크로소프트 오피스에서 PDF 변환 기능을 제공하는데 워드, 엑셀, 파워포인트 등에서 프린트 기능으로 혹은 저장 기능이나 애크러뱃에서 제공하는 플러그인으로 설치된 'PDF 생성' 버튼을 이용할 수 있습니다(그림 2.14). PC와 매킨토시의 환경이 다르겠지만 모두 출력이 가능합니다.

　　PDF는 출력, 이메일, 웹 업로드가 모두 가능합니다. 이 점이 문서 디자인에 들인 노력을 지키는 이상적인 포맷의 지위를 만듭니다. 또한 파일 자체에 대한 최소한의 보호 기능도 제공합니다. 구하기 어렵지는 않지만 PDF 문서를 수정하려면 사용자가 Adobe Acrobat 소프트웨어 정식 버전을 소유해야 합니다. 다른 사람이 변경해서는 안 되는 항목을 배포하는 경우 PDF가 어느 정도 도움이 됩니다.

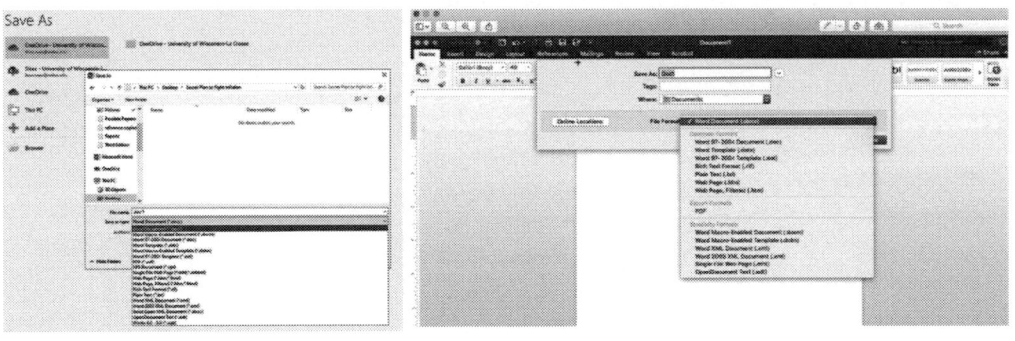

그림2.14　PC와 매킨토시 마이크로소프트 워드에 설치된 PDF 생성 기능

제목에 넣을 것

문서 작업 시 쉽게 간과되는 부분은 문서의 제목입니다. 한 번에 한 작품만 무대감독을 맡을 수도 있지만, 대부분의 극장에서는 한 시즌에 여러 작품을 제작하며 그중 일부는 겹치기도 합니다. 전공 학과에서는 학기마다 최소 한 편의 작품을 제작할 가능성이 높습니다. PDF가 서식 작업의 일관성을 유지하는 것처럼 문서의 이름을 효과적으로 지정하면 문서를 쉽게 찾을 수 있습니다.

단순히 "소품 목록"이라는 이름으로 공연 소품 목록을 이메일로 보내면 소품 담당자의 컴퓨터에서 분실될 가능성이 높습니다. 항상 공연 이름을 넣어야 합니다. 문서를 여러 번 보내는 경우 수정 부분을 표시하는 것도 중요한데 버전 번호나 날짜를 넣어 구분할 수도 있습니다. 매일 보내는 리허설 보고서와 같은 항목에는 특히 중요합니다. 각 보고서는 제목에서 분명하게 구분할 수 있어야 합니다. '십이야 RR 907' 또는 '영 프랑켄슈타인 소품 목록 버전 2'라는 제목은 다른 것과 쉽게 혼동되지 않을 것입니다. 학과 혹은 극단에 파일 이름 지정 프로토콜이 없는 경우 유능한 무대감독이라면 프로토콜을 개발하여 프로세스 전체에서 일관되게 사용할 것입니다.

출발~!

위에서 다룬 원칙들을 숙고하면서 이제 무대감독이 공연 제작 과정에서 해야 할 것들로 초점을 옮겨 보겠습니다. 각 과정에서 완료해야 할 업무들을 알아보고 공연이 성공적으로 상호 협력하는 결론에 도달하도록 도울 수 있는 소통 스타일과 내용에 대해 논의해 봅시다.

chapter 3

프리 프로덕션
Pre-Production

무대감독의 일은 대본, 실제 제작 과정 그리고 함께 작업할 팀에 대한 자기 이해와 함께 시작됩니다. 리허설 중에 새로운 것들을 발견할 수 있도록 환경을 조성하려면 무대감독이 가능하면 사전에 최대한 많은 정보를 확보하는 것이 중요합니다. 이 과정에서 스스로 해답을 찾기도 하고 어떤 질문이 필요한지도 알게 됩니다.

프리 프로덕션 업무들

- 대본을 읽고 분석합니다
- 오디션에 참석합니다 (작품에 따라 다름)
- 작품 관련 정보를 모읍시다
- 목록과 분류 항목을 준비합니다
- 프롬프트 북을 만듭니다
- 연출과 만납니다
- 연습실을 준비합니다

학교 실습 공연의 경우, 무대감독은 연말쯤 다음 해 있을 공연에 배정됩니다. 다가올 방학에도 불구하고 나중에 같이 할 팀 구성원들과 어울릴 것이고 작품을 위한 사전 작업을 바로 합니다. 대본을 나누어 주는 등의 단순 작업이거나 이 챕터에서 앞으로 언급할 상세한 사전 작업일 수도 있습니다. 대부분 리허설에 가까워질수록 일이 많아지겠지만 무엇을 해야 하며, 언제 해야 할지 잘 알아야 합니다. 모든 학과가 무대감독 지도를 담당하는 교수자가 있는 것은 아닙니다. 누구를 찾아야 할지 분명하지 않다면 자신에게 작품을 배정한 사람을 찾아가 보는 것이 시작일 것입니다. 적어도 어떻게 시작할지 알려 주고 필요한 정보나 자원에 연결해 줄 것입니다.

현장에서 무대감독은 보통 일 시작 직전에 고용됩니다. 조합 소속 무대감독은 계약에서 정한 사전 주간(리허설 시작 직전 주)에 대본을 분석하고 초기 서류를 준비합니다. 그러나 만일 어느 극단 상주팀의 일원이라면 한 시즌에 여러 작품에서 일할 수 있고 사전에 질문을 받거나 정보를 얻을 것입니다. 본인의 재량과 일정에 따라 공식적으로 시작하기 전에 할지 말지 정하면 됩니다.

새롭지만 초보답지 않게

젊은 무대감독에게는 질문의 양과 얻을 정보량의 균형은 특히 중요합니다. 어떤 질문들은 연출만이 답변할 수 있는 것들이 있습니다. 연습실 배치, 방문자나 휴식에 대한 선호 규칙, 대본 암기 기한 등과 같은 것들입니다. (연출과 첫 대화 시 필요한 내용은 이 챕터 후반에 찾아볼 수 있습니다.) 그러나 연출이라고 모든 것에 답을 줄 수 있는 것은 아닙니다. 단지 질문을 받을 수 있는 사람보다 답을 줄 수 있는 사람을 찾아갑시다. 예를 들어 건물에서 화장실을 찾을 수 없거나 연습실 잠그는 방법을 모른다면, 다른 곳을 찾아봅시다. 아마 동료 무대감독이나 학교의 경우 지도교수나 제작감독을 찾아가 봅시다. 극장이나 학과에 그런 세부 사항을 담은 핸드북이 이미 있을 수도 있습니다.

주어진 여건

현재 극장이나 인력들과 이전에 작업해 본 경험이 있다면 시설 운영이나 동료의 작업 스타일과 같은 기본 정보를 갖고 있을 것입니다. 대본에 뛰어들기 전에 이런 기본 정보에 대한 조사를 먼저 시작하는 것이 좋습니다. 보통 제작감독이 좋은 출발점입니다. 제작 시즌 동안 모든 공연의 아티스트와 제작 세부 내용을 조율하는 사람이라 아마 많은 해답을 알 것입니다. 학교라면 먼저 교수님과 상의해 보는 것이 좋습니다.

인물
질문: 누가 연출인가? 이 사람과 일해 본 경험이 있는가? 이 극장과는?
질문: 누가 디자이너인가? 이 중 누구와 같이 일해 본 경험은? 그들은 서로 일해 본 적이 있는가? 이 극장에서는? 이 연출이랑은?

현재 극단이나 학과와 처음이라면 기존 관계들을 이해하는 것이 도움이 될 것입니다. 연출이 극단의 제작 과정에 익숙하다면 연출에게 마감일이 왜 필요한지 설명하기보다 마감일 알림을 전달하는 일에만 집중할 수 있을 것입니다. 그들이 현재 극장에서 일해 본 적이 있다면 극장 백스테이지 가용 공간에 대한 이해를 바탕으로 연습실 동선을 만들 것입니다. 극장 상주 디자이너 혹은 자주 오는 객원인 경우 무엇이 가능하고 창고에 있는 것이 무엇이며 그 밖의 고려 사항에 대한 사전 지식이 있을 것입니다.

하지만 단체의 운영 상황에 대한 사전 지식 외에도 이전 관계도 사람들이 서로 소통하는 방식에 영향을 미치고 그에 따라 무대감독이 이런 대화를 어떻게 가장 잘 촉진할 수 있는지에 영향을 미칠 것입니다. 여러 훌륭한 작품을 같이 해 온 동료들 사이에는 빠른 정보 소통 방식이 있을 것입니다. 사람이나 장비에 대한 별명이라든가 과거 공연들을 인용한 논의라든가 하는 것들 말이죠. 자신이 신입이라면 어느 정도 숙제를 해 가는 것이 중요합니다. 그래야 이들의 언어를 더 잘 이해할 수 있습니다. 이들 과거 작품의 사진이나 서류를 살펴보고, 제삼자를 통해 배경 조사도 하고, 이해를 돕기 위해 직접 물어보기도 합니다. 상대의 생각을 대충 추측해서 다른 이에게 전달하면 나중에 자신만 오해했다는 사실을 발견하게 됩니다. 반대로 이런 사람들은 과거에 서로 너무 잘 맞아 서로 무슨 생각을 하는지 잘 안다고 생각해 자세한 내용을 전달하지 않거나 질문을 충분히 하지 않을 가능성도 있습니다. 무대감독은 나중에 발생할 문제를 방지하도록 이러한 친숙함에도 일관되고 명확한 정보를 위한 통로 역할을 해야 합니다.

그러나 과거의 관계가 반드시 긍정적이지만은 아닐 수 있습니다. 과거의 부정적인 경험은 방치하면 새로운 작업에 악영향을 미칠 수 있습니다. 험담에 참여하지 않으면서 그 사람에 대해 배울 수 있는 것들을 알아봅시다. 과거 마감일을 자주 놓쳤던 디자이너에게 이번에는 도면이나 서류 제출 기한을 좀 당겨 주어서 완충 시간을 만들어 볼 수도 있습니다. 그리고 중요해 보이지 않을 수 있겠지만, 만약 마감일을 맞추려고 특정일 전에 리허설 시연을 봐야 한다면, 예를 들어 처음부터 이를 안다면 좋을 것입니다. 그래야 연습 일정에 일찌감치 이 일정을 반영할 수 있기 때문입니다. 연출이 과거 디자인 작업이 마음에 들지 않았다면 연습 중에 이를 언급할 수 있고, 이를 연습 일지에 포함하라고 요구할 수 있습니다. 이때 무대감독으로서 정보를 받으면 어조와 그 정보 자체를 분리할 필요가 있습니다.

장소

질문: 공연은 어디서 하는가? 연습은 어디서 하는가? 두 곳이 다른 장소라면 테크 이전에 무대에서 연습해 볼 수 있을까?

연습 공간이나 극장 공간에 익숙하지 않다면 직접 보러 갑시다. 연습실이 극장보다 작으면 연습실 바닥에 무대 평면을 바닥에 테이핑할 때 타협을 해야 합니다. 첫 연습 일정을 마치고 테이핑을 다시 하지 않으려면 첫 연습 날 전에 연출에게 이 점에 관해 물어보는 게 좋습니다. 또한 SM 팀이 가구나 테이블 세팅을 밤새 그대로 두어도 되는지, 연습을 위한 연습실 음향 시스템이 있는지, 배우들을 위한 그린룸green room(역주: 공연장에 있는 출연자 휴게실)이 있는지 이런 여러 세부 사항을 알아 두면 좋습니다.

> **평면도**Groundplan: 무대 장치와 극장 건물올 위에서 내려다본 도면으로 무대디자이너가 축척에 맞추어 그립니다.
>
> **무대 테이핑:** 축척된 평면도를 보고 연습실 바닥에 평면도를 복제하는 것으로 벽, 덧마루 등 무대 장치가 있는 곳을 테이프를 이용해 표시합니다. (무대 테이핑 과정은 5장에서 다루겠습니다.)

기본 사항을 숙지하고 나면 이제 공연으로 시선을 돌려 봅시다. 두 가지로 나눕니다. 공연과 관련된 날짜와 세부 사항들 그리고 대본에 포함된 정보들.

일정표

제작 일정표는 중요한 정보의 원천입니다. 어느 경우에는 일정을 받고 마감일이 있는 일감을 확인하는 경우가 있고, 또 다른 경우에는 여러 곳에서 정보를 모아 직접 일정을 만드는 경우도 있습니다.

이 책 초반에 소개한 미국배우조합에서 만든 무대감독의 업무 정의에 따르면 세 가지로 나눕니다. 연습 진행하기, 연습실 외부 활동 조성하기, 기록 남기기가 그것들입니다. 연기자 관점에서 보면 연습과 공연 전반에 걸쳐 분명하고 간결하게 정리하는 문서를 만들어 주는 무대감독이 필요합니다. 연습 과정 중 언제 어떤 출연자가 필요한지, 의상 피팅이나 홍보 활동 등의 외부 활동 일정을 어떻게 정할지, 공연 진행이나 대본 암기 기한과 같은 중요한 기일이 언제인지 등을 알려 줍니다.

이런 세부 사항들은 배우들에게도 필수적이지만 일정에 민감한 다른 구성원들의 필요 일정과 중복되지 않도록 합니다. 디자이너와 제작팀 다른 구성원들도 연습 일정 전반과 공연 날짜에 영향을 받지만 연기자들의 일정과는 다릅니다. 배우들의 상세 일정을 담은 일정표는 그들에게 큰 쓰임새는 없습니다. 이 두 번째 그룹도 그들만의 일정이 있습니다. 디자인 마감, 무대 설치 일정, 외부 일정이나 유지 관리 일정으로 인해 극장을 쓸 수 없는 기간 등 배우들과는 큰 관련이 없는 일정들입니다.

연기자와 제작팀 구성원 외에도 고려해야 할 인력들이 있습니다. 크루crew들은 공연의 기술적인 작업을 실행합니다만 작업 전 일정에 대해서는 신경 쓰지 않습니다. 또한 현장에 없을 때 발생하는 일정에 대해서도 신경 쓰지 않습니다. 운영 사무실은 급여 집행을 위한 전체 소요 시간과 주간 일정에만 신경 쓰며 업무 내용에 대해서는 관여하지 않습니다. 연출은 연습 중 만들어 낸 배우 관련 사항들이 잘 구성됐는지 확인하는 것에 관심이 있습니다. 연출은 언제 디자이너의 작업을 볼 수 있을지 궁금해 하며, 연출의 시간과 관심이 요구되는 홍보 추가 일정을 알고 싶어 할 것입니다. 이런 일정들은 다른 구성원들과 상관없는 일정들입니다.

간단했던 일정은 이제부터 아주 복잡하게 변합니다. 그리고 무대감독은 모든 분야에 유익하도록 정보를 모아 전달해야 하는 과제에 직면하게 됩니다.

그럼 어디서부터 시작할까요?

극장은 이제 한 시즌에 진행할 여러 공연을 모두 담은 전체 제작 일정을 만듭니다. 무대감독 부서에서 관리자 역할이 아니라면 이런 일정표를 만들 필요는 없겠지만 분명히 한 부 가지고 있어야 할 겁니다.

제작 일정표와 출연자 일정표

그림3.1의 시즌 일정표를 봅시다. 두 개의 다른 극장에서 진행할 서로 다른 공연의 제작 일정을 담고 있습니다. 여러분이 「십이야」의 무대감독이라면 공연의 세부 사항에 가장 신경을 쓰는 사람일 것입니다. 그러나 이달 초에 시작된 공연 「갤로시Galoshes」와 스태프를 공유하기 때문에 디자이너들과 기술 스태프들의 관심사가 분산된다는 것을 알 수 있습니다. 그리고 우리 공연은 아마 우선순위에서 밀리겠죠. 이것을 안다고 해서 당장 뭔가 해야 하는 것은 아닙니다.

Toland Theatre
FREDERICK THEATRE
Department of Theatre Arts
UW-L

NOVEMBER

Sunday	Monday	Tuesday	Wednesday	Thursday	Friday	Saturday
	1 12:05 Dept Mtg Galoshes Sound Load In Galoshes Hang	**2**	**3** 12:05 Twelfth Night Prod Mtg Galoshes Focus	**4** Galoshes Focus	**5** 12:05 Galoshes Paper Tech 6pm Senior Show Galoshes Focus	**6** Galoshes Cueing
7 Galoshes SM Load In Galoshes Cueing Daylight Savings Clocks 1 hour back	**8**<br colspan> 12:05 Dept Mtg Galoshes Tech	**9** Galoshes Dress	**10** 9:00, 11:00, 1:00 Galoshes 12:05 Twelfth Night Prod Mtg Twelfth Night Prelim Light Plot	**11** 9:00, 11:00, 1:00 Galoshes Veterans Day	**12** 9:00, 11:00, 1:00 Galoshes Photocall	**13** 11:00, 1:00 Galoshes Strike
14	**15** 12:05 Dept Mtg Twelfth Night Hang 5:00 Twelfth Night Crew Meeting Twelfth Night Run for LX	**16** Twelfth Night Hang	**17** 12:05 Twelfth Night Prod Mtg Twelfth Night Final Light Plot Prop & Sound Add Deadline	**18** Twelfth Night Early Reservations	**19** 6pm Senior Show	**20**
21	**22** 12:05 Dept Mtg Twelfth Night Focus	**23** Twelfth Night Focus	**24** Twelfth Night Paper Tech Twelfth Night Focus	**25**	**26**	**27** Twelfth Night Cueing
28 Twelfth Night SM Load In Twelfth Night Cueing	**29** 12:05 Dept Mtg Twelfth Night Box Office Opens Twelfth Night Tech	**30** Twelfth Night Tech				

Frederick Theatre- Limited or No Class Availability (spanning Monday 8 – Friday 12)

Thanksgiving Break (spanning Thursday 25 – Saturday 27)

그림3.1 UWL 극장 제작 일정표의 한 달 일정

하지만 시간이 다가올수록 이런 상황을 기억해야 합니다. (「갤로시」는 같은 극장의 다른 공간에서 공연 중인 어린이 공연인 「행운의 장화Galoshes of Fortune」를 말합니다.)

이 일정표는 무대감독의 관점에서 직접적으로 많은 중요한 제작 세부 정보의 개요를 제공합니다. 소품과 음향 큐의 마감일, 크루 회의, 공연 사전 시연 일정 등이 있습니다.

Twelfth Night

PRELIMINARY REHEARSAL CALENDAR

Sunday	Monday	Tuesday	Wednesday	Thursday	Friday	Saturday
October 24	25 Rehearsal 6:30–9:30 pm	26 Rehearsal 6:30–9:30 pm	27 Workshop 6:30–8:30 pm (cast required to attend — open to all majors/minors)	28 Rehearsal 6:30–9:30 pm	29 **6:00 pm Allyssa Senior Show** Rehearsal 7–10 pm	30
31	November 1 Rehearsal 6:30–9:30 pm	2 Rehearsal 6:30–9:30 pm	3 Rehearsal 6:30–9:30 pm	4 Rehearsal 6:30–9:30 pm	5 Rehearsal 6:30–9:30 pm	6
7 *Daylight Savings Clocks 1 hour back!*	8 Rehearsal 6:30–9:30 pm	9 Rehearsal 6:30–9:30 pm	10 Rehearsal 6:30–9:30 pm	11 Rehearsal 6:30–9:30 pm	12 Rehearsal 6:30–9:30 pm	13
14	15 Rehearsal 6:30–9:30 pm Run through for Lights	16 Rehearsal 6:30–9:30 pm OFF BOOK PART ONE	17 Rehearsal 6:30–9:30 pm	18 Rehearsal 6:30–9:30 pm OFF BOOK PART TWO	19 **6:00 pm Tim & Donnie Senior Shows** Rehearsal 7:30–10 pm	20
21	15 Rehearsal 6:30–9:30 pm	15 Rehearsal 6:30–9:30 pm	24	25	26	27
				Thanksgiving Break		
28	29 **6–10 pm TECH REHEARSAL**	30 **6–10 pm TECH REHEARSAL**	December 1 **6–10 pm TECH REHEARSAL**	2 **10:00 am MATINEE Photo Call**	3 **7:30 pm Performance**	4 **Afternoon Put-in Rehearsal** **7:30 pm Performance (Understudies)**
5 **2:00 pm Matinee**	6	7	8	9 **7:30 pm Performance**	10 **7:30 pm Performance**	11 **7:30 pm Performance**
12 **2:00 pm Matinee Strike**						

As of 10/22/10

Specific Rehearsal Times are Subject to Change
Afternoon Calls for Costume Fittings, etc to be arranged

그림3.2 「십이야」의 연습 일정표

공연 제작팀 모두가 이 제작 일정표를 갖고 있다면 여러분이 다시 만들 필요는 없지만, 이 세부 일정을 기록해 두었다가 제작팀이 마감일을 지킬 수 있도록 도와줍니다.

일정표의 원본에 접근할 수 있고 우리 공연과 관련 없는 일정들을 수정할 수 있더라도, 이것이 배우들에게 나눠 줄 일정표로 적당하지는 않습니다. 연습 일정에 대한 세부 정보가 없고, 단순히 다른 공연의 일정표를 우리 연습 일정으로 바꾼다고 쓸 만한 서류가 되는 것은 아닙니다. 결국 과다한 정보로 인해 원하는 일정을 찾아다니기 어려울 것입니다. 글자 크기를 줄여 모든 내용이 담기도록 할 수는 있겠지만 뭐 하러 그렇게 하겠습니까? 일정표를 읽기 어렵다고 그렇게 문제를 해결하지는 않습니다. 대신, 기존 제작 일정표의 관련된 내용만 가져다가 출연자들에게 적합한 것으로 새로 만들 것입니다.

이제 그림3.2에 보이는 출연자 일정표를 살펴봅시다. 보자마자 몇 가지 다른 점을 알아차릴 것입니다. 첫째 이 일정표는 한 페이지에 전체 연습과 공연 일정을 다 담고 있습니다. 10월 중순부터 12월 중순까지 기간입니다. 둘째로 각 연습 일정에 구체적인 시간이 적혀 있습니다. 「졸업반 공연the Senior shows」과 같은 일정은 「십이야」와 무관해 보이지만 사실 연습 시간에 영향을 줍니다. 이런 참고해야 할 일정을 고려해 일정표를 작성합니다. 11월 15일 디자이너 시연의 경우 일정상 첫 시연이라 출연자들에게는 중요한 이정표입니다. 공휴일이나 일광 절약 시간제(역주: 여름에 활동 시간을 1시간 당겨서 하는 것으로 한국은 서머타임으로 부르고 1988년에 폐지되었으나 북미에서는 계속 유지 중이다) 등과 함께 일정표에 표기해 전달합니다. 또한 연출이 전달한 11월 16일과 18일의 대본 숙지 마감일처럼 일반적인 제작 일정표에는 적합하지 않은 일정도 포함합니다.

이런 정보는 오디션으로 시작하는 작업 초기에 출연자들에게 전달할 정보의 양으로 적당합니다. 분명히 매 연습 일에 관한 일정으로는 구체적이지 않겠지만 정확히 의도한 것으로, 일단 연습이 시작되면 무대감독이 추후 주간 혹은 일일 연습 일정을 만들어 이런 세부 사항을 전달할 것입니다. 지금 이런 내용을 받는다 해도 당장 필요한 것은 아닙니다.

일정표 형식

당연하게 들리겠지만 일정표에서 가장 중요한 고려 사항은 일정표처럼 보여야 한다는 것입니다. 이 말은 달, 주, 날짜가 뚜렷이 구분되어야 한다는 것입니다. 한 페이지에 한 달을 담든 여러 달을 담든 일정표에는 이 내용들이 분명히 담겨야 합니다. 위에 제시한 출연자 일정표에는 여러 달의 일정을 담고 있는데 구분하기 위해 간단한 음영을 사용했습니다.

일반적인 조합 업무일은 주당 6일입니다. 관습적으로 화요일부터 일요일까지이며 월요일은 휴무입니다. 일정표에서 월요일 해당 열을 왼쪽 끝으로 옮겨 작업 주간을 한 행에 온전히 담기를 원할 수도 있겠지만 배우들이 그런 일정표를 받아 들고 다른 작업 일정표나 개인 일정표와 비교한다면 더 헷갈리지 않을까요? 생각했던 것보다 더 혼란스러울 겁니다. 시각적으로 이 둘은 맞추기 어렵고 화요일 일정과 수요일 일정을 잘못 읽을 경우 문제가 큽니다.

정해진 휴무일

계약에 따라 구체적인 조건이 다르겠지만 조합 배우들과 무대감독은 당일 일정과 다음날 일정 사이에 일정한 휴식 시간을 정함과 함께 연습 일정이나 공연 일정 사이에 24시간 휴식을 두어야 합니다. 휴일이 주어지지 않으면 추가 근무에 따른 급여를 지불해야 합니다. 추수감사절과 크리스마스 시기 일정에 관한 세부 내용은 미뤄 두고, 극장이 이 시기 휴일 관객을 끌어들이기 위해 추가 공연 일정을 원하면, 조합은 휴일로 구체직인 요일을 성하지는 않습니다. 월요일 휴무는 출연자나 무대감독에게 단지 휴식을 위한 것뿐 아니라 은행 업무나 병원 예약, 면허증 갱신 등과 같이 주말에 처리가 어려운 개인사를 위한 인터넷 시대 이전의 전통입니다. 게다가 토요일과 일요일은 관객들이 극장을 많이 찾는 날입니다. 주말이 휴일인 경우보다 주말에 2회 공연이 있는 경우가 더 흔합니다.

출연자 일정표에는 또 다른 시각적 규칙이 있는데, 특히 공연 기간이 그러합니다. 주간과 야간으로 크게 두 개의 시간대로 나뉘어 업무가 있습니다. 저녁 공연은 낮 공연보다 셀의 낮은 곳에 쓰입니다. 오전 학생 단체 공연은 제일 위에 쓰는 식입니다. 마감일은 시작 시간 위에 써서 이들과 구분하고 모두 대문자로 표기합니다. 이탤릭은 공연과는 관계없지만 중요한 노트에 사용합니다.

무대감독이라면 이 일정표를 가장 빈번하게 사용할 것입니다. 출력이나 복사도 자주 합니다. 따라서 색을 넣는 것이 좋은 선택은 아닙니다. 위스콘신 라크로스 대학의 경우 제작 일정표를 전자 문서로 전달하고 두 극장의 웹사이트에 올려놓고, 출력본은 공식적으로 딱 두 곳에 붙입니다. 일정표는 학과 일정, 공휴일과 더불어 7개의 작품 정보를 담습니다. 복사를 할 만한 서류도 아닌 데다가 정보의 양도 많은 편이라 색을 사용하는 것이 항목들을 구분하는 데 도움이 됩니다. 이 문서들을 주로 복사해서 배포한다면, 색상 구분이 덜 효과적이었을 겁니다. 학과에서는 아마도 세부 정보를 다른 방법으로 전달하거나, 출력본이 전자 문서보다 접근성이 떨어진다는 것을 마지못해 인정했을 겁니다. 반대로 출연자 일정표는 거의 출력본으로 공유하는데 글꼴 스타일로 구분합니다. 문서 배포 방법에 따라 이것도 적절합니다.

일정표 작성 프로그램에 대한 단상

요즘은 일정표를 만들고 수정하는 다양한 컴퓨터 프로그램이 존재합니다. 여러 컴퓨터에 걸쳐 작업을 동기화하거나 전화기와도 연결할 수 있습니다. 일련의 알림을 설정하고, 몇 가지 조작만으로 반복 일정도 만들 수 있습니다. 그러나 이것들이 유용한 기능이긴 해도 이런 일정표 소프트웨어가 공연에 적합한 것은 아닙니다.

무대감독의 주요 관심은 컴퓨터의 일정표 기능이 아닙니다. 공유한 상태로 혹은 출력했을 때 얼마나 효과적인가 하는 것입니다. 컴퓨터 프로그램에서 일정의 순서를 바꿀 수 없거나, 구체적인 시간을 입력하지 않고도 일정을 만들 수 없다면, 어느새 프로그램이 가능한 것들에 맞추어 작업하는 자신을 발견할 것입니다. 아니면 그 프로그램이 하루에 보이는 일정의 수가 정해져 있다면? 무대감독이 컴퓨터 화면상 일정표 월별 화면에서 '+ 4 more'를 보는 경우 링크를 클릭해 주간 보기나 일간 보기로 바꾸어 나머지 일정을 확인할 수 있지만, 출력하면 이 링크는 무용지물이며 숨겨진 정보를 볼 수 없습니다.

저도 개인적으로 많은 일정 프로그램을 사용해 봤지만, 사용이 편리하다는 약속과 다르게, 형식 면에서나 내용 면에서 편집이 용이하지 않은 프로그램이 많았습니다. 저는 마이크로소프트 워드나 엑셀에서 일정표를 만들고, 문서 서식 파일을 만들어 작품의 필요에 따라 수정해 사용합니다. 서식 파일 예시는 본 저서 연관 웹사이트에 게시되어 있어 독자들이 살펴보고 각자 용도에 맞춰 사용할 수 있습니다.

작품 분석

일정표에서 공연과 관련하여 자세한 정보들을 뽑아내고 나면 무대감독의 다음 업무는 대본과 관련한 것입니다. 무엇이 이 작품을 특별하게 할지 알아보기 전에 대본에 나타난 기본 정보를 이해하는 것이 중요합니다.

무대감독은 간단히 대본을 읽는 것으로 시작합니다. 세부 내용을 찾으려는 두뇌 영역을 끄는 것이 어렵겠지만, 그저 이야기를 흡수하고 공연의 전반적인 느낌을 찾아봅니다. 이런 기본적인 관찰을 손에 쥔 채 대본으로 다시 돌아가 대사와 지문을 통해 세부 내용을 찾아보고 신중하게 메모를 적으며 진행해 봅시다.

무대감독이 공연 제작에 관한 정확한 정보를 파악하기 위해 대본에 제시된 것들을 이해하는 것은 필수입니다. 노트에 적고 발견한 것들을 기록하는 일관된 방법을 찾는 것이 필요합니다. 하지만 반드시 남에게 전달할 필요는 없습니다.

그림3.3의 표는 이런 정보를 담는 하나의 방법을 제시합니다. 여기서 무대감독은 각 사실을 행으로 나누고, 노트는 적당한 열에 적습니다. 단지 발견한 것들을 분류한 다는 것을 기억하고 결정을 내리지 않는 것이 중요합니다. 아래 대화를 살펴봅시다.

> **메리:** 와, 여기 너무 추운데.
> **존:** 이 스웨터 입을래?
> **메리:** 고마워! 이제 좀 낫네.

이 대화에서 우리는 무대 위 어딘가에 존의 스웨터가 있고 메리가 받아서 입는다는 것을 유추할 수 있습니다. 무대감독은 이런 정보를 기록합니다. 하지만 우리가 아는 것은 스웨터가 있다는 것뿐입니다. 색상, 재질, 스타일 등은 모릅니다. 존이 파란색 카 디건을 깃고 있다고 적는 것은 대본에서 제시하지 않는 내용을 채우는 것입니다.

The Tempest
Production Analysis

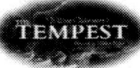

Act/Scene	Page	Character/Costume	Set/Dressing	Lights	Props	Sound	Other/Questions
2.1	38				*Antonio* and *Sebastian* take out their swords	*Ariel* sings another song to the men	
2.2	39				Pile of wood that *Caliban* carries in	A noise of thunder heard	
	40	*Trinculo* enters and covers himself with his cloak	Stated that there are no bushes or shrubs on the island			Wind whistling; another noise of thunder is heard	*Trinculo* states he can see a huge black cloud
	41	*Trinculo* crawls under *Caliban's* garment; *Stephano* enters			*Stephano's* wine bottle		
3.1	46		A possible pile of logs that *Ferdinand* has stacked up already?		*Ferdinand* carries a log		
3.2	52	*Stephano* strikes *Trinculo*					
	54					*Ariel* plays a tune on a drum and a pipe	
3.3	56	*Several strange Shapes* enter and dance silently	A banquet appears			Solemn and stage music	*Prospero* invisible How will the banquet appear?
	58	*Ariel* is stated having wings	The banquet disappears	Lightning	Swords are drawn by all onstage in fear of *Ariel*	Thunder and lightning	How will the banquet disappear?
	59	*Strange Shapes* appear again and dance				Thunder for exit	*Ariel* vanishes
4.1	62					Soft music plays	
	63	*Iris* enters; *Juno* enters; *Ceres* enters	*Juno's* chariot appears from above and descends				*Juno* enters from above? Will *Ceres* be played by *Ariel*
	64					*Juno* and *Ceres* sing	
	66	*Nymphs* enter; *Reapers* enter				*Nymphs* and *Reapers* share a dance	Music to the dance? How many *Reapers* and *Nymphs*?

그림3.3 무대감독 퀸 마스터슨Quinn Masterson의 「템페스트」 대본 분석 발췌본

어떤 경우에는 누구와 관련된 내용인지 알 수 없는 경우도 있습니다. 체호프의 「갈매기」의 경우 무대감독은 2막 내용 중 트레플레프가 '총과 죽은 갈매기'를 들고 등장한다는 것을 발견합니다. 그 총은 소품 목록에 기록할 수 있을 것입니다. 그다음 4장의 무대 지문에서 '무대 밖에서 총소리'가 들리는 장면이 나옵니다. 이 효과도 마찬가지로 기록해야 합니다. 하지만 이 소리는 2장에 나온 총에서 나온 소리일까요? 옆 무대에서 쏘는 신호탄일까요? 정해진 위치의 스피커에서 나오는 음향 효과일까요? 무대감독은 어떤 방법을 사용할지 몰라 음향 효과와 소품 총의 효과의 가능성 두 가지를 다 기록해 두는 것이 좋습니다. 두 개의 다른 분야가 이 효과에 관여할 것이기 때문입니다.

이런 분석으로 무대감독은 제작팀과의 첫 미팅에서 훌륭한 참고 자료를 제시할 수 있습니다. 학교의 경우 무대감독이 디자인 회의에 참석하기도 합니다. 반면 현장에서는 무대감독이 상당히 뒤늦게 참여합니다. 어떤 상황이건 무대감독은 회의에서 이런 노트들을 참고합니다. 예를 들어 총에 대해 논의하면서 총소리를 처리하는 방법에 대한 언급이 없다면 이 큐와 관련해 결정된 사항이 있는지 무대감독의 질문으로 상기시켜 줄 수 있습니다. 이 특정 작품에 대해서는 너무 당연한 질문일 수 있겠지만 무대감독이 공연의 모든 요소에 대한 세부 내용을 모두 암기할 필요는 없습니다. 이 메모들은 세부 사항과 무대감독과 공유되어야 하는 것들을 잊지 않도록 하는 데 도움이 됩니다.

일단 분석 자료가 연출이나 디자이너와 가진 공식 혹은 비공식 회의를 통해 일정한 답을 얻으면, 이 표를 기반으로 전체 제작팀에게 공유할 문서를 만들 준비를 갖춥니다. 대본을 토대로 조명 큐 목록 초안을 만들어 달라는 부탁을 받을 가능성은 낮지만, 무대감독은 소품 목록을 만들고 수정하는 것에 밀접하게 관여합니다. 어떤 극장에서는 음향 큐 목록을 작성하기도 합니다. 이런 서류들에서 무대감독의 구체적인 책임은 공연마다 다르므로 자신의 업무가 무엇인지 명확히 이해해야 합니다.

인물/장면분석표

주요 사용자

- 연출과 무대감독팀
- 출연자
- 의상디자이너
- 뮤지컬 음향디자이너/감독

내용

- 연기자와 배역
- 페이지별로 나뉜 장면들
- 연출이나 무대감독이 만든 장면의 별칭이나 설명
- 노래와 악보 참조 정보(뮤지컬)

필요성

- 구체적인 연습 일정 계획을 위해
- 누가 의상을 빨리 갈아입어야 하는지 파악하기 위해
- 무대 장면 전환을 도울 수 있는 사람을 찾기 위해
- 아직 캐스팅되지 않은 단역을 찾기 위해

내용 파악

총괄 제작 일정표와 같이 인물/장면분석표는 상세한 정보를 담은 문서입니다. 연기자가 무대 위에 오를 때 포괄적인 무대 환경을 보여 주기 위한 것입니다. 무대감독으로서 큰 숙제는 많은 정보를 담아 검색이 쉽게 만드는 것입니다.

　장면분석표는 보통 표로 정리합니다. 열과 행에 정해진 내용을 담도록 만들어져 있습니다. 첫눈에 보자마자 원하는 정보를 쉽게 얻도록 하는 것이 이 서류의 목적은 아니고, 많은 정보를 한 공간에 모아 놓는 것이 목적입니다.

출연자 명단

한 배우가 한 역할만 하는 연극이나 뮤지컬에서 무대감독을 한다면, 이름 항목에 등장인물만 담은 하나의 열만 있으면 됩니다. 하지만 출연자 일부 혹은 전부가 여러 역할을 한다면, 출연자 이름과 배역 이름을 모두 목록에 담아야 합니다. 이 문서의 목적 중 하나는 언제 의상을 갈아입어야 할지 파악하는 것입니다. 배우 이름으로 분류하지 않으면 이 부분에서 놓치는 일이 생길 수 있습니다.

Twelfth Night
Character/Scene Breakdown

Actor	Character	I-1 Orsino's Palace first day, early morning			I-2 Illyrian Coast simultaneous with I-1			I-3 Inside Olivia's House simultaneous with I-1 and I-2					I-4 Orsino's Palace early morning 3 days after Orsino & Cesario meet		
		3	4	5	5	6	7	8	9	10	11	12	12	13	14
Justin Cooke	Orsino	+X	X	X-											
Matthew Matuseski	Sebastian														
Kevin Fanshaw	Antonio														
Jacob Gustine	Sir Toby Belch							+X	X	X	X	X-			
Tim McCarren	Sir Andrew Aguecheek								+X	X	X	X-			
Andrew Kelly	Malvolio														
Donnie Mezera	Fabian														
Alden Hedges	Feste														
Allyssa Dunn	Olivia														
Claire Ganshert	Viola				+X	X	X.						+X	X	X-
Amy Nelson	Maria							+X	X	X	X	X-			
Jacob Voss	Sea Captain, Priest				+SC	SC	SC.								
Austin Hernandez	Valentine Sailor 3, Officer 1		+V	V.									+V	V.	V.
Luke Prescott	Curio, Sailor 1, Officer 2	+C	C	C.	+S	S	S.						+C	C	C.
Brian Coffin	Lord 1, Sailor 2, Officer 3	+L	L	L-	+S	S	S-						+L	L	L-
Don Hart	Lord 2, Officer 4	+L	L	L-									+L	L	L
Emily Ware	Olivia Attendant 1														
Lindsay Van Norman	Olivia Attendant 2														
Suzanne Chun	Musician 1	+X	X-	X-									+X	X-	
Shelby Krarup	Musician 2	+X	X-	X-									+X	X-	

Version 1: 10/21/10

X Onstage; +X Enter; X- Exit; +X- Enter/ Exit; (X) Onstage "hiding"
Other initials indicate ensemble character

Page 1 of 5

그림3.4 「십이야」의 인물/장면분석표

		1-1 Orsino's Palace first day, early morning			1-2 Illyrian Coast simultaneous with 1-1			1-3 Inside Olivia's House simultaneous with 1-1 and 1-2					1-4 Orsino's Palace early morning 3 days after Orsino & Cesario meet		
		3	4	5	5	6	7	8	9	10	11	12	12	13	14
Jacob Voss	Sea Captain, Priest				+SC	SC	SC-								
Austin Hernandez	Valentine Sailor 3, Officer 1		+V	V-		+S	S-						+V	V	V-
Luke Prescott	Curio, Sailor 1, Officer 2	+C	C	C-		+S	S-						+C	C	C-
Brian Coffin	Lord 1, Sailor 2, Officer 3	+L	L-		+S	S	S-						+L	L	L-
Don Hart	Lord 2, Officer 4	+L	L	L-									+L	L	L-

그림3.5 남자 앙상블 배우들 확대본

그림3.4의 「십이야」 장면분석표에서 두 개의 이름 항목을 확인할 수 있습니다. 주역 배우들이 위의 앙상블 배역들이 그 밑으로 정렬됩니다. 출연자의 절반만 여러 역할을 하더라도 배역이 가장 복잡한 인물 순서로 정렬하였습니다.

장면과 페이지

물론, 각 장면에 대한 열만 포함하고 페이지별 목록을 작성하지 않으면 시간과 종이를 모두 절약할 수 있겠지만, 캐릭터 이름만 나열하는 경우와 마찬가지로 이렇게 하면 일부 정보를 생략해야 합니다.

그림3.5에서 발췌한 5명의 남성 앙상블 출연진에 대해 「십이야」 장면분석표의 세부 내용을 봅시다. 5명 모두 1장, 2장 또는 둘 다에 등장합니다. 장면별로 구성된 분석은 최소한의 정보만 제공합니다. 무대감독은 빠른 의상 변경이 필요할 것이라고 예상할 수 있지만 정확히 언제인지는 알 수 없습니다.

페이지별 목록을 보면 Austin과 Luke는 1장 끝 무렵에 무대에 등장하고, 다음 의상으로 갈아입고 2장 후반에 등장하는 것을 알 수 있습니다. 반대로 Brian은 첫 번째 장면에서 일찍 퇴장하고 두 번째 장면 맨 처음에 등장합니다. 이제 우리는 모든 의상 변경이 서로 매우 가깝고 매우 빠르게 (각각 한 페이지씩) 발생하지만 모두 동시에 발생하는 것은 아니라는 것을 알 수 있습니다. 무대감독 팀은 연습 과정 초기에 이 부분에 대해 질문하고 의상팀과 협력하여 배우와 무대 뒤 공간을 준비해야 함을 알 수 있습니다.

이 공연에서는 출연자들이 무대 장치 전환에도 참여했습니다. 장면분석표는 장치 퇴장(Don)이나 등장(Jacob)에 가장 적합한 배우를 찾는 데 도움이 됩니다. 두 배우 모두 여러 역을 맡고 있지만 장면 전환 때 의상을 갈아입지는 않습니다. 이런 결정을 하는 것이 자신의 권한이 아니라 해도, 연출이나 무대디자이너의 질문에 적당한 배우가 누군지 대답할 수 있습니다.

무대감독이 공연의 크루 고용에 대한 실질적 권한은 없지만 가끔 기술감독이나 제작감독이 크루 수를 파악할 때 질문에 답을 하기도 합니다. 행을 쭉 따라가면 세 명의 남자 앙상블 배우가 4장에 재등장하기 전에 옷을 갈아입어야 한다는 것을 알 수 있습니다. 그러나 첫 의상 변경과 다르게 5 페이지 장면 내내 무대 위에 있게 됩니다. 의상 크루는 의상 변경 후에 의상을 정리해야 합니다. 하지만 이번에는 추가 도움이 필요 없을 것입니다. 필요한 다른 일에 집중할 수 있고 이는 잠재적인 기술팀 수에 영향을 미칩니다.

페이지 번호

대본 페이지 번호를 담은 행을 자세히 본다면 번호가 간혹 반복된다는 것을 알 수 있습니다. 페이지 중간에 장면 전환이 나뉘지 않는 대본을 찾는 것은 드문데, 장면이 나뉘는 페이지 번호를 반복하면 형식이 쉬워집니다. 나중에 더 자세히 설명하겠습니다.

장면과 장소 구분하기

이제 페이지 번호까지 다 적어 넣었습니다. 하지만 이것으로 각 장면의 세부 내용을 다 담은 것은 아닙니다. 작품 내 사건의 장소가 어디인지 알 필요가 있습니다. 행을 하나 만들어 장면의 이름과 번호를 페이지 행 바로 위에 적습니다.

여기에 예시한 작품의 경우 연출에게 시간대가 매우 중요했습니다. 이 장면분석표에는 세부 내용이 좀 더 추가되었습니다. 첫 디자인 회의의 주요 내용은 언제 각 장면의 사건이 일어났는가에 대한 논의였습니다. 이 내용이 회의록에도 담기긴 하지만 무대감독은 장면분석표에도 이 내용을 담아 디자이너는 누가 무대 위에 등장하는지와 더불어 언제 어디서 일어나는 장면인지 한눈에 볼 수 있게 했습니다.

X Onstage, +X Enter, X- Exit, +X- Enter/ Exit, (X) Onstage "hiding"
Other initials indicate ensemble character

그림3.6 장면 분할표 범례

기호

대본 페이지를 기준으로 장면을 나눈다는 것은 무대감독이 등장인물이 누구인지만이 아니라 언제 등장하고 나가는지, 등장은 하지만 대사가 있는지, 무대 밖에서 노래하는지 구체적인 내용을 담는다는 것입니다. 인물/장면분석표는 대본의 지도라고 할수 있으며, 지도처럼 기호(그림3.6)가 필요합니다. 이 기호를 보면 누구나 문서를 읽는사람들이 모두 이해할 수 있습니다.

배역이 하나인 주요 등장인물의 등장은 단순한 X 기호면 충분합니다. 단지 그 인물이 무대 위에 있는지만 확인하면 됩니다. 여러 배역을 맡는 앙상블의 경우 좀 더 자세한 내용이 필요합니다. 문제를 해결하는 가장 쉬운 방법은 X에 해당 역할을 가리키는이니셜을 추가하는 것입니다(동선 기호와 조정이 필요합니다).

'숨어 있음hiding'과 같은 메모가 왜 필요한지 궁금할 텐데, 누구도 리허설 호출에서누락되지 않도록 하려는 것입니다. 대본을 빠르게 훑어보다 보면 여러 페이지 동안대사가 없는 인물이 있다는 사실을 잊을 수도 있습니다. 하지만 그 인물이 해당 장면에서 중요한 역할을 할 수도 있습니다. 등장은 하지만 대사가 없는 연기자를 기록해두면, 무대감독은 연출에게 해당 배우를 특정 연습 일정에 호출해야 할지 물어볼 수있습니다. 그날 연습 내용에 따라, 예를 들어 대사 대신 동선 연습을 한다든지, 연출의 답변이 달라질 수 있습니다.

경험이 쌓일수록 작품에 따라 자신의 방법을 개발하게 됩니다. 하지만 각 작품에맞는 새로운 요구를 찾아내고 기꺼이 이전 작업에서 추가하거나 적용할 수도 있어야합니다.

분석표 양식

앞에서 언급했듯이, 분석표는 표로 정리하는 것이 최선입니다. 무대감독의 소프트웨어를 다루는 능력에 따라 스프레드시트나 워드의 표를 사용할 것입니다. 둘 다 정보를 정렬하는 데 필요한 열과 행으로 구분하는 기능을 제공합니다.

이 표는 가로보기 형식으로 만들어 장면 세부 내용을 충분히 담을 수 있습니다. 열을 두 개 만들어 출연자 목록을 담고 대본 페이지를 충분히 담을 수 있도록 수평으로 늘어놓습니다. 기호와 범례, 페이지 번호 그리고 버전 정보를 담고 적당한 여백도남겨서 문서가 너무 답답하지 않도록 합니다.

Twelfth Night
Character/Scene Breakdown

		I-1 Orsino's Palace first day, early morning			I-2 Illyrian Coast simultaneous with I-1			I-3 Inside Olivia's House simultaneous with I-1 and I-2				
		3	4	5	5	6	7	8	9	10	11	12
Justin Cooke	Orsino	+X	X	X-								
Matthew Matuseski	Sebastian											
Kevin Fanshaw	Antonio											
Jacob Gustine	Sir Toby Belch							+X	X	X	X	X-
Tim McCarren	Sir Andrew Aguecheek								+X	X	X	X-
Andrew Kelly	Malvolio											
Donnie Mezera	Fabian											
Alden Hedges	Feste											
Allyssa Dunn	Olivia											
Claire Ganshert	Viola				+X	X	X-					
Amy Nelson	Maria							+X	X	X	X	X-
Jacob Voss	Sea Captain, Priest				+SC	SC	SC-					
Austin Hernandez	Valentine Sailor 3, Officer 1		+V	V-		+S	S-					
Luke Prescott	Curio, Sailor 1, Officer 2	+C	C	C-		+S	S-					
Brian Coffin	Lord 1, Sailor 2, Officer 3	+L	L-		+S	S	S-					
Don Hart	Lord 2, Officer 4	+L	L	L-								
Emily Ware	Olivia Attendant 1											
Lindsay Van Norman	Olivia Attendant 2											
Suzanne Clum	Musician 1	+X	X-									
Shelby Krarup	Musician 2	+X	X-									

		I-4 Orsino's Palace early morning 3 days after Orsino & Cesario meet			I-5 Inside Olivia's House one hour after I-4 (scene continues on next page)							
		12	13	14	14	15	16	17	18	19	20	21
Justin Cooke	Orsino	+X	X	X-								
Matthew Matuseski	Sebastian											
Kevin Fanshaw	Antonio											
Jacob Gustine	Sir Toby Belch								+X-			
Tim McCarren	Sir Andrew Aguecheek											
Andrew Kelly	Malvolio					+X	X	X-	+X	X-		
Donnie Mezera	Fabian											
Alden Hedges	Feste				+X	X-	X	X-	X-			
Allyssa Dunn	Olivia					+X	X	X	X	X	X	X
Claire Ganshert	Viola	+X	X	X-						+X	X	X
Amy Nelson	Maria				+X	X-		+X-		+X	X	X-
Jacob Voss	Sea Captain, Priest											
Austin Hernandez	Valentine Sailor 3, Officer 1	+V	V	V-								
Luke Prescott	Curio, Sailor 1, Officer 2	+C	C	C-								
Brian Coffin	Lord 1, Sailor 2, Officer 3	+L	L	L-								
Don Hart	Lord 2, Officer 4	+L	L	L-								
Emily Ware	Olivia Attendant 1					+X	X	X	X	X	X	X-
Lindsay Van Norman	Olivia Attendant 2					+X	X	X	X	X	X	X-
Suzanne Clum	Musician 1											
Shelby Krarup	Musician 2											

X Onstage, +X Enter, X- Exit, +X- Enter/ Exit, (X) Onstage "hiding"
Other initials indicate ensemble character

그림3.7 분석표 세로보기 형식

그림3.7에 세로보기 형식 문서를 참고해 어떤 차이가 있는지 살펴봅시다. 표의 제목이 반복될 즈음 페이지가 벌써 꽉 차 보이고 읽기 어려워집니다. 대본 몇 페이지를 더밀어 넣을 수 있어 보이지만 그렇게 되면 가독성을 희생해야 합니다.

필요한 열만큼의 공간을 만들려면 높이를 줄여야 하는데, 칸 안에 글이 꽉 찹니다. 양 측면에 최소한의 여백을 유지하려면 5장까지 한 페이지에 넣을 수는 없습니다. 제목 정보를 다음 페이지에 반복하거나 페이지를 분리해 두 번째 페이지에 5장을 넣고, 첫 페이지 하단에 큰 공간을 남깁니다. 이 작품과 비슷한 출연자 규모의 작품은, 세로보기 형식의 장점이 없습니다.

세로보기 형식의 장면분석표를 절대 사용하지 않는다는 말은 아닙니다. 출연자 규모가 훨씬 큰 「빅 피시Big Fish」와 같은 경우에 가로보기 형식을 쓰면 한 페이지에 출연자를 다 채우지 못할 수도 있습니다. 위에서 제시한 일정표 예를 기억하면서 정보의 접근성이 떨어진다면 아무것도 전달하지 못한 것과 같다는 사실을 기억하길 바랍니다.

시선 유도

자세한 내용들로 채운 문서를 만들 때는 독자가 내용을 잘 찾도록 도움을 주는 것이 필수적입니다. 음영이 없는 표는 강조가 안 되어 읽는 사람들이 정보를 찾으려 애를 써야 합니다. 간단히 음영을 넣어 독자의 눈을 이끌 수 있습니다.

이 분석표에서는 개별 장면을 구분하기 위해 수직으로 음영을 사용했습니다. 읽는 사람이 원하는 장면을 먼저 찾은 다음 해당 연기자를 찾을 수 있습니다. 이제 페이지 번호를 왜 반복하는지 이해할 텐데 페이지 번호가 음영을 기준으로 나뉘어 헷갈리지 않습니다. 그러나 셀을 분할하고 외부 여백을 정렬하는 추가 서식 단계가 필요 없어 졌습니다.

그림3.8의 표에서 다른 방법을 찾아볼 수 있습니다. 이 경우 음영으로 개별 연기자를 구분하였습니다. 페이지를 가로질러 행을 따라 정보를 찾기에는 간단해 보일지 모르지만, 장면이 어디서 시작하고 끝나는지 알아보기는 쉽지 않습니다. 그리고 전체적으로 음영이 많아 혼란스럽습니다. 읽는 사람의 시선을 돕기보다 한층 복잡하게 만든 셈입니다.

장면의 구분은 페이지 상단 셀을 병합해서 강조했습니다. 대본 3~5페이지 위에 있는 셀을 하나로 병합해서 한 장면이라는 것을 즉시 알아볼 수 있고, 여기에 더해 내용을 담은 공간이 넉넉합니다.

Twelfth Night
Character/Scene Breakdown

		1-1 Orsino's Palace first day, early morning			1-2 Illyrian Coast simultaneous with I-1			1-3 Inside Olivia's House simultaneous with I-1 and I-2					1-4 Orsino's Palace early morning 3 days after Orsino & Cesario meet		
		3	4	5	5	6	7	8	9	10	11	12	12	13	14
Justin Cooke	Orsino	+X	X	X-									+X	X	X-
Matthew Matuseski	Sebastian														
Kevin Fanshaw	Antonio														
Jacob Gustine	Sir Toby Belch							+X	X	X	X	X-			
Tim McCarren	Sir Andrew Aguecheek								+X	X	X	X-			
Andrew Kelly	Malvolio														
Donnie Mezera	Fabian														
Alden Hedges	Feste														
Allyssa Dunn	Olivia														
Claire Ganshert	Viola				+X	X	X-						+X	X	X-
Amy Nelson	Maria							+X	X	X	X	X-			
Jacob Voss	Sea Captain, Priest				+SC	SC	SC-								
Austin Hernandez	Valentine Sailor 3, Officer 1		+V	V-		+S	S-						+V	V	V-
Luke Prescott	Curio, Sailor 1, Officer 2	+C	C	C-		+S	S-						+C	C	C-
Brian Coffin	Lord 1, Sailor 2, Officer 3	+L	L		+S	S	S-						+L	L	L-
Don Hart	Lord 2, Officer 4	+L	L	L-									+L	L	L-
Emily Ware	Olivia Attendant 1														
Lindsay Van Norman	Olivia Attendant 2														
Suzanne Clum	Musician 1	+X	X-												
Shelby Krarup	Musician 2	+X	X-												

Version 1: 10/21/10

X Onstage, +X Enter, X- Exit, +X- Enter/ Exit, (X) Onstage "hiding"
Other initials indicate ensemble character

Page 1 of 5

그림3.8 수평 음영을 적용한 분석표

음영과 색상

궁극적으로 열에 약간의 색상만 가미해도 같은 시각적 효과를 얻을 수 있습니다. 색상이 너무 어두워 글씨가 묻히지만 않으면 색상을 사용하는 것이 효과적일 수 있습니다. 음영과 색상의 사용 사이에서 선택은 배포 방식에 따라 달라질 수 있습니다. 예를 들어 이 분석표는 모든 출연자에게 전달될 예정이고, 역시 무대감독 팀과 연출 그리고 의상 제작소 등 약 서른 명이 안 되게 전달될 것입니다.

2장에서 문서 디자인의 실용성에 대해 처음 소개했던 것을 기억해 봅시다. 컬러복사기를 갖고 있나요? 극장이나 학과에서 마음대로 복사할 수 있나요? 두 가지 모두

Big Fish
Character/Scene Breakdown Version 3

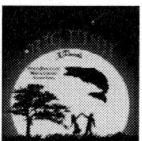

ACT ONE		13	14	15	16	17	18	19	19	20	21	22	23	24	25
					I-3 The Swamp								I-4 Near Banks of River		
John Divney	Edward Bloom	x	x-+	x	x	x	x	x	x	x	x-	x	x	x-	
Grant Latus	Will Bloom										+x	x	x	x	x
Jenna Moilanen	Sandra Bloom												+x	x	x
Owen Scott	Young Will	x-							+x	x	x-				
Megan Roddy	Josephine Bloom (S2)														
Willie Pearson	Karl					(o)	(o)	(o)							
Gabe Ross	Amos Calloway					(o)	(o)	(o)							
Shane Flaningam	Don Price	+x	x-+	x	x	x-									
Violet Englebert	Witch (S2)		+x	x	x	x	x	x	x	x	x-				
Alexis Cimoch	Jenny Hill, Young Jenny														
Sarah Coppenbarger	Girl in the Water (S3)														
Morgan Gates	Dr. Bennett, Judge														
Gabe Burdette	Zacky Price	+x	x-+	x	x	x-	(o)	(o)							
Reed Schwender	Mayor, Wedding Guest, NY Doctor, Don's Buddy, Soldier, Cowboy														
Isaac Eugster	Fisherman, New Yorker, Farmer, Acrobat, Don's Buddy, Gen.Patterson, Cowboy					(o)	(o)	(o)							
Cullen Gaffy	Red Fang, Wedding Guest, Barber, Tiny Tux guy, Cowboy														
Oliver Olson	Scout, Will's Son, NY Kid														
Evan Medd	Wedding Guest, New Yorker, Milkman, Soldier, Cowboy													+WG-	
Delaney Scudella	Alabama Lamb, Wedding Guest, USO Singer, Saloon Girl, Nurse														
Maddie Stoffel	Alabama Lamb, Wedding Guest, USO Dancer, Saloon Girl, New Yorker (S1)														
Sarah Lambert	Teacher, Witch, Redhead, USO Dancer, Prairie Girl		+W	W	W	W	W	W	W	W	W-				
Leah Williams	Witch, Girl with Cat, Redhead, Farm Girl, USO Singer, Prairie Girl		+W	W	W	W	W	W	W	W	W-				
Megan Gunderson	Hilbilly, Witch, USO Singer, Prairie Girl		+W	W	W	W	W	W	W	W	W-				
Carly Boles	Cheerleader, Witch, Waitress, New Yorker, Hula Hoop, Saloon Girl		+W	W	W	W	W	W	W	W	W-				
Caitlyn Nettesheim	Wedding Guest, Cheerleader, Redhead, USO Dancer, Prairie Girl (S3)														
Katie Piper	New Yorker, Arabian, USO Dancer, Prairie Girl, Wedding Date														
Tess Douty	Witch, Aunt Bea, Prairie Girl		+W	W	W	W	W	W	W	W	W-				
Emma Henry	Circus Doll, Witch, Cheerleader, Prairie Girl (S1)		+W	W	W	W	W	W	W	W	W-				
Matt Rightmire	Juggler														
						#3 I Know What You Want		#3A						#4 AL Wedding	
	score pages					41-51		52-3						60-66	

x Onstage, +x Enter, x- Exit, +x- Enter/ Exit, (x) "Frozen" onstage, (o) Sing/speak offstage
Ensemble Characters denoted by initials, (S#) is mic swap

그림3.9 「빅피시」 인물/장면분석표 - 장면 기준의 뮤지컬

맞다면 컬러를 사용하는 것이 적당한 방법일 수 있습니다. 하지만 둘 다 아니라면, 어떻게 그 많은 양의 복사를 감당할지 생각해 봐야 합니다. 한 장을 컬러로 출력하고 흑백으로 복사한다면 애초에 컬러를 사용한 목적이 무색해집니다. 그리고 복사하기에 색상이 너무 엷다면 결국 문서에서 음영이 사라집니다.

무대감독 팀이 컬러 프린터를 갖고 있다면? 7페이지짜리 표를 30장 출력하려면 잉크를 얼마나 쓸까요? 그리고 수정 사항이 생겨 수정본을 배포해야 한다면 어떨까요?

초보 무대감독이라면 컬러가 정답이라고 생각해 문서를 이쁘게 꾸미면 전문적으로 보일 거로 생각하기 쉽습니다. 그러나 세련된 것이 항상 실용적인 것은 아닙니다. 무대감독의 목표 중 하나는 가지고 있는 정보를 효과적으로 소통하는 것입니다. 시간과 비용을 낭비하는 것은 효율적이지 않습니다.

그렇긴 해도, 그림3.9에 보이는 「빅피시」 분석표에 컬러 로고가 보일 것입니다. 이 작품의 경우 대부분의 정보가 디자인 팀에 전자적으로 전달되었습니다. 컬러 잉크 소비가 많지 않았다는 말입니다.

로고도 복사해 보니 흑백 출력에 크게 영향받지 않았습니다. 분석표는 출연자들에게도 복사본으로 배포할 수 있었습니다. 색상은 필수적인 탐색 역할보다 강조로 사용되었습니다. 이는 전체 문서에 걸쳐 일관성을 유지하는 데 도움이 됩니다. 그러나 흑백으로 출력하여 로고의 색상을 잃더라도 문서를 이해하는 데 방해되지는 않습니다.

이게 무슨 뜻이냐면, 규칙을 알지만 또 언제 깨뜨려도 되는지 알아야 한다는 것입니다.

뮤지컬을 위한 추가 고려 사항

뮤지컬 무대감독은 두 가지 '대본'을 고려해야 합니다. 리브레토libretto(역주: 음악극 대본)와 악보가 그것입니다. 프롬프트 북에 어떤 대본이 있건 모든 사람과 소통해야 하는 것이 가장 중요합니다. 장면, 음악, 페이지 번호를 두 대본에서 모두 파악해야 합니다.

프롬프트 북은 무대감독의 서류철입니다. 동선과 큐가 모두 기록된 대본과 함께 작품의 모든 문서가 담겨 있습니다. 4장은 프롬프트 북과 그곳에 담길 대본에 대해 자세히 다룹니다.

「빅피시」 인물/장면분석표는 이런 추가 정보를 어떻게 담아야 하는지 잘 보여 줍니다. 여기에는 내용과 형식이 모두 중요합니다. 연기자와 연출은 주로 리브레토를 기반으로 작업하기 때문에, 페이지 번호를 위에 둡니다. 그리고 이 뮤지컬에서 나뉜 장면에 따라 연극 분석표에서 본 것처럼 셀을 합치고 음영을 넣어 구분합니다.

음악 관련 정보는 표의 아래쪽에서 찾을 수 있습니다. 장면 세부에서 한 것처럼 셀을 합쳐 각 노래를 구분하도록 하고, 곡 번호와 제목을 구분합니다. 악보 페이지를 곡 제목 아래에 두면 잃기 쉬워 표에서 놓치지 않을 수 있습니다.

노래가 짧으면 어떤 일이 생기는지 알아봅시다. 하나의 셀이 너무 작아 '#3A 네가 원하는 것을 알아. 반복'이라는 내용을 채우기가 어렵습니다. 리브레토 페이지 번호를 반복하거나 제목을 다 넣기 위해 해당 열의 폭을 넓히기보다, 무대감독은 곡 번호만 넣기도 합니다. 셀을 채우기에 매우 짧고 작곡가가 넣은 곡 번호는 자동으로 이전 곡과의 관계를 보여 주기 때문입니다.

멀티태스킹 요령

무대감독은 인물/장면분석표를 리허설이 모두에게 효율적일 수 있도록 활용할 수 있습니다. 표는 대본 앞부분을 연습할 때, 필요하지 않은 출연자들을 구분할 수 있고 동선이 짧은 출연자를 찾아낼 수도 있습니다.

오늘 1막 3장을 연습 중이라면 의상실에 알려 조세핀 블룸Josephine Bloom을 연기하는 여배우를 방문하도록 할 수 있습니다. 근데 에이머스 캘러웨이Amos Calloway를 호출한다면 어떨까요? 분석표에 의하면 그는 그 장면 내내 무대 밖에 있지만 백스테이지에서 노래한다는 사실을 알 수 있습니다. 노래에 맞춰 안무 연습을 진행할 예정이라면 의상 피팅도 일정에 넣는 것이 합리적일 것입니다. 안무를 익히는 것은 동선을 익히는 것보다 많은 시간이 소요되는 복잡한 과정이며 무대 밖에 있을 배역들과는 관련이 없습니다. 그러나 장면 전체를 음악과 함께 진행한다면 그 배우가 백스테이지에 있는 4 페이지 분량은 순식간에 지나고 4장까지 출연자 휴게실 빼고는 다른 곳에 갈 시간도 없습니다.

모든 뮤지컬이 전통적인 뮤지컬 북의 형태를 따르는 것은 아닙니다. 뮤지컬 「렌트Rent」의 경우 막에 형식적인 장면 구분이 없다는 점을 생각해 봅시다. 이 경우 대본 구획이, 특히 연습 일정이 노래를 기반으로 나뉠 것입니다. 그림3.10의 「렌트」의 예에서 표의 상단에 노래를 중심으로 배치한 것을 볼 수 있습니다.

작품의 각본을 기반으로 나뉜 행이 단 하나이기에 리브레토 페이지 번호와 악보 번호를 가까이 붙여 두었습니다. 이 경우에는 이 두 항목을 페이지 위아래로 나눌 필요가 없습니다. 하지만 기교를 부려 악보 페이지 행은 이탤릭으로 적어, 리브레토 페이지와 시각적으로 구분합니다. 그리고 페이지 번호를 중간으로 모아 더 또렷한 효과가 있고 바로 아래 행과도 겹치지 않습니다.

배포

인물/장면분석표는 보통 전자 문서나 출력본 모두 전달합니다. 이 말은 두 가지 방식의 규칙을 모두 명심해야 한다는 것입니다.

제작팀원들은 모두 문서에 둘러싸여 있고 장면분석표가 유용한 문서일지라도 매일 들여다보는 것은 아닙니다. 이메일로 보내거나 작품 웹사이트에 올리는 것은 원할 때 찾아보기에 좋습니다. 그래서 전자 문서의 규칙을 기억하고 아래 내용을 살펴봅시다.

- 지금까지 글자와 여백, 개성 있는 제목 글꼴과 가독성 좋은 본문 글꼴 사이에 적당한 균형을 찾으려고 많은 시간을 보냈습니다. 그러나 수신자에게 해당 글꼴이 설치되지 않았다면 어떨까요? 문서를 읽을 수 있을까요?
- 모든 컴퓨터는 이미 연결된 프린터의 기본 설정을 따르므로 문서를 만든 사람의 프린터 설정을 따르지 않습니다. 여러분이 만든 양식 작업은 쉽게 사라질 수 있습니다. 현재 연결된 프린터의 출력 영역을 수정하면 정보의 접근성에 영향을 줄까요?

PDF는 이런 경우에 최상의 선택입니다. 모든 사람이 작성자가 의도한 대로 정보를 받을 것입니다. 그리고 여기에 더해 컴퓨터가 매킨토시인지 PC인지, 신형인지 구형인지 가리지 않습니다.

PDF를 선호하는 세 번째 특징은 사용성입니다. 인물/장면분석표는 대화형 문서가 아닙니다. 무대감독 팀을 제외하고 다른 누군가가 제 맘대로 수정하는 것은 아무도 원하지 않을 것입니다. 한 문서의 여러 버전으로 각자가 수정한다면 일이 너무 복잡합니다. PDF(버전 번호와 날짜를 붙인)는 내용을 만들 당시 그대로 찍은 사진과 같습니다. 연습 중 수정 사항이 생기면 문서를 수정하고 이메일로 보내거나 온라인에 게시합니다.

RENT

Revised Character /Scene Breakdown

Act One

Song / Score-page legend for the columns (left → right):
1 – Tune Up A (Score Pages 1–2; Libretto 1, 2) · **1a – Voice Mail #1** (Score Page 3; Libretto 2, 3) · **2 – Tune Up B** (Score Pages 4–7; Libretto 3, 4, 5, 6) · **3 – Rent** (Score Pages 8–25; Libretto 6, 7, 8, 9, 10, 11) · **4 – Xmas Bells #1** (Score Page 26; Libretto 11) · **5 – You Okay, Honey?** (Score Pages 27–31; Libretto 11, 12) · **6 – Tune Up Reprise** (Score Pages 32–33; Libretto 13)

Actor	Role (Libretto Page)	1	2	2	3	3	4	5	6	6	7	8	9	10	11	11	11	12	13
Justin Cooke	Mark	+X	X	X	X	X	X	X	X	X	X	X	X	X	X	(X)	(X)	X	X-
Zachary Keenan	Roger	+X	X	X	X	X	X	X	X	X	X	X	X	X	X	(X)	(X)	X	X
Brandon Harris	Tom Collins					+X	X	X	X	X	X	X	X	X	X	X	X	X	X-
Paul Hibbard	Angel									+X	X	X	X	X	X	X	X	X	X-
Lance Newton	Benny								X	X-									X-
Samantha Pauley	Mimi									+X	X	X	X	X	X-	X-	X-		X-
Hope Parow	Joanne													+X	X-	X-	X-		X-
Katie Bakalars	Maureen									+X	+X	X	X	X	X-	X-	X-		X-
Mark Sopchyk	Gordon/Rest Man/Season Solo/Cop/Ens									E	E	E	E	E	E	E	E	E	E
Sarah Shervey	Ali/Ensemble									E	E	E	E	E	E	E	E	E	E
Lindsay Van Norman	Pam/Seasons Solo/Ensemble									E	E	E	E	E	E	E	E	E	E
Elizabeth Metz	Sue/Ensemble									E	E	E	E	E	E	E	E	E	E
Austin Hernandez	Steve/The Man/Ensemble									E	E	E	E	E	E	E	E	E	E
Jake Voss	Homeless/Junkie/Ensemble									E	E	E	E	E	E	E	E	E	E
Laura Tracy	Homeless/Ensemble									E	E	E	E	E	E	E	E	E	E
Donnie Mezera	Blanket Person/Junkie/Ensemble						+H			E	E	E	E	E	E	E	E	E	E
Margaret Teshner	Homeless/Ensemble									E	E	E	E	E	E	E	E	E	E
Dan Liska	Homeless/Bells Solo/Ensemble						+H			E	E	E	E	E	E	+H	E	E	E
Matthew Matuseski	Paul/Vendor 1/Pastor/Ensemble									E	E	E	E	E	E	E	E	E	E
Shannon McDonald	Vendor 2/Mrs. J/Moon Backup/Ens		+MC	MC-						E	E	E	E	E	E	E	E	E	E
Christine Walth	Coat Vendor/Mrs. Cohen/Ensemble			MC-						E	E	E	E	E	E	E	E	E	E
Nicky Hilsen	Alexi D/Moon Backup/Mimi Mom/Ens									E	E	E	E	E	E	E	E	E	E
Andrew Kelly	Mr. Jefferson/Cop/Mr. Grey/Ensemble									E	E	E	E	E	E	E	E	E	E
Amy Nelson	Roger's Mom/Cop/Ensemble									E	E	E	E	E	E	E	E	E	E

X Onstage, +X Enter, X- Exit, +X- Enter/ Exit, (X) Onstage no lines
Other initials indicate ensemble character -Ensemble may be added to additional scenes

Version 2: 6/21/10

Page 1 of 5

그림3.10 형식적인 장면 구분이 없는 뮤지컬. 이 경우 노래가 구분 기준이 됩니다.

그러나 배우들은 손에 쥐어 주는 것을 더 선호한다는 것을 기억합시다. 대본과 함께 연구하기에 훨씬 쉬워 출력본을 더 좋아합니다. 그래서 표를 다 만들고, 적당한 크기에 적당한 글꼴, 음영, 정갈한 행과 열을 갖추었다고 생각되면 한 장을 출력하고 나머지는 복사기에 돌립니다. 원본처럼 정보 소통에 효과적이라면 정답을 찾은 것입니다.

연출과 만나기

무대감독이 공연장과 대본 조사를 한 바퀴 돌고 나면, 연출과 만날 차례입니다. 이제 공연에 관한 구체적인 질문들을 할 때이며 연출이 선호하는 것과 연습 시 필요한 것들을 찾아낼 때입니다. 현 연출과 과거 작업했던 경험이 있더라도 이런 미팅 시간을 만들어 보는 것을 추천합니다. 몇 가지 질문 정도는 항상 있을 것이고 이전 작업과는 다른 접근들에 대해 의논할 기회를 얻을 수 있습니다.

이번 연출과 처음이라면, 이 만남이 어떻게 보면 2차 입사 면접과 같습니다. 연출이 무대감독 선발 과정에 참여하지 않았을 수 있습니다. 일단 일은 맡았으면 끝까지 지켜야겠죠! 명료한 소통 능력과 상호 이해를 바탕으로 관계를 시작하면 앞으로의 작업이 복잡하더라도 성공적인 관계를 만드는 포석이 됩니다.

이 점을 명심하고, 메모들을 복습하고 당장 필요한 정보들의 우선순위를 정합니다. 경력을 만들어 나가는 과정에서 기본적인 질문 목록을 찾게 될 것입니다. 이것이 출발점이 됩니다. 아직 없다면, 다음 정보를 활용해 봅시다.

공연 정보
일반적인 생각들. 자신의 질문 목록을 만들기 전에 연출이 공연과 관련한 일반적인 내용을 이야기하도록 해 봅시다. 연출의 논점들로 어느 인물들, 무대 장치 요소들 혹은 가장 중요하게 생각해야 할 작품의 순간들이 무엇인지 알 수 있습니다. 이런 점이 해당 장면의 연습 일정을 만들 때나 연습 일지를 구성할 때 도움이 됩니다.

상세 정보. 작품 분석에 관해 좀 더 분명하게 생각해 봅시다. 지금이 총소리가 실재여야 할지 녹음이어도 괜찮을지 발견할 수 있는 때입니다. 특히 아직 제작팀과 논의해 본 적이 없다면 말이죠. 다른 작품들과는 다른 면이 있을까요? 연습 시간이 필요하거나 대본을 읽을 때는 분명하지 않던 요소들이 있나요? 인물/장면분석표를 채워줄 필요한 정보는요? 오디션에 필요한 정보는 어떻습니까?

현재 필요한 것들. 연출이 다른 팀에서 오길 기다리는 정보 중 여러분이 도울 것이 있을까요? 여러분의 사전 작업 문서 중 연출이 볼만한 것은 어떤 것이 있을까요? 다른 사람들에게 전달하기 전에 확인할 것들은 어떤 것이 있을까요?

연습 시간. 학교 실습의 경우, 통상적인 연습 시간으로 진행하고(지침이 따로 없는 경우) 그 일정에서 사전에 계획된 변경 사항도 포함합니다. 조합의 기준에서는 계약에 따라 '짧은 일정'과 '긴 일정' 중 선택할 수 있습니다(역주: 미국배우조합에서는 하루 8시간 중 7시간 근무하는 짧은 일정과 9시간 중 8시간 근무하는 긴 일정 중 배우들의 투표로 선택하도록 규정함).

전체 연습 계획. 연출이 대본 낭독으로 시작할까요? 테이블 워크table work로 진행하는 날도 있을까요? 연출은 동선을 어떻게 만들어 갈까요? 바로 움직이면서 할까요, 아니면 사전에 이런저런 탐구를 하며 시간을 보낼까요? 출연자들은 언제쯤 대본을 놓을까요? 연출은 배우들이 언제쯤 소품과 함께하길 원할까요? 뮤지컬이라면 음악, 무대, 안무 등의 연습을 위해 필요한 시간은 어떻게 조정할까요?

휴식 시간. 연출이 연습 과정의 상세한 일정을 만들어 올까요 아니면 우선순위만 정하고 나머지는 무대감독에게 맡길까요? 연출은 5분 휴식이나 10분 휴식 중 어떤 것을 원할까요? 연출에게 휴식 알림을 어떻게 전해야 할까요? 직전에 연출에게 알리거나, 연습을 중단하고 직접 공지할 수도 있습니다. 연습이 정해진 시간을 초과하면, 계속 진행해야 할까요, 아니면 연출에게 알려야 할까요?

휴식 시간

미국배우조합은 연습 중 배우에게 주어지는 휴식 시간의 길이를 정하고 있습니다. 55분 연습 후 5분 혹은 80분 연습 후 10분입니다. 공연 기간에는 예외입니다. 출연자들이 중단 없이 전 막을 소화하는 경우 80분을 초과한다면 15분 휴식을 갖습니다. 많은 교육 기관에서 전문 연기자와 무대감독 훈련의 하나로 이런 기준을 공연 실습에 활용합니다.

연습 공간. 연습 공간에 연출이 특별히 원하는 것이 있나요? 바닥에 무대 전체를 테이핑하지 못한다면 생략하거나 줄일 수 있는 부분은 어디일까요?

손님과 방문객. 비공개 연습인가요? 제작팀이라도 방문할 수 없는 특정한 기간이 있나요?

특별한 요구 사항들. 연출이 연습 때 원하는 특별한 물품이 있습니까? 드라마터그의 조사 자료부터 피곤한 날 먹을 좋아하는 간식 메뉴까지 다양할 수 있습니다.

미팅을 위해 시간을 충분히 비워 두고 조용한 장소를 선택합니다. 질문하는 동안 연출이 집중하는 것이 좋겠죠. 그리고 주변 환경에 정신을 뺏기고 싶지도 않을 겁니다. 미팅 말미에는 다음 순서가 무엇인지 잘 알아야 합니다. 연출에게 정보를 전하기로 약속했거나 작업 중인 서류를 전달하기로 했다면 신속하게 전하도록 합시다. 연출이 반대로 전달해야 하는 것이 있다면 사전 알림이 필요한지 결정합니다. 어떤 연출들은 전화나 이메일을 요청하는데 특히 여러 작품에 참여 중이라면 더 그렇습니다. 어떤 사람들에게는 이런 내용이 너무 사소한 부분까지 통제하는 것처럼 들릴 수 있습니다. 그리고 무엇이 필요한지 모를 때 간단하게 연출과 미팅 후 간단히 이메일을 쓰면서 시간 내준 것에 대한 고마움, 작품에 대한 기대를 다시 한번 표현한다면 좋을 것입니다. 심지어 원하는 답변 목록을 넣지 않아도 충분히 사전 알림이 될 수 있습니다.

제작팀과 만나기

연출이 필요한 답을 주지 못하거나, 구체적인 세부 정보 혹은 디자이너의 분명한 설명이 필요하면 앞서 말한 시나리오를 반복하고 제작팀과의 미팅을 요청할 수 있습니다. 조만간 제작 회의 일정이 있는지 확인하고, 만일 그렇다면 이런 질문들을 논의 주제로 선정하거나 미팅 후 추가 질문으로 처리합니다.

빠른 시일 안에 제작 회의가 예정되어 있지 않지만 여전히 중요한 결정이 필요하다는 생각이 들면 제작감독과 확인하거나 여러분의 지도교수에게 확인해 봅시다. 회의를 요청하거나 전체 메일을 보내거나 빠르게 사람들을 불러 모을 방법을 취해야 합니다.

소품 목록

연출 및 디자이너와 만난 후, 무대감독은 대본을 분석하면서 제기한 공연과 직접적인 질문들에 답을 얻었고 이제 공연팀에 문서를 만들어 공유할 수 있습니다. 첫 문서는 소품 목록입니다. 무대감독이 만든 소품 목록은 대본에 있는 정보와 이번 공연제작에 관한 세부 사항을 모두 담아야 합니다. 그래서 공유 전에 이 두 가지 목적을 동시에 만족할 때까지 기다릴 가치가 있습니다.

주 사용자
- 연출과 무대감독 팀
- 무대디자이너와 어시스턴트
- 소품감독
- 의상디자이너 혹은 관련 항목이 있다면 어시스턴트 포함

포함 내용
- 대본 페이지 번호
- 항목
- 누가 사용하고 어떤 사건에 쓰이는지

목적
- 공연에 쓰일 가구와 배우가 들고 나올 소품의 모든 목록을 제공하기 위해
- 경계가 모호한 항목들(우산과 같은)을 처리할 부서를 명확하게 구분하기 위해
- 소모품과 특수 소품 등을 명시하여 소품팀의 예산을 작성하기 위해
- 연습 과정 동안 이런 세부 내용을 수정하고 유지할 방법을 만들기 위해

소품 목록을 만들기 전에 무대감독은 공연장이 원하는 문서 형식이 있는지 알아봐야 합니다. 학과나 여러 작품을 제작하는 회사에서는 가끔 소품 담당자가 모든 내용을 하나에 담는 더 간단한 형식을 알고 있기도 합니다. 그래서 그들은 대본 페이지를 찾는 것보다 세부 내용을 찾는 데 작업의 중점을 두기도 합니다. 이런 경우에는 문서 양식을 제공받는 것이 현명합니다. 제공받을 것이 없거나 일관성을 유지할 필요가 없을 때는 자신이 알아서 정리합니다.

어느 경우든 소품 목록은 세부 내용을 담은 대화형 문서입니다. 무대감독의 목표는 공연에 필요한 물품의 포괄적인 설명을 제공하는 것입니다. 그 목록은 진행 과정을 따라 정기적으로 수정될 것입니다. 따라서 가장 최신의 내용을 담습니다.

그림3.11의 양식은 공연에 필요한 것들을 모두 기록하는 방법을 보여 줍니다. 여기에는 해당 공연장에만 적용되는 내용을 담은 몇 개의 열이 있습니다. 그러나 일반적인 내용만큼 고려해야 할 것들입니다. 세 번째 열에는 소모품 여부를 기록하는 항목입니다. 이 정보로 소품팀이 예산을 제대로 파악하는 데 도움이 됩니다. 그리고 무대감독 팀은 필요한 수량이 맞는지 확인합니다.

> 소모성 소품은 공연마다 소비되는 것입니다. 매일 저녁 먹는 음식이나 음료가 해당하고 또 매일 찢어 버리는 종이, 무대 위에서 켜는 양초 등으로 공연 기간 내내 남아 있지 않거나 보충해야 하는 모든 것들이 여기에 속합니다.

이렇게 소품 목록이 만들어지고 나면 극장에서는 진행 과정을 문서로 받고 싶어 할 것입니다 R과 A 열에는 연습실에 제공되는지 여부와 실제 공연 사용 여부를 표시하는 곳입니다. '출처soure' 항목에는 소품 저장실의 특정 위치나 임대와 관련된 구체적인 내용을 적습니다. 무대감독이 이곳에 정보를 넣을 일은 없지만, 대화형 문서는 모든 사용자에게 공유됩니다. 제가 일해 본 극장 중에는 비용 정산을 위해 별도 시트를 만드는 대신 소품 목록에 예산 정보를 넣는 곳도 있었습니다.

여러 장소가 나오는 공연의 경우, 그림3.12와 같이 소품 목록에 세부 항목이 추가될 수 있습니다. 「양철 지붕 위의 고양이Cat on a Hot Tin Roof」와 같이 한 장소에서 진행되는 공연과 다르게 「십이야」는 여러 장소로 설정되었습니다. 이 장소 정보를 각 소품 목록의 노트 열에 넣기보다 장소별로 소제목을 나누면 장소별 소품 모음 정보를 만들 수 있고, 노트 항목에는 다른 정보를 넣을 수 있습니다.

여기서 명심해야 할 사항은 이렇게 장소 연계형 정보는 일관성이 생명이라는 점입니다. 2막 2장에 소품을 사용하지 않는다 해도, 소품이 없는 장면에 소제목을 남기는 것이 더 확실합니다. 소제목 없이 그냥 생략한다면 소품 담당자가 볼 때 소품이 없어서 뺀 건지 실수로 뺀 건지 의문을 가질 수 있습니다. 마찬가지로 가구들은 여러 장소에 반복 사용되므로, 명시하는 것이 좋습니다. 이탤릭체를 써서 추가 물품이 아

LITTLE SHOP OF HORRORS

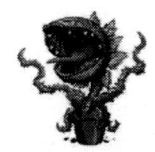

PRELIMINARY PROP LIST

Page	Prop	C	Character	Notes	R	A	Source
FURNITURE/SCENIC ITEMS							
	Trash cans/garbage barrel			Multiple, possibly danced on			
	Outdoor bench						
	Refrigerator						
	Antique dentist's chair						
	(3) Stools			2 work table, 1 counter			
	Counter						
	Work table			Old			
	Coat rack						
	Shiny new work table						
	Sign		On door	"open" "closed"			
18	Dust pan		Audrey				
18	Broken flowerpots		Audrey	In pan- "terracotta" pieces			
21	Food TBD		Wino #1	Will eat from trash can			
21	Roses		Audrey	Limp, lifeless			
22	Pod #1		Seymour	Large, but sickly; expandable			
24	Cobweb		Set Dressing	On register			
24	Roses		Audrey	Dead			
24	Monster movie magazine		Crystal	Oversized			
26	Plant food		Seymour				
26	Spray/spritzer bottle		Seymour	For watering plants			
27	Blood	*	Seymour	Pricks finger, and feeds Audrey II			
28	Transistor Radio		Mushnik				

Version 1: 5/22/13   NOTE: "C" denotes consumable- props with asterisk will need replenishing   Page 1 of 2

그림3.11 「리틀 숍 오브 호러Little Shop of Horror」의 소품 목록 초안

Twelfth Night
Preliminary Prop List

Page	Prop	C	Character	Notes	R	A
I-1 Orsino's Palace						
3	(2) lounge chairs and side table		furniture			
3	Musical instruments		TBD	Depends on casting		
4	Letter		Valentine	From Olivia to Orsino		
I-2 Illyrian Coast						
5	Coins (gold)		Viola	Gives to Captain		
I-3 Inside Olivia's House						
8	Table		furniture	To set down food and wine		
8	(1) wooden chair with no arms		furniture			
8	Food	?	Toby, Andrew	TBD – may not be eaten		
8	Wine	*	Toby, Andrew			
8	Cups or Mugs		Toby, Andrew			
I-4 Orsino's Palace						
	Repeat lounge chairs and table					
I-5 Inside Olivia's House						
14	(2) high-backed chairs with arms		furniture			
14	shrine		furniture	To Olivia's deceased brother		
14	Photo		dressing	On shrine – Olivia's brother		
14	Candles	*	dressing	On shrine – lit		
14	Flowers		dressing	On shrine		
24	Ring		Olivia	Given to Viola – costumes?		
II-1 A Lodging in Illyria						
24	Bench		furniture			
24	Coat Rack		furniture			
II-2 A Street Near Olivia's House						
II-3 Inside Olivia's House						
	Repeat table, wine and cups (no chair)					
27	Food	*	TBD	Set on table with wine		
28	Sixpence		Toby	Given to Clown		
II-4 Orsino's Palace						
	Repeat lounge chairs and table					
34	Towel		Orsino	Comes out of pool		

Version 1: 10/17/10   NOTE: "C" denotes consumable- props with asterisk will need replenishing   Page 1 of 2

그림3.12 「십이야」의 소품 목록 초안

닌 반복 사용 항목이라는 것을 나타냅니다.

소품 목록 다루기

여기서 제시한 예시는 소품 목록 초안으로 연습 시작 전에 만들어진 것입니다. 종이 복사본을 원하는 사람들의 범위를 고려할 때 모든 컴퓨터에서 최대한 사용 가능하도록 무난한 글꼴과 양식을 선택합니다. 그러나 이 문서는 대화형 문서라 PDF로 공유하지 않습니다. PDF로는 인물/장면분석표처럼 양식을 유지할 수는 있지만 다른 사람이 수정하기 어렵습니다. 1장에서 말한 것처럼 소품 목록은 구글독스나 드롭박스 폴더를 사용할 만한 좋은 후보입니다.

특수 효과표

특수 효과나 특별한 주문이 있는 공연에서 일한다면 프리 프로덕션 단계에 시간을 들여 이런 정보를 모아 공유하는 것도 도움이 될 것입니다. 작품 「드라큘라Dracula」는 많은 양의 피와 신비로운 등장과 퇴장을 위한 특수 효과가 사용됩니다. 작품 「템페스트Tempest」는 프로스페로Prospero의 마술을 표현하지 않고 만들 수는 없습니다. 아마도 구체적으로 어느 팀에서 해결할지 실행 방법을 명시하지 않고, 어느 장면에 효과가 쓰일지 나열하는 정도로 시작할 수 있습니다. 식당이나 주방에서 일어나는 공연은 다른 공연에 비해 많은 양의 실제 혹은 가짜 음식들을 사용할 것이며, 그 종류와 필요한 준비를 강조하는 것이 유익할 것입니다. 대본 분석 결과를 다시 돌아보고 연출과 디자이너와의 첫 미팅의 결과로 얻은 세부 내용을 더해, 무대감독은 공유 폴더에 대화형 표를 만들어 두고 작업 과정 동안 수정할 수 있도록 할 것입니다.

오디션

마지막으로 논의할 문서와의 관계 때문에 이 장 마지막에 설명하겠지만, 오디션은 보통 준비 주간에 앞서 진행합니다. 학생 무대감독의 경우 이전 학기 말일 수도 있고 공

오디션 확인 목록

공간

	연습실을 열고 잠그는 과정이 무엇이며, 열쇠가 있는가?
	저녁이나 주말 사용에 별도 고려 사항이 있는가?
	사람들이 방을 쉽게 찾을 수 있는 안내판이 있는가?
	별도의 표지판을 붙일 수 있는가?
	출입 확인소가 있는가?
	연기자 대기실이나 준비실이 있는가?
	조명은 충분한가?
	실내온도는 적당하고 조절 가능한가?
	연습실 바닥 마감은 무엇인가? 필요한 연습에 적당한가?
	연습실에 거울이 있는가?
	피아노나 음원 재생 장치가 있는가?
	책상과 의자가 충분한가?
	연출이 원하는 별도 연습실 세팅이 있는가?
	연습실 세팅을 다음날까지 남겨둘 수 있는가?
	기본 사무용품이 있는가?(연필, 스테이플러, 테이프 등), 복사기는 있는가?
	기본 구급함이 있는가?

공연

	별도의 오디션 양식이 있는가?
	공연에 관한 별도의 질문이 있는가?
	작성이 필요한 별도의 서류가 있는가?
	공연 개요와 필요 역할을 적은 서류가 있는가? 아니면 직접 만들어야 하나?
	전체 일정표가 있는가?
	연기자가 준비해야 할 장면이나 노래 정보가 있는가?
	2차 면접이 있는가?
	사진을 가져오지 않은 지원자 촬영을 위한 카메라가 있는가?
	오디션 진행 구성은 무엇이며, 순서는 어떤가?
	지원자의 상대 대사를 읽어야 하는가?
	연출과 오디션 자리에 동석해야 하는가?
	유소년 지원자를 위한 지침이 있는가?

일정

	오디션 전체 소요 시간은?
	지원자의 개별 소요 시간은?
	지원자가 사전에 신청하는지 도착 시 신청하는지?
	진행 중 휴식에 대한 연출의 방향이 있는가?
	오디션이 길어진다면 식사 시간을 위한 일정 조정 방안이 있는가?
	2차 면접의 날짜, 시간, 위치는 어디인가?
	배역 결정일은 언제인가?
	해당 지원자들에게 공지하는 방법은?

그림3.13 오디션을 위한 기본적인 점검 목록

연 학기 초일 수도 있습니다.

조합 무대감독의 경우에는 공연 수 주 혹은 몇 달 전에 진행되는 오디션에는 거의 참여하지 않습니다. 이는 부분적으로 제작사가 시즌 동안 오디션을 개최해야 하는 시기와 장소에 대한 필요 환경들과 관련이 있습니다. 큰 전문 제작사는 캐스팅 감독을 따로 고용하는데 보통 뉴욕 밖에서 활동하는 사람들이며, 크고 다양한 규모의 연기자들을 대상으로 오디션을 선택할 수 있습니다. 조합은 조합 무대감독이 참여하는 것을 규정하고 있지만, 인근 지역에 유능한 무대감독이 있는데도 세인트루이스Saint Louis에서 뉴욕New York까지 무대감독을 보내는 것은 현실적이지 않습니다. 뉴욕을 기반으로 활동하는 무대감독들에게는 다양한 제작사의 오디션으로도 적지만 꾸준한 수입을 얻을 수 있습니다.

공연 오디션은 무대감독에게 정보를 공유하면서도 정보를 발견하는 기간입니다. 이는 작품에 처음부터 끝까지 참여하는 교육 환경이나 미래의 무대감독을 대신하는 전문적인 환경 모두 동일합니다. 무대감독은 작품의 주요 디테일을 향후 출연진들에게 전달하고 그들의 공식·비공식 정보를 취합합니다. 종종 오디션이 무대감독에게는 해당 작품에서 구두 및 서면 소통 기술을 처음 시험해 보는 자리입니다. 훌륭한 무대감독에게 요구되는 주요 특성인 조직력, 유연함, 명료함, 신속한 사고력이 필요할 것입니다.

오디션 관련 무대감독의 관심사는 세 가지 주요 그룹으로 나뉩니다. 공간, 공연, 일정입니다. 그림3.13의 점검 목록checklist은 성공적인 오디션을 계획하기 위한 시작점입니다. 질문들이 모든 공연에 다 들어맞는 것은 아니지만 참고하기에 좋을 것입니다.

점검 목록의 어떤 질문들은 여러분이 직접 해야 하는 것들도 있고 다른 사람의 답이나 도움이 필요한 것들도 있습니다. 물론 연출에게 지정 대본Sides에 대한 정보도 받아야 하고, 오디션 장소 준비나 진행에 관한 답도 들어야 합니다. 그러나 특히 장소와 관련한 질문들은 사전에 하는 것이 중요합니다. 오디션 당일까지 기다리다 이것저것 찾으면 안 됩니다. 벽에는 특정 테이프만 사용해 표지판을 붙여야 한다든가, 문을 열려면 보안 요원을 불러야 하는 등 항상 미리 알아 두는 것이 좋습니다.

제가 근무 중인 학교에서도 안전 문제로 건물을 개방하는 날이 현저하게 줄었습니다. 2년 전에는 공연 일정이 없어도 학생들이 주말에 예술대 건물에 출입할 수 있었습니다. 지금은 잠겨 있습니다. 학생 무대감독은 미리 계획하고 건물 출입과 관련한 교직원과 미리 확인해야 오디션 당일 문제를 피할 수 있습니다. 전문 무대감독도 연습실이 포함된 상가 건물에서 일하는 경우 오디션 공간에 접근하기 위해 알아봐야 할 질문은 비슷할 것입니다.

> **지정 대본Sides:** 연출이 희곡에서 뽑은 발췌본으로 오디션에서 지원자들에게 읽게 할 대본입니다. 길이는 보통 한두 페이지가량이며, 무대감독이 해당 인물의 이름을 붙이고 충분히 복사해 둡니다. 한 그룹의 지원자들은 오디션장에서 연출 앞에서 읽고, 다른 그룹은 밖에서 연습하기 위한 것입니다. 지정 대본은 어느 장면이나 노래를 발췌한 것이라 지원자가 어디서 시작하고 끝낼지 확실히 표시해 두는 것이 좋습니다. 가능하다면 지원자들이 미리 받아 볼 수 있도록 준비합니다. 오디션 지정 대본은 학교 도서관이나 본관, 전자 게시판 혹은 현장의 경우 조합 대표나 미국배우조합 사무실을 통해 공유합니다. 본 저서의 연관 홈페이지에서 지정 대본 준비와 표시법 예제를 찾아볼 수 있습니다.

오디션장에 게시할 정보를 모으고 만들면서 허용된 내용만을 전달하는지 확인해야 합니다. 연출이 개별 일정마다 구체적으로 시간을 조정하기보다 일반적인 시간으로 표기하길 원하는 이유가 있을 것입니다. 계약이 완료되지 않아 공개할 수 없는 사전 결정 배우가 있을 수도 있고, 미뤄 놓은 의상 관련 질문에 도움이 될, 지원자들에게 던질 질문이 있을 수도 있습니다. 학생 무대감독이라면 이런 질문들을 연출과의 첫 만남에서 물어볼 수 있을 것입니다. 조합 무대감독은 아직 계약 전이라 오디션 자료를 전달한 제작사 직원에게 물어볼 수 있습니다.

> ## 미국배우조합 오디션 규정
> 미국배우조합 규정을 적용하는 공연에서 작업할 때 무대감독은 주역과 코러스 오디션에 관한 추가 규정을 접하게 됩니다. 이에 더해 비조합원 연기자의 처우, 공간에 대한 구체적인 요구 사항 그리고 게시글을 공지하는 방법 등도 규정합니다. 지침은 AEA 계약서의 각 항목 합의서에서 찾을 수 있습니다. 우선 조합 규정 대상 공연의 무대감독은 공연 오디션 과정에 거의 참여하지 않는다는 것을 기억합시다. 다른 무대감독을 고용해 오디션을 진행할 것입니다. 특히, 다른 도시에서 진행하거나 연습 시작 수개월 전에 오디션을 하는 경우가 그렇습니다.

오디션 문서

오디션 지원자들에 관한 정보를 담는 무대감독의 기본 도구가 오디션 문서입니다. 소품 목록과 마찬가지로 많은 극장에서 선호하는 구체적인 서류들이 있습니다. 학교의

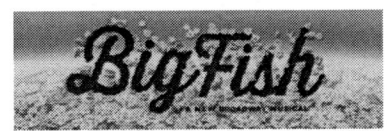

AUDITION INFORMATION FORM

NAME		Pronouns
Local Address		
Phone		Email

FOR EXPERIENCE ONLY

I am auditioning solely for the experience and do not wish to be cast in this production   YES   NO

I have spoken with a member of the theatre faculty about the circumstances which make me ineligible to be cast   YES   NO

Academic Status (circle one)   1st Year   2nd Year   3rd Year   4th Year   Other

Major		Minor
Height	Weight	Hair Color

Are you willing to alter your physical appearance (i.e. color or cut your hair) for a specific role?   YES   NO

If "no", please explain.

Do you currently have a full or part -time job (including campus employment)   ?   YES   NO

If "yes" how many hours per week do you work ....

Are you willing /able to re-arrange your schedule to accommodate rehearsal?   YES   NO

If "no" please explain:

Do you have any acrobatic or gymnastic skills or experience (juggling, walking on hands, etc.)?   YES   NO

If yes, please describe:

Big Fish will hold early music and dance rehearsals during **the week of January 15**—the week before spring semester classes begin. Would you be available for these rehearsals?

YES   NO

NOTE: Answering no does not disqualify you from casting! This is for planning purposes

---

Are you a member of any UWL musical ensembles? (choir, orchestra, etc)   YES   NO

If yes, please list both the groups you are in and any details you have about rehearsals/performances from January 16-March 4.

그림3.14   오디션 문서 예제

Please **attach resume** or provide a brief history of previous roles.

<u>ROLE</u>   <u>PLAY</u>   <u>THEATRE</u>

SUMMER SCHEDULE INFORMATION
Please mark out any class or work commitments that you will have.

	Monday	Tuesday	Wednesday	Thursday	Friday	Saturday	Sunday
8am							
9am							
10am							
11am							
12noon							
1pm							
2pm							
3pm							
4pm							
5pm							
6pm							
7pm							
8pm							
9pm							

Please list **ANY** potential conflicts with summer/fall evening rehearsals (job, weddings, etc.). **This does not dis**
you automatically from casting! But it is much easier to work around a conflict that we know about in advanc

_____

_____

_____

DIRECTOR'S NOTES

Callback for: Cast as:

그림3.15 오디션 문서 예제

경우 대학에서 수집해야 하는 면책 동의서(역주: 저작권 혹은 초상권에 대해 학교의 면책 권리를 인정하는 서류로 학생들의 서명을 받음)를 포함한 표준 서류들이 이에 해당합니다. 전문적인 환경에서는 오디션 일정을 연기자 매니저가 대신 조율하며 배우들은 이런 문서를 작성하지 않고 이력서와 사진을 제출합니다.

오디션 문서를 작성한다면 몇 가지 필요한 정보에 주목합니다. 기본 연락처와 자기 소개 글, 공연 관련 질문에 대한 답변 그리고 구체적인 가능 일정과 중복 일정 등입니다. 그림3.14와 3.15에 필요 정보를 채우는 방법을 보여 주는 양면으로 된 문서가 있습니다. 무대감독은 오디션 당일에는 문서를 들여다볼 여유가 없겠지만 가능하다면 배우 호출 전에 연출에게서 다시 받아 와야 합니다. 그래야 만일 부정확하거나 빠진 정보가 있는지 확인하고 출연 결정 전 정보가 누락되어 문제가 되기 전에 해당 정보를 얻을 기회를 얻을 수 있습니다.

오디션 문서의 양식은 간단합니다. 요청 정보는 분명하게 표현하고 답변을 위한 충분한 공간을 둡니다. 배우들이 질문을 잘 이해하고 연출이 쉽게 답변을 찾아야 합니다. 여백이라는 개념이 이 상황에서는 아마도 가장 중요한 원칙일 것입니다. 예시로 제공한 「빅피시」 문서에서 공연의 구체적인 내용을 어디서 찾을 수 있는지 다시 한번 들여다봅시다. 두 개의 질문이 굵은 글씨로 쓰여 있지만 그 주변 여백으로 가독성이 높습니다. 여백을 줄이면 앞면 하단의 이력 사항을 적는 부분에 공간을 더 줄 수 있고 뒷면에 있는 연출 의견 항목에 많은 공간을 남깁니다. 어느 정도 유용한 선택 같아 보이지만 그 공연의 구체적인 질문들의 중요성을 생각해 봅시다. 하나는 연습 시작 일정에 관한 것이고 다른 하나는 재공연에 관한 것입니다. 이 두 질문에 대한 답변은 무대감독과 연출보다 더 많은 사람에게 영향을 줄 것입니다. 따라서 분명하고 적확하게 정보를 얻는 것이 무엇보다 우선합니다.

한 공연에서만 오디션을 진행한다면 무대감독은 문서에 대해 당장 신경 쓸 필요는 없습니다. 하지만 여러 공연에서 한 번에 오디션을 진행한다면, 학교에서는 흔한 풍경인데, 해당 무대감독은 모든 참여 연출에게 전달할 최상의 형식을 고려해야 합니다. 각 연출은 지원자들의 정보를 살펴보고 문서에 노트를 남기길 원할 것입니다. 연출들에게 서류를 공유하거나 당일 저녁까지 기다리라는 것은 현실적이지 않습니다. 한 가지 방법은 지원자들이 제출하면 바로 각 공연에 복사해서 나누는 것입니다. 다른 방법은 문서를 따로 만드는 것입니다. 이 방법은 지원자들이 여러 번 정보를 작성해야 하지만 복사가 불가능한 경우 가장 현실적인 방법일 수 있습니다. 공연마다 문서를 만드는 경우, 흰 종이에 한 공연의 문서를 담고, 다른 공연은 색이 있는 종이에 담는 것을 추천합니다. 무대감독 팀이 정리하기에도 좋고, 어느 지원자의 서류 두 장을 모두 한 공연에 넣고 나머지 공연에는 누락하는 실수를 줄일 수 있습니다. 극장에서 디지털 오디션 문서를 사용한다면 무대감독 팀은 폴더를 만들어 모은 후 각 연출에게 공유할 수 있습니다.

무대감독이 배울 수 있는 것들

오디션 과정에서 무대감독은 많은 것을 배울 것입니다. 물론 잠재적인 출연자들을 만나겠지만 그들이 어떤 사람들인지만이 아니라 작업 태도도 알게 됩니다. 일찍 와서 준비하고 질문에 구체적으로 답변하는 배우들이 늦게 와서는 지정 대본이나 음악도 잊고 같은 질문을 여러 번 하는 배우들과는 비교될 것입니다. 이런 점이 그들의 연기 실력에 관해 어떤 것도 알려 주진 않겠지만 대사를 외우고 연습 호출 시간을 기억하도록 돕는 일에 필요한 대비책을 마련하는 것에는 힌트가 됩니다.

또한 연출에 대해서도 알게 됩니다. 전에 일해 본 적이 없다면 배우들에 대해 알게 되는 것보다 더 유용한 정보가 될 것입니다. 연출이 정해진 일정을 잘 지키는가? 일정이 늦어져 알림을 주었을 때 어떻게 반응하는가? 시작 전 받은 정보는 적은데 현장에서 다수의 지정 대본을 준비하라고 요청하는지? 무대감독이 일정보다 빠르게 진행한다면 어떤 일이 생기는지?

무대감독이 공연 제작까지 함께 가게 된다면 이런 정보들이 향후 계획에 주요할 것입니다. 무대감독이 오디션에만 참여한다 해도 여전히 가치 있고 극장 컴퍼니 매니저 company manager나 제작감독에게 정보를 전달할 수 있고, 애초에 오디션 정보를 전달한 사람에게 전달할 수도 있습니다.

또 다른 첫인상

오디션에서 연기자들과 연출이 무대감독의 일하는 모습을 처음 본다는 것을 생각해야 합니다. 당일 여러분의 진행 능력으로 연습이 어떻게 진행될지 척도가 될 것입니다. 그리고 친절하고 도움이 되는 태도와 중립적이고 전문적인 태도 역시 중요합니다. 아직 공개되지 않은 정보에 관해 비밀을 유지하면서 질문에 답할 수 있나요? 변덕스러운 이

유건 진정 필요해서건 일정 변화에 효과적으로 대응할 수 있나요? 예상치 못한 문제에 대응할 수 있나요? 실망한 연기자에게 편파적이지 않으면서 공감을 표현할 수 있나요?

특히 신입 학생 무대감독이라면 대규모 호출 일정의 혼돈 속에 휘말리거나 '내부 정보를 알고 있다'는 흥분에 휩쓸려 자신의 의견을 내세우기 쉽습니다. 지금 올바른 태도를 위한 노력은 제작 과정 전체에 걸쳐 좋은 결과를 가져올 것입니다.

이제 무대감독 팀이 구성되면 오디션 과정은 무대감독과 무대조감독이 함께 일을 시작할 좋은 기회입니다. 만일 연출이 오디션에 무대감독의 동석을 요구한다면 밖에서 사람들을 통제할 누군가가 필요할 것입니다. 동석하지 않더라도 공간을 준비하고, 돌아다니는 배우들을 제자리에 앉히고, 오디션 대본이 모자라 급하게 복사해야 하는 등 일을 도울 누군가가 필요할 것입니다. 무대조감독과 이번이 처음이라면 하루의 일과 중 짬짬이 쉬는 시간을 활용해 새로운 팀원과 친해지고 어떻게 팀에 잘 어울릴 수 있을지 파악할 수 있습니다.

오디션장 준비하기

무대감독 팀은 오디션장에 정리된 테이블이 필요합니다. 오디션 문서와 연필, 형광펜, 메모지, 사진을 오디션 문서에 붙일 스테이플러 등 기본적인 문구류도 필요합니다. 오디션 문서에는 누가 도착했고 면접 시간이 언제인지 적을 공간이 필요하고 다른 공연 정보를 적을 공간도 필요합니다. 여기에는 연기자 일정 초안과 인물들에 대한 간략한 소개도 포함됩니다. 학교나 극장에서는 별도의 면책 동의서나 필요한 표준 문서들도 구비해야 합니다.

오디션이 여러 과정으로 나뉜다면, 첫날은 소개 오디션으로 지원자가 사전에 준비한 독백이나 노래를 하거나 대본을 간단히 읽습니다. 이후 연출이 특정 지원자를 특정 배역에 맞춰 다시 부릅니다. 특히 학교나 지역 극단의 경우 많은 지원자의 배역이 바로 정해지기보다 이렇게 다시 불러, 하나 이상의 배역을 테스트하기도 합니다. 그림 3.16은 전형적인 이차 면접자callback 명단을 보여 줍니다. 정말 중요한 내용인데, 무대감독에게 정보가 전해지고 이차 면접자 명단을 준비하라는 요청을 받으면 개별 연기자를 역할별 알파벳 순서로 정리하는 것이 매우 유용합니다. 이차 면접 시 빠르게 확인할 수도 있고 첫날 만들어진 '순위'를 제거할 수도 있습니다. 알파벳 순서에 정치가 낄 자리는 없습니다!

Big Fish
Call Back List

Edward
John Divney
Isaac Eugster
Willie Pearson

Will
Isaac Eugster
Grant Latus

Karl
John Divney
Willie Pearson
Reed Schwender

Amos
Morgan Gates
Gabe Ross

Don Price
Isaac Eugster
Shane Flaningam
Reed Schwender

Zacky Price
Gabe Burdette
Evan Medd

Sandra
Sarah Lambert
Jenna Moilanen
Leah Williams

Josephine
Sarah Lambert
Jenna Moilanen
Megan Roddy
Maddie Stoffel
Leah Williams

Jenny Hill/Young Jenny
Carly Boles
Alexis Cimoch
Megan Roddy
Maddie Stoffel

The Witch
Violet Englebert
Megan Gunderson

SONGS AND SCENES ARE POSTED ON THE CAST INFORMATION PAGE FOR BIG FISH
ON THE ONLINE CALLBOARD!

그림3.16 「빅피시」의 이차 면접자 목록

Big Fish

CALLBACK MATRIX

SONGS

Edward: How It Ends

Edward/Sandra: Time Stops

SCENES

Zacky Price, Don Price, Witch—page 15

Young Jenny Hill, Edward—page 44

그림3.17 이차 면접표 발췌본

일단 무대감독이 이차 면접자 명단을 확보하고 약간의 준비를 하고 나면 다음 오디션을 훨씬 부드럽게 진행할 수 있습니다. 이차 면접은 보통 공연 내용을 기반으로 진행합니다. 이때 준비한 지정 대본을 사용합니다. 여러 지원자가 하나의 역할에 고려 대상이라면 각자 해당 대본을 읽습니다. 그리고 연출이 누가 누구와 읽을지 의견을 냅니다. 일반적으로 역할에 적합한지에 더해 연출은 연기자 간의 합을 찾을 것입니다. 그래서 누구랑 짝을 맺을지는 여러분의 선택이 아닙니다. 여러분은 연기자들에게 낭독이 어떻게 진행될지 알리고 이차 면접자 모두 자기 차례를 갖는지 확인합니다. 종종 시작하기 직전까지 구체적인 짝 정보를 받지 못하는 경우도 있습니다. 물론 메모장이 있어 모든 내용을 적을 수 있지만 더 잘 준비되면 좋지 않을까요?

저의 개인적인 전략은 이차 면접표를 만드는 겁니다. 최소한의 양식만 있으면 되고 메모장에 적는 것보다 연출의 의도를 훨씬 분명하게 표현할 수 있습니다. 그림3.17에서 간단한 예를 볼 수 있습니다. 표 형식으로 각 셀에 내용을 쓸 수 있습니다. 열의 수는 특정 장면이나 노래의 수로 결정되고 행의 수는 지원자의 수로 결정됩니다. 항상 해당 역할에 맞춰 볼 연기자의 최대 수를 기준으로 합니다. 표는 각자 별도로 만들어 해당 오디션에 따라 열과 행의 수를 조정합니다. 돈 프라이스Don Price라는 역할에 세 명의 배우가 불려 와, 해당 대본을 세 번 읽습니다. 그러나 잭키 프라이스Zacky Price와 마녀 역할에는 두 명의 배우만 불려 와서 누군가는 그 장면을 두 번 해야 합니다. 이 표는 그 장면의 모든 조합을 쉽게 만들 수 있고, 연출이 원하는 순서대로 진행할 수도 있습니다. 에드워드Edward와 산드라Sandra 역할에는 딱 맞는 수의 배우들이 불려 왔지만 연출과 음악감독도 원하는 짝이 있을 것입니다. 더 많은 역을 고려해야 하거나 역할에 짝이 맞지 않는 수의 배우들을 불렀다면, 오디션 짝이 더 복잡해질 것입니다. 표는 그 자체로는 간단해 이삼십 분 만에 만들 수 있지만 제 역할을 다한다고 생각합니다.

무대감독이 연출에게 이차 면접 정보를 사전에 받으면, 표를 작성하는 데 시간을 투자해 볼 수 있습니다. 하지만 그렇지 않다면 수기로 작성한 표를 복사기에 넣고 돌린 후 게시판에 붙이거나 최소한 작업 테이블에 갖고 있으면 됩니다. 배우들과 무대감독은 모두 읽을 수 있는 정보를 손에 들고 각 그룹이 정확한 순서에 따라 준비되었는지 확인할 수 있고, 다수의 짝으로 바꾸어 낭독해야 하는 배우가 맞는 그룹으로 제때에 들어갈 수 있는지도 확인할 수 있습니다.

주소록

오디션 과정에서 취합한 출연자 정보는 무대감독이 프리 프로덕션 기간에 최종 문서인 출연자 주소록을 만듭니다. 출연자와 제작팀 주소록은 별도로 만드는데, 공연 끝날 때까지 이들과 원활한 소통을 도와줍니다. 교육 환경에서는 무대감독이 오디션 문서에서 바로 필요한 정보를 가져옵니다. 무대감독이 오디션에 참여하지 않았다면 해당 정보들은 보통 컴퍼니 매니저나 제작감독에게 얻을 수 있습니다.

일정 다음으로 주소록이 아마 가장 많이 배포되는 서류일 것입니다. 주소록에 이름이 올라간 사람들은 모두 복사본을 원할 것입니다. 그러나 공유 대상은 관계자 외에도 해당할 수 있습니다. 의상 제작실에서 연습 시간 외 피팅을 취소하거나 홍보팀에서 인터뷰 요청이나 홍보 행사 등의 이메일 요청을 위해 출연자 연락처가 필요할 수 있습니다. 그런 요청이나 일정은 보통 무대감독을 거치지만 간혹 직접 연락해야 할 일이 있을 수 있습니다. 상업적인 공연 환경에서는 회사 업무팀이 계약이나 급여 등의 문제로 정보가 필요합니다.

주소록 정보를 취합할 때 가장 필요한 것이 무엇인지 고려해 봅시다. 예를 들어 집 주소는 공연이 끝나고 나면 유용할지 모르지만 연습 기간에 우편을 보낼 경우는 거의 없을 겁니다. 출연자가 제작사 제공 숙소에 머무는 예외적인 경우 유용할 수 있으나 영구적인 정보라기보다 임시적인 현지 정보일 것입니다. 무대감독이 스프레드시트 소프트웨어를 사용하여 주소록을 작성한다면 일단 정보를 입력하고 연관성이 없는 정보는 나중에 출력하거나 공유할 때 가릴 수 있습니다.

개인정보도 중요한 요소입니다. 교육 환경에서 교원급 연출은 사무실 번호만 담길 원할 수 있습니다. 그 연출은 특정 사람들에게만 집 전화나 이동 전화 번호를 공유할 수도 있습니다. 개인적인 사정으로 개인정보를 보호하려는 출연자들이나 유명인들은 무대감독에게 이동 전화 번호를 공유할 수는 있지만 주소록 자신의 이름에 무대감독의 번호를 넣어 달라고 요청할 수도 있습니다. 무대감독을 통해 용건을 전달하거나 해당 연기자의 상황에 따라 번호를 전달하는 방법으로 해당 연기자에게 연락할 수 있습니다. 판단력을 발휘하여 구성원의 요구를 존중해야 합니다.

주소록 양식

소품 목록처럼 간단한 표가 주소록에 적절합니다. 정보가 잘 정돈되고 각 셀의 정보를 자유롭게 다룰 수 있습니다. 오디션 이차 면접표와 같이 성을 알파벳순으로 나열하는 것은 저의 방식이지만 암시적인 서열 표시를 없앨 수 있습니다. 왜 조명 어시스턴트 디자이너가 의상디자이너 위에 올라가야 할까요? 왜 앙상블 배우 C가 앙상블 멤버 B 앞에 있어야 할까요? 그리고 저는 열의 순서도 이름, 역할, 연락처, 이메일 주소순으로 정리합니다.

다른 문서와 다르게 주소록은 자주 수정하는 문서가 아니어서 배포하기 전 교정에 각별히 신경을 써야 합니다. 전화번호 숫자가 뒤집히지 않았는지 확인하고 이메일 주소에서 '.edu'를 '.com'으로 잘못 표기하지 않았는지 확인합시다. 이름에 오타가 있는지도 두세 번 확인합니다. 출연자가 예명을 선호하고 급여 명세서에는 본명을 원한다면 둘 다 기재합니다. 출연자나 제작팀원의 이름을 사람들이 잘못 발음한다면, 이에 대한 정보를 포함하는 것도 생각해 봅시다. 주소록은 사람마다 선호하는 성별 대명사를 표시하기에도 좋습니다. 혹시 이런 정보까지 주소록에 담는 것이 부담스럽다면 제작사와 적절한 방법을 찾아보거나 학과나 극장에서 이전에 어떻게 처리했는지 알아봅시다.

Twelfth Night		CAST CONTACT SHEET	
		Version 3 11/2/10	
		*Unless Noted, Area Code 608	
Suzanne Clum	Musician	333-555-1212	actor1@provider.net
Brian Coffin	Lord 1, Sailor 2, Officer 3	555-1212	actor2@provider.net
Justin Cooke	Orsino		
Allyssa Dunn	Olivia		
Kevin Fanshaw	Antonio, Feste understudy		
Claire Ganshert	Viola		
Jacob Gustine	Sir Toby Belch		
Donald Hart	Lord 2, Officer 4		
Alden Hedges	Feste		
Austin Hernandez	Valentine, Sailor 3, Officer 1		
Andrew Kelly	Malvolio		
Shelby Krarup	Musician		
Matthew Matuseski	Sebastian		
Tim McCarren	Sir Andrew Aguecheek		
Donnie Mezera	Fabian		
Amy Nelson	Maria		
Luke Prescott	Curio, Sailor 1, Officer 2		
Lindsay Van Norman	Olivia Attendant 2		
Jake Voss	Sea Captain, Priest, Antonio understudy		
Emily Ware	Olivia Attendant 1		
Walter Elder	Director		
Laurie Kincman	Stage Manager		
Melissa Heller	Assistant Stage Manager		
Quinn Masterson	Assistant Stage Manager		
COSTUME SHOP			
BOX OFFICE			

Electronic callboard: http://www.uwlax.edu/theatrecallboard/twelfth_night.htm

그림3.18 출연자 주소록 예제. 전화번호와 이메일 주소는 개인정보 보호를 위해 비웠습니다.

예제 주소록은 기본적인 배치를 보여 주면서도 저의 개인적인 취향을 기반으로 만들었습니다. 네 개의 열 중 세 개는 왼쪽 맞춤이지만 전화번호 열은 오른쪽 맞춤으로 만들었습니다. 예로 제시한 두 개의 전화번호를 보면 이유를 알 수 있습니다. 제작팀의 일부만 지역 번호를 사용하는 경우 이 서식에서는 지역 번호가 약간 두드러져 보일 것입니다. 이는 특히 무대감독 사무실 전화에서 다양한 접속 번호를 눌러야 한다면 도움이 됩니다. 현재 제 사무실 전화에서는 내선 번호로 거는 방법, 학교 외부와 시내 이동 전화로 거는 방법, 시외 전화로 거는 세 가지 방법이 있습니다.

무대감독으로서 지역 번호를 항상 포함하는 것을 선호하거나 전화 시스템이 제 것보다 덜 복잡하다면 무시해도 좋습니다.

또 다른 중요 고려 사항은 출연자나 스태프 외에 추가할 번호가 있다는 것입니다. 예제는 출연자에게 배포되는 주소록입니다. 그들의 편의를 위해 의상실과 매표 관리실 연락처가 하단에 연출과 무대감독 팀 연락처와 함께 적혀 있습니다. 공연팀 주소록에 무대감독은 아마도 제작소 번호, 팩스 번호 혹은 우편이나 배송을 위해 극장 우편 주소도 포함합니다.

예제의 공연은 극장이 온라인 게시판을 운영해 하단에 웹 주소도 기재하였습니다. 그리고 다른 서류와 함께 버전 번호와 날짜도 있습니다.

무대감독팀에 대해 생각해 보기

멀티태스킹 훈련으로 다음을 따라해 봅시다.

1. 제일 좋아하는 만화 「월리를 찾아라」를 꺼내 5분 안에 모두 찾아봅시다.
2. 찾는 동안, 「렌트」 음반을 틀고 '라 비 보엠La vie Boheme'을 그대로 따라 불러 봅시다.
3. 그리고 여러분은 야망이 있는 존재이므로, 이걸 어느 음식점에서 해 보면서 식당 직원이 사람들에게 몇 번 물을 채워 주는지 세어 봅시다.

말 같지도 않죠?

그런데, 더 어려운 것은 대본을 따라 동선을 기록하면서, 소품이 이동하는 곳을 눈으로 좇고, 다음 장면에 등장할 여배우가 코르셋을 여미는 것을 동시에 확인하는 것입니다. 이 일련의 일은 팀이 있으면 훨씬 쉬워집니다.

만약 한 명이나 그 이상의 무대조감독과 같이 일할 정도로 운이 좋다면, 조감독을 현명하게 활용하고 모든 진행 상황을 문서화할 수 있도록 권한을 주는 것이 공연의 성공을 위해 중요합니다. 준비 기간이 끝날 즈음 공연의 어떤 면이 가장 어렵고 복잡한지 알게 될 것입니다. 이것을 참고로 '각개 격파' 전술을 개발해 무대감독 팀에 적용하여 모든 필요 작업을 그날 끝내고 그 과정에 아무도 지치지 않도록 합니다. 물론 무대감독이 모든 것을 파악하고 모든 제작팀과도 소통해야 합니다. 책임을 나누는 것은 회피하는 것과는 다릅니다.

작품에 대한 관점을 공유하면, 각 팀원이 세부 내용을 찾아 질문을 던지면서 책임을 받아들일 것입니다. 팀은 한 몸으로 큰 작업과 일상적인 업무를 처리하고, 정보를 공유하기 위해 연습 외에도 만납니다. 극장에 들어갈 때쯤, 모두가 공연의 모든 부분에서 전문가가 되어야 합니다. 그러나 연습 기간에 한 사람이 동시에 모든 것을 파악하기는 어렵습니다. 그리고 어쩌다 여러 곳에서 동시에 일해야 한다면 무대감독 팀의 구성원 각자가 정보를 잘 알아야 효율적으로 일할 수 있습니다.

특히 교육 기관에서는 무대조감독은 경험이 적은 사람이 맡아 바닥을 쓸거나 소품을 정리하는 단순 작업을 맡기 쉽습니다. 여러분은 선배로서 '큰일'을 하고 후배 조감독은 아직 아무것도 모르는 친구인 거죠. 이런 생각은 큰 잘못입니다. 무대조감독은 여러분의 아군입니다. 새로운 조감독과 일하는 것은 무대감독에게 여러 해 쌓아 온 지식을 전해 줄 기회이자 이 작은 팀의 리더이자 멘토 역할의 기회가 주어지는 것입니다. 연습을 시작하기 전에 무대감독은 팀 전체를 불러 공연에 대해 의견을 나누고 책임을 나눕니다. 한 명의 조감독에게 소품을 맡기고 다른 이에게는 의상을 맡기는 것도 좋습니다. 각자 맡은 분야에서 연습 일지를 살피고 해당 기술진을 위해 문서를 주도적으로 작성합니다. 일단 극장으로 들어가면 조감독들은 무대 진행과 크루를 관리하는 책임을 갖습니다. 무대감독이 큐를 부르는 위치는 다른 층에 있을 수 있습니다. 픽사Pixar의 설립자 에드 캣멀Ed Catmull의 충고를 생각해 봅시다. '훌륭한 사람들을 찾고, 발전시키고, 지원하라. 그러면 그들은 보답으로 자신들의 좋은 아이디어를 찾고 개발해 가져올 것이다.' 팀을 처음부터 공연에 하나로 참여하게 하면 작품에 헌신하고 질문할 준비를 하며 때가 되면 문제 해결에 도움을 줄 것입니다.

그림3.19는 공유된 목적을 구성하는 한 가지 방법을 보여 줍니다. 이 작품의 경우 두 명의 무대조감독이 각자 구체적인 역할을 맡아 해당 팀에 따라붙어 작업 내용을 관리합니다. 시작부터 작업이 서로 연결되었다는 것이 분명하며, 그룹의 노력이 전체 무대감독 팀의 성공에 필수입니다.

어떤 작업은 무대감독이 시작했다가 조감독에게 전달된다는 것에 주목합시다. 무대감독이 처음에 인물/장면분석표를 만들지만 조감독이 의상 전환 관리를 맡으면서 업무 연계로 해당 문서도 같이 맡아 수정합니다. 비슷하게 다른 조감독은 소품 목록이 일단 만들어져 공유되고 나면 이후 맡아 관리합니다. 연습 기간에 분야별 업무에 맞춰 무대감독은 크루에게 필요할 다양한 문서를 만들어야 할 분명한 책임이 있습니다. 이런 접근 방법은 큰 공연이라도 처음부터 감당하기 너무 어렵지 않게 하고 팀원들이 각자의 속도에 따라 효과적으로 일할 수 있도록 돕습니다.

프리 프로덕션 주간 무대조감독의 조합 규정

미국배우조합 계약 조건의 다양함과 공연장의 크기로 인해, 조합 무대감독과 함께 일할 무대조감독의 프리 프로덕션 기간 업무 시간은 다양합니다. 이것은 출연자나 대역을 겸할 수 있는지와 관계없이 애초에 무대조감독의 고용 여부(일부에서는 의무가 아님)와 연결됩니다. NEAT(New England Area Theatres) 계약과 같은 지방 계약에서는 무대조감독의 하루 유급 고용을 정하고 있습니다. 미국 주요 지역극장을 대표하는 LORT 계약에서는 보통 이틀로 정하고 있습니다. 비조합 극장에 객원으로 계약한 무대감독에게는 무대조감독이 아예 보장되지 않고, 1주도 아니고 보통 2주의 유급 프리 프로덕션 기간으로 고용되는 브로드웨이 무대감독들은 첫째 무대조감독은 1주 동안, 둘째 무대조감독은 하루 동안 고용할 수 있는 혜택을 누립니다. 그리고 극장이 무대조감독을 그 이상 고용하는 것을 막는 것은 아니지만, 그 단 하루만이라도 무대감독 팀이 서로의 작업 스타일을 이해하고, 작품에 대한 전반적인 내용을 들으며, 공연을 위한 계획을 세울 기회가 됩니다.

Twelfth Night

SM TEAM ASSIGNMENTS

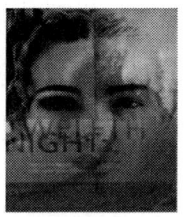

STAGE MANAGER	ASM #1	ASM #2
Lights/Sound/Projections	Costumes	Scenery& Props
Projections Cue Sheet	Costume Plot/Shift Plot	Preset List/Shift Plot
Prompting/Line Notes	Prompting/Line Notes	Prompting/Line Notes
Booth	SR	SL

ASM #1

1) Help to set up the theatre each night for rehearsal.

2) Make sure SM and actors know what rehearsal costumes are available, and that we're using them.

3) Update Character/Scene Breakdown as needed.

4) Track all costume changes.

5) Check in with the costume shop outside of production meetings as needed.

6) Create costume plot/quick-change plot.

7) Work with ASM #2 to create shift plot.

8) Once cast is off-book, share responsibility for prompting and line notes during rehearsals.

ASM #2

1) Help to set up the theatre each night for rehearsal.

2) Know what rehearsal props we have, and what will be needed for each night's rehearsal.

3) Update Props List as needed.

4) Track all hand props and furniture.

5) Check in with the scene shop and prop shop outside of production meetings as needed.

6) Create Preset List.

7) Work with ASM #1 to create shift plot.

8) One the cast is off-book, share responsibility for prompting and line notes during rehearsals.

그림3.19 「빅피시」의 무대감독 팀의 업무 분담표

다음 과정

이 장에서 설명한 회의와 문서에 더해, 무대감독 팀은 이 단계에서 일반적으로 처리하는 몇 가지 다른 작업이 있습니다. 연습실 바닥에 무대 평면을 테이프로 표시하는 것이나 최상의 작업 환경을 위해 방을 꾸미거나 연습용 소품이나 의상을 구해 오고, 프롬프트 북을 준비하는 등입니다. 이 부분들은 다음 장에서 자세히 다루겠습니다.

무대감독의 프리 프로덕션 기간에 대한 업무를 결론적으로 말하자면 연습실에 들어갈 준비를 하고 공연을 위한 세부 정보를 모으고 이를 공유하기 시작한다는 것입니다.

프롬프트 북

공연의 대본과 모든 문서를 한 곳에 담는 것은 단순히 좋은 생각일 뿐 아니라, 무대 감독의 기본적인 책임이며 미국배우조합에서 구체적으로 규정하는 것이기도 합니다. 아래 문구는 지역극단협의회the Council of Resident Stock Theaters(CORST) 계약에서 발췌한 내용이지만, 거의 모든 규정집에서 무대감독의 의무를 정하는 부분에서 비슷한 내용을 담습니다.

프롬프트 북을 구성하고 관리한다. 이는 실제 공연 대본과 무대 위 행위들로 정의하며, 큐 진행표, 도면, 일지 등 공연의 기술적·예술적 행위에 필요한 정보들이다.

프롬프트 북prompt book은 공식적인 공연 대본과 함께 무대감독이 작성하고 배포한 표와 목록을 포함하여 공연을 진행하기 위한 모든 것을 담습니다. 전문 현장에서는 이 것은 공연을 마친 후 극장의 소유물이며 다른 공연을 위한 기록용 참고서로서, 이 공연장에서 혹은 같은 연출이 진행하게 될 미래 공연을 위한 기초 자료가 될 것입니다.

프롬프트 북 구성하기

모든 자료에 접근성을 높이려면 구성이 좋아야 합니다. 튼튼한 바인더와 몇 가지 그룹의 분류용 간지들을 이용하면 정보를 빠르게 열람할 수 있습니다(그림4.1). 분류를 세세히 나누는 또 다른 이유는 작성자 없이도 공연을 진행할 수 있도록 하기 위한 것입니다.

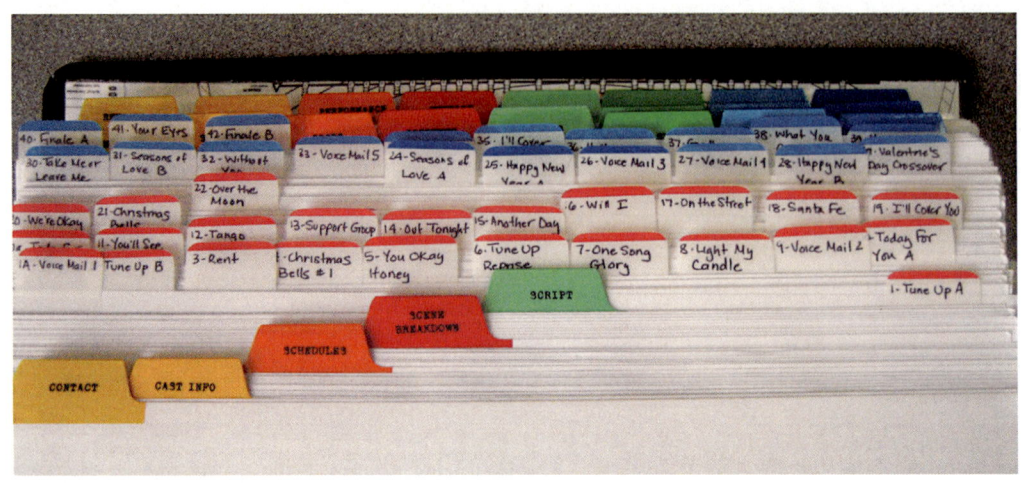

그림4.1 이름표와 장면 탭

휴가나 병가 혹은 이사 등으로 자리를 비우더라도 다음 무대감독이 프롬프트 북을 집어 들고 공연을 이해하기 위한 모든 필요 사항을 찾을 수 있어야 합니다. 노트북에 사본이 있으니 서류 작성을 생략한다거나 무대, 소품, 의상 정보를 모두 '기술 자료'라는 항목 한 곳에 몰아 놓는다면 다른 사람의 일이 늘어날 것입니다.

프롬프트 북을 구성할 때 연습실에 있는 동안 얼마나 자주 자료에 접근이 필요할지 생각해 봅시다. 여러분은 아마도 향후 일정에 관한 질문을 자주 받거나 지각하는 연기자에게 연락해야 할 수 있습니다. 그런 정보는 앞쪽에 두는 것이 좋고, 연습 일지나 회의록의 보관용 사본은 뒤로 보냅니다.

제가 프롬프트 북을 만들 때는 세 가지 그룹의 정보로 나눕니다. 대본을 포함해 자주 접하는 정보, 각 부서의 제작 정보, 그리고 보관용 문서들입니다. 이 세 가지 그룹은 다시 개별 항목으로 구분됩니다.

오래된 자료이긴 하지만 사료는 아니다

공연의 모든 상세한 내용을 모은다는 것은 공연 제작 기간에 많은 문서를 수정한다는 것을 뜻합니다. 바인더에 모든 문서의 모든 버전을 보관해야 할 필요는 없습니다. 연습 기간에 저는 보통 현재 것과 바로 이전 것을 인쇄본으로 보관합니다. 이렇게 하면 수정 사항에 문제가 있거나 팀이 갑자기 '이전' 방식으로 되돌리려 할 경우 빠르게 다시 살펴볼 수 있습니다. 일단 공연이 시작되면 바인더에는 가장 최신 버전만 보관합니다. 현재 극장 정책이나 개인적 선택으로 이보다 더 많은 버전을 보관해야 한다면 다른 버전은 컴퓨터 폴더에 보관하길 추천합니다.

여러 프롬프트 북으로 작업하기

복잡한 공연은 많은 문서가 필요하며 4시간짜리 연극은 대본이 매우 깁니다. 저는 많은 신입 무대감독들이 두께가 15cm에 달하는 바인더를 들고 연습실에 드나드는 모습을 종종 봅니다. 그들이 해야 하는 일들의 물리적 실체라 할 수 있습니다. 하지만 팔뚝 근육을 키우려는 것이 아니라면 그렇게까지 할 필요는 없습니다. 프롬프트 북을 구성할 때 일부 정보를 별도의 바인더에 따로 나누어 다닐 수도 있습니다. 대본은 그대로 보관하는 것이 당연하고 주소록과 인물/장면분석표와 같은 주요 문서들도 함께 한 권으로 묶어 앞쪽에 둡니다. 두 권을 쓰는 경우, 저는 이 문서들을 양쪽에 다 넣는 걸 좋아하는데, 문서 모음집 자체가 완성되어 좋기도 하지만 연락처나 등 퇴장 정보도 빨리 확인할 수 있어 좋습니다. 뮤지컬의 경우, 수백 페이지에 달하는 보조 대본인 악보가 있습니다. 대부분은 악보도 별도 바인더에 넣을 수 있습니다.

프롬프트 북의 탭 구성

제가 쓰는 프롬프트 북은 아래와 같은 순서로 구성합니다. 작품에 따라 사용하지 않는 부분이 있다면 해당 탭은 출력하지 않습니다.

주소록
출연자 정보
일정
인물/장면분석표
동선과 콜링calling 기호
대본
진행 큐 시트
공연 서류(프리셋 목록, 전환 계획, 의상 계획)
무대 장치
소품
의상
조명
음향
비디오/프로젝션
홍보

드라마터그
조감독 정보
크루 정보
회의록
연습 일지
공연 일지
의상 피팅
사투리 연습
빈 문서 양식

어떤 무대감독은 동선과 콜링 대본을 따로 만드는 경우가 있습니다. 한 대본은 연습 기간에 최종 참고용으로 쓰고 다른 대본은 공연 중 부를 모든 큐를 기록합니다. 저는 한 곳에 동선과 큐를 모두 기록하길 좋아해 보통 제작 기간 내내 한 대본만 사용하지만, 두 개의 대본을 사용하는 것이 유용하겠다고 생각하는 경우도 여러 번 있었습니다. 그 한 예로 「크리스마스 캐럴」에서 무대감독으로 일할 때였는데, 여러 번 재공연한 작품이라 첫날부터 음향 큐 전체를 가지고 시작했습니다. 연습 준비를 위해 대본에 음악 번호와 다른 연습용 음향 정보들을 대본에 기록해야 했는데, 보통 실제 공연용 큐를 위해 남겨 둔 공간을 모두 사용해 버렸습니다. 다음에 다시 공연할 것을 알아 이 정보들을 지우고 다음번에 다시 쓴다는 것은 말이 안 되죠. 두 개의 대본을 갖고 있다면 제가 혹은 다른 무대감독이 이 공연의 모든 첫 연습을 잘 준비할 것입니다.

프롬프트용 대본 준비하기

연기자들에게 배포되는 조그만 제본 대본은 무대감독에게는 실용적이지 않습니다. 글자가 작고, 메모를 위한 공간이 현저히 적습니다. 프리 프로덕션 주간에 무대감독은 동선과 큐 정보를 담은 더 유용한 버전을 만듭니다.

불행하게도 인쇄된 대본을 여러분이 원하는 형태로 바꿔 줄 마술 같은 방법은 없습니다. 그냥 복사기에서 시간을 좀 보내야 합니다. 이 과정에는 몇 가지 단계가 포함됩

니다: 대본 확대, 여백 설정 그리고 동선을 기록할 수 있도록 뒷면에 용지를 복사하는 것입니다.

1. 대본 페이지를 시험 복사하여 이상적인 확대 비율을 확인하세요. 연기용 대본은 보통 5"x7"(127mmx178mm) 크기로 인쇄됩니다. 대략 115% 정도의 확대 비율이 좋습니다.

2. 확대 복사한 텍스트의 위치를 조정하여 네 면 모두에 여백을 충분히 확보합니다. 즉, 스크립트를 페이지 위아래 방향 가운데에 놓고 구멍을 뚫는 쪽에 약 12mm 여백이 생기도록 이동합니다. 결과적으로 페이지 반대편에 큐에 사용할 수 있는 확대된 여백이 생깁니다.

3. 대본을 복사합니다. 각 페이지를 동일하게 만들기 위해 복사기의 자동 설정을 사용하거나 복사기 유리 위에 원본의 각 페이지를 놓을 수 있는 틀을 만듭니다.

4. 동선과 안무 기록에 사용할 수 있는 보조 페이지를 선택합니다. 이 페이지에는 작은 평면도를 넣습니다.

5. 확대한 각 대본 페이지의 뒷면에는 보조 페이지를 복사하고, 막 끝에는 여분으로 몇 장을 더 추가합니다.

처음 보면 직관적이지 않아 보이겠지만, 프롬프트 북을 효과적으로 구성하려면 가장 많이 쓰는 손 방향에 맞춰 보조 페이지를 둡니다. 오른손잡이 무대감독은 대본을 왼쪽에, 보조 페이지를 오른쪽에 둡니다. 넓은 큐 여백은 왼쪽 가장자리에 둡니다. 이것으로 무대감독이 연습 중에 동선을 신속하게 기록하면서도 바인더를 가로지를 필요가 없어집니다. 무대감독은 왼손 검지로 대사를 따라갑니다. 큐를 대본에 옮기는 작업은 보통 연습 시간 외에 하므로 편하게 북을 옮겨 작업할 수 있고 서두르다가 바인더 링에 부딪힐 일도 없습니다.

그리고 왼쪽에서 큐를 읽는 것은 오른쪽에서 읽는 것만큼 수월합니다. 왼손잡이 무대감독은 같은 이유로 반대편으로 구성하면 됩니다. 그림4.2와 4.3에서 확인할 수 있습니다.

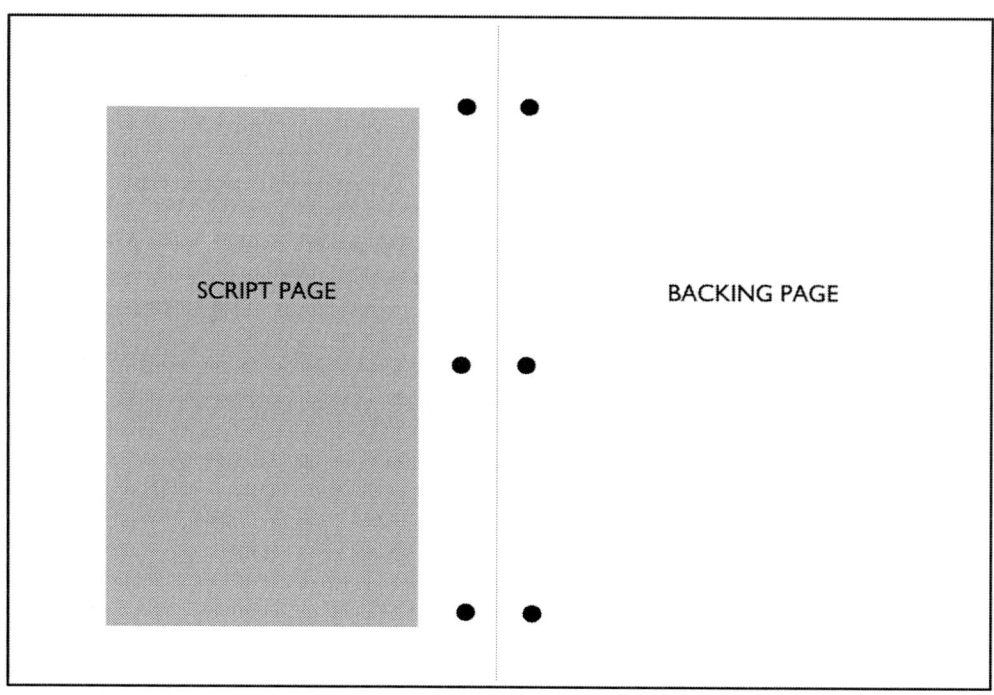

그림4.2   오른손잡이 무대감독의 대본 구성

그림4.3   왼손잡이 무대감독의 대본 구성

보조 페이지|backing page

보조 페이지를 사용하면 동선의 세부 내용을 효과적으로 기록하고 대본 뒷면을 비워 두지 않을 수 있습니다. 몇 가지 추가 작업이 필요하고 복사기도 사용해야 하지만 이런 노력에는 그만한 보상이 있습니다.

보조 페이지의 두 가지 요소는 동선을 기록한 대본 줄 번호, 그리고 무대 장치의 위치나 큰 규모의 앙상블 구성을 기록하기 위한 작은 평면도입니다. 보조 페이지는 확대나 축소를 하지 않은 문서이며 대본 각 페이지의 뒷면 전체를 사용합니다. 그림 4.4는 연극에서 제가 사용하는 보조 페이지를 보여 줍니다.

페이지 전체에 가로줄을 긋고 사건이 일어나는 대본 줄에 맞춰 동선을 기록할 수 있습니다. 번호는 사건이 일어나는 곳을 구분할 수 있게 도와주는데, 사건의 앞이나 뒤 혹은 해당 단어 바로 위에 적기도 합니다. 줄이 없다면 페이지 상단부터 쓰기 시작하므로 단어와 사건 사이의 시각적 연결이 사라집니다.

물론 무대감독은 번호를 적어 비슷한 효과를 만들 수 있습니다. 그러나 연출이 이어지는 연습에서 페이지 앞쪽 동선을 추가한다면 기억할 수 있을까요? 그리고 새로운 정보를 위해 적당한 공간을 미리 만들어 두지 않았다면 어떻게 기존 내용들 사이로 비집고 넣을 수 있을까요? 보조 페이지는 과정을 단순하게 만들어 줍니다. 그림 4.5와 4.6은 확대한 대본과 해당 보조 페이지를 보여줍니다.

보조 페이지에는 오른쪽 상단에 작은 평면도가 있습니다. 연출과 무대디자이너는 연습을 진행하면서 가구 위치를 계속 수정하길 원할 것입니다. 이런 상황으로 인해 연습 시작 전에 가구 위치를 확정하는 것은 불가능합니다. 이 작은 평면도는 무대감독이 테이블, 의자 등의 위치를 기록할 수 있도록 빠르고 시각적으로 효과적인 장소입니다. 무대감독은 연습 기간에 해당 정보에 대한 동선 기록을 둘러볼 필요 없이 무대를 슬쩍 보고도 모든 것이 제자리에 있는지 즉시 알 수 있습니다.

처음부터 여러 장소의 장면이 있는 연극의 경우 무대감독은 각 장면에 해당 평면도를 넣은 보조 페이지를 만들거나 빈 평면도에 해당 장면 설정을 빠르게 그릴 수도 있습니다. 프롬프트 대본을 만들 때는 자신에게 가장 잘 맞고 연습 기간에 사용하기 편한 것으로 선택합니다.

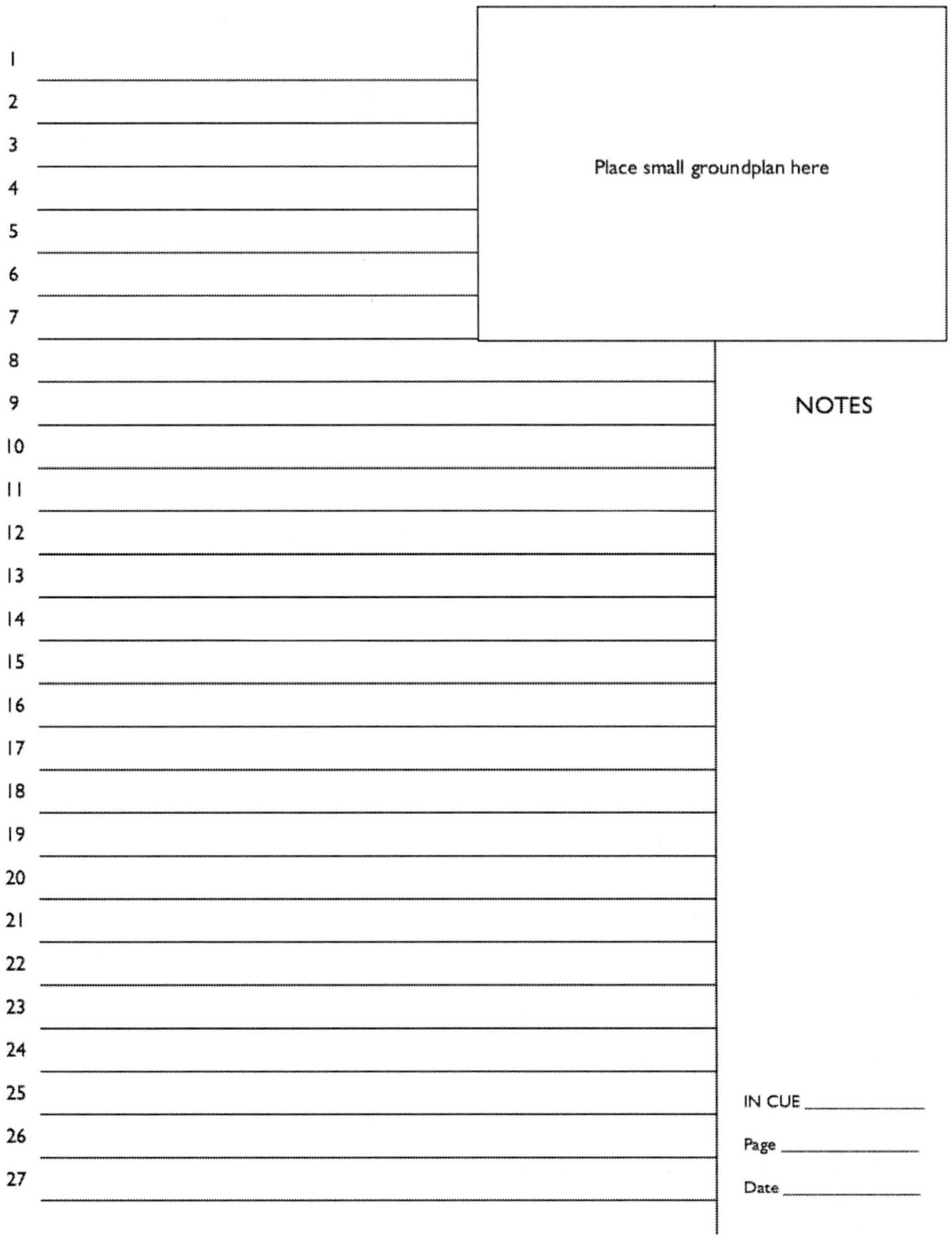

1	
2	Place small groundplan here
3	
4	
5	
6	
7	
8	NOTES
9	
10	

IN CUE _____

Page _____

Date _____

그림4.4   연극용 프롬프트 북의 보조 페이지

ACT III.1   TWELFTH NIGHT ~ 45

FABIAN   Here comes my noble gull-catcher.   *178*
TOBY   Wilt thou set thy foot o' my neck?
ANDREW   Or o' mine either?   *180*
TOBY   Shall I play my freedom at tray-trip and become   *181*
    thy bondslave?
ANDREW   I' faith, or I either?
TOBY   Why, thou hast put him in such a dream that,
    when the image of it leaves him, he must run mad.
MARIA   Nay, but say true, does it work upon him?
TOBY   Like aqua vitae with a midwife.   *187*
MARIA   If you will, then, see the fruits of the sport, mark
    his first approach before my lady. He will come to her
    in yellow stockings, and 'tis a color she abhors, and   *190*
    cross-gartered, a fashion she detests; and he will smile
    upon her, which will now be so unsuitable to her dis-
    position, being addicted to a melancholy as she is, that
    it cannot but turn him into a notable contempt. If you
    will see it, follow me.
TOBY   To the gates of Tartar, thou most excellent devil   *196*
    of wit.
ANDREW   I'll make one too.   *Exeunt.*

        20, 21   *

~ III.1 *Enter Viola and Clown [with a tabor].*

VIOLA   Save thee, friend, and thy music. Dost thou live   1
    by thy tabor?   2
CLOWN   No, sir, I live by the church.
VIOLA   Art thou a churchman?
CLOWN   No such matter, sir. I do live by the church; for
    I do live at my house, and my house doth stand by the
    church.

---

178 *gull-catcher* fool-catcher   181 *play* gamble; *tray-trip* a game of dice
187 *aqua vitae* any distilled liquor   196 *Tartar* Tartarus, the section of hell
reserved for the most evil
    III.1 Before the house of Olivia   1 *Save thee* God save thee   1–2 *live by*
make a living with   2 *tabor* drum

그림4.5 프롬프트 대본의 동선 기록

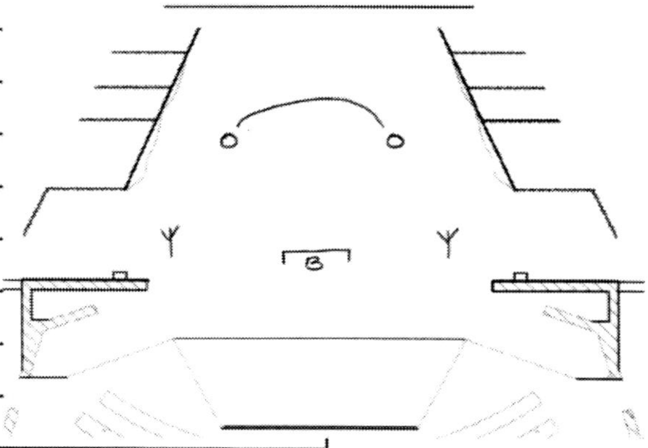

1 _____
2 T crawl → M
3 _____
4 _____
5 T ⬆, hug M knees
6 _____
7 _____
8 T ⬆, x R¢
9 M x T
10 T kiss M
11 AA ⬆, x ⌐B⌐
12 _____
13 _____
14 M x T→ to DR
15 _____
16 M ex DR
17 FA, AA x T
18 FA, AA, T ex DR
19 _____
20 FE en U¢ thru ⌒, ⚡, play
21 V en DL, ⊣ onstage of ♀
22 _____
23 V x to SL of FE, ⬇ coin in his hat
24 _____
25 _____
26 _____
27 _____

SHIFT:
COLONNADE OUT
R urn + ⌐B⌐ off SR
L urn off SL

COIN

IN CUE 35 → 36
Page 45
Date 12/1

그림4.6   프롬프트 대본의 동선 기록

그 작은 평면도는 여러 출연자의 위치를 한 번에 표기하기에도 유용합니다. 말로 설명하는 것보다 의자의 위치를 그려 넣는 것이 훨씬 편리하듯이, 평면도에 출연자의 이니셜을 사용하면 여러 출연자의 위치를 한 번에 기록하기에도 훨씬 빠릅니다. 또 그 그림을 보면서 동선 관련 질문에 답하기에도 효과적입니다. 그리고 훨씬 빠르기도 합니다. 동선 기록을 글로 썼다면 글 속에서 배우의 이니셜을 찾기가 애매합니다.

평면도가 작아서 가능한 별도 표시가 없는 것이 좋습니다. 무대디자이너나 기술감독에게 비어 있거나 아무 노트가 없는 것을 받아서 보조 페이지에 맞게 줄이거나, 도면 프로그램을 다룬다면 불필요한 것들을 지우고 쓸 수도 있습니다. 이도 저도 안 되면 수정 펜으로 불필요한 정보를 덮고 사용하면 됩니다.

저는 프롬프트 북에 '빈 페이지' 탭으로 구분해 해당 공연에 쓸 여분의 보조 페이지 복사본을 담습니다. 연출이 연습 기간 중 특정 장면을 다시 시작하며 완전히 새로운 무대 구성을 시도한다면 새로운 보조 페이지를 넣고, 프롬프트 북에 해당 대본 페이지를 붙입니다. 새로운 동선을 위한 공간은 충분하면서도 이전 기록을 모두 지울 필요도 없습니다. 그리고 새로운 동선이 맘에 들지 않으면 그 페이지를 버리고 이전 노트를 빠르게 복구할 수 있습니다. 연습 도중 저는 페이퍼 클립을 바깥쪽 상단 모서리에 꽂아 두었다가 페이지들을 서로 묶습니다. 테크 기간이 다가오면 그 클립을 유리테이프로 바꿔 바깥쪽 모서리 위아래에 붙입니다. 공연이 제 속도로 돌면 페이지 넘기기도 쉽고 비슷한 곳에 여러 개가 달려 뚱뚱해진 클립들도 없어집니다.

어떤 무대감독은 보조 페이지를 대본 뒷면에 복사하지 않고 사용합니다. 페이지를 쉽게 넘기려고 보조 페이지의 바깥 모서리 위아래를 사선으로 잘라 그 아래로 대본 페이지가 보입니다. 이런 방법으로 페이지를 넘길 때 모서리 잡기가 쉽고 두 페이지를 동시에 넘길 수 있습니다. 저는 페이지를 서로 붙이는 것을 선호하지만, 대본이 빈번하게 수정되는 창작 대본으로 작업하는 경우 이런 방법이 대안일 수 있습니다.

페이지 나누는 요령

출연자 대본을 만들 때 무대감독을 고려하지는 않습니다. 어느 장면이 페이지 중간에 끝난다면, 보통 밑으로 몇 줄 띄우고 다음 장면이 시작됩니다. 그런데 이 장면은 아마 같은 장소가 아닐 겁니다.

S/B
LX 62+63
SQ 39.5 — 41
IMAGE 38+39
DOUSER CL/OP
SHIFT 19A
RED RAIL↑
GREEN RAIL↑

LX 62	
SQ 39.5	♪
IMAGE 38	
DOUSER CLOSE	
SHIFT 19A	=
RED RAIL ↓ AOUT	=
GREEN RAIL ↓TW	=
LX 63	a COMPLETE
SQ 40	♪FADE
DOUSER OPEN	=
IMAGE 39	
SQ 41	RUMBLE

ACT V.1   TWELFTH NIGHT ∾ 77

Enter Olivia and Priest.

OLIVIA
   ²Blame not this haste of mine. If you mean well,
   Now go with me and with this holy man
   Into the chantry by. There, before him,   24
   And underneath that consecrated roof,
   Plight me the full assurance of your faith,
   That my most jealous and too doubtful soul   27
   May live at peace. He shall conceal it
   Whiles you are willing it shall come to note,   29
   What time we will our celebration keep   30
   According to my birth. What do you say?

SEBASTIAN
   I'll follow this good man and go with you
   And having sworn truth, ever will be true.

OLIVIA
   Then lead the way, good father, and heavens so shine
   That they may fairly note this act of mine. ✗ *Exeunt.* 41:47

                    *

∾ **V.1** *Enter Clown and Fabian.*

FABIAN Now as thou lov'st me, let me see his letter.
CLOWN Good Master Fabian, grant me another request.
FABIAN   Anything.
CLOWN Do not desire to see this letter.
FABIAN   This is to give a dog, and in recompense desire
   my dog again.
     Enter Duke, Viola, Curio, and Lords.
DUKE   Belong you to the Lady Olivia, friends?   7
CLOWN Ay, sir, we are some of her trappings.
DUKE   I know thee well. How dost thou, my good fel-
   low?   10
CLOWN   Truly, sir, the better for my foes, and the worse
   for my friends.

---

24 *chantry by* chapel nearby   27 *jealous* anxious   29 *Whiles* until
   V.1 Before Olivia's house   7 *Belong you* i.e., are you in the service of

---

그림4.7   두 번째 평면도를 붙인 프롬프트 대본

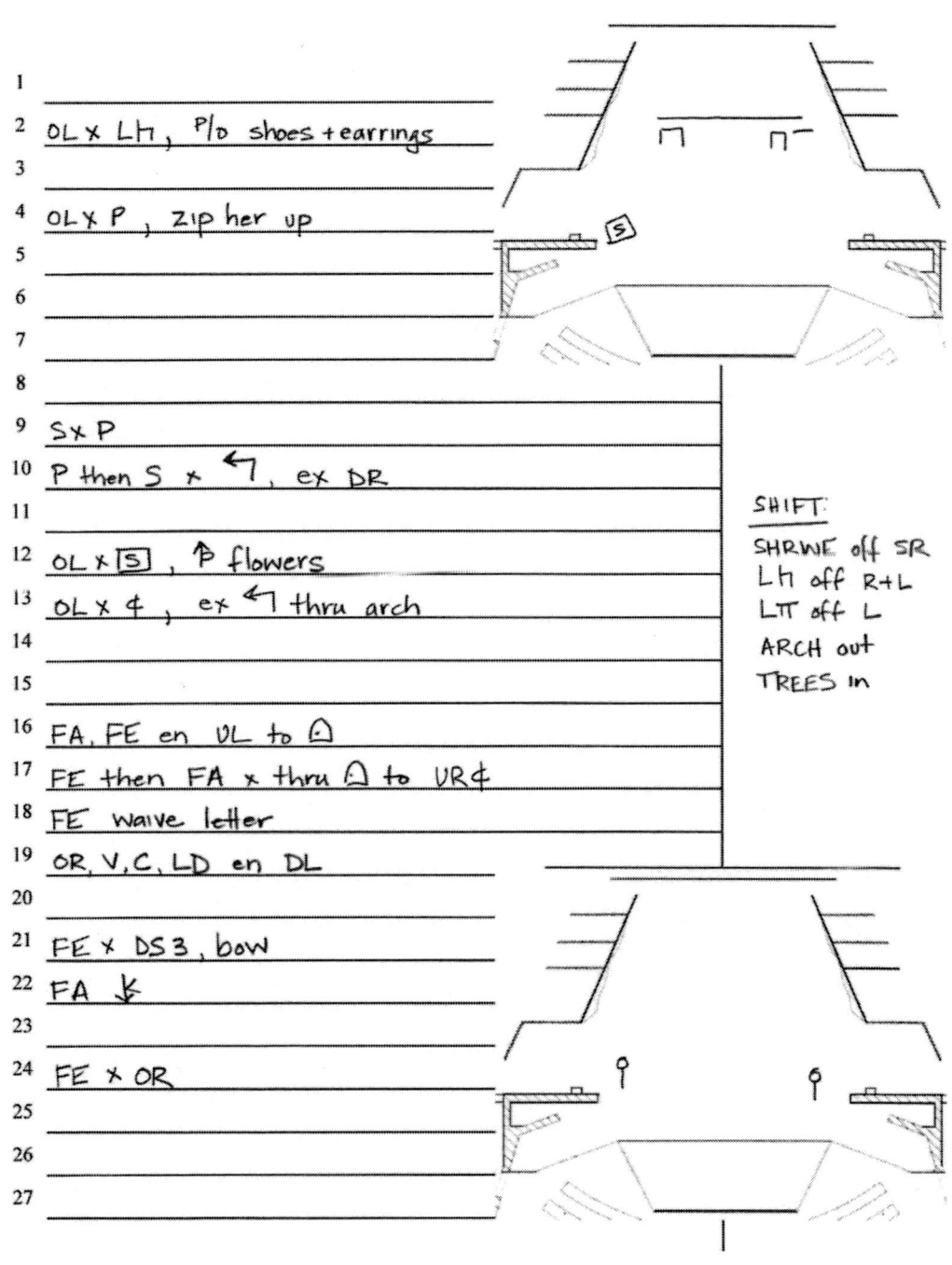

1

2 OL x LH , P/o shoes + earrings

3

4 OL x P , zip her up

5

6

7

8

9 S x P

10 P then S x ↰ , ex DR

11

12 OL x ⑤ , P flowers

13 OL x ⊄ , ex ↰ thru arch

14

15

16 FA, FE en UL to ⌂

17 FE then FA x thru ⌂ to UR⊄

18 FE waive letter

19 OR, V, C, LD en DL

20

21 FE x DS3 , bow

22 FA ↙

23

24 FE x OR

25

26

27

SHIFT:
SHRWE off SR
LH off R+L
LTT off L
ARCH out
TREES in

그림4.8 두 번째 평면도를 붙인 프롬프트 대본

보조 페이지용 소형 평면도를 만들었다면 같은 크기로 여분을 만들어 둡니다. 필요한 곳에 두 개 혹은 세 개라도 원하는 곳에 붙여 사용할 수 있습니다. 추가 도면을 붙일 때는 다시 뗄 수 있도록 막대 풀을 사용합니다. 도면을 포스트잇Post-it처럼 만든다고 할 수 있습니다. 막대 풀은 도면을 제자리에 잘 붙여 두면서도 종이를 적시지 않습니다. 물풀은 처음에는 알아채지 못할 수도 있지만 대본에 큐를 쓰려다 손에 묻어나곤 합니다.

추가로 붙인 평면도는 한 페이지에 하나 이상의 큰 동선 변화가 있을 때 유용합니다. 그리고 수정된 평면도는 떼기 전까지 붙여놓을 수 있지만, 동선이 바뀌어야 한다면 대본에 손상을 주지 않고 뗄 수 있습니다. 그림4.7과 4.8은 다시 「십이야」 중 한 페이지인데, 두 번째 평면도로 문서를 만들었을 때의 모습을 보여 줍니다. 이 발췌본에는 연극의 해당 장면 큐들도 담습니다. 큐는 6장에서 자세히 다루겠습니다.

대본 페이지에 한 장면 이상을 담는 또 다른 방법은 두 장으로 나누는 것입니다. 앞 페이지 뒷부분에 다음 장면 앞부분을 넣고 다음 페이지에는 전 장면의 마지막 부분을 겹쳐 넣으면, 평면도도 새로 시작하고 한 페이지에서 다음으로 넘어가면서 많은 전환 큐를 위한 공간도 충분히 갖게 됩니다. 페이지 번호는 유지하고 단순히 'A'와 'B'로 표기합니다. 이렇게 해서 배우와 연출이 사용하는 대본의 번호와 동일하게 유지합니다. 무대감독이 47B 페이지를 보는 것이 그들에게는 중요하지 않을 것입니다. 그러나 페이지에 번호가 없거나, 컴퓨터 작업 대본에서 페이지 분리선을 넣는 바람에 48페이지로 표기된다면, 다른 사람들과 다른 페이지 번호를 부르게 돼 혼란스러워집니다. 이 것은 이전 장에서 언급한 인물/장면분석표에 음영을 넣은 장면에서 페이지 번호를 반복하는 개념과 같은 것입니다.

뮤지컬 대본

뮤지컬의 경우, 두 개의 대본이 있습니다. 리브레토와 악보입니다. 대부분은 리브레토가 좋은 선택이며 연극 대본처럼 구성할 수 있습니다. 리브레토는 무대감독에게 공연의 간소화된 버전을 제공합니다. 모든 대화와 가사 그리고 각 음악이 시작되는 위치를 나타내는 제목이 포함됩니다.

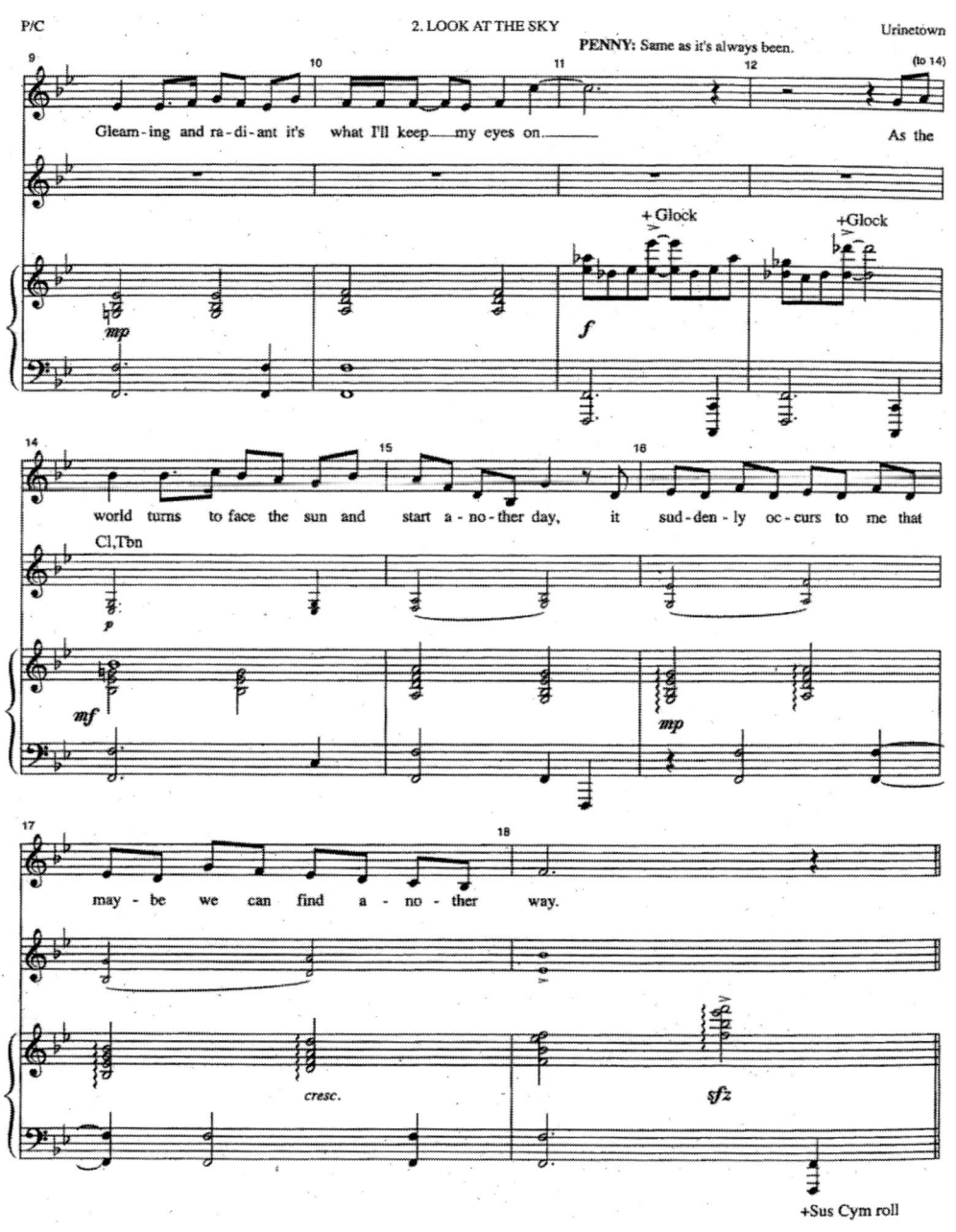

그림4.9　뮤지컬 「유린타운Urinetown」에서 '하늘을 봐Look at the Sky'의 악보 페이지

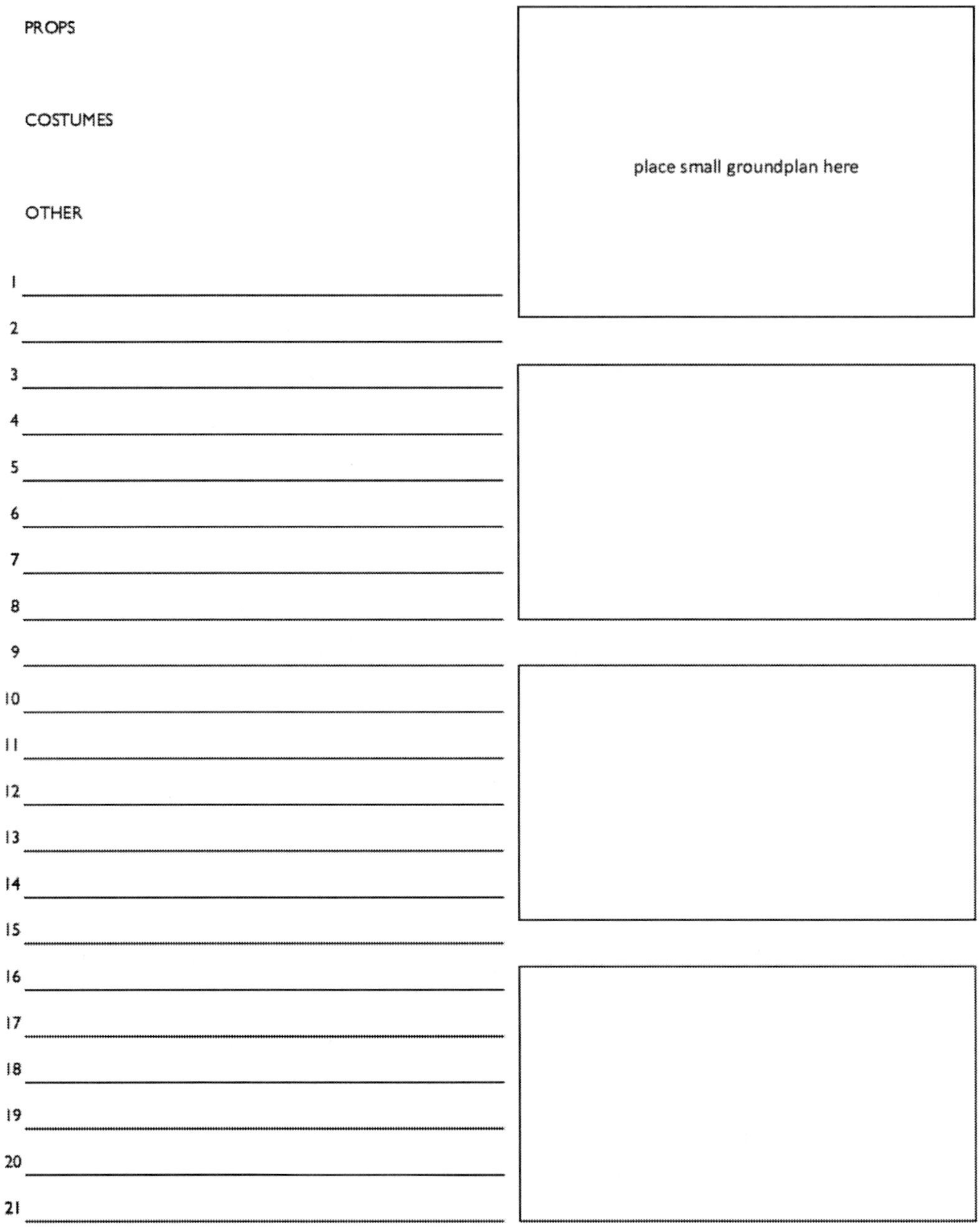

PROPS

COSTUMES

OTHER

place small groundplan here

1 _____

2 _____

3 _____

4 _____

5 _____

6 _____

7 _____

8 _____

9 _____

10 _____

11 _____

12 _____

13 _____

14 _____

15 _____

16 _____

17 _____

18 _____

19 _____

20 _____

21 _____

그림4.10   뮤지컬의 보조 페이지

북 뮤지컬book musical의 악보는 그림4.9에서 보듯이 노래의 음성과 악기 디테일을 모두 담습니다. 가수가 있다면 가수와 오케스트라의 정보가 모두 담깁니다. 그러나 노래에 가사 없이 음악만 있다면 리브레토에도 정보가 없을 것입니다. 예제를 봅시다. 페이지 맨 위 대략 3분의 2 지점을 가로질러(11마디) 잠깐 가사가 없는 것을 볼 수 있습니다. 하지만 아래쪽을 보면 여전히 음악이 진행된다는 것을 알 수 있습니다. 이 경우 피아노와 글로켄슈필 두 마디입니다. 리브레토와는 다르게 악보는 누군가 노래를 부를 때만이 아니라 음악 전체를 보여 줍니다.

악보는 일반적으로 노래로 이어지는 대사나 후렴 반주 동안 나오는 대사만을 담습니다. 이에 따라 악보는 완전한 대본이 아닙니다. 무대감독은 특정 대사와 관련된 동선을 기록할 수 없으며, 배우들이 대본을 들고 있지 않을 때 힌트를 주기도 어렵습니다. 또한, 음악 없이 진행되는 장면이나 전환 중에 액션이 포함된 경우, 무대감독은 이런 세부 내용을 기록할 곳을 찾기 어려울 것입니다.

「레 미제라블Les Miserables」이나 「후즈 토미Who's Tommy」와 같은 작품은 리브레토가 짧습니다. 공연 전체를 노래로만 진행하는 송스루Sung-through 뮤지컬은 대사가 없고 거의 모든 사건이 음악과 함께 일어납니다. 무대 위 정보를 충분히 확보하려면 이번에는 악보가 최선의 선택일 것입니다.

악보 페이지가 태생적으로 대본보다 시각적으로 더 복잡해 무대감독은 종이 크기를 유지합니다. 많은 경우 악보를 8.5"x11"(역주: 한국의 경우 A4가 일반적임) 표준 크기에 맞춰 줄입니다. 큐도 다른 방법으로 기록하고 바깥쪽 넓은 여백도 사용하지 않습니다.

뮤지컬 무대감독은 동선과 안무를 모두 기록하며 보조 페이지도 다르게 구성합니다. 그림4.10은 제가 뮤지컬 작업 시 사용하는 것으로 일을 여기서부터 시작합니다. 대부분의 작품에서 안무팀장은 개별 동작과 박자를 셉니다. 무대감독의 안무 노트는 구성과 움직임 패턴에 집중해 가장 효과적이고 시각적으로 기록합니다. 저는 이것을 '풋볼 다이어그램football diagram'이라고 하는데, 방송에서 경기 해설자가 X, O와 화살표를 그려 경기를 분석하며 시청자에게 설명하는 화면과 유사해서 그렇게 부릅니다.

줄의 폭을 줄이고 상자를 넣어 보조 페이지에 새로운 정보를 담습니다. 평면도를 늘어놓는 것도 좋은 아이디어는 아닙니다. 어떤 안무들은 무대 전체를 차지하지도 않기 때문입니다. 빈 상자를 활용하면 특정 상황에 맞춰 넓게도 좁게도 유연하게 기록할 수 있습니다.

보조 페이지를 악보 건너편에 놓으면, 줄 수를 줄이고 간격을 늘려 페이지의 악보 체계에 맞출 것입니다. 악보는 음성과 악기 정보 모두를 담고 있어 한 페이지의 공연 진행 속도가 더 느립니다. 리브레토에서 한 페이지의 가사가 악보에서는 4~5페이지에 해당하는 것은 보통이며 그 이상도 가능합니다.

혼합 대본

불행히도 리브레토와 악보 중 선택하는 것은 그렇게 간단하지 않습니다. 여러 구절의 가사와 댄스 브레이크(안무를 위한 여러 마디의 악기 연주곡)로 구성된 노래를 예를 들어 봅시다. 무대감독은 그 안무 노트를 쉽게 생략할 수는 없습니다. 리브레토에는 그 노래의 해당 부분에 대한 설명이 없기 때문입니다.

그래서 무대감독은 전체적으로 악보를 따라 작업할 수밖에 없다고 말하겠지만, 훨씬 긴 프롬프트 대본과 공연 전반에 걸쳐 훨씬 많은 페이지를 넘겨야 하고, 시각적으로 복잡한 대본으로 작업하게 됩니다. 더 좋은 선택은 이 부분에 혼합 대본을 사용하는 것입니다. 리브레토와 악보를 합치면 필요한 모든 정보를 합치게 됩니다.

혼합 대본은 두 가지 형식이 있습니다. 리브레토에 카운트count를 적어 더 적확하게 음악을 표현하거나, 리브레토와 악보를 섞어 한 페이지로 만드는 것입니다. '카운트'는 한 개의 음표나 단어가 지속되는 박자를 말합니다.

그림4.11은 뮤지컬 「유린타운Urinetown」의 곡 중 '하늘을 봐Look at the Sky'의 한 페이지입니다. 이 노래에는 주요 댄스 브레이크는 없지만 여러 줄의 가사 말미에 있는 단어가 여러 박자를 갖고, 여러 마디의 음악이 뒤따르며, 이후 노래가 다시 시작됩니다. 이 작품의 조명디자이너는 음악성을 살리고자 음악에 큐를 맞췄고 무대감독이 적확한 큐 전환을 위해 새로운 구절의 시작을 알아야 했습니다.

무대감독이 훌륭한 음악적 감각을 갖고 있다면 본능적으로 박자를 맞출 것입니다. 그러나 프롬프트 대본의 기능이 완전하고 적확하게 공연의 세부 내용을 따라야 한다는 것을 생각한다면 다른 무대감독에게는 본능을 따르는 것이 도움이 되지 않을 수 있습니다. 본능적인 무대감독이라도 디자이너가 의도한 그 효과를 위해 테크 중에 약간 다른 위치에서 큐를 부르려고 할 수도 있습니다.

38   URINETOWN

                                    BOBBY
                    ᶦAS THE WORLD TURNS TO FACE THE SUN AND START
                    ANOTHER DAY,
                    IT SUDDENLY
                    OCCURS TO ME
LX 98   THAT MAYBE WE CAN FIND ANOTHER WAY. 2|3|4
                    LOOK AT THE SKY,
                    FULL OF HOPE AND PROMISE.
                    IT'S A SHINING IDEAL.
                    HOW I REEL
LX 99   WHEN I LOOK AT THE SKY 234 |2|234

                                    PENNY
        Now, who's first?

                               JOSEPHINE STRONG
        ⁵I am!

                                    BOBBY
        Ma!⁹

                                    PENNY
LX 100 We'll take your fee, now, Mrs. Strong. The improved|fee,| that is.

                                    BOBBY
        |31|
        DAILY WE MAKE THEM PAY THEIR NICKELS, DIMES, AND
        QUARTERS–

                                  JOSEPHINE
        But this is all I have, Ms. Pennywise. ₁₃

                                    BOBBY
        DAILY WE BREAK THEM 'CAUSE WE HAVE TO FOLLOW ORDERS.

                                 LITTLE SALLY
        ¹⁶Haven't you enough Mrs. Strong?

                                    BOBBY
                    ¹⁷AND WE KEEP FILLING MONEYBAGS WITH BROKEN
                    LIVES AND DREAMS,
                    BUT WHAT'S IT FOR?
                    I CAN'T IGNORE
LX 101   THESE BLACK, IMMORAL PROFIT-MAKING SCHEMES. |2|34
                    |44| LOOK AT THE SKY,
                    HIGH ABOVE THIS MADNESS.
                    HERE BELOW, FEEL OUR SHAME.

그림4.11 뮤지컬 「유린타운Urinetown」에서 '하늘을 봐Look at the Sky'의 대본 페이지.

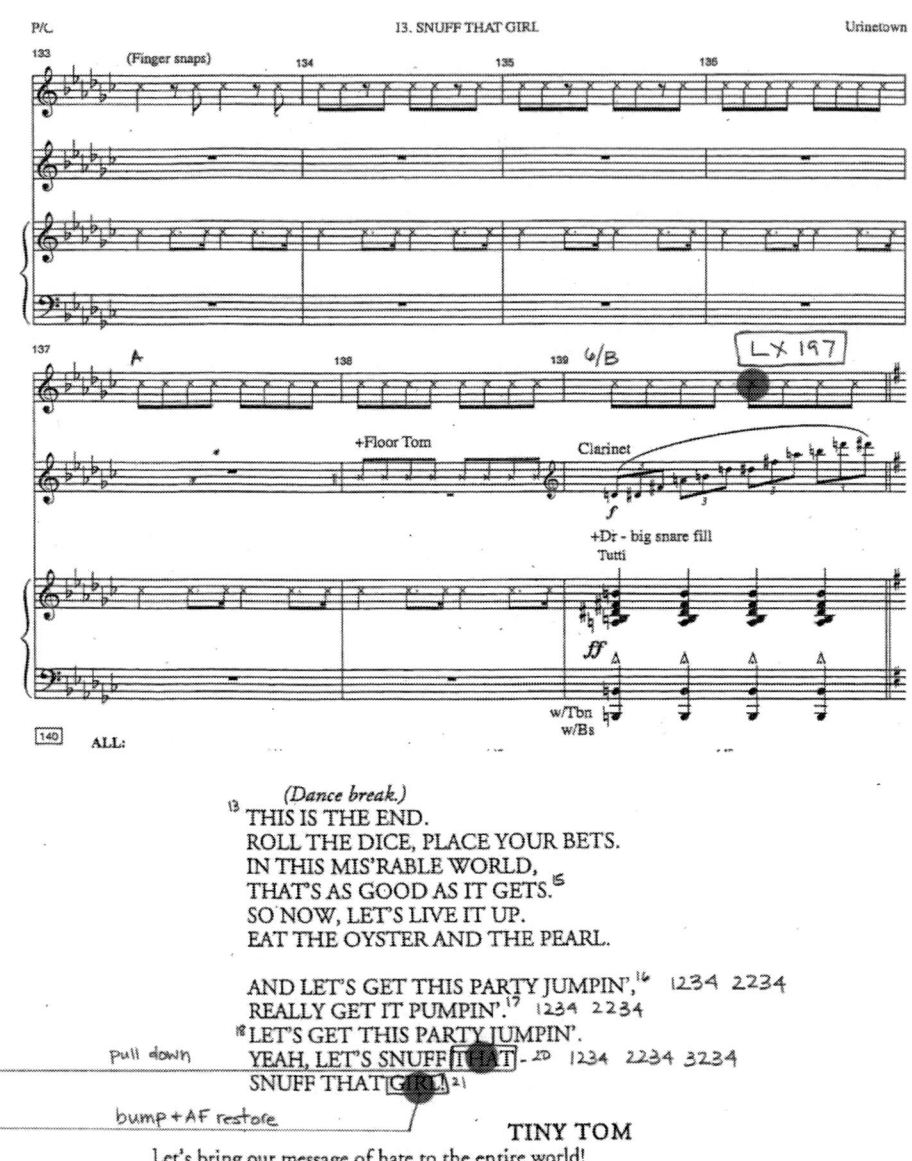

그림4.12   뮤지컬 「유린타운Urinetown」에서 '그녀를 처리해Snuff That Girl'의 혼합 프롬프트 대본 페이지.

PROPS

COSTUMES

OTHER

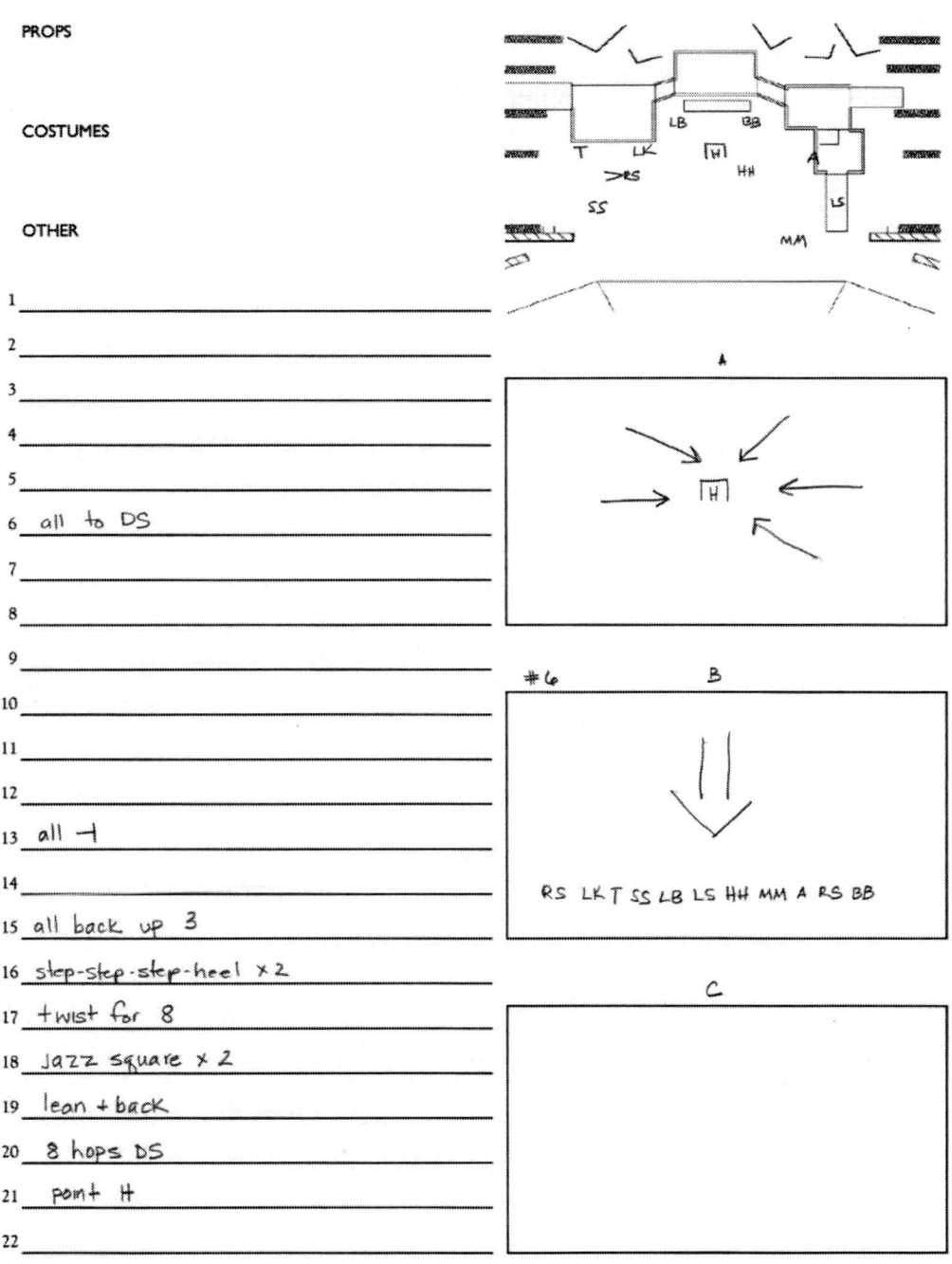

1 _____

2 _____

3 _____

4 _____

5 _____

6 all to DS

7 _____

8 _____

9 _____

10 _____

11 _____

12 _____

13 all →

14 _____

15 all back up 3

16 step-step-step-heel × 2

17 twist for 8

18 jazz square × 2

19 lean + back

20 8 hops DS

21 point H

22 _____

그림4.13　뮤지컬 「유린타운Urinetown」에서 '그녀를 처리해Snuff That Girl'의 혼합 프롬프트 대본 페이지.

박자에 맞춰 기록하면 무대감독은 정확한 위치를 단어의 음절에 맞출 정도로 정교하게 기록할 수 있습니다. 악보는 무대감독에게 박자 정보를 주고, 이것은 리브레토 페이지에 어렵지 않게 옮길 수 있습니다.

음악의 긴 연주 부분을 번호들만으로 표현하면 혼란스러울 수 있습니다. 무대감독이 그 번호만 쳐다보다간 무대를 올려다봤을 때 타이밍을 잃을 수도 있습니다. 「유린타운」의 노래 '그녀를 처리해Snuff that Girl'는 여러 대사 구절과 56마디 댄스 브레이크로 혼합 대본에 잘 맞는 예입니다. 엄청 많은 박자를 적어야 합니다.

이번에는 무대감독이 댄스 브레이크 전체 악보를 복사해서 몇 장의 페이지를 끼워 넣고, 안무 후반에는 리브레토를 붙여 마무리한 것을 그림4.12와 4.13에서 확인할 수 있습니다. 페이지를 나누면 악보에서 리브레토로 전환하는 부분을 표현할 수 있습니다. 복사기나 컴퓨터에서 시간을 좀 쓰면 마지막 두 구절을 5장이 아니라 페이지 절반에 표현할 수 있습니다. 이런 혼합 정보로 음악과 가사에 맞춰 큐의 제자리를 찾을 수 있습니다.

실제로 여기서는 두 가지 하이브리드 스타일을 모두 확인할 수 있습니다. 하단 리브레토 섹션 내에서 무대감독은 세 곳에 박자를 표시했습니다. 각각의 음악만 있는 부분이 짧아 악보로 되돌아갈 필요가 없습니다. 그러나 음악 전용 마디가 존재해 리브레토가 이런 정보에는 더 정확합니다. 이는 무대감독에게 좋은 알림 역할을 하며, 대체 무대감독이나 후임에게도 매우 유용한 추가 정보가 됩니다.

북 뮤지컬 작업을 할 때, 처음에 대본을 사용하고, 서곡이나 간주곡을 위해 악보 페이지가 필요하다는 것을 미리 알 수 있습니다. 하지만 혼합 페이지가 다른 어디에 필요할지 항상 명확한 것은 아닙니다. 다행히 테크 전에 모든 장면을 여러 번 연습합니다! 만약 리브레토 페이지가 불완전하다면, 당일에는 박자를 적거나 안무 노트를 별도의 페이지에 기록해 보세요. 나중에 가위를 사용하거나 노트북을 활용해 새로운 페이지를 만들고, 정보를 옮겨 다음 리허설에서 노트를 정리할 준비를 할 수 있습니다.

혼합 대본 페이지 만들기

뮤지컬을 하다 보면, 리브레토에 정보나 글을 쓸 공간이 없는 경우가 종종 있습니다. 대사와 가사는 있지만 음악이 없고 단순히 '댄스 브레이크'라는 단어만 있는데 무대 위에서 수 분이 걸리는 안무가 있습니다. 하나의 해결책으로 혼합 대본 페이지를 사용하는 것입니다.

혼합 대본 페이지를 만들기 위해 무대감독은 한두 가지 방법을 택할 수 있습니다. 오래된 방법인데 말 그대로 자르고 붙이는 것입니다. 주 대본의 사용할 부분을 복사하는 것으로 시작합니다. 원본은 보관해야 결과가 만족스럽지 않을 때 다시 시작할 수 있습니다. 해당 부분을 줄일 때 프롬프트 북의 다른 텍스트와 크기를 맞추면서 한 페이지에 모두 담을 만한 크기를 찾습니다. 빈 종이에 줄여 놓은 각 부분을 모두 붙이면서 다른 페이지들과 여백을 비슷하게 맞춥니다. 결과물을 복사해서 대본에 넣습니다.

페이지를 스캔하면 컴퓨터에서 자르고 붙일 수 있습니다. 자르기 기능으로 가위를 대체하고, 워드 문서에 해당 부분을 붙여 넣고, 크기를 정한 후, 자리를 잡고, 다른 페이지들과 최대한 비슷하게 여백을 맞춥니다. 요령의 하나로, PDF 파일보다는 이미지로 작업하는 것이 쉬운데 글자가 선명해지기 때문입니다. 그러나 어도비 애크러뱃에서 PDF를 이미지로 바꿀 수 있어 별도의 프로그램이 필요 없습니다. 각 조각의 여백과 크기를 맞추는 과정도 훨씬 쉽습니다.

댄스, 댄스, 댄스

프롬프트 북을 만들 때 보조 페이지 한 장을 전체 대본에 사용합니다. 단 유일한 예외가 춤이 있는 부분입니다. 현대 무용단, 발레단의 무대감독으로 일해 본 현장 경험으로 인해 뮤지컬 보조 페이지에 안무 노트 상자를 세 개를 채우는 것 이상으로 빠르게 제대로 된 안무 노트를 만들 수 있습니다. 그래서 무용을 위한 페이지를 항상 가지고 다닙니다(무용 콘서트에서 사용하는 것과 같은 페이지). 보통 북의 별도 구역에 이 페이지들을 보관합니다. 대본에 소품 노트를 기재하지만 소품 목록을 따로 두는 것과 같습니다. 이 책에 예제를 넣어 두었으니 문서 템플릿으로 쓰거나 자신의 보조 페이지에 맞게 수정해 사용해도 좋습니다. 저는 종종 초반 안무 연습 시 안무 목록표에만 기록하고 나중에 대본으로 그 내용들을 옮기곤 합니다.

그림4.14의 안무 목록표는 일련의 상자들로 만들어집니다. 좌우측에 그린 수평선은 다리막을 나타내며 출연자들이 등장하는 윙wing을 표현합니다. 위아래에 있는 표시는 중앙과 4분의 1 지점을 나타냅니다. 오른쪽 상단 구석 위에 있는 작은 상자에는 무용 공연에서는 해당 스톱워치 시간을 적는 곳인데 악보의 연습 번호rehearsal number를 적기에도 좋습니다. 박스 밑에 있는 가로 한 줄은 짧은 설명이나 안무 부분에 대한 별칭을 적습니다.

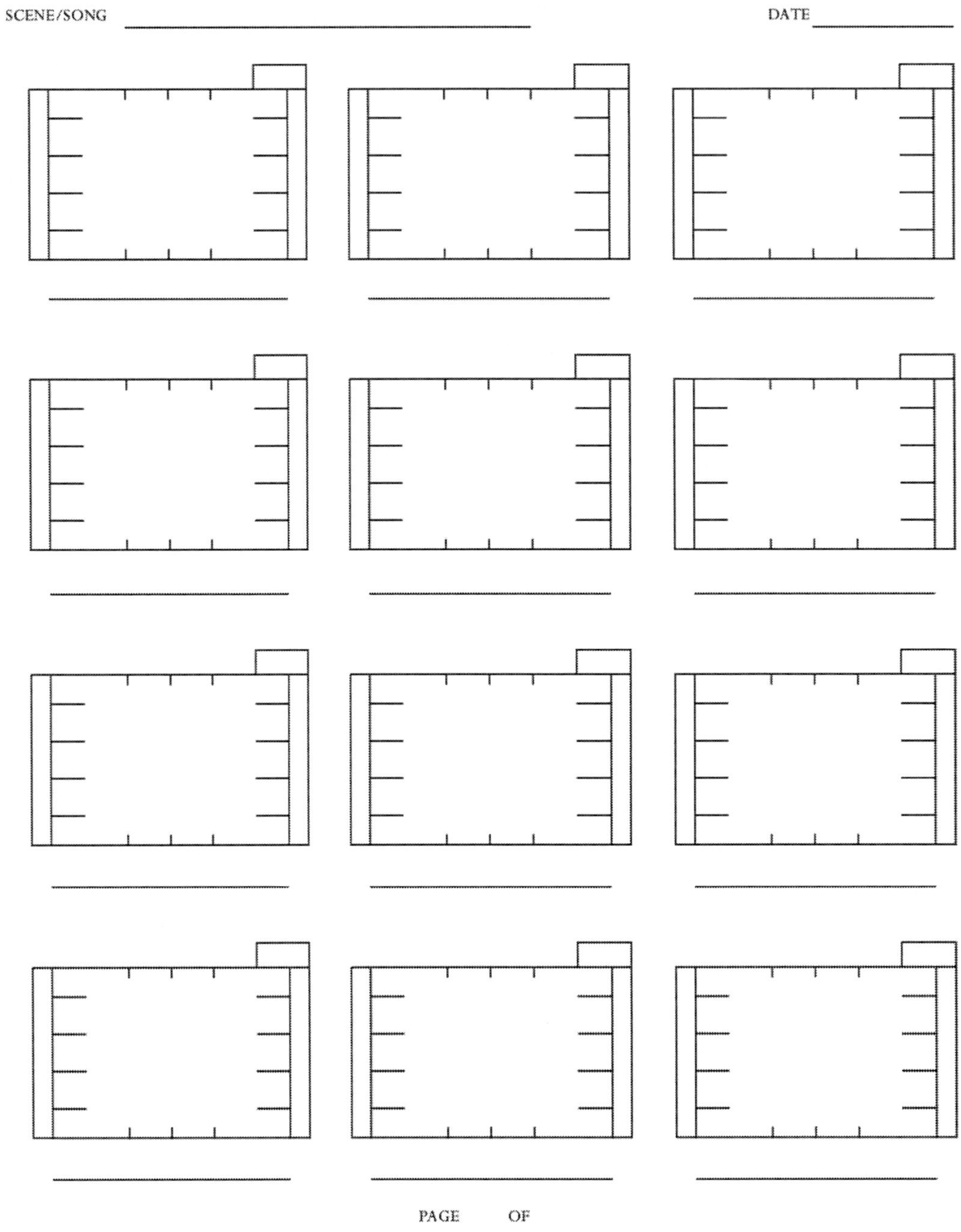

SCENE/SONG _____ DATE _____

PAGE   OF

그림4.14 안무 동선표. 뉴욕 줄리아드 스쿨의 무용 제작 코디네이터 키스 마이클Keith michael의 문서를 수정함.

10 　　　　　CHICAGO: THE MUSICAL

VELMA. *(cont.)*
AND ALL THAT JAZZ!
[4] HOLD ON, HON, ^A
WE'RE GONNA BUNNY HUG. ^B
I BOUGHT SOME ASPIRIN
DOWN AT UNITED DRUG
IN CASE YOU SHAKE APART ^C
AND WANT A BRAND NEW START
TO DO THAT –

VELMA/ENSEMBLE.

LX 16　　　　　　　　　　| [4*] JAZZ. ʒ34

ENSEMBLE MEMBER #2. Skiddoo! ^D

VELMA.

LX 18　　　　　　　　　　| AND ALL THAT JAZZ.

LX 20　　　　　　　　　　| ENSEMBLE MEMBER #1. Hotcha!

ENSEMBLE MEMBER #3. Whoopee!

VELMA. ^E
AND ALL THAT JAZZ. ^F

LX 22　　　　　　　　　　| ENSEMBLE. *(whispered)* Hah! Hah! Hah!

VELMA.
IT'S JUST A NOISY HALL ^G
WHERE THERE'S A NIGHTLY BRAWL
AND

LX 24　　　　　　　　　　| VELMA/ENSEMBLE.
#ALL THAT JAZZ. ʒ34 12,13 2234 14 3234

LX 26　　R almost to ʒ | [46] (FRED CASELY *and* ROXIE HART *enter.*)

FRED. Listen, uh, your husband ain't home, is he? ^15
VELMA. No, her husband is not at home.

LX 28　　　　　　　　　　| (ENSEMBLE *laughs.*) ^16

VELMA.
[76] FIND A FLASK, ^I
WE'RE PLAYING FAST AND LOOSE.
ENSEMBLE.
AND ALL THAT JAZZ.

그림4.15와 4.16 「시카고Chicago」의 프롬프트 북의 발췌본.

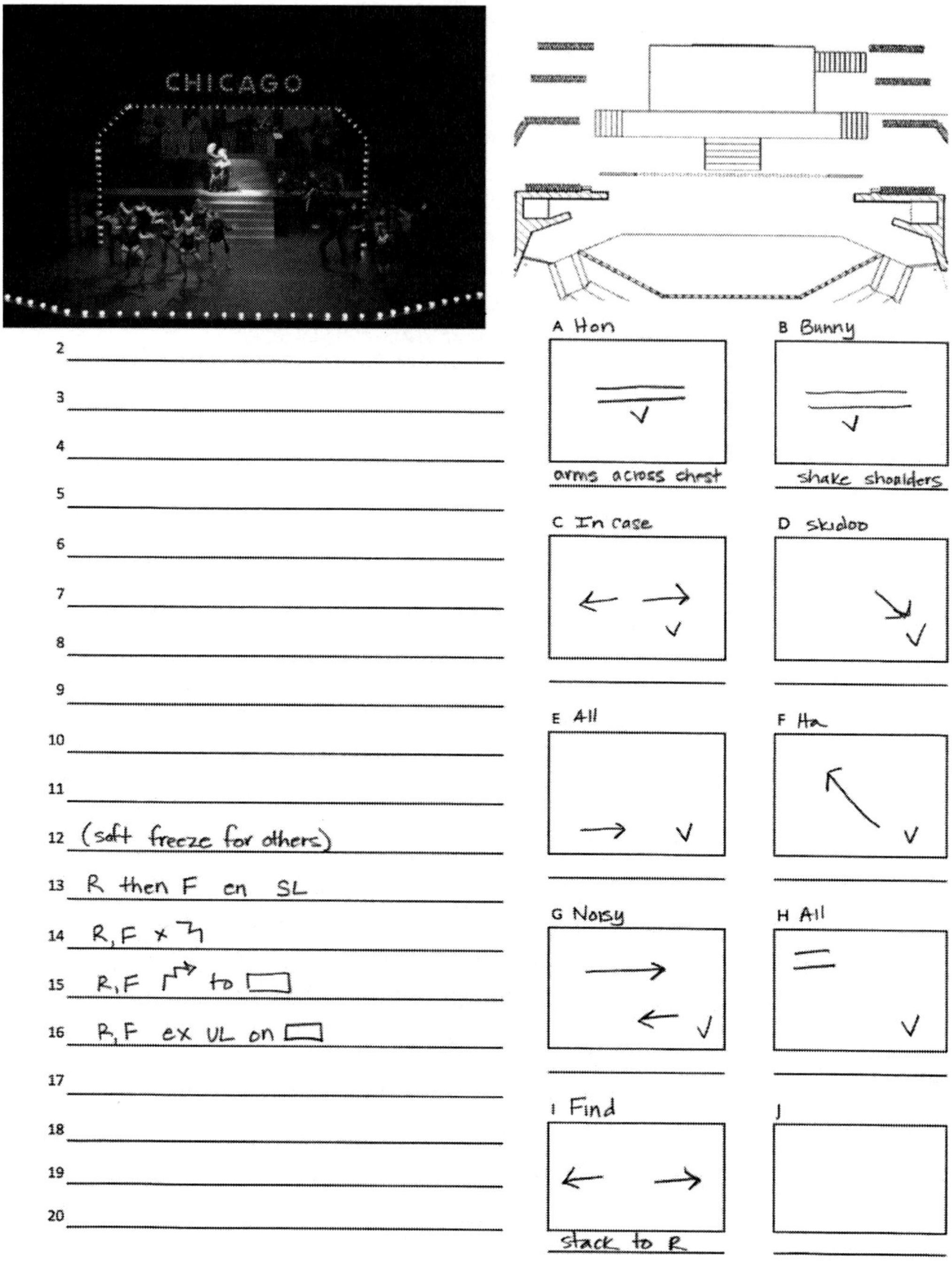

2 _____
3 _____
4 _____
5 _____
6 _____
7 _____
8 _____
9 _____
10 _____
11 _____
12 (soft freeze for others)
13 R then F en SL
14 R,F x ⌐
15 R,F ↗ to ▭
16 R,F ex UL on ▭
17 _____
18 _____
19 _____
20 _____

A Horn

arms across chest

B Bunny

shake shoulders

C In case

D Skidoo

E All

F Ha

G Noisy

H All

I Find

stack to R

J

그림4.16

결과적으로 이것들은 큐에 관한 정보들로 대본을 어떤 형식으로 만들지 도움을 줍니다. 공연의 리브레토가 그 자체로 완전해서 페이지에 큐만 없으면 되지만 안무는 박스 세 개로 부족하다면, 보조 페이지를 써서 기록하게 됩니다. 그림4.15와 4.16은 칸다Kander와 엡Ebb의 「시카고」의 리브레토 기반 대본을 보조 페이지와 함께 보여 줍니다. 그림4.10에서 본 것보다 더 많은 상자를 볼 수 있습니다. 이 안무는 빈 무대에서 하는 것이 아니라서 박스들은 비어 있고 다리막을 표현하는 선도 없습니다. 이 빈 상자들은 무대 전체를 나타내기도 하고 특정 부분을 확대한 것으로 사용할 수 있습니다. 오른쪽 상단 모서리에 소형 평면도가 전체 공간을 보여 줍니다. 무대에 가구가 추가되는 장면이 있다면, 평면도에 그립니다. 필요하다면 그 가구들을 안무 상자에도 추가합니다. (독자들에게 시각적인 도움을 주기 위해 공연의 해당 장면 사진을 그림4.16에 넣었습니다. 실제 프롬프트 북에는 없습니다.)

이 노래의 프롬프트 대본 구성을 이용함으로써 해당 가사 페이지 반대편에 전체 안무를 모두 기록할 수 있었습니다. 이 곡에는 연주만 있는 부분이 크게 없어 리브레토에서 콜링하는 것이 비교적 쉬울 것으로 예상했습니다. 단순히 가사가 적다고 해서 악보로 다시 돌아갈 필요를 못 느꼈고 해당 안무는 몇 개의 박스로 충분했습니다.

이 결정으로 부수적인 혜택을 얻었습니다. 페이지 바닥으로 가면, 벨마Velma와 나머지가 춤을 추는 와중에 록시Roxie와 프레드Fred가 등장합니다. 그들은 서로 다른 세계에 존재합니다. 무용수들과 서로 반응하지 않습니다. 새로운 보조 페이지의 칸이 짧긴 하지만 그대로 두고 그들의 동선을 기록할 공간을 확보했는데, 두 가지 다른 스타일을 사용해 구분된 동선이 시각적으로 더 강조되었습니다. 이 선택이 해당 장면에 적절했습니다. 록시와 프레드가 등장하고 위쪽 단으로 연결된 계단을 오른 후 결국 퇴장합니다. 그들은 춤을 추지 않아 안무 상자도 사용하지 않았습니다. '연극 스타일'로 기록하는 것으로 충분했습니다. 이 곡이 끝나고 본래 쓰던 제 기본 페이지로 돌아갔습니다. 물론 비슷하게 복잡한 노래가 또 나오면 이 대안으로 돌아가긴 했습니다. 이 책의 연관 홈페이지에 추가적인 예제에 큐와 안무 노트가 담겨 있으니 참고하길 바랍니다.

무대감독은 뮤지컬 공연을 위한 구성이 특정 연극 상황에도 도움이 된다는 것을 종종 발견합니다. 물리적 동선이 많거나 격투 장면이 많은 작품에 참여하면 시각적으로 기록할 별도의 공간이 있는 것이 글로 쓰거나 모든 페이지에 평면도를 붙이는 것보다 훨씬 효율적일 것입니다. 공연을 준비할 때, 대본과 해당 제작에 대한 사전 조사를 통해 배우들의 언어적 표현과 신체적 표현을 모두 고려할 수 있도록 하여, 필요한 모든 것을 기록할 준비를 갖춰야 합니다.

디지털 프롬프트 대본

저는 인쇄본 프롬프트 북으로 배웠지만, 디지털 프롬프트 대본을 만들고 작업하는 것에 호감을 갖게 되었다는 것을 언급하지 않을 수 없습니다. 저는 무대감독들이 워드나 다른 소프트웨어에서 만든 대본에 큐를 넣기 위해 메모 기능을 사용하거나 동선을 기록하기 위해 2단으로 대본을 구성하는 것을 본 적이 있습니다. 후자는 저에게는 좀 시시해 보이는데, 아마도 기호를 이용해 기록하는 스타일을 개발했기 때문일 것입니다. 문자로 재현하기도 어렵고 동선을 기록하려 사진을 붙여 표현하기에는 더 느립니다. 스테이지 라이트Stage Write와 같은 프로그램이 그림으로 동선을 기록하는 방법을 개발해 왔습니다. 2012년에 개발된 뒤로 이 프로그램은 아이패드 버전으로 시작해서 이제 웹 버전까지 개발됐는데 동선표와 대본 메모 기능을 모두 갖추고 있습니다. 연출과 안무가에게도 쓰임새가 좋습니다. 무대조감독은 장면 전환과 기타 무대 위 전환을 계획하는 도표를 만들 때 좋습니다.

그러나 디지털 콜링 대본이 더 쓸모 있어 보입니다. 무대감독은 연습 시간 외에 자신의 대본에 큐를 넣어 북을 정리해 타이핑 속도에 대한 부담이 줄고, 전통적인 연필과 자를 사용한 것과 같은 정확성을 확보합니다. 최종적으로 완성된 큐 스크립트는 PDF로 변환하며, 공연 중에는 노트북, 태블릿 또는 다른 기기에서도 읽을 수 있습니다.

또 무대감독에게 새로운 기능을 제공합니다. 스테이지 라이트의 새로운 대본 기능은 환영할 만한 추가 기능입니다. 현재 도표와 대본 기능은 반자동으로 작동합니다. 무대감독은 프롬프트 대본에 도표로 연결된 링크를 넣을 수 있습니다. 현재 본문 삽입은 안 돼서 별도의 창을 열면 자세한 내용을 동시에 볼 수 있습니다. 그러나 이미

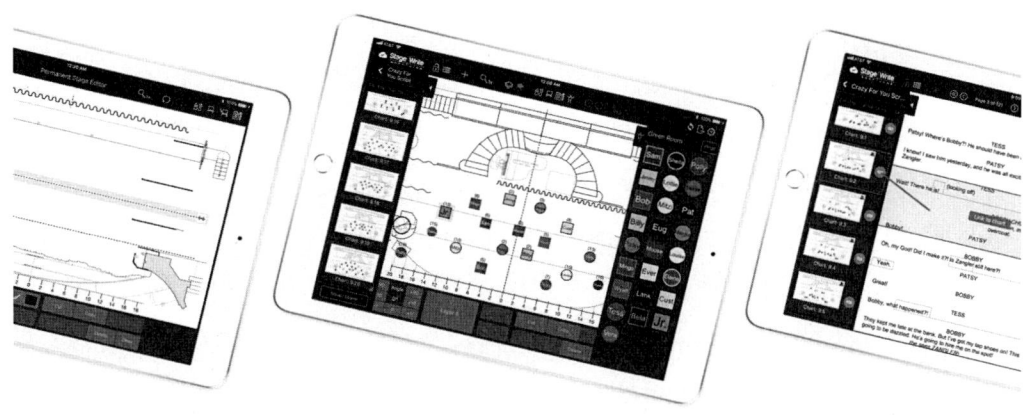

그림4.17과 4.18   스테이지 라이트의 도표와 대본 구성 기능 화면

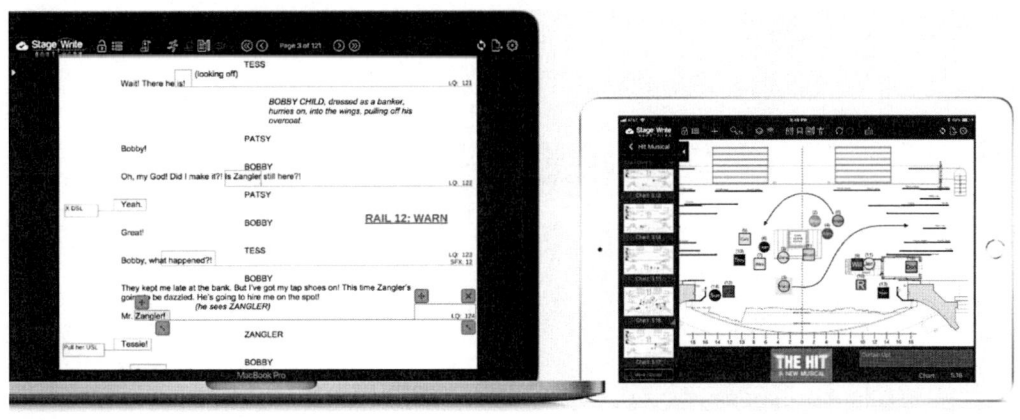

그림4.18

전환표는 별도로 작성합니다. 큐를 콜링하는 중에는 무대감독이 모든 안무의 노트를 봐야 할 필요도 없습니다. 댓글을 남겨 해당 큐에 필요한 내용을 남깁니다. 또 새로운 대본을 만들 때 페이지 수정이 쉽습니다.

큐리스크Cuelist라는 새로운 회사는 전문 조명디자이너에 의해 개발되었고, 워드의 주석 기능보다 훨씬 기능적이고 우아한 디지털 대본을 제공합니다. 이 제품은 2018년부터 유통되었지만 개발자가 지속적으로 업데이트를 제공하고 기능을 확장해 왔습니다. 프로그램의 성장이 놀랍고 인쇄본 공연 대본에 대해 친환경적 대안이 되었습니다. 그리고 무대감독보다 디자이너에게 더 유용할지라도 실시간 수정이나 스프레드시트 형식으로 큐를 볼 수 있고, 큐 북마킹 등의 기능과 꽤 괜찮은 큐 노트 기능도 있습니다. 대본은 다른 동료에게 공유해 무대감독과 디자이너가 같은 파일로 작업할 수 있습니다.

제가 이 책의 2판을 쓸 때보다 이 디지털 대본에 더 끌리는 것은 의심의 여지가 없습니다만 아직 그쪽으로 넘어가진 못했습니다. 제 주된 우려는 하드웨어의 성능 때문에 페이지 넘길 때 혹은 자동 백업 중에 지연이 생기거나 다음 페이지에 있는 큐를 볼 때 앞 페이지를 보지 못하는 것입니다. 가장 최악은 충전하는 것을 잊고 있다가 보조 배터리도 없고 전원선도 없이 공연 직전 부스booth에 앉아 있는 것입니다. 그러나 요 몇 년간의 발전은 놀랍습니다. 이 장에 언급한 두 회사가 무대감독을 위한 쓸만한 대본을 진지하게 개발하는 모습을 보여 주었고, 노소를 막론한 무대감독들의 제안과 의견에 책임 있게 대응해 왔습니다. 많은 다른 소프트웨어 플랫폼과 앱 개발자들이 공연을 위한 디지털 도구를 개발하고 있으며, 이 중 몇 가지 옵션이 앞으로 추가될 수 있습니다.

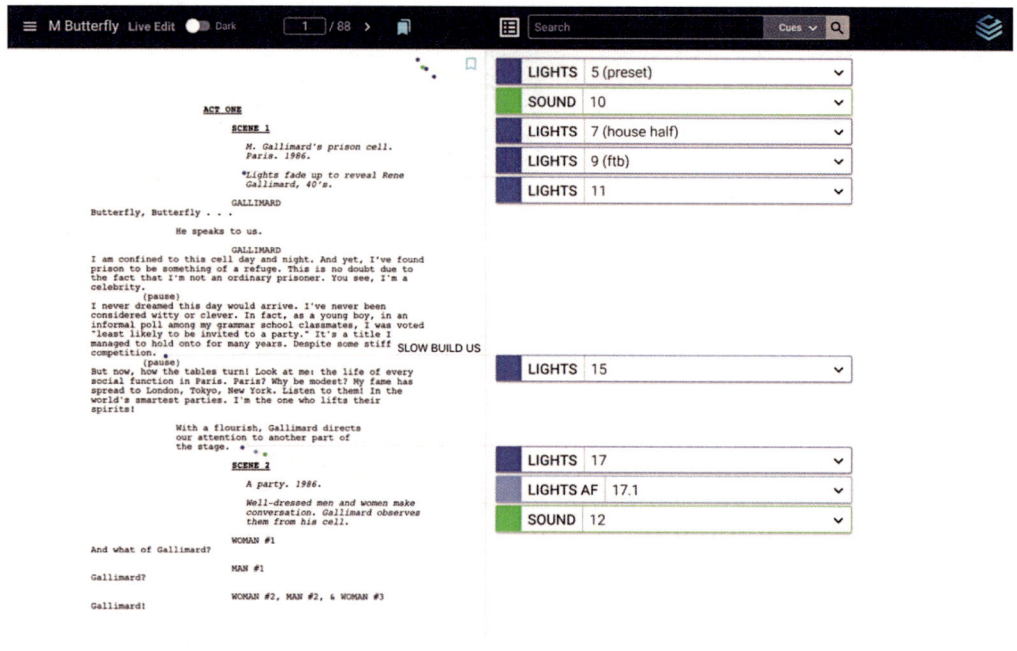

그림4.19 신생 회사인 큐리스트의 디지털 콜링 대본 화면

출발 준비

프롬프트 북은 가장 중요한 공연 소통 도구입니다. 무대감독이 만드는 모든 도표는 특정 내용들에 직관을 제공하기 위해 만들어졌습니다. 디자인팀으로부터 받은 큐 목록은 각 제작 분야의 설치와 전환에 반영될 것입니다. 프롬프트 북, 특히 대본은 공연의 포괄적인 시야를 제공하는 유일한 것입니다. 시간을 들여 여러분의 프롬프트 북을 깔끔하게 정리하고 빠르고 적확하게 동선과 큐를 기록할 수 있는 대본을 만들어 보세요. 공연을 성공시키는 열쇠입니다. 일단 프리 프로덕션 기간에 모은 정보를 모두 담아 북을 완성하고 공유하고 나면, 리허설을 시작할 준비가 된 것입니다.

chapter 5

리허설

리허설의 시작과 함께 모험이 시작됩니다. 초기 내용을 정리하고 출연자와 제작팀이 우호적인 관계를 유지하려는 노력은 공연이 실현되면서 결실을 볼 것입니다. 무대감독의 중요한 목표는 모두가 같은 정보를 공유하게 하는 것으로 연습실에서 발견을 촉진하고 그 자리에 없던 사람들과 그 발견을 공유하는 것입니다.

리허설 업무

- 일간·주간 일정을 준비하고 배포합니다.
- 프롬프트 북에 동선을 기록합니다.
- 연출과 배우들이 디자인의 세부 내용을 이해하도록 돕습니다.
- 의상 피팅, 방언 훈련, 인터뷰 등 연습실 밖 활동들의 일정을 정합니다.
- 연습용 소품과 의상을 구하고, 대사 암기를 돕고, 연습 무대 장치의 전환 등으로 연습 진행을 돕습니다.
- 매일 연습 일지를 작성합니다.
- 프리 프로덕션 문서를 수정합니다.
- 제작 회의에 참석합니다.
- 크루를 위한 문서를 작성하기 시작합니다.

첫 리허설

작업 첫날은 일부 리허설, 일부 비즈니스 미팅입니다. 전체 대본을 읽어 보고 극장에 관한 정보, 구체적인 연습 과정 그리고 조합 관할 공연이라면 조합에 대한 정보를 나눕니다.

첫날은 상견례로 시작합니다. 출연자들은 다른 출연자들과 제작팀원들, 극장 관계자들과 비공식적인 분위기에서 서로 인사하며 알아 갑니다. 이런 만남의 자리는 보통 작품 소개로 이어집니다. 연출은 대본과 작품의 비전에 대한 자기 생각을 나눌 것이며, 디자인팀은 채색 스케치, 모형, 자료 이미지 등을 통해 작업 내용을 공유합니다.

보통 첫 리허설에는 손님들이 있습니다. 홍보팀 사람들이 배우들을 만나 보고 향후 홍보 관련 개인 요청 사항들도 들을 겸 참석합니다. 극장 예술감독과 같은 고위 스태프들도 참석해 극장 조직 차원에서 제작팀을 환영하고 인사를 나눕니다. 외부 프로듀서들이 지역 내 혹은 외부에서 찾아올 수도 있습니다. 특히 본 공연 이후 지역 순회공연 가능성을 탐색하며 참석하기도 합니다.

첫날 준비의 일환으로 무대감독이 미리 파악해야 하는 것은 참석자 명단과 각자 발표를 위해 필요한 것들입니다. 여기에는 모형을 놓을 책상, 그림을 전시할 게시판, 컴퓨터 화면을 영사할 영사면이나 스크린 등이 포함됩니다. 이번 첫 리허설에 참석하지 못하는 디자이너들에게는 대신 관련 정보를 보냅니다. 무대감독은 참석자들을 위한 자리가 충분한지 파악하고, 탁자를 확보하며, 필요하면 의자도 준비합니다. 손님들이 매일 찾아오는 사람들이 아닐지라도, 오늘은 환영받고 소속감을 느끼도록 준비하는 것이 중요합니다.

무대감독은 준비 기간에 작성한 정보들을 오늘 배우들에게 전달합니다. 출연자들은 주소록의 복사본, 인물/장면분석표와 초기 리허설 일정 등이 필요할 것입니다. 극장에 따라 무대감독은 이력서와 응급 처치 양식, 주차 관련 정보, 티켓 관련 정보, 학교 극장인 경우 일반적인 리허설 지침 등을 전달합니다.

무대감독은 연기자들과 관련된 내용이 담긴 배우 핸드북을 출연자들과 살펴봅니다. 연기자 조합 관할 작품의 경우, 무대감독은 조합 관련 업무를 처리하고, 대표를 뽑습니다. 그리고 휴식, 업무 시간, 기타 각자 계약 관련 세부 사항들을 살펴보는 시간을 갖습니다.

> **조합 대표**
>
> 조합 대표는 출연자 중 그들을 대표하여 선출되는데 작업 중 조합 규칙을 준수하는지 확인합니다. 주 단위로 조합 대표는 업무 시간, 안전 사항, 촬영 관련 사항 그리고 조합원의 기타 불만 제기 사항 등을 보고합니다. 어떤 내용들은 무대감독이나 스태프들이 보고하기도 합니다. 조합 대표의 목적은 조합 연기자들에게 잠재적인 조합 규정 위반 사항들을 공유하는 통로를 제공합니다. 조합 대표는 업무 시간과 초과 근무 내용을 극장과 조합에 동시에 보고합니다. 조합 대표는 또 무대감독과 함께 연기자들에 관한 문제들을 해결하며 제기된 안전 관련 사항들을 모두에게 전달합니다.

조합 관할 작품에서는 조합원들만 관련 논의와 투표에 참석합니다. 비조합 작품에서는 이런 연기자 정보가 첫 리허설에서 다른 참석자들에게 관심의 대상은 아닙니다. 신중한 무대감독이라면 관련 없는 사람들이 이 부분에 참석하지 않도록 일정을 조정합니다.

첫날 일정의 예시는 아래와 같습니다.

1. 상견례
2. 소개 그리고 연출, 디자이너의 발표
3. 대본 낭독
4. 출연진 미팅
   - 전반적인 일정
   - 극장 게시판/일정 수정 공지
   - 인물/장면분석표
   - 극장 운영 지침
   - 조합 미팅(해당하는 경우)

일정을 잘 짜면 모든 사람이 공연 관련 내용을 참관하면서도 여러 번 들락날락하지 않거나 관련 없는 내용을 들으며 앉아 있지 않아도 됩니다. 구체적인 시간을 각 항목으로 명시하고 연출의 의견이나 조합의 지침에 따라 휴식을 넣습니다.

대안으로 조합 미팅을 디자인 발표 뒤로 옮겨 낭독을 듣고자 하는 사람들이 복귀 시간을 확인하고 제작소나 사무실을 들러 이메일 확인이나 두 번째 커피의 여유를 갖도록 조정할 수도 있습니다. (상견례 간식을 연습실 밖에 두는 이유입니다.)

낭독을 통해 얻는 것들

무대감독은 첫 낭독을 통해 여러 가지 주요 정보를 얻습니다. 초반 공연 소요 시간과 각 장면의 소요 시간 등인데, 인물/장면분석표와 관련하여 장면 소요 시간은 특히 중요합니다. 무대와 의상 전환에 대해서는 페이지별로 시간을 이미 파악했고, 장면 낭독을 통해 얼마나 시간을 확보할지, 어떤 장면이 기대보다 많거나 적을지 알게 됩니다.

대본 분석table work

본격적으로 움직이기 전에 출연자들이 대본을 이해하는 것이 중요합니다. 리허설 과정의 두 번째 단계는 대본 분석에 집중하는 것입니다. 셰익스피어Shakespheare나 그리스 고전을 공연한다면 더욱 필요합니다. 그러나 현대 대본이라도 언어들을 탐구하는 과정에서 많은 것을 얻을 수 있습니다. 제작팀에 드라마터그가 있다면 드라마터그가 연출과 연기자를 돕기 위해 자리합니다. 드라마터그는 일종의 작품 연구자로 기능하며, 공연팀을 위해 배경 및 출처 정보를 모으고, 종종 관객이 작품의 맥락을 이해할 수 있도록 자료를 만듭니다. 창작이면 작가가 이런 역할을 할 수도 있습니다.

대본 분석에 소요하는 시간은 연출에 따라 작품마다 다릅니다. 어떤 작품들은 며칠을 쓰며 탐구하는 때도 있고 또 다른 작품들은 첫 낭독 후 잠깐 논의하는 때도 있습니다. 무대감독은 연출과의 초기 미팅에서 이런 과정이 리허설 과정의 일부가 될지 물어봐야 합니다.

이 시기 무대감독의 소통은 정보를 수집하는 것이 목적입니다. 까다로운 발음은 밑줄을 긋거나 메모하여 대역understudy에게 전달하고 프롬프팅(역주: 연습 중 배우에게 대사 힌트를 주는 것) 시 활용해야 합니다. 그리고 드라마터그가 없는 경우 대본 관련 질문을 모아 연습 일지를 통해 제작팀에게 전달합니다.

이 과정을 원활히 하려면 무대감독 팀에 원본 자료, 사전, 어휘집 등과 같은 자료가 필요합니다. 제작 환경에 따라 제작감독이나 지도교수 혹은 어문 계열이나 교육팀 직원의 도움이 필요할 것입니다. 또 배우들에게 메모장, 연필, 형광펜 등을 제공해 분석 중 각자 메모에 도움을 줄 수 있습니다.

대본 분석은 대본 수정 기록을 시작하는 것과 같습니다. 원작 「햄릿Hemlet」은 4시간 분량입니다. 가장 최근의 공연도 셰익스피어의 모든 언어를 담지는 못합니다. 출연자와 제작팀에 전달된 원작 대본에 삭제된 분량이 없다면 무대감독은 앞으로의 수정을 위해 수정 기록을 시작해야 할 겁니다.

그림5.1에 다시 소개하는 셰익스피어의 「십이야」 대사 수정 예제 페이지에는 무대감독이 크고 작은 수정을 모두 기록합니다. 이 책 2장에서 색과 여백의 사용에 대해 논할 때 이 표를 먼저 본 적이 있는데, 이제 그 내용에 대해 알아보겠습니다. 이 문서는 수정 대상인 막, 장, 페이지와 대사 줄에 대해 자세한 참조 정보를 제공합니다. 운문으로 쓰인 작품들에서는 대사 줄 번호가 도움이 됩니다. 요즘 대본에는 이런 정보가 드문 편이므로 열이 필요 없습니다. 해당 글을 특정하고 수정 사항을 구체적으로 기록합니다. 노트 열은 수정 사항에 대한 설명을 적는 자리입니다.

수정 사항이 생기면, 구체적이며 일관되는 것이 중요합니다. 자름, 지움, 생략이라는 용어로 없어진 대사들을 분류합니다. 추가된 대사는 추가 혹은 삽입으로 씁니다. 하지만 어떤 용어를 선택하느냐보다 문서 전체를 통해 일관되게 사용하는 것이 더 중요합니다.

Twelfth Night
Line Changes
Updated 11/18/10

Act	Scene	Page	Line(s)	Character	Action	Words	Notes
II	5	43	117–118	Fabian	CUT	Sowter will cry upon't for al this, though it be as rank as a fox	Malvolio's lines continue from "Softly, M.O.A.I" to his next speech beginning "M- Malvolio…"
II	5	43	121	Toby	CUT	The cur is excellent at faults	Line now ends with :… work it out?"
III	1	45	2	Viola	CHANGE	TABOR to MUSIC	
III	1	46	9–10	Viola	CUT	or, the church stands by thy tabor, if thy tabor stand by the church	Line now ends with "… dwell near him"
III	1	46	11–13	Feste	CUT	To see this age! A sentence is but a chev'ril glove to a good wit. How quickly the wrong side may be turned outward!	Line now ends after "You have said, sir."
III	2	52	29	Andrew	CUT	I had as lief be a Brownist as a politician	Line now ends after…"for policy I hate."
III	2	53	42–43	Toby	CUT	although the sheet were big enough for the Bed of Ware in England,	Line now skips from "… lie in thy sheet of paper" to "set 'em down."
III	2	53	48	Toby	CUT	at the cubiculo	Line now reads "We'll call thee. Go."

그림5.1 작품 「십이야」의 대사 수정 페이지

대사 수정 문서는 리허설 기간에 여러 번 수정됩니다. 2장에서 논의한 대로 색을 사용하면 새로운 정보를 구분하기 좋고 모든 수정 사항을 한 장의 문서에 줄 순서로 정리할 수 있습니다.

창작의 경우, 대사의 수정으로 대본 페이지가 바뀔 수도 있습니다. 이것은 무대감독 팀, 조감독, 드라마터그 혹은 작가의 업무일 수 있습니다. 무대감독은 연습 시작 전에 수정 대본이 누구 담당인지 결정해야 합니다. 일단 리허설이 진행되면 누가 수정 사항을 파악하고, 고쳐 쓰고, 그 수정 사항을 언제까지 배포할 것인지 계획합니다. 창작이나 뮤지컬의 경우 극작가나 작곡가/작사가의 역할일 것입니다. 기존 작업을 수정하는 것은 연출이나 드라마터그가 맡습니다. 대부분은 무대감독이 수정본을 복사하고 배포합니다.

잊지 말아야 할 것은 이렇게 수정된 페이지들은 나머지 프롬프트 대본에도 반영되어야 한다는 점입니다. 수정 사항을 받는 과정과 일정을 정리하여, 출연자들에게 복사해 나누어 주고, 프롬프트 북에 붙일 대본 작업도 마무리할 시간을 벌어야 합니다. 무대감독 외 다른 사람이 수정 페이지 배포를 담당할 때는 자신의 대본 작업만큼은 직접 하는 것이 좋습니다.

음악과 댄스 리허설

뮤지컬 작업에서는 대본 분석 단계가 음악과 안무를 배우는 시간으로 바뀌거나 축소됩니다. 무대감독은 이 시간을 활용해 더 작은 댄스 동선과 악보를 익힙니다.

모든 무대감독이 음악가의 배경을 가진 것은 아닙니다. 하지만 음악 리허설은 연습과 공연 동안 도움이 될 주요 내용을 파악할 기회입니다. 연습을 진행하면서 무대감독은 음악을 읽는 능력을 개선합니다. 음악감독은 가수들이 음정과 리듬을 찾도록 도우며 유익한 요령을 알려 줍니다. 이 요령들은 무대감독에게도 도움이 됩니다. 그림 5.2A와 5.2B는 악보 페이지에 담긴 기본 정보를 보여 줍니다.

무대감독은 이 시간을 이용해 악보의 연습 번호연습 번호(역주: 악보의 특정 지점 혹은 마디에 표시한 번호)와 같은 상세 내용을 리브레토에 옮기기도 합니다. 여러분이 리브레토를 주 기반으로 작업하는 편이라면, 연습 번호들을 이용해 연주자들과 그들의 언어로 소통하는 데 좀 더 효과적일 것입니다. 이후 연습에서 연출이 어느 음악의 특정 파트를 다시 진행하길 원할 수 있는데, 가사를 말하거나 음을 흥얼거리기보다 "47마디에서 시작합니다"라고 피아니스트에게 요청할 수 있습니다.

동선

일단 출연자들이 대본의 대사들을 이해하고 나면 움직일 준비가 된 것입니다. 동선은 제작 과정에서 매우 중요한 단계입니다. 공연의 물리적인 모습을 정하는 과정에서 많은 사전 리허설 질문에 답변이 됩니다. 그리고 또 매일 새로운 질문을 만들어 내기도 합니다.

동선은 배우의 등퇴장과 배우들 간의 상호 작용, 무대 장치와의 관계 등 무대를 아우른 모든 움직임을 정의합니다. 무대감독은 이런 움직임을 자세히 기록하면서 어떤 일이 언제 일어나는지를 담습니다.

연습실 준비하기

현장이나 학교 모두 연습 기간은 무대 제작 기간과 겹칩니다. 배우들은 별도의 공간에서 연습을 진행하거나 간혹 작업이 없는 경우 공연장에서 진행하기도 합니다. 이 시간을 생산적으로 만들기 위해 무대감독은 연습실 바닥에 평면도를 옮겨 특별한 테이프로 표시해 무대의 세부 내용을 전달하고 연습용 가구를 구합니다. 모형이나 무대 채색도를 연습실에 붙여 출연자와 연출이 디자인 결과를 이해할 수 있도록 돕습니다.

마스킹 테이프, 페인트 테이프 등은 가격이 저렴해 사용에 주의가 필요합니다. 페인트 테이프는 쉽게 떼기 위해 만들어져 오랜 기간 배우들이 밟고 왔다 갔다 하다 보면 견뎌 내지 못합니다. 마스킹 테이프는 이런 문제에는 괜찮겠지만 나중에 제거하기가 어려울 수 있고 바닥에 거의 항상 끈적이는 잔여물을 남깁니다.

악보 읽기

무대감독이 연주 능력이 있건 없건, 악보를 보고 노래가 어떻게 소리를 낼지 충분히 알 수 있습니다. 다음 페이지에는 뮤지컬 「유린타운」의 노래 '하늘을 바라봐"의 피아노/지휘자 악보의 발췌본이 있습니다. 번호를 따라가면 많은 정보를 알게 됩니다.

전체 페이지 구조

한 장의 음악은 보표SYSTEM(1)라고 알려진 한두 개의 오선five-line staffs 묶음으로 이루어집니다. 보표는 음성 부분(1A), 오케스트라 부분(1B), 피아노 부분(1C)이 동시에 연주되거나 불립니다. 한 명 이상이 노래를 부르면 여러 개의 음성을 위한 오선이 있습니다. 복잡한 노래는 많은 개별 오선이 있어서 보표 하나가 페이지 한 장을 채우기도 합니다.

각 오선은 마디MEASURE(1D)로 나뉩니다. 각 마디의 구조는 박자표TIME SIGNATURE(3)로 결정되며 노래의 시작 부분에 표기됩니다. 우리 예제는 노래의 세 번째 페이지를 가져왔지만 첫 페이지에 4/4라는 두 개의 숫자를 찾을 수 있습니다. 이것으로 각 마디에 4박자가 있고 사분음표가 한 박자를 차지한다는 것을 알 수 있습니다. 이 정보로 음악의 박자를 셉니다. 단어 'sky'는 4박자에 걸쳐 부릅니다.

마디 번호는 박스 안에 표시하며 리허설 번호REHEARSAL NUMBERS(1E)라고 부릅니다. 이 표시로 음악이 변하는 노래의 부분을 나타냅니다. 속도가 빨라지거나 느려지고, 악기나 가수가 추가되고, 반주에서 배경 음악으로 바뀌는 등의 변화를 예로 듭니다.

심지어 작곡가의 의도를 발견할 수도 있습니다. V.S.(1F)는 volti subito를 의미합니다. 페이지를 빨리 넘기라는 뜻입니다.

누가 연주하는가

악보는 어떤 악기가 언제 연주되는지를 지정합니다. 페이지 상단에 클라리넷과 트롬본(5A) 그리고 베이스(5B)가 피아노와 연주한다고 쓰여 있습니다. 마디 25번에는 드럼(5C)이 들어온다고 적었습니다. 타악기 연주자들은 마디 27번(5D)에서 심벌즈를 길게 울립니다. 이것으로 무대감독이 무엇을 들어야 하는지를 알고 따라 진행할 수 있습니다.

음정PITCH

조표KEY SIGNATURE(2)는 연주자가 높게 연주해야 하는지 보통보다 낮아야 하는지 알려 줍니다. 조성은 노래 전반에 걸쳐 바뀝니다. 페이지 시작 부분 조성은 내림 나장조B flat major입니다. 마디 30번 이후, 노래가 B장조B major로 바뀝니다(2A). 무대감독은 음표를 구체적으로 읽지 못해도 조표를 보고 노래의 상태가 바뀐다는 것을 알 수 있습니다.

속도

음악의 속도는 템포입니다. 조성과 같이 노래 전반에 걸쳐 바뀝니다. 이 악보 페이지에서는 시작하면서 본래 속도로 돌아간다는 것을 템포 I로 표기하고 있습니다(4).

음량

연주를 크거나 부드럽게 하는 표시는 셈여림표DYNAMIC MARKING로 표현합니다. (6A) 메조 피아노Mezzo piano(mp)는 이 부분이 '중간 여리게' 연주한다는 것을 나타냅니다. (6C) 포르테Forte(f)는 '크게'라는 뜻입니다. 음량은 크레센도crescendo(6B)와 함께 점점 더 커질 수도 있고, 데크레센도decrescendo(6D)와 함께 더 부드러워질 수도 있습니다.

단어와 음표

노래하는 도중 대화가 생기면, 대사(7)를 음성 오선 위에 표기합니다. 이 단어들이 노래가 아니고 말로 하는 것이라는 사실을 음표를 사용하지 않는 것으로 강조합니다. 음성 부분은 쉼표로 표기합니다(7A). 이 쉼표는 온쉼표로 각 마디 전체를 쉽니다.

그림5.2A와 5.2B 「유린타운」의 '하늘을 바라봐'. 게리 월스 박사Dr. Gary Walth가 설명을 작성했습니다.

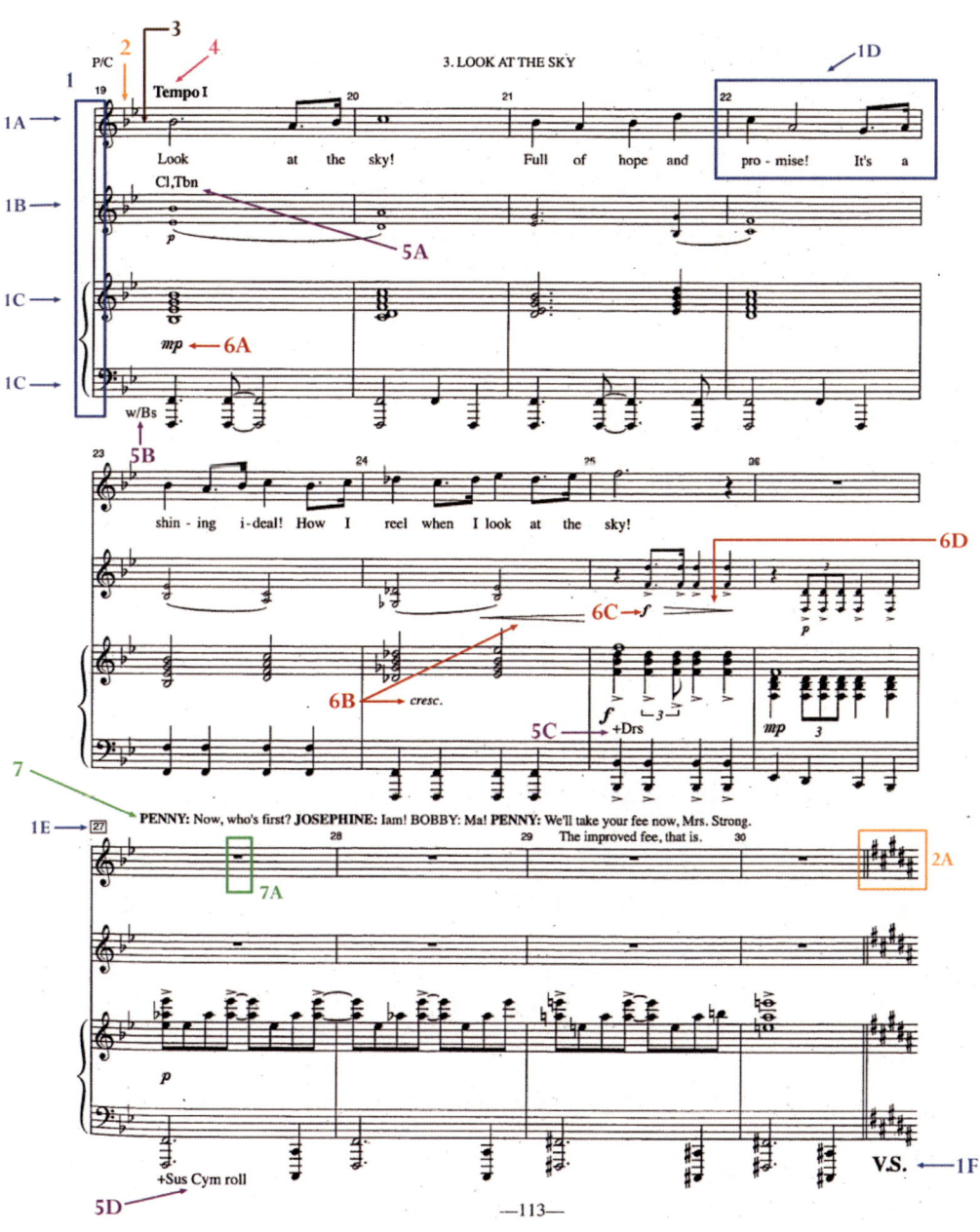

그림5.2B

무대감독은 테이핑할 때 연습실의 크기와 위치를 고려할 필요가 있습니다. 사전 제작 기간 초기에 미팅을 통해 얻은 연출 의도를 참고하며 다음을 고려해 봅시다.

1. **양 측면 공간.** 이상적으로는 무대 디자인 전체를 테이핑하고도 배우 등퇴장이나 소품 테이블, 가구 보관 등을 위해 좌우에 충분한 공간이 있을 것입니다. 연습실의 크기가 충분하지 않다면 무대 밖 물품들의 위치를 재고하여 연기자들의 연기를 볼 때 시각적으로 방해가 되지 않도록 옮깁시다.

2. **앞뒤 공간.** 무대 평면도의 아래 무대 쪽으로 연출과 무대감독 팀 테이블을 두고 다른 사람들을 위해 의자를 둡니다. 가능하다면 무대 아래쪽 테이프와 의자들 사이에 적절한 여유 공간을 두어 무대 위에 앉아 있는 느낌이 들지 않도록 합니다. 무대감독은 또 무대 뒤쪽으로도 공간을 마련하여 연기자들이 무대 좌우로 가로질러 통행할 수 있도록 합니다.

3. **문.** 연습실 출입문은 연출과 무대감독 자리 뒤에 두어야 방해가 덜 되고, 사람들이 연습실에 들어오자마자 무대 위로 '등장'하지 않도록 합니다.

4. **건축.** 기둥, 공조 배관 등 다른 건축 요소들이 연습실에 있다면, 마음대로 옮길 수 없어, 평면도가 한쪽으로 치우치더라도 영향을 덜 주는 방법을 고민해야 합니다.

어떤 연습실도 완벽하지 않습니다. 장애물을 최소화하고 작업 공간을 최대화하는 것에 집중합시다. 연습실이 아주 넓지 않다면, 소품 테이블을 연습실의 앞쪽 모서리에 설치할 수 있을까요? 연습실이 충분히 깊지 않다면, 무대 디자인을 살펴봅시다. 장치의 뒤쪽과 위 무대 커튼이나 사이클로라마cyclorama 사이에 공간이 있고, 연기 공간이 아니라면, 이 공간을 줄여 앞쪽에 공간을 만듭니다. 여러 장애물이 있고 테이핑 시에 장치의 일부를 생략해야 한다면, 공간을 살펴보고 연출과 상의하여 결정하도록 합니다.

상의에 도움이 되는 방법의 하나는 시각적인 도구를 이용하는 것입니다. 아세테이트 필름이나 투명 플라스틱 종이에 연습실 테두리를 그리고(평면도와 같은 축척으로), 문, 기둥 등 다른 건축 요소들도 그립니다. 그다음 그 투명 종이를 평면도 위에 올려 가장 효과적인 방 배치를 검토합니다. 같은 극장에서 여러 번 작업한다면, 나중을 위해 그 투명 종이에 그린 도면을 보관해 둡시다. 한 작품에 맞는다고 다른 작품에서 맞으리란 보장이 없습니다.

평면도 길이 재기

연습실 바닥에 평면도를 테이핑하려면 무대감독 팀이 무대 장치의 크기와 위치를 정확히 재고 연습실 바닥으로 옮겨야 합니다. 공연장의 상태에 따라 두 가지 중 하나의 방법이 적당할 것입니다.

X-Y 법

프로시니엄Proscenium 극장에서 일할 때 무대감독은 중심선과 플래스터 라인plaster line을 긋는 것으로 시작합니다. 중심선은 극장의 중심에 위 무대upstage와 아래 무대 downstage를 잇는 가상의 선이며, 플라스터 라인은 프로시니엄 아치의 위 무대 쪽 벽면에서 무대 좌우를 잇는 가상의 선입니다. 이 두 선을 X-Y 좌표로 하여, 이 기준 축과 덧마루 모서리나 벽의 모서리 거리를 찾아냅니다. 일단 재고 나면 무대감독 팀이 바닥에 이 지점들을 표시하고, 이 점들을 테이프로 연결해 고정된 장치와 전환 장치들의 위치를 표시합니다.

그림5.3은 아론 소킨의 작품 「판스워스의 발명The Farnsworth Invention」의 무대 이미지입니다. 무대 장치는 일련의 계단과 단으로 이루어지며, 공연 내내 움직이지 않습니다.

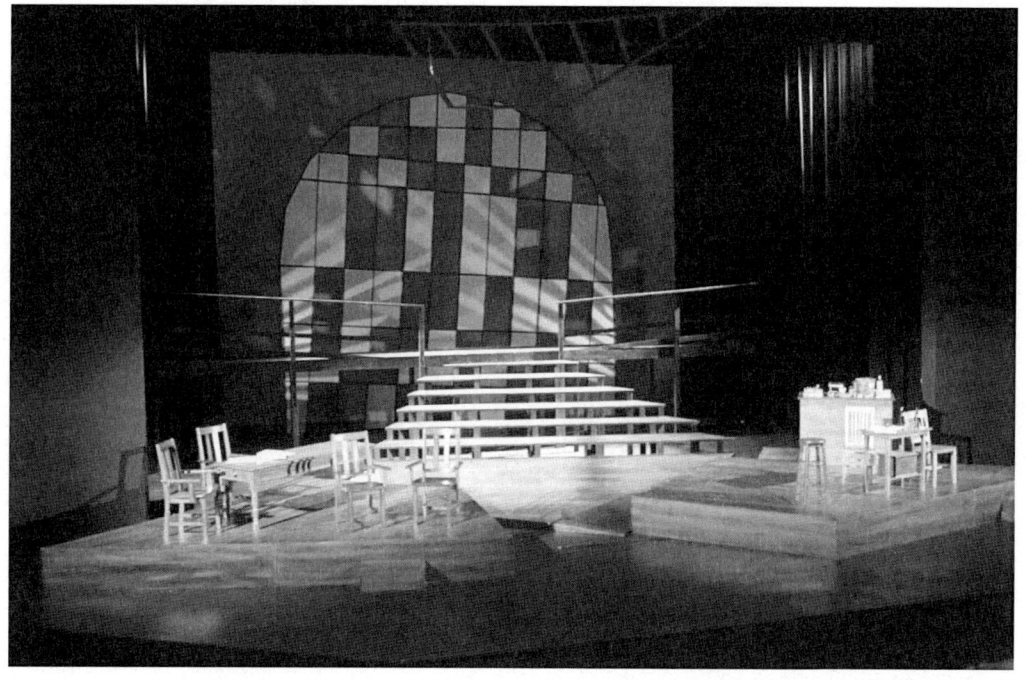

그림5.3 위스콘신 라 크로스 대학에서 공연한 「판스워스의 발명」의 무대 장치. 무대디자이너 맨디 콜비Mandy Kolbe

테이블, 의자, 가구들은 장면마다 옮겨 다양한 장소를 표현합니다.

　이 디자인을 연습실 바닥에 옮겨 표시하려면 아래 무대 구역의 무대 앞쪽 모서리를 따라 설치된 고정 장치의 크기와 위치에 주목합니다. 연출은 테이핑 된 선 안에서 개별 단 위에서 만들어질 장면의 동선을 구상할 것입니다. 나중에 배우들이 무대 위 어느 정도 높이로 올라간다는 사실은 현시점에서는 중요하지 않습니다. 그림 5.4의 붉은색과 파란색 선은 중심선과 플라스터 라인에서 측정한 치수를 이용해 테이핑하는 방법을 보여 줍니다.

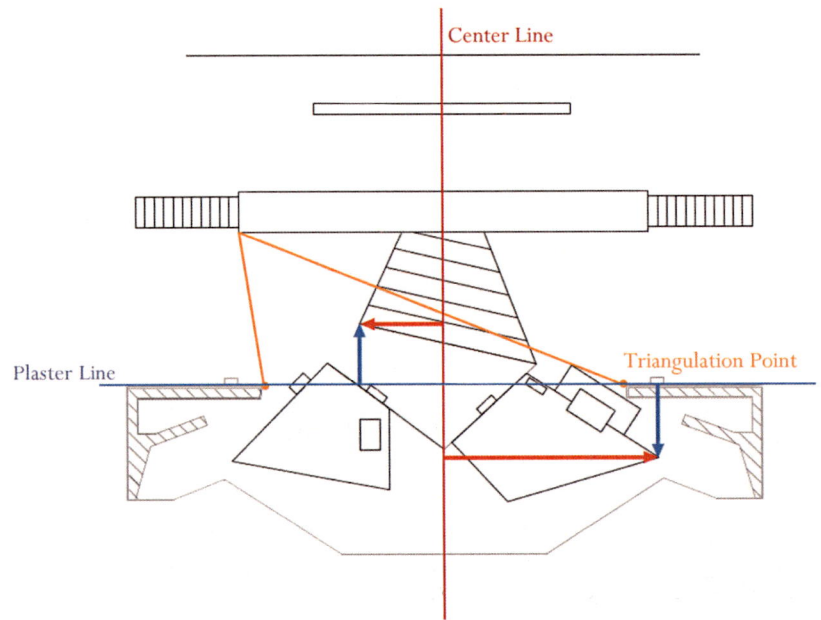

1. 평면도의 중심선(붉은색)과 플라스터 라인(푸른색)을 찾습니다.
2. 무대 장치의 각 꼭짓점의 거리를 위의 기준선에서 잽니다. (플라스터 라인에서 얼마나 위쪽인지 혹은 아래쪽인지, 중심에서 얼마나 왼쪽인지 오른쪽인지)
3. 측정값을 적어 둡니다.
4. 중심선을 따라 두 개의 줄자를 바닥에 붙입니다. 플라스터 라인 축에서는 0의 위치입니다. 이것으로 별도로 계산하지 않고도 플라스터 라인에서 위 무대 쪽이나 아래 무대 쪽으로도 잽니다.
5. 평면도상의 위쪽, 아래쪽 치수를 중심선 테이프에 표시합니다.
6. 세 번째 줄자를 이용해 중심선을 기준으로 좌우 좌표를 표시합니다.
7. 점을 찍어 표시합니다.
8. 필요한 모든 점을 마저 표시하고, 서로 연결합니다.

그림5.4 「판스워스의 발명」의 평면도 치수 재기

이 작품의 경우, 단위에 있는 개별 가구들의 구체적인 위치는 연출이 정했으므로, 미리 테이핑하는 것이 불가능했습니다. 그러나 테이핑이 그다지 도움이 되지는 않았을 것입니다. 연기자들에게는 연습을 위해 실제 테이블과 의자가 필요하기 때문입니다. 책상을 표시한 사각 테이프는 실제 사용할 수도 없고, 소품을 올려놓을 수도 없으며, 연출이 전환을 위해 무대 위로 옮겨 다닐 수도 없습니다. 연출이 가구 위치를 정하는 과정에서 무대조감독은 연습실 바닥에 원래 붙어 있던 테이프를 옮겨 붙여 표시합니다. 실제 테이블과 책상은 나중에 반입되므로 바닥 표식spike mark은 새로운 가구의 크기에 맞추어 수정합니다. 무대감독 팀은 평면도를 옮겨 표시할 때와 같은 방법으로 바닥 마킹을 재서 최종 무대에 반영합니다. 그래야 그 가구가 같은 위치에 놓입니다.

계단이 많은 무대는 좀 어렵습니다. 당연한 말이지만 아무도 연습실에 임시 계단을 만들어 주지는 않을 것입니다. 그래서 테이프로 해결해야 합니다. 그러나 활용도를 높이기 위해, 연출이 배우가 계단 위에 앉기를 원한다면, 무대감독 팀에서 해당 위치에 의자나 큐브cube를 대신 가져다 두기도 합니다. 이것으로 배우가 위 무대 쪽으로 갈 때 계단을 실제로 오를 수는 없지만 앉아서 대사를 마칠 수는 있습니다.

삼각법

무대 장치가 프로시니엄 극장에 평소와 다른 위치에 설치되었거나 그림5.5와 같이 돌출 무대나 원형 무대에 설치되었다면 프로시니엄 극장과 같은 좌표를 기준으로 중심선과 플라스터 라인을 사용할 수 없지만, 대안으로 삼각법을 사용합니다.

삼각법에서는 무대감독이 두 곳의 고정점을 사용합니다. X, Y 길이를 이용하는 대신, 그 두 고정점에서의 거리를 이용해 무대 장치의 꼭짓점을 찾습니다. 여전히 두 개의 참조 길이가 필요합니다. 그림5.4의 오렌지색 점이 삼각법을 나타냅니다. 뒤쪽 단의 무대 아래쪽 모서리 위치를 찾으려면 줄자를 각 점에 고정하고 오렌지색 선으로 그린 것처럼 장치의 해당 지점까지 연결해 길이를 잽니다. 각 선은 적확하게 잴 수 있는 길이이며 연습실 바닥으로 옮깁니다. 고정된 점에서 연장된 두 줄자가 교차하는 지점이 해당 모서리의 위치입니다.

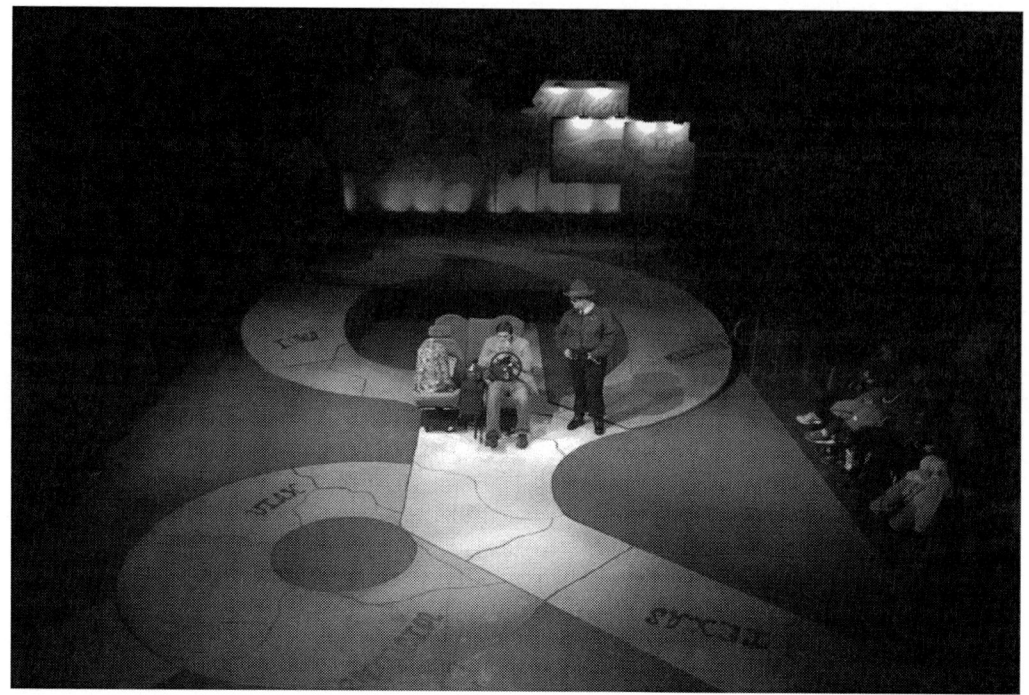

그림5.5 돌출 무대 공연의 예로, 삼각법을 이용해 쉽게 바닥 마킹이 가능합니다.

X-Y법과 다른 중요한 점 한 가지는 특히 중심선을 지나는 줄자는 연습실 바닥에 테이프로 붙여 고정해 둘 수 있다는 것입니다. 삼각법에서는 줄자가 각 측정 지점마다 고정점에서 회전해, 바닥에 못 등으로 고정하여 회전하도록 하거나, 무대조감독에게 끝을 붙잡도록 해서 줄자를 움직입니다. 프로시니엄 극장의 중심선과 플라스터 라인을 이용하는 방법과는 다르게 삼각법의 고정점은 규칙이 따로 없습니다. 줄자가 쉽게 회전할 수 있는 고정점을 고르면 됩니다. 그림5.4의 오렌지색 점은 앞 무대의 두 모서리로 쉽게 정할 수 있었습니다. 개별 측정 길이가 더 길 수는 있지만 그렇다고 덜 정확한 것은 아닙니다.

여러 장소를 배경으로 하는 무대 장치

연습실 바닥 마킹에 어떤 방법을 사용하든 「판스워스의 발명」의 평면도는 배경 전환이 없어 상대적으로 단순했습니다. 공연이 항상 이런 것은 아닙니다. 여러 무대 장치가 있는 공연에서는 특히 한 장소에서 다수의 장치가 사용된다면 무대감독은 이런 장치들의 테이핑 방법을 찾아야 합니다. 적확한 동선과 가구 배치는 주어진 시간에

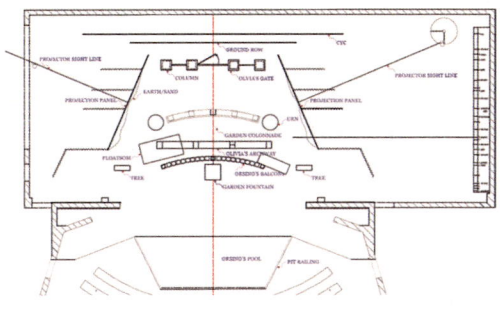

그림5.6 위스콘신 라 크로스 대학의 「십이야」 통합 평면도. 무대 디자인 맨디 콜비Mandy Klobe

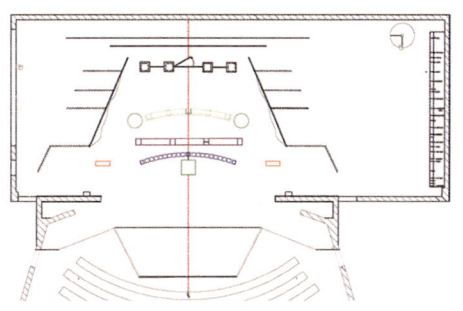

그림5.7 이름 표시가 없는 동일 평면도이긴 하지만 색을 사용해 연습실 바닥에 마킹함

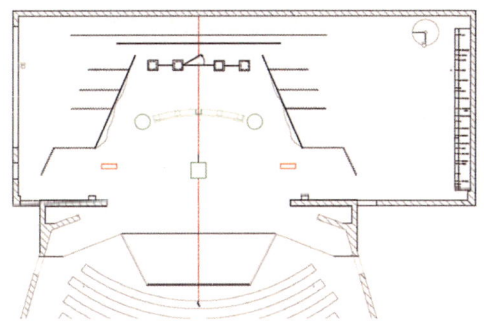

그림5.8 올리비아 정원의 장치 사용

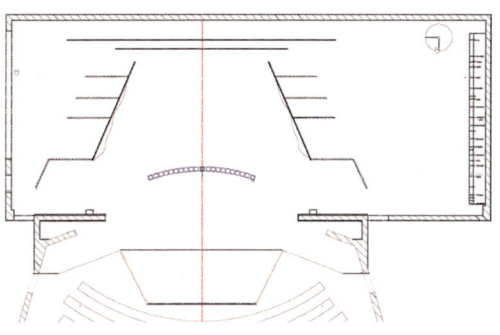

그림5.9 올시니 발코니의 장치 사용

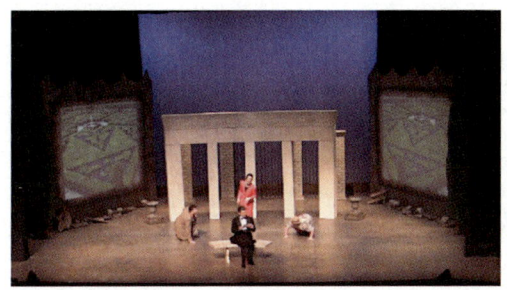

그림5.10 정원 장면의 공연 사진

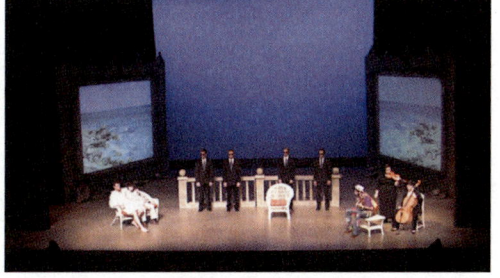

그림5.11 발코니 장면의 공연 사진

무대 위 장치들을 얼마나 잘 이해하는지에 달려 있습니다.

두 번째 평면 예제는 셰익스피어의 「십이야」로 같은 극장에서 공연했습니다. 이 예에서는 특정 무대 장치들을 이용해 여러 장소를 표현했습니다. 정문이나 나무와 같은 어떤 장치들은 한 번 이상 사용하였지만 다른 장치들은 한 장소만을 위해 상부에서 전환하거나 끌고 나왔습니다. 그림5.6의 장치 이름이 없어도 바닥 위에 이 모든 선을 동시에 그리면 혼란스러울 것입니다. 무대감독의 역할이 디자인을 분명히 전달하는 것이므로 배우들에게 「판스워스의 발명」보다 좀 더 도움이 필요합니다.

색을 사용하여 그림5.7의 문서에서 사용한 것과 같은 방법으로 해결합니다. 장치별로 다른 색의 테이프를 사용하면 배우들이 바닥에 그려진 표시 중 해당 부분을 빠르고 쉽게 찾습니다. 물론 장치들이 같은 장소에 겹쳐 있지 않은 경우에, 장치보다는 장소별로 색을 다르게 사용합니다. 예를 들어 그림5.8과 5.10처럼 올리비아Olivia의 정원 장면에서 배우들이 정문과 녹색 기둥들 주변에서 연기합니다. 항아리와 분수는 의자나 큐브로 대체할 수 있고 여분의 보면대를 이용하여 나무들도 쉽게 표현합니다. 올시노Orsino의 저택 내부 장면으로 동선으로 옮길 때는 그림5.9와 5.11에 보이는 파란색 난간만 필요합니다. 「판스워스의 발명」의 테이블처럼, 장면 구성을 마치려면 출연자들에게 연습용 가구가 필요하며, 바닥에 그려진 다른 색의 선들을 잠깐 잊는 데 도움이 될 것입니다. (이 평면도의 좀 더 큰 버전과 다른 테이핑 예제들은 본 저서의 연관 홈페이지에서 찾을 수 있습니다.)

동선 기호

무대감독의 목적은 배우들의 동선을 가능한 구체적으로 기록하는 것이므로 동선 연습을 시작하기 전에 준비하는 것이 중요합니다. 이를 위해 무대감독은 사전에 필요한 기호를 정해야 합니다.

이 기호들은 동선 기호표에 따로 모읍니다. 여러분의 프롬프트 북의 해독표가 될 것입니다. 기호표를 참고하여 기호 사용에 일관성이 생기며 다른 사람의 이해를 돕습니다. 동선 기호표는 무대의 구역과 장치 이름, 동선, 소품, 인물 기호 등 여러 가지 분류 항목을 가집니다. 뒷부분에 그림5.18과 5.19에서 「십이야」의 동선 기호표를 찾을 수 있습니다. 이 정보들을 자세히 모아 두었습니다.

동선 기호표는 프롬프트 북의 대본을 담은 부분 앞장에 두는 것이 좋습니다. 저는 동선을 긋는 동안 기호표를 별도로 두고 사용하는 것을 좋아하는데, 자주 사용해도 손상되지 않도록 코팅해서 보관합니다. 제 기호표는 두 페이지에 달하는데 코팅하면 페이지 앞뒤를 하나로 붙여 다닐 수도 있습니다.

신입 무대감독의 경우 모든 동선을 길게 쓰는 경향이 있는데, 시간이 지나면 단어나 기호를 조합하는 것이 더 빠르다는 것을 알게 됩니다. 기호를 쓰는 목적은 기록을 빠르게 하는 것이며 이를 위한 체계가 필요합니다.

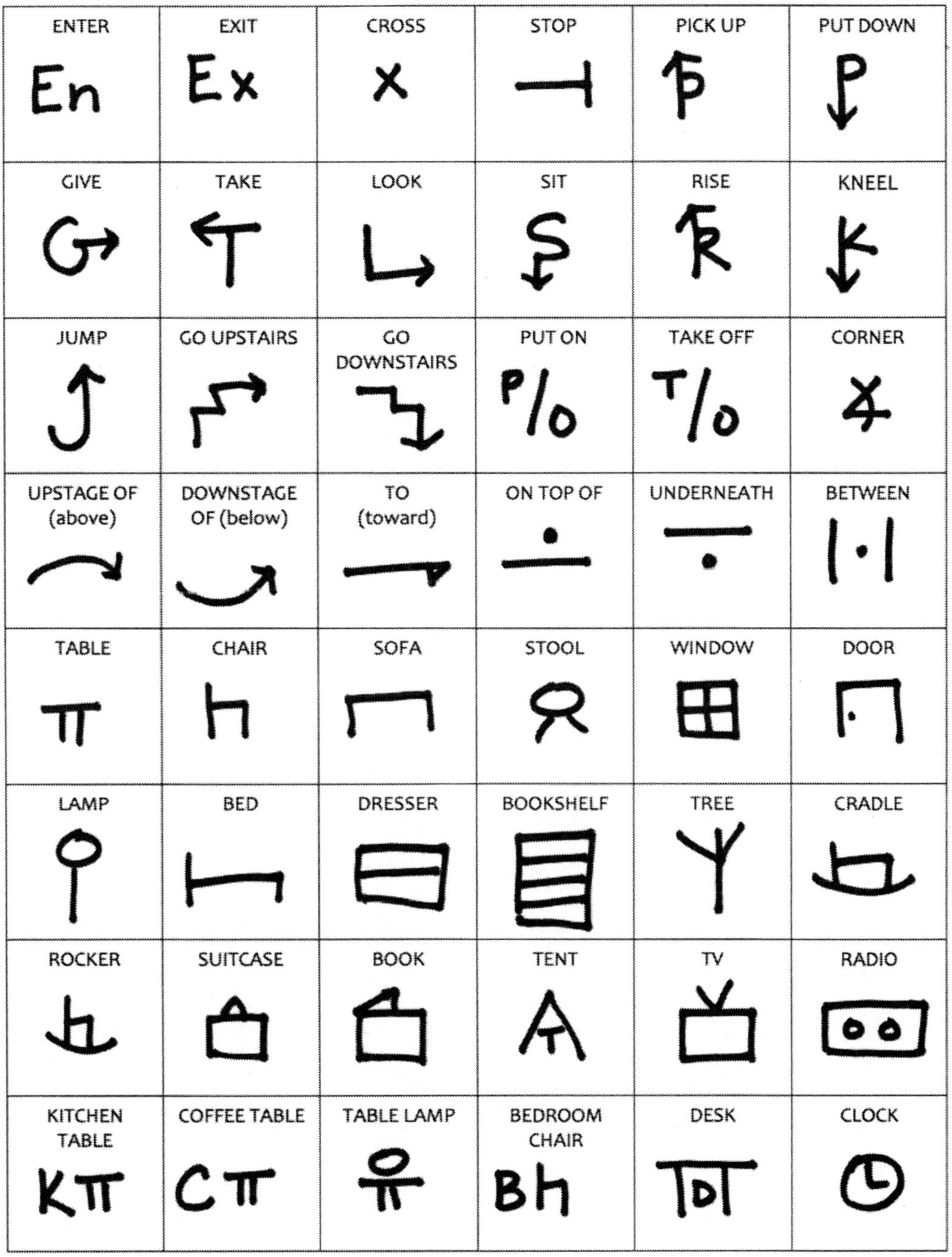
ENTER
EXIT
CROSS
STOP
PICK UP
PUT DOWN
GIVE
TAKE
LOOK
SIT
RISE
KNEEL
JUMP
GO UPSTAIRS
GO DOWNSTAIRS
PUT ON
TAKE OFF
CORNER
UPSTAGE OF (above)
DOWNSTAGE OF (below)
TO (toward)
ON TOP OF
UNDERNEATH
BETWEEN
TABLE
CHAIR
SOFA
STOOL
WINDOW
DOOR
LAMP
BED
DRESSER
BOOKSHELF
TREE
CRADLE
ROCKER
SUITCASE
BOOK
TENT
TV
RADIO
KITCHEN TABLE
COFFEE TABLE
TABLE LAMP
BEDROOM CHAIR
DESK
CLOCK

그림5.12 동선 기호표

그림5.12는 지금까지 개발한 동선 기호들을 보여 줍니다. 경력 초반에 저의 스승에게 많은 것을 전달받았고 제 스타일과 작업하는 공연에 맞게 적용하였습니다.

위의 세 행에는 일반적인 움직임을 표현한 기호들이 있습니다. 대부분 가장 단순한 원칙으로 만들어집니다. 움직임의 첫 글자는 방향을 가리키는 화살표와 함께 씁니다. 네 번째 행은 장소를 나타냅니다. 연기자나 사물이 서로 어디에 있는지를 보여 줍니다. 화살표나 점과 선의 단순한 조합 등 기호는 간단해서 읽고 쓰는 데 쉬워야 합니다.

다음 행들은 소품과 가구를 기록하는 방법을 보여 줍니다. 이 기호들은 동선 기호나 위치 기호들보다 더 그림에 가깝지만 디자인은 단순합니다. 물론 전등이나 스툴 stool을 복잡하게 그릴 수도 있지만 그림을 잘 그리려고 시간을 소비하는 것은 목적에 반합니다.

바닥 줄은 기호를 섞어 쓰는 법을 보여 줍니다. 위에서 본 전등의 원은 테이블과 쓰여 탁상 전등을 나타냅니다. 이렇게 탁상 전등과 스탠드 전등 혹은 벽등(벽을 나타내는 사각형 안에 원으로 그려진)을 서로 구분합니다.

비슷한 것들끼리 구분하기도 쉽습니다. 주방 탁자와 커피 탁자의 경우 간단한 글자를 덧붙여 가구들이 명확합니다. 일단 여러분에게 유용한 기호 체계를 찾으면, 각 작품의 필요에 따라 적용하기 쉽습니다. 항상 주방 탁자와 커피 탁자가 있는 것은 아니겠지만 이런 전략으로 어떤 공연에서도 기호를 만들 수 있습니다.

다음으로 결정할 사항은 등장인물 이름의 줄임말에 관한 것입니다. 모든 출연자가 한 가지 역할만 한다면 등장인물의 기본적인 약자만 사용해도 됩니다. 밥Bob은 B로 표기하고 아서Arthur는 A로 표기하는 식입니다. 그런데 두 명의 남자 배우가 존John과 조Joe라면 다른 뭔가가 필요합니다. 개인적으로 저는 JN과 JO로 표기합니다. John도 두 번째 글자에 O가 있지만 JO는 항상 Joe로 읽을 것이기 때문입니다. 그리고 JN은 대충 보면 John처럼 보입니다.

만일 배우가 두 명의 다른 인물을 연기한다면, 두 개의 약자를 사용하는 것이 좋습니다. 그러나 뚜렷하지 않은 앙상블 역할의 경우 그냥 배우 이름의 약자를 쓰는 것도 괜찮습니다. 「십이야」의 동선 기호표에는 총 네 가지 방법이 사용됩니다. 비올라와 세바스티앙은 등장인물 이름의 첫 한 글자로 구분됩니다. 올시노와 올리비아는 두 글자로 구분합니다. 한 배우가 선장과 신부 역을 맡는 경우, 작품에서 역할과 장소의 차이가 있어 두 개의 다른 기호를 사용해도 괜찮습니다. 그러나 군주, 선원, 사무관을 모두 연기하는 배우들의 경우는 어떨까요? 답을 찾으려 대본을 볼 때 루크가 선원 2를 연기한다는 사실을 항상 기억할 수 있을까요? 아니면 큐리오, 선원 1, 사무관 2를 한 배우가 연기한다면? 이런 경우에는 배우의 실제 이름 약자를 쓰는 것이 더 빠릅니다. 특히 그 인물들이 대사가 별로 없는 경우는 더 그렇습니다. 연출도 브라이언이나 루크를 부르며 연기 주문을 하지 선원 1, 2로 부르지는 않을 것입니다. 대본을 보고 누가 누군지 잊었다면 대본 큐리오의 대사에 루크의 약자를 적어 두는 것도 좋습니다.

장치 이름 붙이기

동선 기록의 마지막 요소는 무대 장치일 것입니다. 여러분이 사용하는 이름은 맘대로 만드는 것이 아닙니다. 「판스워스의 발명」 무대 디자인에는 세 개의 단이 있었습니다. 여러분은 아마도 무대 오른쪽, 중앙, 무대 왼쪽, A, B, C, 혹은 1, 2, 3으로 부를 것입니다. 준비 기간이나 사전 미팅에서 연출과 무대디자이너는 이런 무대 요소들에 대해 논의했을 것입니다. 어떻게 부를 것인지? 그것이 출발점입니다. 연출이 그 장치들을 무대 위에서의 위치로 부르는 와중에, 여러분이 배우들이 자신의 위치를 묻는 말에 무대 오른쪽 대신 '단 1번'이라고 말한다면 순간적으로 혼란스러울 것입니다.

더 복잡한 무대의 경우 무대감독은 추가적인 정보가 필요합니다. 그림5.13과 5.14는 「스프링 어웨이크닝Spring Awakening」의 평면도를 보여 줍니다. 단일 무대로 고정된 무대지만, 여러 연기 공간과 계단이 있습니다. 이 공연을 준비할 때 숫자나 글자가 동선 기록을 위해 필요하다고 생각했던 것보다 덜 정확하다고 생각했습니다. 각 공간의 용도를 살펴보았는데, 단이 무대 중앙에 있었고 오케스트라를 위한 공간이었습니다. 거기서는 동선이 없어 이름이 자연스럽게 만들어졌습니다. 연출과 무대디자이너 모두 가장 위 무대에 있는 것을 '뒷단'이라고 불렀고, 그래서 그렇게 이름이 되었습니다. 그런데 무대 오른쪽과 무대 왼쪽으로 뻗어 있는 구부러진 단은 우연히 이름이 생겼습니다. 초기 디자인 회의에서 평면도를 보는 중에, 팀원 중 한 명이 그 장치의 생김새가 옛날 비디오 게임의 괴물이 생각난다며, 구부러진 단이 그 팔을 닮았다고 하자, 모두 들여다보고 맞다고 외치며 웃었습니다. 그렇게 이름이 생겼습니다. 단에 이름이 생기자 저는 각 단에 이름표를 붙일 수 있었고 연습하는 동안 자세한 동선 기록을 남길 수 있었습니다.

SPRING AWAKENING
Groundplan

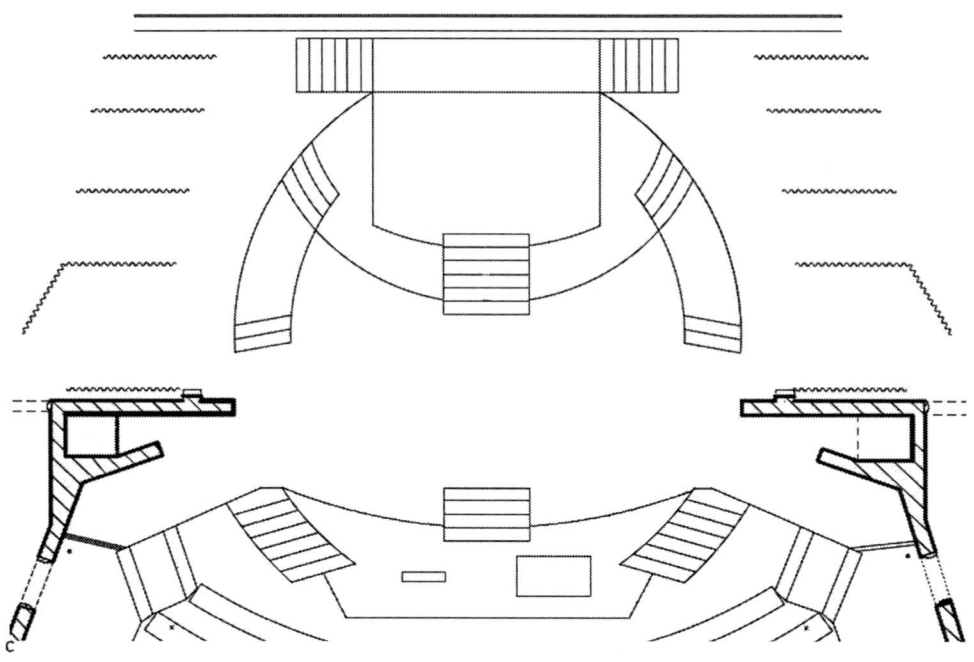

SPRING AWAKENING
Groundplan with Scenic Nicknames

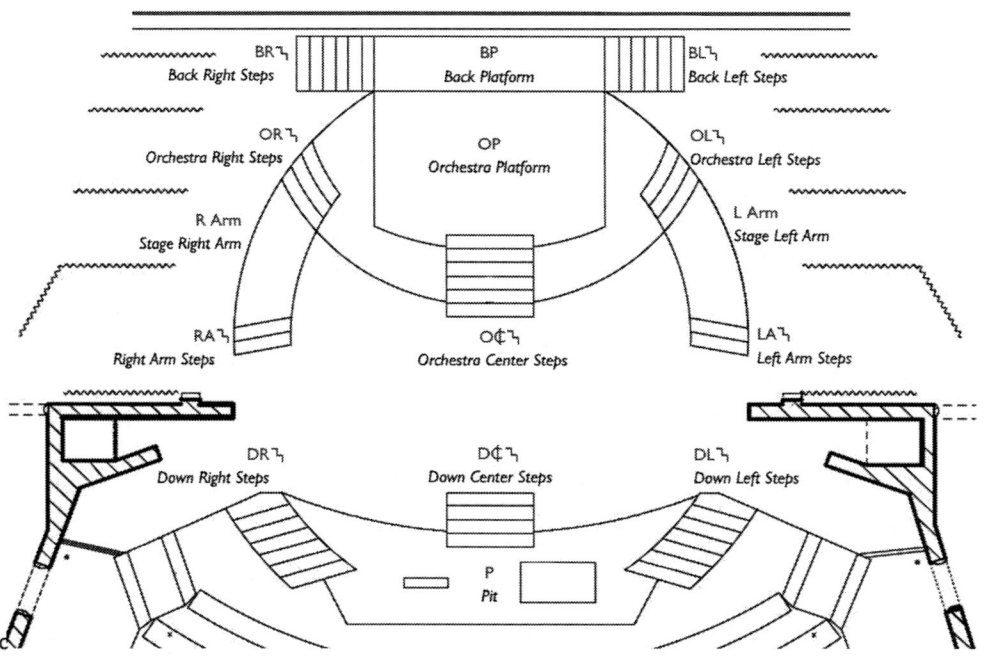

그림5.13과 5.14 「스프링 어웨이크닝」의 평면도. 무대 장치의 이름이 있는 것과 없는 것. 무대 디자인 맨디 콜비

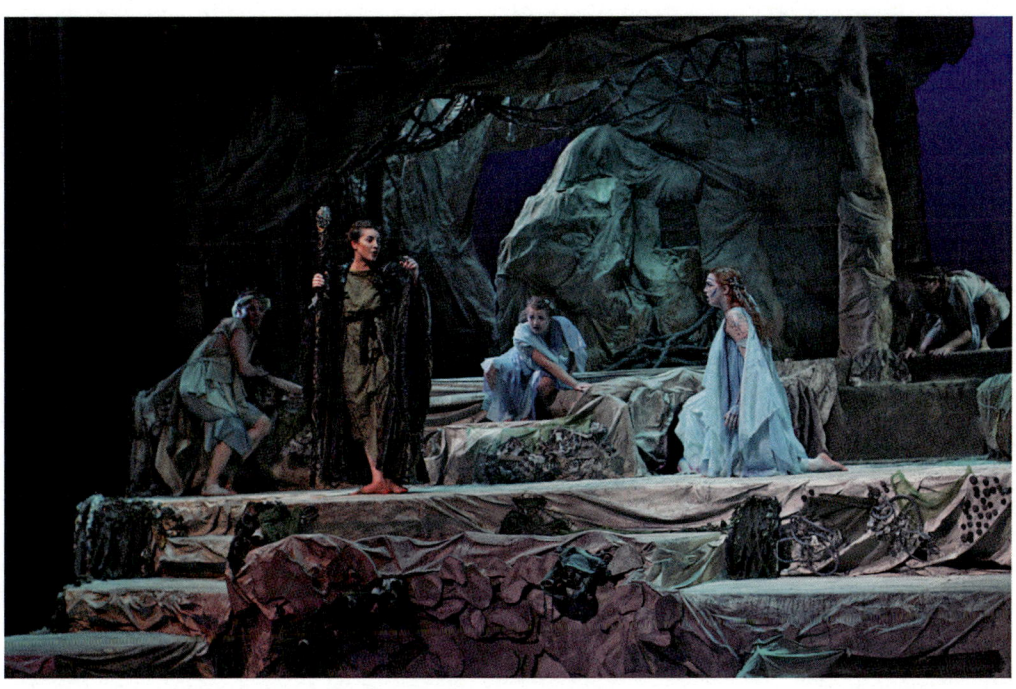

그림5.15 위스콘신 라 크로스 대학의 공연 「템페스트」의 평면도. 무대 디자인 메간 모리Megan Morey

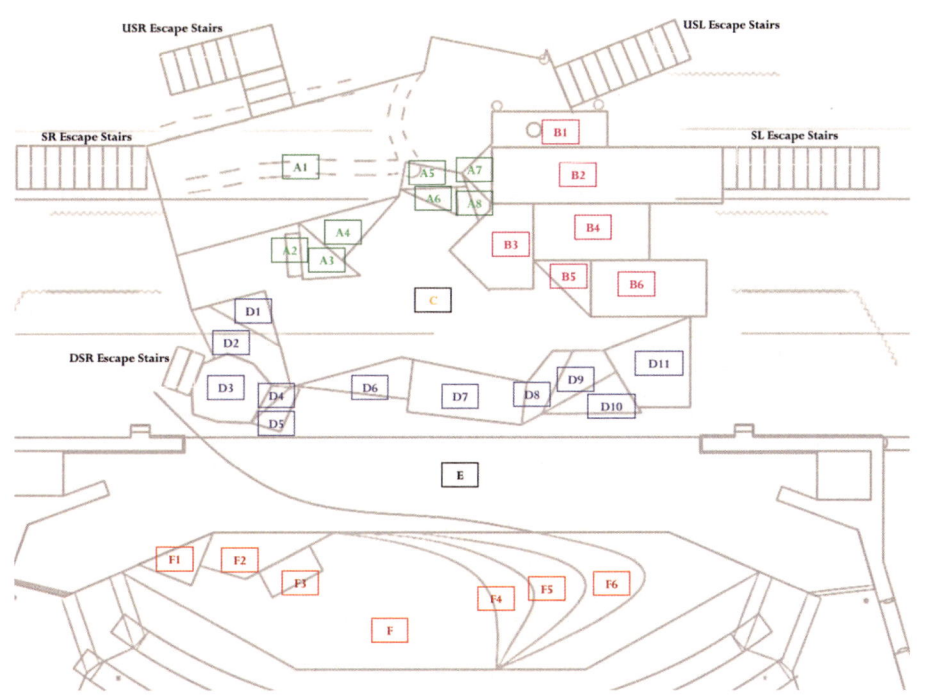

그림5.16 「템페스트」의 평면도. 무대감독 퀸 매스터슨Quinn Masterson이 사용한 이름 표기 방법

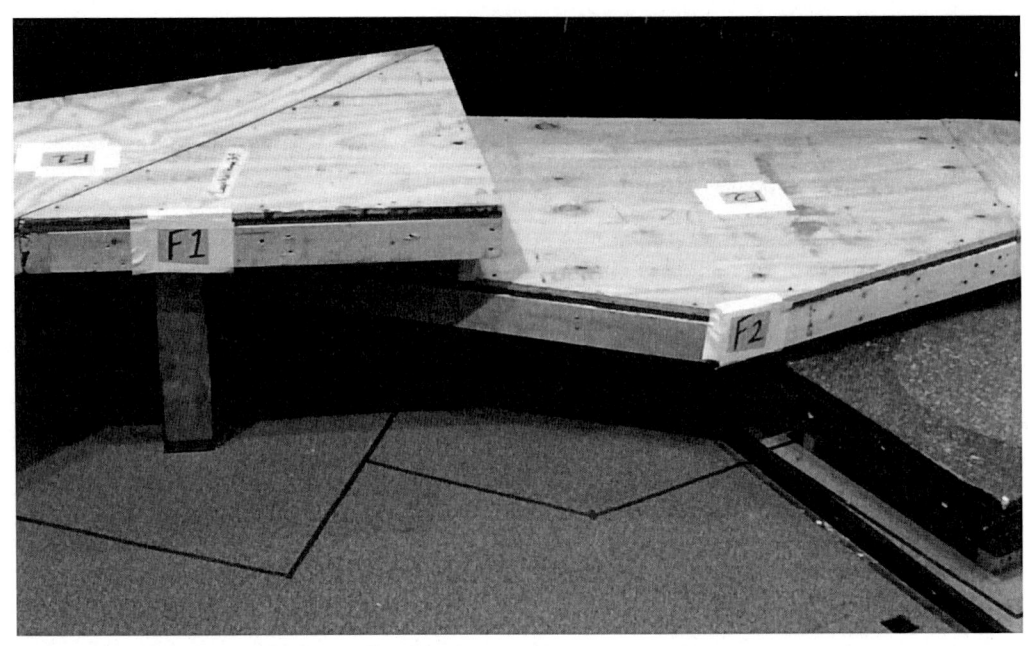

그림5.17   덧마루 이름 표기

그리고 이 초기 평면도에는 없지만, 결국 두 개의 추가 계단들을 붙여 인물들이 무대 오른쪽 왼쪽에서 그 팔을 가로질러 등장할 수 있게 되었습니다. 배우들이 등장하는 배우들이 의자를 들고 들어오고 그 팔 모양 단이 바닥에서 45cm 높아, 등장 시에 발이 걸릴 수도 있는 안전 문제가 고려되었습니다. 그 팔의 무대 바깥쪽으로 중간쯤에 작은 계단 두 개를 설치했습니다. 그 계단을 요청 사항에 넣는 연습 일지를 쓰면서 그 위치를 '팔꿈치 위치'로 표기한 기억이 납니다.

장치 이름에 관한 세 번째 예는 그림5.15의 「템페스트Tempest」에서 볼 수 있습니다. 이 무대 디자인은 연출과 출연자들에게 프로스페로의 섬에서 볼 법한 모든 것을 담았는데 높이가 다른 서른세 개의 덧마루를 사용했습니다. 평면도에서 이름으로 쓸만한 특이한 구조를 발견하지는 못했고 단순히 단을 번호로 표기하는 것도 도움이 되지 않았습니다.

이 작품에서는 무대감독이 무대디자이너와 기술감독과 함께 무대 장치의 이름을 지었습니다. 작은 변형에도 불구하고 단을 높이에 따라 6개로 나누었습니다. 이렇게 나눈 그룹 안에서 단에 고유한 번호를 붙였습니다. 그림5.16의 도면에서 표기법을 볼 수 있습니다. 이름이 적힌 평면도를 전체 제작팀과 공유하여 무대의 개별 위치를 정확하게 구분할 수 있게 되었습니다.

그 다음으로 연습에 사용할 수 있는 형식으로 바꾸었습니다. 그 표기법은 연출이 출연자들에게 자세하게 동선을 지시할 수 있도록 도움이 되지만, 그 이름들을 연기자, 연출, 무대디자이너에게 외우라고 하기엔 어려움이 있었습니다. 대신 이름을 그 단에 붙였습니다. (이 작품은 별도의 연습실에서 연습을 진행하지 않고 실제 무대에서 저녁에 진행했습니다.) 각 단에는 두 개의 이름표가 있습니다. 하나는 단 위에서 객석을 바라보고 선 배우들이 볼 수 있는 방향으로 붙였고, 다른 하나는 전면에 붙여서 연출과 무대감독이 볼 수 있도록 했습니다. 그림5.17은 장치에 붙은 이 이름표들을 확대한 사진입니다. 무대감독과 출연자 모두 동선 연습 중에 자세한 노트를 받는데, 무대 제작소에서 단을 마감하고 칠할 즈음에는 모든 사람이 이름에 익숙해져 이름표를 제거해도 괜찮았습니다.

완성된 동선 기호표에는 여러분이 만든 기호들의 실명, 등장인물의 약자, 이름이 표기된 평면도, 특별한 무대 장치나 가구의 해당 기호 등을 담습니다.

실전에 활용하기

그림5.20에서 보는 것처럼 보조 페이지의 동선 기호표와 번호 줄로 정확한 작업을 할 수 있습니다. 연기의 해당 단어 옆에 쓴 그 줄 번호와 단어와 기호를 사용하면 연기의 동작을 자세하고 빠르게 기록할 수 있습니다. 여기에는 두 가지 장점이 있습니다. 무대감독이 직전 연습에서 정해진 연기의 상세한 내용을 기억하지 못하는 배우나 대역들에게 명확하게 설명할 수 있다는 점과 특정 연기 동작을 기반으로 한 큐를 프롬프트 북에 적확하게 옮길 수 있다는 점입니다.

연습을 진행하면서 초반에 만들어 둔 몇 가지 동선 기호들이 필요 없어지거나 빠르게 작성하기에 불편하다고 생각될 수 있으므로 기호를 지속적으로 수정합니다. 거꾸로 상부 전환에 새로운 약자나 기호가 필요할 수 있는데 그냥 추가하면 됩니다. 동선 기호표의 두 번째 페이지 여백을 남겨 기호를 추가할 수 있도록 합니다. 연습을 시작하기 전에 다 채울 필요가 없고, 사용하면서 추가하도록 디자인된 것입니다.

여러분이 함께 작업하는 연출들은 동선 연출 방식이 서로 약간 다를 것입니다. 무대감독이 연출과 초반 회의에서 동선 연출 방법에 관해 질문을 해 보는 것도 좋지만, 미리 정보를 갖고 있다고 해도 연습에서는 유연하게 즉각적으로 반응합시다. 연출이 자세한 연기 동선을 배우들에게 설명하고 이후 장면을 진행해 보라고 한다면 그 설명을 잘 참고합시다. 배우들이 모두 연출의 설명을 적고 있다면, 여러분도 그래야 합니다. 이후 해당 페이지 연습에 들어갈 때 그 번호들을 옮겨 적습니다. 연출이 배우들에게 단순히 "일단 장면을 쭉 진행해 보고 어떨지 봅시다"라고 한다면, 무대감독은 여기서도 노트가 필요합니다. 무대감독에게 가장 황당한 순간은 연출이 "좋아요! 이렇게 가기로 하고 다음 장면 갑시다"라고 할 때일 겁니다. 아무것도 적어 놓은 게 없는데 말이죠.

명심해야 할 또 다른 것은 이 장면들은 개막 전에 여러 번 연습하리라는 것입니다. 유능한 무대감독이라면 전략을 세워야 합니다. (1) 초반 동선 연습 중에는 등퇴장, 큰 동선, 출연진의 무대 위 특정 위치에 집중합니다. 첫 연습에서 작은 것들을 놓쳐도 또 다른 기회가 있습니다. (2) 보조 페이지 구성이 잘되어 동선을 기록했고 마주 보는 대본 페이지의 해당 대사와 위치를 대충 맞추었다면, 동선 번호를 대본의 적확한 위치에 적지 못했더라도 최소한 대략의 동선 기록을 자동으로 만든 셈입니다. (3) 그리고 개인 일정으로 동선 연습을 위한 시간이 충분치 않다면 무대조감독을 시켜 모든 것을 기록하게 합니다. 무대감독은 주역을 맡고 무대조감독은 앙상블을 맡아 나중에 합칠 수도 있습니다. 팀을 적극 활용합시다.

Twelfth Night

Blocking Key

Symbol	Meaning		Symbol	Name	
en	Enter		OR	Orsino	
ex	Exit		S	Sebastian	
x	Cross		AN	Antonio	
→▽	To/Toward		V	Viola	
⤵	Cross Below/In front of		OL	Olivia	
⤵	Cross Above/behind		T	Sir Toby	
R	Rise		M	Maria	
S	Sit down		MO	Malvolio	
S	Sit up		AA	Sir Andrew Aguecheek	
K	Kneel		FE	Feste	
P	Pick Up		FA	Fabian	
P	Put Down		SC	Sea Captain (Jake Voss)	
T	Turn		P	Priest (also Jake Voss)	
G→	Give		MI	Musician 1 (Shelby)	
←T	Take		M2	Musician 2 (Suzanne)	
↗	Lean		EW	Emily Ware	Attendant 1
—|	Stop		LV	Lindsay Van Norman	Attendant 2
↳	Look		AH	Austin Hernandez	Valentine, Officer 1, Sailor 3
↑	Jump		LP	Luke Prescott	Curio, Sailor 1, Officer 2
⌐↗	Go up stairs		BC	Brian Coffin	Lord1, Sailor 2, Officer 3
⌐↓	Go down stairs		DH	Don Hart	Lord 2, Officer 4
•̄	On top of				
̄•	Underneath				
|•|	Between				
P/o	Put On				
T/o	Take Off				
ctr	Counter				
//	Pause in dialogue for dramatic effect (not forgetting lines!)				

그림5.18 「십이야」의 동선 기호표

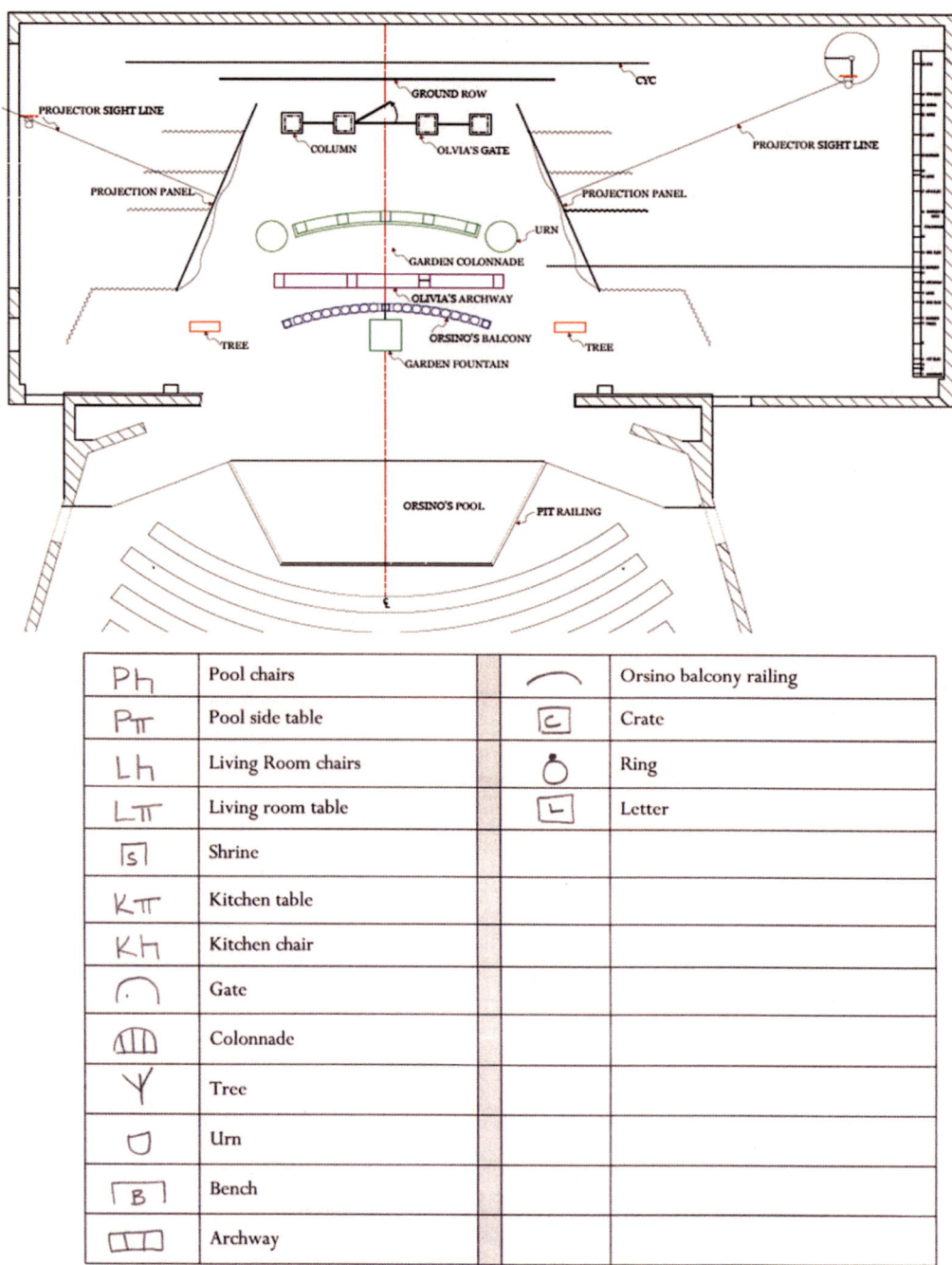

Ph	Pool chairs	⌒	Orsino balcony railing
Pπ	Pool side table	⊏	Crate
Lh	Living Room chairs	○	Ring
Lπ	Living room table	⌐	Letter
s	Shrine		
Kπ	Kitchen table		
Kh	Kitchen chair		
⌒	Gate		
⊞	Colonnade		
Y	Tree		
⌒	Urn		
B	Bench		
⊞	Archway		

그림5.19 「십이야」의 동선 기호표

111　　weak pia mater.⁶
　　　　　　Enter Sir Toby.
　　OLIVIA　⁷By mine honor, half drunk.⁸,⁹ What is he at the
　　　　gate, cousin?
　　TOBY　A gentleman.
　　OLIVIA　A gentleman? What gentleman?
　　TOBY　'Tis a gentleman here. A plague o' these pickle-
　　　　herring! How now, sot?
　　CLOWN　Good Sir Toby.
　　OLIVIA　Cousin, cousin, how have you come so early by
120　　this lethargy?
　　TOBY　Lechery? I defy lechery.¹¹ There's one at the gate.
　　OLIVIA　Ay, marry, what is he?
　　TOBY　Let him be the devil an he will, I care not. Give
124　　me faith, say I.¹² Well, it's all one.¹³　　　*Exit.*

5　＿＿＿＿＿＿＿＿＿＿
6　Ten DL, staggering
7　OL x 3 → DR
8　OL ↳ EW
9　EW x T
10　＿＿＿＿＿＿＿＿＿＿
11　T point off SL then x DR
12　T → at ⑤
13　T ex DR

그림5.20 동선 기록 확대본

동선 연습 중 멀티태스킹

경험이 풍부한 연출도 각 장면을 구성하는 데 얼마나 걸릴지 정확히 알기는 어려울 것입니다. 일일 일정은 경험으로 얻은 추측일 뿐입니다. 무대감독은 의상 피팅이나 배우를 연습실 밖으로 데리고 나가는 다른 행사들 일정을 고려하는 것에 어려움을 느낄 것입니다. 특히 의상 제작실이 먼 거리에 있다면 더욱 그렇습니다. 연습할 장면은 다가왔는데 주요 배역이 없거나 대사가 없는 장면에 앙상블을 추가하자는 연출의 요청에 대응하지 못한다면 낭패일 것입니다.

뮤지컬 동선 만들기

4장에서 우리는 보조 페이지의 두 가지 선택 사항을 확인했습니다. 연극을 위한 것과 뮤지컬을 위한 것이었죠. 두 가지의 다른 공연 유형 사이에는 동선의 양과 상태에 차이가 있어 나누어 생각하는 것이 필요합니다. 그림4.15와 4.16은 뮤지컬에 사용하는 문서를 보여 줍니다. 어떻게 접근해야 할까요?

처음 고려할 사항은 그 동선이 **뮤지컬 구성**인지 순수한 안무인지 구분하는 것입니다. 뮤지컬 구성이란 동선이 자연스럽고 특히 음악에 맞춰 진행되는 것을 말합니다. 그러나 거의 걷기, 자세 잡기, 몸짓 등으로 이루어집니다. 무대감독은 연극의 동선을 다루는 것과 같은 방법으로 처리하면 되고 보조 페이지에서 밑줄 그려진 칸만 사용하면 됩니다.

그림5.21은 뮤지컬 「시카고Chicago」의 제 프롬프트 북에서 발췌한 것으로 노래 '마마한테 잘하면When You're Good to Mama'의 보조 페이지 일부입니다. 여기에는 인물 약자를 해독할 수 있는 기호표가 없지만, 특정 움직임을 묘사하는 것이 어렵지 않습니다.

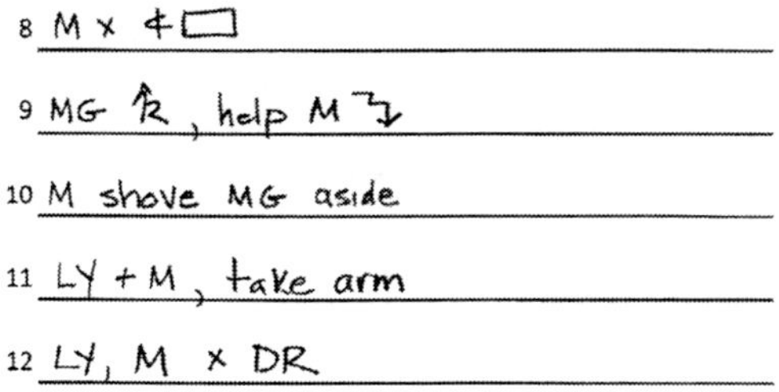

8 M x 4⬚

9 MG 𝄡, help M ↗

10 M shove MG aside

11 LY + M, take arm

12 LY, M x DR

그림5.21 뮤지컬 「시카고」의 노래 '마마한테 잘하면'의
동선 대본 발췌본

마마라는 인물(M)이 단 중앙을 가로지르고 한 앙상블(MG)이 계단을 올라가 모시고 내려옵니다. 그다음 그 앙상블이 '옆으로 빠집니다shoved aside'. 제 기호표에 이때 쓸 적당한 기호가 따로 없어 그냥 글로 썼습니다. 가끔은 글이 더 좋을 때가 있죠. 다음으로 다른 앙상블(LY)이 마마를 가로질러 팔을 잡습니다. 이후 그 둘이 아래 무대 오른쪽으로 가로지릅니다. 이 노트들에는 전혀 뮤지컬적인 특징이 없지만 이 경우에는 그럴 필요도 없습니다.

안무를 기록해야 할 때 무대감독은 상자가 있는 보조 페이지가 필요할 것입니다. 일반적인 설명과 동선 구성을 자세히 담기에 도움을 줍니다. 안무에서는 각 상자에 출연자를 하나하나 약자로 표기하지 않아도 됩니다. 그림5.22에 보이는 「시카고」의 두 번째 예를 봅시다. 이번에는 노래 '내겐 오직 사랑뿐All I Care About'에서 가져왔습니다. 상자 A에는 6명의 여자 앙상블이 빌리 플린Billy Flynn(B)을 원형으로 둘러쌉니다. 그 그룹이 대형을 유지하면서 무대 오른쪽으로 움직이는데, 화살표로 이것을 충분히 구체적으로 나타냅니다. 무대 오른쪽에서 빌리를 둘러싼 채 시간을 더 보내고 다시 가로질러 돌아온 후에는 박스 E에서 보는 것처럼 출연자들 이름의 약자를 적어 각자의 위치를 다시 확인시켜 주는 것이 좋습니다. 하지만 서로의 위치는 계속 유지해 박스 J 에서는 다시 약자를 생략합니다. 대신 장면의 초점이 음악에 따라 빌리를 바라보는 시선과 여자들이 춤추며 들고 있는 부채의 움직임에 있습니다.

안무 상자 아래 밑줄은 무대감독이 '진지한 시선'과 같은 간단한 동선 노트를 쓰는 데 사용합니다. 안무가 더 복잡하더라도 무용 용어로 설명을 길게 적을 필요는 없습니다. 특정 순간을 묘사해야 할 경우 수트뉴soutenu라는 용어를 아는 것만큼, '빠른 회전의 연속'이라고 적는 것으로도 충분합니다. 그리고 전문적이지 않고 시각적으로 설명적인 표현을 사용하더라도 해당 노래의 출연자들을 믿어 봅시다. 여러분이 그 춤의 특정 부분을 설명하기 위해 사용한 말이 '흔들며 걷기'나 '닭 날갯짓'이라 하더라도 그

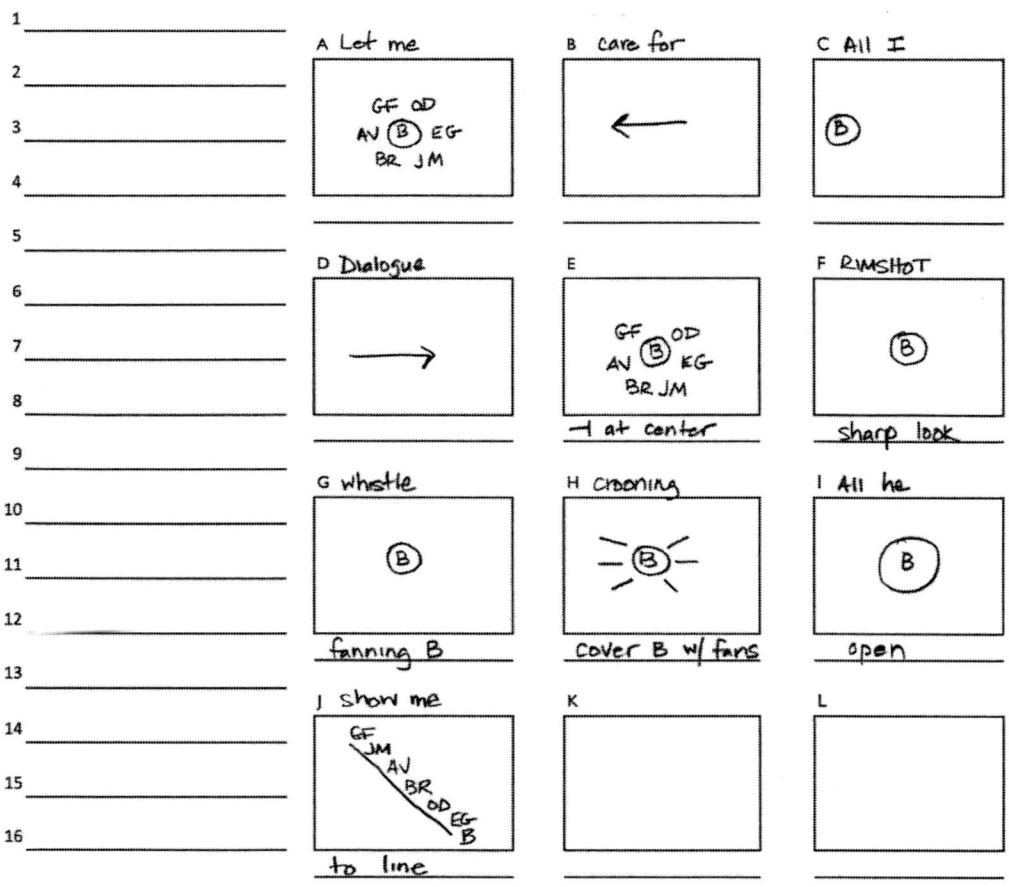

그림5.22 뮤지컬 「시카고」의 '내겐 오직 사랑뿐'의 동선 발췌본

들은 재빨리 알아들을 것입니다.

각 상자 위에 있는 공간에는 해당 노래의 간단한 참조 가사를 적습니다. 연극에서 동선을 기록할 때 처음에는 동선에 집중하고 그 다음 해당 장면에서 타이밍을 구체화하는 것처럼 안무도 마찬가지 요령으로 진행합니다. 하지만 박스가 대본 페이지의 해당 대사들과 나란하게 놓이도록 디자인된 것이 아니므로, 간단한 가사를 적어 두면 나중에 해당 안무 상자의 번호나 글자를 리브레토나 악보의 정확한 위치에 놓는 데 도움이 됩니다.

댄스 캡틴과 일하기

무대감독이 정확한 안무 용어를 알 필요가 없는 주된 이유는 그 동작을 익히고 기록하는 파트너가 있기 때문입니다. 각 작품에는 댄스 캡틴Dance Captain이 있습니다. 이 사람은 출연자 중 안무가가 뽑은 사람으로 기록과 안무 검토를 도와줄 것입니다. 이들은 연기자가 진지한 시선을 줘야 하는 곳이 해당 마디의 4박자인지 5박자인지 물어보거나, 출연자들이 일렬로 서야 하는지 혹은 특정 순간에 돌아 나가야 하는지 묻고 싶을 때 가장 먼저 찾는 사람입니다. 이게 무슨 말인지 모르겠다면 그것이 바로 댄스 캡틴이 있어야 하는 이유입니다. 연습 기간에 댄스 캡틴은 연습 일과 중 노래를 복습하는 시간을 갖기도 하며, 공연이 시작된 후에는 필요에 따라 검토 의견을 제시하고 안무 연습을 반복해 공연을 유지하는 데 도움을 줍니다.

공연에서 댄스 캡틴의 역할은 파이트 캡틴Fight Captain과 유사합니다. 파이트 캡틴은 무술감독이 뽑으며 연습이나 공연 중 무대 격투 장면을 기록하고 검토하는 데 도움을 줍니다. AEA 관할 공연에서는 이 역할을 맡은 출연자들은 추가 보수를 받습니다.

연습 일정을 만들 때, 무대감독이 댄스 캡틴이나 파이트 캡틴과 상의하는 것이 현명합니다. 그들이 연습 시간에 동작 연습을 마치거나 검토할 시간 혹은 배우에 따라 별도의 추가 연습 시간을 요청할 수도 있습니다. 연기자들이 동선이나 장면 연습을 위해 굳이 주 연습실이 필요하지 않다면 무대감독이 추가 연습 장소에 일정을 잡습니다. 대역이 있는 작품의 경우, 다른 주요 배역이 빠지더라도 댄스 캡틴이나 파이트 캡틴의 여유 시간을 찾아보아야 합니다. 이 시간에 대역들에게 해당 장면을 배울 기회를 줍니다. 대역들에게 그들끼리 연습하게 하거나 공식적인 대역 연습 기간까지 기다리게 한다면, 대역 연습 기간이 보통 개막 후인 경우가 많으므로, 이 두 경우 모두 향후 일정을 복잡하게 만들고 대역들이 필요할 때 제 역할을 효과적으로 수행하지 못합니다.

일일 호출

이제 연습이 시작되었고 무대감독은 전체적으로 가능한 일정보다는 일일 연습 계획에 대한 자세한 정보를 더 많이 전달하게 됩니다. 통상적인 일자와 시간으로 시작했지만 이제 모든 사람들이 시간을 더 요구합니다. 무대감독은 구체적인 일일 일정과 주간 일정을 만들어 배포합니다. 배우들은 다음 날 작업을 위해 무엇을 미리 준비해야 할지 알아야 합니다. 제작팀은 어떤 무대 장치가 쓰일지 이것에 맞춰 어떤 소품과 의상이 필요할지 혹은 필요하지 않은 것이 무엇인지 사전에 알아야 합니다. 이런 계획들을 전달하려면 문서나 구두 전달 방법을 갖춰야 합니다.

하루 연습 일정을 마치면 배우들에게 이전 정보에서 달라진 것을 강조하며 다음날 연습 계획을 공지합니다. 다음 일정에는 오늘 참석하지 않은 배우들을 포함할 수도 있습니다. 그래서 그들에게도 연락할 방법을 찾아야 합니다. 어떤 공연장에는 연습 연락망이 있는데 다음날 일정이 매일 저녁 음성 메시지 형태로 저장되는 전화번호입니다. 일정을 서면으로 전달하는 것은 전자 게시판이나 출연자들에게 이메일로 전달하는 문서의 형식을 취합니다.

그림5.23은 「풋루즈Footloose」의 일일 호출 예제이며, 하루 일정의 상세 내용을 보여주는 좋은 예입니다. 이것은 전체 일정에 들어가지는 않습니다. 그리고 전체 일정을 작성할 당시에는 존재하지도 않습니다. 수요일 일정은 연출, 음악감독, 안무가에게 받은 며칠 간의 노트를 작업하는 날이었습니다.

서면 형태로, 해당 배우 호출은 열을 사용했고, 배우들의 작업 내용이 무엇인지 한눈에 볼 수 있게 만들었습니다. 음악 연습은 연출과 안무가를 위해 같은 시간대에 넣었습니다. 해당 시간에 맞추어 셀들을 합치고 충분한 여백을 주면서 이탤릭으로 참고 사항을 적어 배우들이 일정 계획을 잘 살필 수 있도록 했습니다.

제가 이 작품의 무대감독이었고 출연자들에게 전화가 아닌 홈페이지라는 간접적인 방법을 사용한 것이 좋았습니다. 전화로 이런 많은 내용을 전달한다는 것은 매우 어려운 일입니다. 제가 작성한 일정은 출연자 정보 페이지에 PDF 링크 형태로 게시되어 원하는 사람은 출력하거나 휴대 전화에서 확인할 수도 있었습니다.

그러나 전화가 유일한 방법이었다면 아래와 같은 방식을 선택했을 것입니다.

1. 일정에 대한 정보를 공지하기 전에 수요일 의상 피팅에 대한 내용을 언급하여 중요 정보를 놓치지 않도록 합니다.
2. 시간순으로 장소를 한 번에 언급하는 대신 장소별로 내용을 전달합니다.
3. 장면과 안무 연습 내용을 먼저 전달하는 것이 덜 복잡합니다.
4. 발음에 유의하면서 말하는 속도를 일정하게 유지합니다.
5. 일정에 앞서 다음과 같은 소개말로 시작하도록 합니다. "다음은 「풋루즈」의 6월 13일 수요일 일정입니다. 소소한 여러 작업을 겹쳐 진행할 예정이니 집중해 주시길 바랍니다. 연필을 준비해 주세요! 질문이 있다면 로리에게 전화번호 333-555-1212로 연락해 주시길 바랍니다."

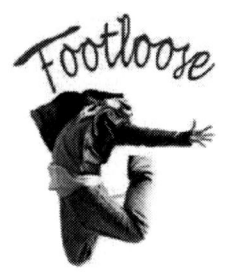

REHEARSAL SCHEDULE

Wednesday June 13

Scenework & Choreography (in Toland Theatre)			Music (in the Choir Room)		
6:30 – 7:30 pm	Willard, Ren	Assorted Scene work	6:30 pm	Wendy Jo, Urleen, Rusty	#1, 4, 6, 7B, 11, 18
			7:00 pm	Posse (Beyer, Cornwell, Lake)	#10
			7:10 pm	Wendy Jo, Urleen, Rusty, Beyer, Bush, Cook, Cornwell, Escher, Lake, Schneider, K. Wolf	#1, 4, 9, 16A
7:30 – 8:00 pm	Chuck, Lyle, Travis, Ariel	Assorted Scene work	7:30 pm	Willard, Garvin, Jeter, Bickle	#13, 13A
			7:45 pm	Ren	#3, 9, 12C
8:00 – 9:30 pm	Rusty, Wendy Jo, Urleen, Ariel, Willard, Ren, Garvin, Jeter, Cowboy Bob, Beyer, Cornwell, Lake, Black, Fanshaw, Holloway, Schneider (*in other words, everyone at the Bar-B-Que except Erica and David*) Holloway to arrive at 8:40 pm	Let's Hear It For the Boy	8:00 pm	Black, Willard, Garvin, Jeter, Bickle, Chuck, Lyle, Travis,	#1, 4, 9, 16A
			8:25 pm	Chuck, Lyle, Travis	#2, 7B
			8:40 pm	Travis	Go to Toland!

그림5.23 일일 리허설 호출표

이런 방법으로 배우들이 많은 내용을 들을 준비를 하도록 하고 전화번호와 일정에 대한 내용을 적을 수 있도록 유도합니다. 물론 이 내용을 여러 번 이미 전달했지만, 헷갈릴 수 있는 배우들에게 다시 확인해 주는 것도 나쁘지 않습니다.

연습 날

미국배우조합은 일일 및 주간 허용 연습 시간을 정하고 있습니다. 총시간은 계약에 따라 또, 작품의 유형 그리고 배우들과 무대감독의 계약금에 따라 다릅니다. 어떤 경우에는 테크 주간이나 공연 기간에 가용 시간과 같이 개봉일까지 남은 일수와 연관되는 경우도 있습니다. 또 어떤 경우에는 연습 첫날 출연자들이 투표로 정하는 것을 계약 조항에 넣기도 합니다. 무대감독이 출연자 회의에 이 안건을 상정해 투표할 것이며, 이후 일정을 작성할 때 투표 결정 사항을 반영할 것입니다.

LORT 계약의 경우, 일반적인 주간 업무 시간은 47시간이며, 연습에는 45시간을 사용하는데, 남은 두 시간은 의상 피팅, 인터뷰 등으로 사용합니다. 하루 작업 시간은 보통 9시간이며 7시간을 연습에 사용합니다. 배우들은 5시간 연속 작업 후 무조건 식사 휴식을 갖습니다. 그러나 이것도 계약에 따라 6시간으로 선택할 수 있습니다. 그날은 말 그대로 6시간 연속으로 연습을 진행합니다. 식사 시간을 길게 갖지 않고 대신 통상 5~10분 휴식을 20분 점심시간으로 늘려 사용합니다. 주간 연습 시간을 계산할 때 이런 연습 일정은 8시간으로 계산합니다. 배우들이 더 이상 이런 선택을 투표에 부칠 필요가 없다 하더라도 공연장에서 연습 기간에 이렇게 진행하길 원한다면 계약서에 이런 사항을 고지해야 합니다. 매일 6시간 연습으로 자동으로 적용되는 것은 아니고, 해당 주의 선택 사항입니다.

이제 무대감독은 연출과 주간 계획을 세울 때 이 선택을 고려합니다. 배우들은 동선 연습으로 9시간 중 7시간 일정을 며칠간 연속으로 진행하고, 이후 6시간의 전체 연습 그리고 이후 수정 연습을 진행합니다. 연출은 그 주간에는 추가 시간을 갖지 못합니다. 그러나 이 방법이 유용합니다. 배우들에게는 오전에 약간의 여유 시간을 주어 전체 연습 전에 대사나 동선을 살펴볼 수 있게 하거나, 연출이 배우들과 다음 단계 연습으로 넘어가기 전에 그 과정에 대해 생각할 시간을 갖거나 혹은 디자이너와 만나 이제 막 끝난 전체 연습을 보고 제작 회의에서는 하기 어려운 깊은 대화 시간을 가질 수도 있습니다. 저는 출연자들이 쉬지 않고 빨리 끝내는 일정을 원하는 작품도 많이 봤습니다. 때로는 출연자 규모가 작고 쉬는 시간이 적기 때문이기도 했고(그래서 아마도 쉽게 지칩니다), 때로는 연습실이 다소 외진 곳에 있어서 식사하러 극장 밖으로 나가거나 휴식 때 잠깐 가게에 들르기가 어려워 그런 경우도 있습니다. 이와 같은 이유로 LORT 계약 배우들이 90분 식사 시간을 60분으로 줄이는 것을 선택하기도 합니다. 모두가 연습 시간을 최대로 활용하길 원하면서도 중간에 그렇게 길게 쉴 필요를 느끼지 못할 것입니다.

연습 기간 초에는 간단한 일정으로 진행합니다. 서로 소개하는 기간에는 모두가 참석하고, 낭독 과정에서 며칠로 크게 나누어 진행합니다. 동선과 장면 연습 기간은 좀 더 복잡할 겁니다. 연출은 특정 시기에는 배우를 몇 그룹으로 나누어 작업하기를 원할 것입니다. 테크니컬 리허설Technical Rehearsal(기술 연습)에 다가갈수록, 일정이 다시 단순해지며 전체 연습을 반복하고 수정이 뒤따르며 전체 출연진이 참석합니다. 여러분은 이렇게 진행하는 연습 운영 시간이 이 과정에 어떻게 도움이 되는지 볼 것입니다.

일정 충돌

연습 일정을 개발하는 과정에서 가장 어려운 점은 연출의 바람과 배우들의 일정 사이에서 균형을 찾는 것입니다. 현장 상황에서는 배우 일정이 빠지는 경우가 적지만, 그래도 사전 일정이 있거나 다급한 일정이 생기는 출연자들이 있을 수 있습니다. 학교 무대감독은 훨씬 많은 일정 간 충돌을 경험합니다. 어떤 역할에 가장 적합한 배우가 월요일 저녁에 연습해야 하는 오케스트라 연주 일정이 있고, 또 다른 배우는 화요일에 저녁 8시까지 수업이 있을 수 있습니다. 두 배우 모두 테크와 공연 주간에는 이런 일정 충돌 문제를 해결할 것입니다만 첫 몇 주간 연습에는 어려울 수 있습니다. 연출이 출연 배우 선정 과정에서 이런 상황을 고려했다고는 하지만 해당 출연자의 부재로 연습이 생산적이지 않다면 힘들어할 것입니다. 두 가지 소통 방법으로 이런 문제를 다소 개선할 수 있습니다. 오디션 정보에 배우들의 사전 일정 목록을 모두 기록하고, 출연자들이 결정되면 한 번 더 확인합니다. 그리고 일정표를 만드는 과정에서 이 내용을 참고합니다. 교육 환경에서는 일정 간 충돌이 더 일상적입니다. 저는 보통 '일정 충돌 일정표'를 만드는데 일반적인 일정표와 거의 동일하지만 언제 누가 참석이 어려운지 혹은 늦게 도착하는지 개별 날짜에 박스 노트로 기록합니다.

가끔 해당 저녁 연습 순서를 바꾸어 모두가 참석하도록 문제를 해결할 수도 있고, 연습 때는 무대조감독이 대신 대본을 읽고 노트나 동선을 기록해 전체 연습을 진행하기 전에 배우에게 전달하기도 합니다. 연출에게 상황을 전달하고 빠졌던 배우가 빨리 놓친 내용을 따라와 매 연습이 차질 없이 진행되도록 합니다.

의상 피팅

무대감독은 의상 피팅을 위해 배우들의 일정을 조정합니다. 의상 피팅은 의상 제작소에 들러 만들어졌거나 만들고 있는 의상을 입어 보는 시간을 말합니다. 현장 상황에서는 제작소 운영 시간이 연습 시간과 겹쳐 무대감독은 연습 일정 안에 이런 시간을 잘 엮어야 합니다. 학교에서는 의상 피팅은 낮에 진행하고 연습은 저녁에 진행하는 것이 일반적입니다.

NAME OF SHOW

FITTINGS

ACTOR
REQUESTED
AND FITTING
LENGTH

*By listing out costume
shop requests here,
you can easily give this
sheet to an ASM to
schedule, and cross off
names once he or she
has been successful.*

Day:	Day:
1:00 pm_____	1:00 pm_____
1:15 pm_____	1:15 pm_____
1:30 pm_____	1:30 pm_____
1:45 pm_____	1:45 pm_____
2:00 pm_____	2:00 pm_____
2:15 pm_____	2:15 pm_____
2:30 pm_____	2:30 pm_____
2:45pm_____	2:45pm_____
3:00pm_____	3:00pm_____
3:15 pm_____	3:15 pm_____
3:30 pm_____	3:30 pm_____
3:45 pm_____	3:45 pm_____

*Note: adjust the times listed next to lines above for the
appropriate availability in your costume shop!*

Note: This form is based on one originally developed at the University of Arizona

그림5.24 의상 피팅 양식 예시

무대감독이 이 일정 약속을 잡고 수업이나 업무 시간 사이에서 적당한 시간을 찾도록 배우를 돕습니다.

일단 일정이 정해지면 피팅 일정 알림을 배우들에게 보내야 합니다. 이때 게시판, 웹사이트, 개인별 일정 카드(병원 진료 예약 시 받는 카드와 같은) 등 일정한 문서 형식이 필요합니다. 리허설용 음성 사서함에 구두로 남길 수도 있습니다.

의상 제작소가 한 번에 한 작품 이상 작업해야 한다면, 무대감독은 여러 공연 간의 의상 피팅 일정을 조정해야 할 겁니다. 그래야 한 번에 한 사람씩 같은 디자이너나 의상 스태프를 만날 수 있습니다. 의상 제작소는 여러 의상 피팅을 하루에 하도록 미리 일정을 요청하고, 무대감독은 연습 일정을 참고하여 가능한 일정을 파악한 후, 다른 무대감독들과 확인해서 배우들과 일정을 확정하고 이후 의상팀에게 전달합니다.

여러분의 학과나 극장에 의상 피팅 일정에 관한 양식이 있습니다. 없다면 새로 개발합니다. 그림5.24에서 제가 사용한 양식을 찾아볼 수 있습니다. 하지만 연습 일정처럼 의상 피팅만 나열하면 되는 단순한 작업입니다. 정보가 모두에게 분명히 전달되기만 한다면 각자 알아서 선택하면 됩니다.

첫 전체 연습Run-through

무대감독은 동선 연습 기간에 새로운 시도와 동시에 대강의 전체 연습을 밟아 보기 전에 이따금 리뷰 시간을 갖도록 일정을 만듭니다. 연출은 매일 연습 말미에 리뷰하거나, 장면 연습을 먼저 진행하고 주말까지 기다릴 수도 있습니다. 리뷰는 두 가지 면에서 이상적입니다. (1) 배우가 여러 번 전체 연습을 한다면 배우가 동선을 기억하는 데 더 효과적입니다. 그리고 (2) 대역이 좀 더 작업하기 쉬운 분량으로 나누어 연출 노트를 받을 수 있습니다. 전문 공연에서는 대역이 작품에 정해진 역할이 없다면 연습에 매일 참여하지는 않습니다. 그리고 대역이 주역 배우 중 한 명이고 같은 시간에 다른 연습으로 불려 간다면 장면 연습에 모두 참여하지 못해, 두 경우 모두 전체 연습을 통해 공연 내용을 한 번에 파악합니다.

그러나 여러분이 연습 리뷰에 참여해 보았는지 아닌지 모르지만 첫 전체 연습은 중요한 일정입니다. 무대감독 팀은 동선과 소품 의상의 전환을 확인하고 수정된 공연 소요 시간도 확인합니다.

연습실 공간 정리를 통해 연습 소품과 가구들을 효과적인 자리에 두는 것이 중요하며, 배우나 조감독이 크루 대신 전환합니다. 첫 전체 연습에는 손님이 참석할 수 있는데, 특히 디자이너들이 참석합니다. 남는 테이블과 의자를 연습실 밖으로 내보냈다면 다시 가져와 자리를 만듭니다. 모두를 위한 효과적이고 기능적인 공간 준비에 노력합니다.

정리정돈

할 일이 매우 많기 때문에 무대감독은 정리하는 법을 배우는 것이 중요합니다. 특히 공연 규모가 크면 장면분석표와 평면도가 바라는 것보다 평소만큼 효과적이지 않다는 것을 발견하게 됩니다. 전체 공연을 어떻게 매끄럽게 진행할시 특히 연습 기간에 고민해 봐야 합니다.

이미 작품 「크리스마스 캐럴」에서 언급한 내용이지만 그때 뭔가 특별한 방법을 찾았습니다. 자세한 인물/장면분석표를 만들었지만 54명의 출연자 목록으로 페이지 두 장이 꽉 찼고, 심지어 세로보기로 만들었습니다. 어떤 배우들은 한 배역만 맡아 인물 이름으로 구분했고, 어떤 배우들은 여러 장면에 이름 없는 앙상블을 맡았습니다. 그리고 당연히 10명의 아이도 있었고 배역 이름이 있는 경우도 없는 경우도 있었습니다. 대본에는 개인적으로 나눈 장면 분할에 장치 전환 노트가 적혀 있었습니다. 하지만 연출이 제작팀을 위해 전통적인 번호를 적었습니다. 그리고 앞에서 본 「십이야」와 마찬가지로 각 장소는 특정한 가구들이 있었습니다.

보통 제 서류들에 의존해 연습을 시작했습니다. 하지만 한 번에 여러 종류의 정보를 찾아내야 한다는 것을 알았고 각 장면에 나오는 출연자들의 목록이 맞는지 쉽게 확인하기 위해 만들 무엇인가가 필요하다는 것을 깨달았습니다. 그림5.25에 나온 것처럼 요약 노트가 도움이 되었습니다. 본래는 일정 작성을 위해 만들었는데 무대조감독이 합치기 시작했고, 그 문서를 좀 더 쉽게 사용할 수 있게 수정했습니다. 장면별 가구 세팅에 사용한 테이프 색을 설명하는 노트를 위해 열을 추가한 것이 도움이 되었습니다.

다른 작품에서는 이런 종류의 문서가 별 도움이 되지 않았지만 이런 요약 노트는 여러 형태로 만듭니다. 무대감독은 항상 평면도를 가지고 있고, 여러 장소 배경이 있는 연극들의 경우 각 장소의 도면들이 따로 있습니다. 그 도면들을 줄여서 여러 개의 작은 평면도를 한 장에 담으면 유용합니다. 치수를 재기에는 적당하지 않지만 전체 연습 중에 동선 문제를 파악하기에 좋고 바닥 테이프 색을 기록하여 한눈에 보기 좋습니다.

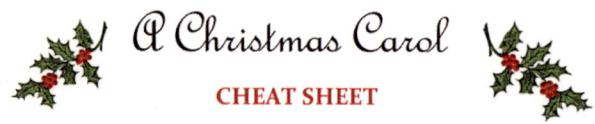

A Christmas Carol
CHEAT SHEET

Act/Scene	Pages	Location	Spike Tape for Furniture	Cast
ACT TWO				
II-1	21–22	Scrooge's Home (Present)	PINK	Present, Scrooge
II-2	22	Street	none	Dickens, Scrooge, Present, Chestnut, Flower, Baker, Martha, Sopel, Cratchit, Fred, Mrs. Fred, Beggar **Kids: Izzy, Elizabeth, Tiny Tim**
II-3	23–28	Cratchit Home	BRIGHT BLUE	Dickens, Scrooge, Present, Cratchit, Mrs. Cratchit, Peter, Belinda, Martha **Kids: Tiny Tim**
II-4	28–29	Street (Bygone Christmas)	none	Dickens, Scrooge, Present, Belle, Young Ebenezer, Cratchit, Beggar **Kids: Fan, Boy Ebenezer, Tiny Tim**
II-5	29–33	Fred's House	GREY	Fred, Mrs. Fred, Topper, Cecil, Hazel, Florella, Scrooge, Present
II-6	34	Street (Ignorance & Want)	none	Dickens, Scrooge, Present **Kids: Annie, Elizabeth**
II-7	35	Scrooge's House (Future)	PINK	Dickens, Scrooge, Future (Coffin)
II-8	35–36	Street (Funeral)	none	Scrooge, Future (Coffin), Snuff Box, Pound Notes, Newspaper, Undertaker, Topper, Cecil, Fred, Cratchit
II-9	36–37	Cratchit Home	YELLOW	Scrooge, Mrs. Cratchit, Cratchit, Belinda, Peter, Martha
II-10	37–39	Outside Graveyard	none	Scrooge, Future (Dickens), Char, Laundress, Joe the Beetler, Undertaker, Beggar, Fred, Cecil, Topper
II-10 A	39	Graveyard	none	Scrooge, Future (Dickens)

그림5.25 「크리스마스 캐럴」의 요약 노트

장면 연습

첫 전체 연습 이후에는 작품을 더 탐구합니다. 작업은 물리적인 준비에 관한 '무엇'을 찾는 리허설에서 의도와 동기에 관한 '왜'를 찾는 리허설로 옮겨 갑니다. 배우들은 작품의 물리적인 형태에 대한 충분한 이해를 바탕으로 각 인물의 세부 사항을 찾기 시작합니다.

장면의 등장인물 연구는 동선 연구보다 연습 시간을 더 많이 요구합니다. 장면 연구는 순서 없이 진행할 수 있습니다. 따라서 배우가 작품 전체를 통해 인물의 변화를 좀 더 간략하게 탐구할 수 있습니다. 동선 연습과는 다르게 무대감독이 의상 피팅, 사투리 연습 등 배우들이 일시적으로 연습에 참석하지 못하는 일정을 좀 더 쉽게 조율합니다.

장면 연습은 보통 대사 임기 기한과 일치합니다. 배우가 내본을 들고 연습하지 않으면 진행이 좀 더 성공적이기 때문입니다. 일정이 추가되기도 하지만 무대감독 팀은 이제 프롬프팅prompting(배우가 대사를 잊으면 불러 주는 것)도 해야 하고 대사 수정 노트도 기록해야 합니다.

수정 노트 종료?

이제 동선에 큰 변화가 없을 텐데 무대감독이 인물 연습 때 프롬프트 대본에 여전히 노트를 넘겨야 할까요? 네, 남겨야 합니다! 특히 여러분이 공연을 진행하거나 대역을 연습시켜야 한다면, 그 과정의 결과를 여전히 기록해야 합니다. 연출이나 해당 배우의 말을 인용할 수 있다면 나중에 여러분이 낸 의견에 힘이 실릴 것입니다.

대사 노트

대사 노트는 배우들이 대본을 정확히 외울 수 있도록 돕는 도구입니다. 기술적으로는 서면 소통 방식이지만 덜 형식적입니다. 빠르게 적더라도 구체성을 확보하는 것이 목표입니다. 일련의 항목이 담긴 인쇄된 쪽지를 사용하면 실수 유형을 기록하는 데 도움이 되고, 관련된 대사의 시작 부분과 문제 있는 구간을 표시하는 것만으로도 충분히 식별됩니다. 그림5.26은 단일 노트 양식의 예시를 보여 줍니다.

CHARACTER_____   PAGE_____

Dropped Line   Paraphrased   Jumped/Missed Cue   Called for Line

Dropped Words   Sequence of Lines   Pronunciation

Added:_____

LINE:_____
_____
_____

그림5.26 대사 노트. 이 노트는 장당 네 개씩 들어있고 복사 후 하나씩 잘라 연습 전에 준비합니다.

인쇄한 대사 노트가 실용적이지 않거나 꺼려진다면 무대감독 팀은 디지털 방식으로 접근할 여러 방법이 있습니다. 이런 특정 기능을 사용할 수 있는 소프트웨어와 유능한 무대감독이 있다면 드롭다운dropdown 메뉴와 사전에 설정한 줄임말이 담긴 표와 스프레드시트를 사용해 무대조감독이 전자적으로 노트를 작성해 일정을 마친 후 배우들에게 전송합니다.

전통적인 무대감독 업무의 디지털 대안을 찾으려는 노력은 협조적인 무대감독들의 집단 지성이 가장 잘 작동하는 예일 것입니다. 그림5.27은 마이크로소프트 엑셀의 스프레드시트로 만든 대사 노트입니다. 이 팀은 인물, 배우, 실수를 가리키는 줄임말을 담은 드롭다운 선택 기능을 활용했습니다. 이 문서는 어느 여름 인턴을 마치고 온 학생을 통해 받은 것입니다. 제가 이 문서를 작성한 무대감독에게 사용 허가를 받으려고 부탁했더니, 그녀가 말하길 "사실 제가 만들었다고 보기 어려워요. 저도 어디서 시작된 건지 알지도 못하는 많은 사람을 거쳐 받은 것이라…… 제가 아는 사람 중에도 아주 비슷한 걸 쓰는 사람도 봤는데, 우린 그냥 각자에게 맞게 또 공연에 맞춰 조금씩 수정한 거예요. 제 생각에 대사 노트를 디지털로 쓰는 것이 좋은 것 같아요. 하지만 아마 그 공은 많은 무대감독에게 돌리는 것이 맞을 것 같습니다." 이런 정신으로 저도 여러분과 나눕니다. 현장의 냉정한 눈으로 보더라도 사용하기 편리하게 만들어졌습니다. 작품에 따라 서식을 수정하기 쉽고, 드롭다운 메뉴에서 개별 배우를 선택하기도 신속하며, 개별 노트를 PDF로 출력하기도 수월합니다. 이 양식을 이용해 대사 노트를 작성하는 사람은 타이핑이 빠른 사람이 좋습니다. 아니면 대본에 틀린 사항을 적어 두었다가 나중에 일정을 마치고 이 양식으로 옮길 수도 있습니다.

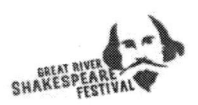

Macbeth
Line Notes from 6/8/19

Dir: Paul Barnes
SM: Rebekah Heusel
ASM: Hannah Steele

Line Note Key:

D: Dropped Word/Phrase	P: Paraphrased Line	WW: Wrong Word
LC: Line Called	R: Review	MC: Missed Cue/Late
IO: Inverted Order of Words	A: Added Word/Phrase	JC: Jumped Cue/Early

Actor	Character	Pg.	Note	Line
Sort A to Z / Sort Z to A / Sort by Color / Clear Filter From "Actor" / Filter by Color / Text Filters / Search / (Select All) / Alex / Benjamin / Fitz / Leah / OK Cancel		8	D	Of noble having and of royal hope, **that he seems rapt withal.**
		10	WW	LINE: To th' self-same tune and words. Who's <u>here</u>? SAID: Who's there?
		11	LC	..To win us to our **harm the instruments of darkness..**
		13	WW	LINE: Thou art so far <u>before</u> that swiftest wing of.. SAID: Thou art so far forward..
		13	D	whom we name hereafter **The** Prince of Cumberland
		14	WW	LINE: It is a <u>peerless</u> kinsman. SAID: It is a worthy kinsman.
		14	IO	Yet **do I** fear thy nature.
Leah	Lady Macbeth	15	LC	..though wouldst highly, **That wouldst thou holily**
Leah	Lady Macbeth	15	WW	LINE: That which cries "<u>Thus</u> thou must do" SAID: This thou must do.
Fitz	Duncan	17	WW	LINE: See, see, our <u>honored</u> hostess SAID: ..noble hostess.
Leah	Lady Macbeth	17	WW	LINE: business to contend <u>against</u> those honors... SAID: to contend with those honors..
Fitz	Duncan	18	WW	LINE: and <u>shall</u> continue our.. SAID: and will continue...
Leah	Lady Macbeth	19	WW	LINE: He <u>has</u> almost supped. SAID: He hath almost supped.
Benjamin	Banquo	33	D	and question this **most** bloody piece of work,
Alex	Malcolm	33	JC	Donalbain: the near in blood, the nearer bloody. Malcolm: This murderous...

그림5.27 포괄적으로 대사 노트를 남길 수 있는 스프레드시트. 무대감독 레베카 후셀Rebekah Heusel에게 전달받았지만, 무대감독의 위대한 집단지성으로 만들어졌습니다.

대사 노트를 시작할 때 무대감독 팀은 대사 누락, 심각한 의역, 큐 생략 등 몇 가지 주요 문제에 집중해야 합니다. 연습 과정과 배우들이 숙련되면서 무대감독은 분 단위 세부 내용을 수정합니다. 반복적으로 잘못 전달되는 대사들이 나타나면, 대사에 문제가 되는 부분을 파악하고 배우가 실제로 하는 말을 알려 주는 것이 필요합니다. 보통 실수가 이미 기억 속에 남아 있어 배우가 틀린 내용을 인지하지 못할 수 있습니다. 가능하면 팀 전체가 이 작업에 참여하도록 합시다. 대본을 보는 사람은 대사 노트를 작성하지 말고 대본에 항상 눈을 고정해야 합니다. 잠깐 눈을 돌리면 항상 배우들이 잊은 대사를 물어봅니다. 무대감독은 여전히 동선 노트를 적고 수정하느라 바쁘고 조감독도 한 명밖에 없다면, '특별 손님'을 불러 대본을 맡기기도 합니다. 동료 무대감독이나 친구를 활용하거나, 최후의 보루로 출연자 중 오프스테이지offstage에 있을 만한 배역들 중 돌아가며 도와줄 자원자들을 활용할 수도 있습니다.

연습실 안전

무대감독의 주요 역할은 생산적인 연습 환경을 만드는 것입니다. 여기에는 설치와 계획 등 지금까지 논의한 것들을 포함해 그 환경을 안전하게 만드는 것까지 포함됩니다. 그리고 안전도를 평가하는 것은 공연 제작을 보는 여러 관점이 필요합니다.

응급 처치

첫 번째로 가장 쉬운 단계는 아마 사용 가능한 응급 처치 도구를 살펴보는 것일 것입니다. 가장 가까운 구급함은 어디 있나요? 안에 필요한 물품들이 들어 있나요? 유효 기간이 지난 물품이 있습니까? 구급함을 찾지 못하거나 내용물이 우려된다면 담당자에게 연락해 봅시다. 학생 무대감독의 경우 교수나 교직원에게 물어보아야 합니다. 전문 공연에서는 제작감독이나 기술감독에게 문의합시다. 부족한 물품을 채울 수 있게 도와줄 것입니다. 반창고, 냉찜질 주머니, 압박 붕대 등 가장 많이 쓰는 물품을 특별히 더 살펴봅시다. 연습 기간에 응급 처치 도구들을 쉽게 사용할 수 있도록 확인합시다. 무대감독 사물함이 연습실 한쪽 구석에 있거나 근처 다른 방에 있다면, 다른 곳으로 옮기거나 작은 상자에 딱 필요한 것들만 담아 쉽게 찾을 수 있는 곳에 둡시다. 진통제를 구비하기 전에, 학교나 회사에 의약품 관련 지침이 있는지 확인해 봅시다. 지역에 따라 문제가 되지 않을 수 있지만 어떤 곳에서는 구입할 수 없는 것일 수도 있습니다.

자신의 시장 가치를 높이고 전문성을 개발하려는 일환으로 많은 무대감독이 응급처치 자격증을 취득하기도 합니다. 이런 점은 가치 있고 책임감 있는 목표입니다만 의무가 되어서는 안 됩니다. 공연장이나 학교에서 교육을 받도록 요구하면 전문가나 미국 적십자와 같은 기관을 통해 교육을 받도록 합시다. 많은 대학이 수업이나 저렴한 특강으로 학생들의 자격증 프로그램을 운영합니다. 예술 관련 기관들은 정기적으로 전문 무대감독을 위해 할인된 교육 프로그램을 제공합니다. 관리자에게 문의하여 자신에게 적합한지 어떻게 운영되는지 확인해 보길 바랍니다. 응급 처치 자격에 대해 또 다른 중요한 점은 최근에 받은 교육일 때만 이 분야에 대한 처치 기술에 대해 전달할 수 있다는 것입니다. 5년 전에 받은 교육이라면 아무리 철저히 수료했다고 하더라도 동일하지 않습니다. 특히 학생인 경우 수학과 같은 전공 필수 과목을 예로 들어 봅시다. 고등학교 1학년 때 수학 필수 과목을 수료했고 대학에 와서 기초 학력 시험을 치를 때쯤 얼마나 기억할까요? 아마도 한 번 공부한 내용이라 잘 안다고 생각해서 기초 과정을 생략한 수업을 선택하려고 할 수 있습니다. 하지만 고등학교 수업을 들은 지 1년 이상이 지났다면, 다 기억한다고 생각해 바로 미적분 과정에 수강 신청을 하는 것보다 어느 정도 복습 과정으로 시작하는 것이 안전할 것입니다. 인명 사고가 관여된 일에는 위험성이 더 높습니다. 같은 이치로 생각하면 됩니다.

무대 안전

모든 극장이 별도의 연습실을 갖춘 것은 아닙니다. 우리 대학도 그중 하나인데, 연습은 저녁에 진행하고 낮 동안은 제작소와 무대 위에서 무대 제작과 작화를 진행합니다. 매일 일과 시간이 끝나면 무대감독 팀은 기술감독과 무대 위 무대 장치의 상태를 확인합니다. 덧마루가 서거나 걷기에 안전한지, 계단에는 난간이 있는지, 작업 중인 장치 중 보관할 곳이 마땅히 없어 무대 위에 남겨 두어야 하는 장치가 있는지, 무대감독은 이런 사안들을 연출과 출연자들과 매일 저녁 공유해야 합니다. 눈에 뻔히 보이는 단 위에 배우들이 올라갈 수 없다면 연출이 실망하겠지만 장치가 제대로 준비되지 않아 사고가 발생한다면 훨씬 즐겁지 않을 것입니다. 매일 저녁 연습 시작 전에 무대감독 팀은 전체 공간을 쓸고 주변을 살피며 공구나 장치가 남겨진 것들이 없는지 확인합니다. 장치 제작팀들이 같이 쓰는 공간을 여러분을 위해 최대한 준비해 줄 것이라고 희망적으로 예상해 보지만 만약의 상황에도 대비하는 것이 좋습니다. 오후 작업에 바닥 합판 모서리를 라우터로 다듬는 작업이 있었다면, 한 번 쓸었다고 그 많은 먼지를 정리할 수 없었을 테니 아마도 바닥이 미끄러울 수 있습니다.

무대 바닥

미국배우조합은 무대 디자인을 검토하는 임무를 수행하지는 않습니다. 그러나 거의 모든 계약에서 연기자들에게 중대한 물리적 영향을 줄 수 있는 장치들에 대해 구체적으로 명시합니다. 조합 관할 작품은 경사 바닥, 적절한 난간, 복도와 계단의 안전 표식, 춤춰야 하는 바닥 면에 대해 구체적인 규정을 준수해야 합니다. 현재 규정집에 따르면 "배우들은 콘크리트나 대리석 바닥, 조합이 부상의 위험이 있거나 안전하지 않다고 생각되는 바닥 그리고 그런 종류의 바닥에 바로 깔린 나무 바닥 혹은 어떤 재료라도 콘크리트나 대리석 혹은 유사한 바닥에서 춤을 춰야 하는 바닥 간 최소 40mm 이상 띄우지 않은 곳에서 오디션, 안무 연습이나 안무를 소화하도록 요구할 수 없다"고 규정합니다.

응급 의료 양식

많은 공연 학과와 제작사에서 무대감독이 출연자들과 다른 참여자들의 응급 의료 정보를 취합하도록 요구하는데, 이 경우 표준 양식이 제공될 것입니다. 그렇지 않다면 이 책 부록의 예제나 연관 웹사이트에서 찾을 수 있습니다.

여러분이 그 문서들을 가까이 두고 비밀을 유지한다는 것을 단체가 알 수 있도록 해야 합니다. 배우들은 자신의 응급 의료 상황에서 중요한 정보가 유출될 수 있다고 생각되면 제공하지 않으려 할 것입니다. 그 양식에 알레르기 음식 목록을 적는 항목이 있습니까? 그런 정보는 배우들이 무대에서 음식을 먹는 연기를 해야 하는 경우 중요하지만, 연습 환경에서도 전반적으로 중요한 정보입니다. 특히 땅콩 알레르기와 같은 것에는 특히 신경을 써야 합니다. 어떤 사람들은 가루나 냄새에도 반응하는 극단적인 경우도 있습니다. 이런 경우 무대감독은 연습 때부터 전체적으로 '땅콩 없는 현장'을 만들어야 합니다.

편안한 작업 환경

물리적인 안전을 넘어 훌륭한 무대감독은 연기자들이 인물에 대한 새로운 시도와 탐구가 환영받는다고 느낄 수 있는 환경을 조성하는 데 노력할 것입니다. 여기에는 여러 방법이 필요합니다.

(1) 오늘 호출된 배우 중 당장 참여하지 않는 배우들이 대화하거나 휴대 전화를 사용할 수 있도록 공간을 따로 만들어 방해받지 않는 연습실을 만듭니다. 해당 공간에 있는 배우들에게는 연습실 상황을 공유하도록 합니다. 연습실 모니터를 제공하거나 무대조감독이 정기적으로 소식을 전하도록 합니다.

(2) 마찬가지로 무대감독 팀은 사람들이 연습에 집중할 수 있도록 돕고, 작은 공간에서는 컴퓨터 작업을 최소화합니다. 타이핑이 조용하다 해도 어떤 경우에는 방해가 될 수 있고, 열려 있는 노트북 덮개 위로 소통하는 것이 소통의 의지를 떨어뜨릴 수 있습니다. 여러분의 무대조감독이 내일 연습을 위해 사전 준비(프리셋preset) 목록을 열심히 만들고 있다고 해도 남들이 보기에는 SNS에 공을 늘이는 것과 달라 보이지 않습니다. 이와 같은 모습으로 작업에 대한 존중을 표현하는 것에 도움이 될 것입니다.

(3) 출연자 간의 갈등이 연습실에서 드러나기 시작한다면 공연과 직접적으로 관련이 없더라도 알고 있어야 합니다. 무대감독이 공연 주변의 모든 사소한 불화를 중재해야 할 필요는 없습니다. 그러나 그런 갈등이 공연에 영향을 주기 시작한다면 파악할 수 있는 만큼 관찰하려는 노력이 필요합니다. 두 배우가 서로 사이가 좋지 않아 연습 중 공사를 구분할 수 없다면, 낭만적인 장면이 불편해지거나 격투 장면이 위험해질 수 있습니다. 무대감독이 이런 상황을 혼자 감당하기 어렵다고 느껴지면 도움을 찾아야 합니다. 여러분이 두 룸메이트의 문제나 이제 막 헤어진 커플의 문제를 해결하지 못했다고 여러분 개인이 실패한 것은 아닙니다. 학생 무대감독이라면 연출이나 담당 교수를 찾아가고, 전문 무대감독이라면 제작감독이나 제작무대감독 혹은 극장의 인사 담당자를 찾아갑시다. 그들의 경험과 자원으로 문제를 해결하도록 합시다.

(4) 만약 민감한 언어가 포함된 연극을 작업 중이라면, 예를 들어 인종 차별적 별칭이나 더 일반적인 차별적 태도들을 담고 있다면 이런 대사들을 연습실에서 어떻게 다룰지 연출과 계획을 세웁니다. 1960년 동명 소설을 원작으로 한 「앵무새 죽이기 To Kill a Mockingbird」는 1930년대 앨라배마Alabama가 배경이며 증오 섞인 대화들을

담고 있습니다. 작품에서 대사를 자를 수는 없지만 연출과 무대감독은 이런 언어들이 당시에 왜 일부 사람들에게 용인될 수 있었는지 이해하도록 맥락을 제시하고, 그런 대사나 감정들은 대본이 허용할 때만 사용하며 출연자나 제작팀이 작품에 대해 이야기를 나눌 때 일상적으로 사용되지 않도록 주의해야 합니다. 이런 방법들로 이 작품에 참여하는 사람에 대한 존중을 증진하는 데 도움이 될 것입니다.

건강한 연습 공간

일하기 어렵게 하는 것이 인종 문제와 같은 주제를 다루는 연극만은 아닙니다. 차별, 불평등, 폭력을 다루는 대본은 선한 의지를 가진 출연자들이 선한 뜻을 가진 인물을 연기하더라도 감정적으로 소모적일 수 있습니다. 「26개의 자갈26 Pebbles」은 2014년 있었던 끔찍한 총기 사건 전후의 코네티컷 뉴타운 주민들에 관한 다큐멘터리 드라마입니다. 이 연극은 그 총기 사건을 극화하지 않습니다. 그럼에도 여전히 어렵고 슬픈 대본입니다. 비슷한 무게의 동시대 작품 목록으로 매튜 셰퍼드Matthew Shepard에 관한 「래러미 프로젝트Laramie Project」, 사형수 이야기를 다룬 「무죄The Exonerated」 그리고 로우 대 웨이드Roe v. Wade 사건의 변호사와 원고에 관한 리사 루머Lisa Loomer의 연극 「로우Roe」가 있습니다. 많은 고전 희곡의 이야기와 등장인물들이 요즘에는 다르게 다가온다는 점을 주목할 가치가 있습니다. 예를 들어 배우와 관객이 「말괄량이 길들이기The Taming of the Shrew」에 적용하는 현대적 해석은 셰익스피어 당대와 현저히 다릅니다.

안전한 공간이란 용어가 요즘은 무색해지기도 했고 때론 대중문화에서 무기화되기도 했지만, 더 근본적인 개념입니다. 무대감독은 야간에 작업하는 배우들이 편안할 수 있도록 도울 수 있는 것을 생각해 봐야 합니다. 아래는 몇 가지 제언입니다.

- 첫 배우가 도착하기 전에 문을 열고 정리하여 가능한 전문적인 환경을 유지합니다.
- 연습을 위한 소품과 의상을 구해 놓고 도착한 배우들에게 설명합니다.
- 연습 물품을 구하기 어렵거나 늦어지면 질문에 대응할 준비를 하여 물리적 환경으로 불편하거나 걱정거리를 주지 않도록 합니다.
- 분위기를 돋울 기회를 찾아봅시다. 연습 중 생일을 맞은 사람이 있다면, 성대한 파티가 아니더라도 과자 한 접시나 일과 후 생일 축하 노래로 배우들이 작품에서 그들의 일상으로 잠시 돌아갈 수 있도록 돕습니다.

- 연습실의 기운을 파악합시다. 5분 휴식을 앞두고 있지만, 긴장감이 도는 장면을 연습 중이라면, 배우들이 연습에서 벗어나 쉬면서 자신을 추스르도록 한 후, 다시 연습에 복귀하도록 돕습니다. 휴식 시간이 정해진 것보다 길어질 수도 있습니다.

　연습을 시작하기 전에 연출과 작품의 주제에 관해 이야기하며, 일과 후에 긴장을 푸는 시간을 갖길 원하는지, 배우들과 이야기를 나눌 외부 전문가를 섭외할 것인지 알아봅시다. 이런 것들이 과거에 작업해 본 연출이라도 항상 작품 시작하기 전에 연출과 만나야 하는 이유입니다. 과거 작업 경험에 따른 예상이 항상 바라는 대로 되지는 않습니다. 5분 휴식을 선호하던 연출이 첫 연습도 되지 않아 이 작품은 그런 패턴을 깨야 하는 작품이라고 생각할 수도 있습니다. 지금이 최소한 이런 내용을 건드려 볼 기회입니다.

　만일 연습 중반쯤 이런 과정들이 필요하다는 사실을 깨달았다면 지금이라도 활용하는 것에 관해 물어봅시다. 처음부터 써 보려고 공구통에 담아 왔는데, 이번엔 몇 주 늦게 사용한다고 해서 환영하지 않거나 불필요하다고 생각하는 것은 아닙니다.

인티머시Intimacy 연출

공연계에서 안무나 격투와 같은 특정 기술이 없는 연출에게 해당 전문가가 필요하다는 것은 오랫동안 당연한 것이었습니다. 인티머시 디렉터intimacy director도 새로운 역할이라고 해서 중요하지 않은 것은 아닙니다. 과거 3년간 이 신진 전문가가 참여하는 연습 현장이 늘고 있습니다.

　국제 인티머시 디렉터 그룹Intimacy Directors International은 인티머시 연출을 신체 접촉, 누드, 성행위 묘사 등의 안무로 정의하며 '모두의 신체적·심리적 안정을 존중하면서 연출과 배우들의 해석을 통해 작가의 의도를 전달하며 등장인물의 서사를 정확히 전달하는' 것에 목적을 둡니다.

　공연장에서 IDI의 작업은 다섯 개의 주요 원칙을 중심으로 작동합니다. 맥락, 소통, 동의, 안무, 마무리가 그것입니다. 무대 위 매우 민감한 장면을 극 중 이야기와 그 행위의 필요성을 명확히 이해하도록 배치하고, 설계된 일련의 움직임들을 모든 배우가 이해하고 엄격하게 따르며, 매일 열린 분위기로 토론하면서 모든 참여자가 전문적으로, 서로 존중하면서, 신체적 작업에 편안하게 임할 수 있도록 합니다.

IDI는 전문 제작사와 대학을 위한 프로그램을 보유하고, 무대 위 신체 접촉을 다루는 원칙과 도구를 개발합니다. 인티머시 디렉터 자격증 훈련 교육을 제공하고 전문성이 없는 대학과 제작사의 고용을 돕기도 합니다. 인티머시 디렉터와 처음 작업하는 무대감독은 연습 과정에서 훌륭하게 협조할 수 있도록 그 과정에 대해 자세히 알길 원할 것입니다. 그리고 신체 접촉이 있는 연극이나 뮤지컬에서 해당 전문가가 없는 경우 연습과 공연을 어떻게 진행해야 할지 자문을 받아야 합니다.

연습 일지

각 연습 일과를 마치고 무대감독은 일지를 작성해 극장이나 학교의 요청에 따라 전체 제작팀 해당 인력들과 공유해야 합니다.

수신자

- 연출과 무대감독 팀
- 디자이너와 어시스턴트
- 제작감독
- 분야별 제작팀장(상황에 따라)
- 제작 무대감독(있다면)
- 교수 지도자(학교 실습의 경우)

내용

- 당일 상세 일정, 휴식 포함
- 다음 날 일정 개요
- 불참, 지각, 방문자
- 연출이나 무대감독의 분야별 질문 사항
- 무대, 의상, 소품 혹은 다른 물리적 요소들에 대한 노트
- 사고나 상해 보고
- 팀 전체를 위한 일반적인 정보

작성 이유

- 연습실에서 일어난 일에 대한 설명 제공
- 제작 분야별 각 팀에 필요 및 요구 사항에 대한 노트 공지
- 연출이나 무대감독의 질문 공유

연습 일지는 무대감독에게 가장 중요한 소통 수단입니다. 연습실과 나머지 제작팀을 바로 연결하는 통로이며, 여러 수신자에게 많은 정보를 전달하는 가장 효과적인 수단입니다. 다른 지역 디자이너에게 전달하는 것도 복도 건너 스태프에게 전달하는 것만큼 쉽습니다. 연습 일지는 연기자 조합이나 보험 관련 업무에서도 작품의 공식 문서로 여겨집니다.

그래서 무대감독은 일지를 공식적인 소통으로 여겨야 하고 1장에서 소개한 세 가지 규칙을 잘 반영하는 것이 좋습니다. 신중하게, 제때, 구체적으로 전달합니다.

연습 일지는 각 분야 정보를 제대로 전달해야 합니다. 음향팀을 위한 정보나 질문이 없는 날이 있다면 빈 채로 두기보다 '오늘 노트 없음'으로 적는 것이 좋습니다. 이렇게 하면 음향디자이너에게 연습실에서 별도의 노트가 없었다는 것과 무대감독이 노트를 잊어버린 것이 아니라는 것을 재확인시킬 수 있습니다.

동선 작업 기간의 한 특징은 대부분의 소품이 추가되는 시기라는 점입니다. 이런 소품들은 장면 연습 시 배우들이 본격적으로 움직일 즈음에는 삭제될 수도 있습니다. 그래서 쓰지 않을 수도 있으니 추가 소품을 요청하지 않는 것이 좋을까요? 아닙니다. 연습 막판에 긴 소품 목록을 전달하면 소품팀이 시간이나 예산을 제대로 계획하기 어렵습니다. 무대디자이너가 이런 상황을 정확히 알지 못하면 연출과 이에 대해 견해를 나누거나 특정 소품에 대해 대안을 논의할 수도 없을 것입니다. 그리고 요청이 이루어지지 않으면 연습실에서 구현하지도 못할 소품을 두고 모두의 시간을 허비한 셈이 됩니다.

노트는 가능한 구체적으로 써야 합니다. 연출이 어느 인물에게 야구 모자를 씌우길 원하는데 그냥 모자로 적으면 세부 내용이 생략됩니다. 이와 반대로 예술적 결정을 하는 것도 무대감독의 역할이 아닙니다. 단지 모자가 필요하다고 했는데 야구 모자가 최선이라는 선택을 하는 것은 무대감독의 일이 아닙니다.

여러분이 생각하기에 즐겁지 않은 내용이나 나쁜 소식을 노트로 전달하는 것이 불편할 수 있습니다. 하지만 무대감독이 적지 말아야 한다는 것은 아닙니다. 프리 프로덕션 기간 동안 디자인 과정에서 소진한 시간을 알기에 수정이나 질문이 감정을 상하게 할 수도 있다는 것을 알지만 무대감독의 역할은 그럼에도 전달해야 합니다. 아마도 서면 소통과 대면 소통을 섞는 방법으로써 일지로 세부 내용을 적어 보내고 다음 날 아침 직접 만나서 보충 설명을 할 수도 있습니다. 정보를 전달하고 이를 통해 대화가 발생하도록 합시다. 대화가 논쟁이 되더라도 소통이 중요합니다.

'외교적인 수류탄'

『어려운 대화Difficult Conversations』의 저자 더글러스 스톤Douglas Stone, 브루스 패튼Bruce Patton, 쉴라 힌Sheila Heen은 불편한 메시지를 전달하는 것을 수류탄을 던지는 것에 비유합니다. 아무리 노력해도 신중함만으로 충격을 완화하지 못합니다. 그들은 사람들을 품위와 진실로 대하며 문제를 창의적으로 다룰 것을 강조합니다. "메시지를 전달하는 여러분의 역할을 대화의 기회로 전환하는 것이 훨씬 더 건설적입니다"

일지 분석하기

그림5.28에 「십이야」의 연습 일지 예제에서 형식과 내용을 살펴볼 수 있습니다. 극장에서 요청하는 일반적인 내용이 상단에 있고 역할, 날짜, 출결 정보도 보입니다. 다음 내용은 일정이 요약된 형식으로 나옵니다. 이 문서가 배우들을 위한 것이 아니라 사실관계만 적어도 됩니다. 그리고 이 경우 살짝 작은 글자를 사용해 공간 사용을 최소화했습니다. 일지의 가장 중요한 부분은 각 제작 분야의 노트입니다. 이 문서의 가장 주요한 내용입니다.

페이지 상단에 있는 내용이 제작팀과 큰 관련이 없더라도 적어야 합니다. 물론 학생 무대감독도 마찬가지입니다. 여러분 작품의 배우들이 학점 대상자라면 출석 여부가 영향을 줍니다. 지금 시간을 들여 정보를 기록하는 것이 나중에 정리하기에도 수월합니다. 이런 일지 작성이 나중에 졸업 후에도 좋은 경험이 될 것이며, 해당 정보는 추가 근무 급여나 현장 제작사의 다른 업무에도 활용됩니다.

다음 날 일정 정보도 마찬가지로 중요합니다. 현재도 앞으로도 무대감독은 가능한 가장 효과적인 연습 환경을 만들려고 할 것입니다. 디자이너들과 제작소들은 여러분이 작성한 일정의 상세한 내용을 외우지도 못할 것이고 그런 기대는 하지 않는 것이 좋습니다. 다음 날 일정에 관해 '미리 알림'을 담아, 그들이 해야 할 일과 연습에 필요한 목록을 생각해 보도록 합니다. 소품감독에게는 시간이 부족하고 오늘 오후까지 끝내야 할 소품을 정해야 한다면, 당일 저녁에 필요한 것으로 선택하는 것이 그들에게 자연스러울 것입니다. 반대로 뭔가를 해체해서 수리를 하거나 건조 시간이 오래 걸리는 페인트 작업을 해야 할 시점을 정할 때 제작소가 연습 진행에 도움이 되는 선택을 하도록 도와줍니다.

2장에서 언급한 문서 디자인 원칙은 다음과 같습니다.

- 최소한의 분량으로 읽을 수 있는 정보의 구성

- 가독성을 위한 적당한 여백

- 일반적인 서체 사용과 타 작품 문서들과의 일관성

- 색과 음영의 최소 사용

REHEARSAL REPORT

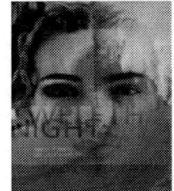

Production: Twelfth Night
Date: Friday October 29
Stage Manager: Laurie Kincman
Assistant Stage Managers: Melissa Heller, Quinn Masterson
Guests: Colleen Schulz
Call Began: 7:00pm   Breaks: 7:45 (5), 9:00 (5)   Ended:9:30 pm
Late:none   Absent: Austin Hernandez (excused)

Rehearsal Breakdown		
Time	What	Who
7:00 pm	Block II-1	Sebastian, Antonio
7:50 pm	Block III-2	Sebastian, Antonio
8:05 pm	Block II-2	Viola, Malvolio
8:40 pm	Block II-4 to p. 37	Orsino, Viola, Feste, Coffin, Hart, Prescott

Next Rehearsal		
Monday November 1		
Time	What	Who
6:30 pm	Block I-3	Toby, Maria, Andrew
7:30 pm	Block II-3	Toby, Maria, Andrew, Malvolio, Feste
8:30 pm	Block II-5	Toby, Maria, Andrew, Malvolio, Fabian

Scenery/Technical Direction (Mandy and Ron):
25. Will the gate be pinned to the deck after it flies in? (We are not asking for this—just wondering if we should allow time/personnel for it).

Props (Mandy and Laura):
26. Please ADD a rucksack for Sebastian in II-1.

27. Please ADD a change of clothes for Sebastian to pack into the rucksack. It will be preset on the bench when brought on.

28. Several people are now blocked to sit on Orsino's poolside table (only one at a time, though).

29. Please ADD money (bills) for Valentine to pay Feste in II-4.

Costumes (Michelle):
Please see prop note #27 regarding clothing for Sebastian to pack.

30. Sebastian and Antonio's overcoats for II-1 will be preset on the coat rack when it is brought onstage.

31. Antonio's overcoat should have an inside breast pocket for his wallet.

32. Walter would like Antonio's disguise for III-3 to include dark sunglasses.

Lights (Nick):
33. III-3 is currently blocked to occur far downstage right on the apron in front of the proscenium arch.

Sound (Brent):
No notes tonight, thank you.

Miscellaneous:
34. Suzanne Clum and Shelby Krarup will be the Musicians in the production. There will be no third musician.

Thanks everyone,
Laurie Kincman SM

그림5.28 「십이야」의 연습 일지

> **연습 일지 서식**
>
> 여러분이 일하는 회사에 연습 일지에 대한 양식이 따로 없다면 이 책에서 제시하는 것으로 시작하는 것
> 도 좋을 것입니다. 하지만 특정 방식으로 정보를 작성해야 한다면 그것도 좋습니다. 새로운 회사와 일하
> 는 경우 제작감독이나 다른 무대감독에게 사용할 만한 기존 양식을 부탁해 봅시다. 종종 무대감독이 사
> 용할 수 있도록 컴퓨터 공유 폴더에 들어 있어 작품에 필요한 서식을 쉽게 얻을 수 있습니다.

일지의 내용을 보자면, 무대감독은 몇 가지 유용한 접근법을 찾을 것입니다. 필요
한 공식적인 문체를 위해 적확한 문법과 구두점으로 완성형 문장을 사용합니다. 질
문과 의견은 간결하게 당일 저녁 연습의 정보를 담고, 장식적인 문체를 사용하지 않
습니다. 추가할 물품은 '부탁'하도록 하고, 내용이 없더라도 일지의 분야별 항목을 채
웁니다.

명료함과 완결성

예시 일지에서 소품 노트는 추가 항목과 확인할 내용을 담습니다. 추가 항목은 당연
히 중요하지만 수영장 테이블poolside table(노트 #28)에 관한 세부 내용도 중요합니다.
무대디자이너와 소품감독이 가장 아름다운 가구를 찾고 있을 때, 어느 정도 무게를
견뎌야 한다는 것을 아는 것도 중요할 것입니다. 처음 고른 것이 제 역할을 다하지
못하면, 소품팀에서 보강 계획을 만들고, 다른 대안을 찾거나 해당 동선의 필요성에
대해 연출과 대화를 시작할 것입니다. 비슷하게 의상 항목에도 동선을 위해 외투 주
머니의 위치와 나중 장면에서 가릴 수 있도록 추가될 항목에 대해 구체적으로 설명
합시다.

노트 번호 매기기

이 예시 일지를 보면 대부분의 노트에 번호가 있다는 것을 알 수 있습니다. 번호를
매기면 특정 내용에 집중할 수 있습니다. 특정 제작팀을 이전 일지 내용으로 되돌리
거나, 다른 팀에 연결된 내용을 공유하면서 새로운 노트를 전달할 수도 있습니다. 이
에 적절한 예를 의상 분야 초반 작업노트에서 찾을 수 있습니다. 예를 들어 의상디자
이너가 소품용 의상에 대해 의견을 내는 것은 당연합니다. 배우가 입지 않는다고 해
도 특정 인물에 관한 것이고 그 인물의 스타일을 위한 디자인 콘셉트에 해당합니다.

추가된 배낭이 채워져 있고 내용물이 보이지 않는다면, 소품이 혼자 담당하겠지만 옷이 노출되기 때문에 두 분야에 모두 노트를 공유합니다.

무대감독은 사람들이 자기 분야의 노트는 자세히 보고, 일반 노트는 대충 보지만, 다른 분야 노트는 안 볼 것이라고 생각해야 합니다. 소품 노트를 참조하라는 노트를 넣지 않으면 의상디자이너가 해당 정보를 간과하기 쉽습니다. 그리고 디자이너에게 해당 노트를 정확히 가리켜 소품 노트를 찾느라 시간을 허비하지 않도록 돕습니다. 소품 노트가 네 개뿐일 때는 괜찮지만, 노트가 많은 날은 어떨까요?

참고하라는 노트에는 번호를 붙이지 않습니다. 새로운 정보가 아니기 때문입니다. 무대감독이 표나 일정에 이탤릭으로 넣는 노트와 같은 개념입니다. 개인적으로 감사를 표하는 노트에도 번호를 생략합니다. 노트 번호의 개수를 조절하려는 의도입니다. 일지를 철저히 쓰는 것도 좋지만 연습 시작한 지 4일째에 40번으로 시작하는 일지를 열어 본다면 사람들이 버거워할 것입니다.

뮤지컬 연습 일지

뮤지컬 연습 일지는 형식은 같지만 내용에 있어 약간 다르게 접근합니다. 안무 리허설에 참석하는 25명의 명단을 일일이 적어 사람들이 일지의 해당 부분을 훑어 내리게 하는 것보다 누구누구를 제외한 '전원 참석'으로 표기하는 것이 편합니다(연습 일정에도 유용합니다). 추가로 포함해야 할 제작 분야도 있습니다. 연습 중 장면에 추가된 앙상블 명단, 여러 역할을 하는 배우들의 복잡한 의상 피팅, 노래 때문에 시간이 없어 필요해진 복제 소품, 음향 효과의 소리에 대한 음악 감독의 요청 사항들까지 모두 담아야 합니다. 그림5.29의 「빅 피시」 연습 일지를 보면 전형적으로 현란한 노트를 볼 수 있지만, 연극의 연습 일지와 같은 내용과 형식으로 담겨 있습니다.

문제를 전하되 답은 내지 않기

무대감독으로서 익숙해지기 어려운 것 중 하나는 개입할 시점을 파악하는 것입니다. 소품이나 무대 장치가 공연 중 고장이 난다면 물론 무대감독이 문제 해결 능력을 발휘하여, 임시로 고치거나 다른 것으로 바꾸어 공연이 계속 진행되도록 합니다. 그러나 연습 중에는 공연을 위해 팀 전원이 준비 중이고 이 부분은 해당 분야 담당이 할 일입니다.

REHEARSAL REPORT

Production : Big Fish

Date: Wednesday February 7

Stage Manager: Laurie Kincman

Assistant Stage Managers: Rachel Krause, Sydney Smith

Guests : none

Call Began: 6:30 pm   Breaks: 8:02 (10)   Ended: 9:21pm

Late: none   Absent: Flaningam (ill)

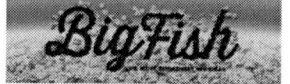

Rehearsal Breakdown		
Time	What	Who
6:30 – 8:02 pm	Choreography Rehearsal	Full Company except Coppenbarger, Englebert, Gates, Olson, Scott
8:12 – 9:21 pm	Work Act One	ADD Coppenbarger and Englebert

Next Rehearsal		
Thursday February 8		
Time	What	Who
6:30 – 7:00 pm	Music Rehearsal	Full Company except Rightmire
7:00 – 9:30 pm	Work Act Two	Same people as above

Scenery/Technical Direction (Megan):

31. The heel of a character shoe found a weak spot in the deck just below turntable #1, between 6:00-7:00. We marked it with red spike tape. *(We're considering 12:00 to be straight upstage.)*

32. Following up on the conversation from this afternoon, we would love for you to add the ramp downstage left! Cullen is unable to get out of sightlines when riding his tricycle if he stays on the raised deck. He is also dragged offstage in the same spot during Act Two.

Props (Mandy)

33. Please ADD a pooper scooper for Edward at the circus. It should be separate from the push broom requested yesterday.

34. Please ADD a second baseball bat. We do not have enough time to run it from SR to SL during "Ashton's Favorite Son."

Costumes (Joe & Michelle)

35. A confirmation that Carly Boles has been added to I-5 as the Waitress.

FITTINGS
Friday February 9

1:00 pm- Cullen Gaffy (*All but Red Fang*)
2:00 pm - Jenna Moilanen (USO)
3:30 pm - Caitlyn Nettesheim (*Wedding, Prairie, Redhead*)

Lights (Hide)

No notes tonight.

Projections (Ben)

No notes tonight

Sound (Alex)

36. Please talk with Kat about the flatline sound when Edward dies. She would like to request it in a specific key due to the song which immediately follows in the score.

Miscellaneous

No other notes tonight.

Thanks everyone,
Laurie Kincman, SM

그림5.29 뮤지컬 연습 일지

대본에 적힌 전환보다 음악이 짧다면, 테이블이 배우가 옮기기에 무겁다면, 여배우의 드레스가 계단을 오르기에 어렵다면 무대감독은 이를 전달해야 합니다. 정보가 연습 일지에 담아야 할 내용입니다. 그러나 의상디자이너에게 치마가 짧아야 할지, 더 가벼운 테이블을 가져올지 전달해야 하는 것은 아닙니다. 문제를 제시하는 것으로 무대감독은 담당 분야가 해결책을 찾도록 합니다. 단순히 교체하든, 제작 회의에서 논의 후에 결정하든 그들의 일입니다.

특히 서면으로 모두에게 배포되는 연습 일지에서 무대감독은 동료가 잘못된 선택을 했다거나, 실수했다는 것을 암시하지 않도록 주의해야 합니다. 여러분의 도움이 필요하다면 누군가가 요청할 것입니다. 나중에 만나서 이야기할 때 몸짓을 읽는 능력을 활용해 얼마나 도움이 필요할지 판단합니다.

원치 않는 호의에 예외일 수 있다면, 제작 회의 중 어느 노트에 대해 논하다가 막다른 길에 도달했을 때, 무대감독이 분위기를 살핀 후 "잘 모르고 하는 소리일 수 있지만, 우리 이렇게 해 보면 어떨까…?"라고 시작하며 방법을 제시할 수도 있습니다. 여러분의 생각이 제대로 먹힐 수도 있고, 이것으로 대화가 재개되어 또 다른 결론에 도달할 수도 있습니다. 작은 변화가 큰 차이를 만듭니다.

균형 잡기

무대감독이 일과 후 연습 일지를 쓰는 과정에서 어떻게 쓰느냐만큼 언제 특정 노트를 담을 것인지 아는 것도 중요합니다. 제가 무대감독을 했던 데이비드 오번David Auburn의 「증명Proof」에서 그런 예를 찾을 수 있습니다.

제가 근무 중인 대학은 전통적으로 연습은 극장에서 무대를 설치해 놓고 저녁에 진행합니다. 보통 연습 첫 이틀 일정은 극장 밖에서 하고, 이 기간 제작소가 극장에 들어와 설치를 진행하며 저녁 일찍 끝내거나 연습을 위해 서둘러 청소할 필요가 없습니다. 셋째 날이 출연자가 무대 위에서 작업을 시작하는 첫날입니다.

「증명」은 시카고Chicago 어느 집 뒤뜰에서 진행됩니다. 무대는 집과 뒤뜰 현관 마루로 이루어집니다. 저희 작품에서는 연출과 무대디자이너가 집이 정면을 향하지 않고 각도를 돌려 배치하기로 정했습니다. 저는 평소 제작감독도 겸해, 집의 최종 회전 각도를 정하는 데 여러 번의 회의가 필요하다는 것을 알았고, 시각선과 관련된 지난한 질문들에 완전한 답을 찾지도 못했습니다. 무대에서 첫 연습을 준비하기 위해 오후에 극장을 방문하고 나니 시각선이 다시 문제가 될 것이라는 생각이 바로 들었습니다. 그러나 제가 연출도 아니고 무대디자이너도 아니라서 제가 제기할 질문이 아니었습니다. 그러나 기술감독과 간단히 상의하면서 집의 각도 수정이 가능한지 알아보았습니다. 기술감독은 가능하긴 한데 앞으로 이틀 안에 벽을 설치하기 전 결정해야 한다고 했습니다. 정보를 정리해 보내고 연습하러 갔습니다. 저녁 시간 중반쯤 연출이 시각선 문제를 제기했습니다. 수정이 기술적으로 가능하므로 저는 연출을 보고 디자이너에게 질문해 보라고 했습니다. 당일 낮에는 연출에게 연락하지 못해 각도 수정에 대한 연출의 생각은 알 수 없었습니다. 하지만 일지에는 해당 내용을 담아야 했습니다.

그날 저녁 제 연습 일지에는 세 가지 무대 노트가 있었고, 무대디자이너의 질문에 대한 답변, 연습용 가림막 설치, 성가신 집의 각도에 관한 노트였습니다. 저는 이 순서로 적었고, 이 순서는 의도한 것이었습니다. 해당 부분은 다음과 같습니다.

1. 두 테이블이 바뀐 것이 좋습니다. 뒷문 현관 마루에 있는 큰 테이블은 그대로 둡니다.
2. 연습 중 흑색 끝막Traveler curtain 설치가 가능할까요?
3. (연출)이 무대 배치에 관한 질문을 해, 오전에 찾아갈 것입니다.

디자이너의 요청 사항을 성공적으로 처리한 것을 첫 번째로 알리면서 긍정적인 분위기로 시작했습니다. 끝막의 사용은 제작소에서 처리하기에 그다지 어렵지 않을 것입니다. 단지 손이 많이 가는 제작 일을 늦은 오후로 살짝 밀어 놓으려는 의도였습니다. 디자이너가 노트를 어떻게 생각할지 알 수 없어 기분 나쁘게 하거나, 해당 주제에 논의의 여지가 없다고 느끼지 않았으면 했습니다. 디자이너에게 시간을 다투는 문제가 놓였다는 것을 간단히 알리고, 기술감독은 이 노트에서 나름의 맥락을 이해할 것이므로 다음 날 오전 일지의 노트를 읽으면서 오후에 수정 작업이 있을 것에 대비했습니다. 모든 이의 바람과 기분을 고려하였고, 결과에 모두 만족했습니다.

연출과 무대디자이너가 모두 동료 교수이므로 이런 상황이 저에게는 쉬워 보일 수 있습니다만, 학생이었더라도 같은 책임감을 가지고 동일한 방법을 사용했을 것입니다. 학생이었다면 시각선 문제에 확신이 있었더라도 기술감독에게 사전에 알리기는 쉽지 않았을 것입니다. 하지만 지도교수를 찾아 가능한 방법을 상의하리라는 것은 분명합니다. 그리고 연습을 마치고 일지에 같은 내용을 담았을 것입니다.

무대 기술 지식의 혜택

학생 무대감독으로서 무대 기술 수업에서 얻은 구체적인 정보와 배움이 무대감독과 직접적으로 연결되지 않더라도 졸업 후 그 경험들이 단지 일지 잘 쓰게 되는 것 이상으로 쓸모가 있다는 것을 알게 될 것입니다.

최근 졸업생 헤더 소펠Heather Sopel은 현장 초반 몇 년간 경력에 그 경험이 도움이 되었다고 전해 주었습니다.

고등학교와 대학을 거치며 공연을 구석구석 경험했지만, 항상 제가 전문적으로 할 일은 무대감독이라고 생각했어요. 근데, 상황이 달라졌어요. 무대 목수와 조명 크루로 일하기도 했는데, 무대 목수로 일하던 극장에서 그 다음 시즌에 무대조감독 일을 하게 되었어요. 삶의 교훈이 있다면 인생의 기회가 어디에서 올지 알 수 없다는 것이고 배울 수 있는 기회는 모두 이용하라는 것이에요. 무대 기술 수업 때 졸지 말고, '자신이 바라던 일'이 아니더라도 기꺼이 참여해 보라는 거예요. 골프 카트를 마법호박 마차로 바꾸는 일을 하거나, 권투 경기 무대를 세우거나, '할머니가 사슴에 치였어Grandma Got Run Over by a Reindeer'를 쓴 가수의 콘서트에 스포트라이트를 비출 때, 어쩌다 여기까지 오게 됐을까 생각하겠지만, 훌륭한 무대감독이 되는 과정에 좋은 수업이 됩니다. 세상에는 똑같은 길을 걸어 무대감독이 된 사람은 없다는 것을 기억해야 해요.

일지 공유하기

지금까지 신중함, 시기적절함, 구체성을 일지에서 확인할 수 있었습니다. 하지만 시간 문제는 일지를 전달하는 것에도 동일하게 적용됩니다. 일지는 매일 보내야 하고, 무대감독은 일정을 지키기 위해 최선을 다해야 합니다. 리허설을 마치고 일지를 작성한 후, 바로 보내고 집에 갑시다. 제작팀원들은 특정 시간에 정보를 받는 것에 익숙해져서 노트를 매번 확인하지 않을 수도 있습니다.

이는 특히 학생과 교수진 모두와 소통하는 학교에서 더욱 그렇습니다. 학생 무대감독은 내일 아침 시험이 걱정돼서 일지를 작성하기 전에 몇 시간이라도 책을 들여다보거나, 남은 일을 처리하기 전에 놀러 가고 싶을 수도 있습니다. 잠이 들거나, 생각보다 집에 늦게 도착하거나, 단순히 까먹을 수도 있지만, 관련 부서에서 일지를 받지 못하면, 전날 밤 여러분의 노트로 직접적인 영향을 주는 작업을 시작하지도 못할 수 있습니다. 수업이나 업무 일정으로 일과의 시작과 막바지에만 이메일을 읽는 사람도 있습니다. 일과 시작이 오전 8시이고 일지가 오후 1시에 도착한다면, 중요한 정보를 놓치고 됩니다.

저는 각자에게 맞는 교정 도구를 찾아보라고 말하고 싶습니다. 정보의 공식적인 전달이라는 측면에서 일지에는 오타나 단어 실종 등이 없어야 하며, 노트에 일관성이 있어야 합니다. 막 작성한 초안은 생각보다 실수가 잦습니다.

저는 컴퓨터에 적은 글을 교정하는 것보다 인쇄본을 교정하는 것이 더 나은 저 자신을 너무나 잘 알고 있습니다. 그래서 일지를 작성하고 나면, 한 장 출력하고는 보통 복잡한 문장이나 일상적이지 않은 노트를 소리 내어 읽어 봅니다. 수정할 것이 없다면 프롬프트 북에 넣은 일지를 얻은 셈입니다. 필요하면 추가로 출력하거나 전자 문서로 배포하고 그날의 일을 마칩니다. 그러나 오류가 있다면, 정보를 세상에 내보내기 전에 수정할 기회를 얻게 됩니다. 불완전하고 성급한 문서를 내보내는 것보다 종이 한 장을 소비하는 편이 낫습니다.

오늘날의 디지털 세상에서 연습 일지는 보통 이메일로 제작팀 구성원에게 전달합니다. 일반적인 글꼴과 상대적으로 단순한 형식을 사용하여 일지를 어느 컴퓨터에서 열더라도 같은 모양으로 전달할 수 있습니다. 만일 일지를 다양한 단말기에서 열어 봐야 하는 상황이며, 다양한 형식으로 가독성이 떨어질 수 있다면, PDF 문서로 전달하는 것을 생각해 봅시다. 이에 대해 2장에서 이미 다루었습니다.

무대감독은 극장 주변 여러 곳에 일지를 붙여 놓아야 하는 경우가 있습니다. 이런 지침을 따른다 해도 일지를 준비하는 과정에서, 개인적으로는 일지 붙이는 것을 선호하지 않지만, 일지가 비밀이어서가 아니라, 관련 없는 사람들이 맥락 없이 정보를 접할 수 있다는 점을 생각해야 합니다. 다음과 같은 가능성을 생각해 볼 수 있습니다. 무대감독이 의상 제작실에 전달해야 할 노트 중 연출이 그날 오전에 전달받은 선택 사항 중 여배우 X의 의상으로 반바지와 티셔츠 대신 민소매 드레스를 선호한다는 내용이 있을 수 있습니다. 괜찮은 노트처럼 보이지만, 만일 다른 여배우들이 읽을 수도 있는 공공장소에 이 내용을 담은 일지가 붙어 있다면 어떨까요? 별생각이 없을 수도 있지만, 해당 배우가 생각하기에 연출이 자신을 뚱뚱하다고 생각해 반바지보다 드레스로 가리려 한다고 추측할 수도 있습니다. 물론 여러분이 작성한 노트에는 그런 여지가 없고 연출과 디자이너의 대화 내용 어디에도 그런 내용이 없다 해도, 이런 가설은 누군가의 머릿속에서만 존재하는 것이므로 예측하거나 대응할 수 없습니다. 언어에 맥락이 사라지면 해석의 여지가 열립니다. 제가 이런 일지를 공공장소에 게시한다면, 살짝 수정하여 연출이 드레스가 좋을 것 같다고 한 내용을 넣고 다른 내용은 담지 않을 것입니다. 결정 사항도 성공적으로 전달하고 오해의 여지도 없앨 수 있습니다.

제작 회의

연습 기간에, 여러분의 제작팀은 정기적으로 회의를 위해 모일 것입니다. 모든 사람이 다양한 분야의 질문과 일정 혹은 예산 문제를 논의하며, 여러분의 연습 일지를 통해 정보를 구체화합니다. 회의는 무대감독이나 제작감독 혹은 연출이 주재하기도 하는데, 공연장의 특성에 따라 다릅니다. 그리고 논의 주제에 따라 형식이 달라집니다. 어떤 회의는 사전에 전달한 논의 사항들을 기반으로 진행하는 경우가 있고, 또 다른 경우에는 좀 더 유기적으로 펼쳐 놓고 진행하는 경우도 있습니다.

무대감독은 사전에 배포되지 않았거나, 자기 책임이 아니더라도 논의할 주제를 들고 제작 회의에 참석해야 합니다. 논의 주제를 준비하면 지난 주간 일지들을 되돌아볼 기회가 생기고, 답을 찾지 못한 질문들이나 팀 전체에 해당하는 논의 주제 등을 정리하고 제작팀에 영향을 줄 다가올 질문들을 앞서 생각합니다. 논의 주제는 빠짐없이 논의할 수 있도록 체크리스트로도 활용합니다. 만일 대화가 전체가 참여할 필요가 없는 구체적인 사항들로 진행된다면, 논의 목록을 만들어 필요한 참석자들만 따로 모아 '후속 회의'에서 더 자세한 추가 논의를 진행하며, 본 회의에서는 여러 분야에 걸친 주제에 집중합니다.

회의 준비는 팀 전체가 참석할 수 없었던 시절에 더 중요했습니다. 이제는 기술이 발달하여 초청 디자이너가 화상 회의로 참석할 수 있게 되었지만, 사소한 단점도 있는데, 전체 인원을 직접 볼 수 없다는 것과 소리가 지연된다는 것입니다. 무대감독이 화상 회의가 포함된 제작 회의를 준비하면 회의 전에 연결 상태를 확인해 봐야 하며, 논의 주제에서 벗어나지 않도록 각별히 신경 써야 합니다. 회의 순서에 신경 써 멀리서 참석한 참석자의 질문이 먼저 진행될 수 있도록 합시다. 화상으로 참석한 사람의 경우 다른 작품에도 참여할 가능성이 있어 활용 가능한 여유 시간이 부족할 수 있습니다. 가능하면 담당을 한 명 정해서 전화나 컴퓨터의 카메라가 말하는 사람을 비추도록 하여, 화상으로 참석한 디자이너가 대화를 더 잘 보고 들을 수 있도록 합시다.

공연 제작 과정에서 여러분의 팀이 제작 회의 외에 연습에 관한 질문이나 개선안을 논할 기회가 제한된다면 논의 과정이 논쟁적일 수 있습니다. 연습실에서 있을 수 있는 민감한 상황들과 마찬가지로 회의 진행에는 신중함과 균형감이 필요합니다. 작은 오해로 비롯된 문제가 크고 복잡한 문제나 연출의 갑작스러운 수정 요청만큼 풀기 어려운 문제가 될 수 있습니다. 사안을 분명히 정리하고, 공통점을 찾아내며, 상황보다 개인에게 초점이 맞춰지지 않도록 발언을 조심합시다.

해법이 바로 찾아지지 않는다면, 싸움을 일단 멈추고, 관련자들만으로 논의를 축소하거나, 논의 순서를 뒤로 미루어 다른 문제를 먼저 논의하도록 합시다. 몇 분 지나 흥분이 가라앉으면 관점이 달라질 수도 있습니다. 관련 없는 도움이나 양보를 통해 첫 번째 문제가 덜 까다롭게 느껴집니다. 사적인 분노와 비난을 한쪽으로 치우고 나면 여기 있는 모든 사람이 공연의 성공을 바란다는 사실을 새삼 발견할 것입니다.

그림5.30의 예제에서 테크 리허설을 시작하기 두 주 전에 제작 회의를 위해 준비한 논의 주제들을 볼 수 있습니다. 무대감독은 공연을 위한 현재 논점들과 확인이 필요한 중요한 사안들을 항목별로 정리합니다.

회의록

무대감독은 보통 제작 회의 후 회의록을 작성합니다. 회의록은 속기록과 다릅니다. 중요하게 고려할 점은 주요 신규 정보를 요약하며, 불참한 사람들에게 회의에서 결정된 사항들을 전달하고, 모든 사람에게 다가올 업무들을 알리는 것입니다. 회의 중 나온 말 모두를 남길 필요는 없습니다.

회의록을 작성할 때 누가 대화를 시작했든지 해당 팀 아래로 논의 사항을 적어 두면 도움이 됩니다. 예를 들어 여기 예제로 제시한 문서의 경우, 연출이 무대 승강기 문제에 관해 질문할 첫 번째 대상입니다. 그러나 이 문제가 궁극적으로 기술감독이 해결할 문제라서 회의록에는 해당 항목에 요약했습니다.

회의록은 회의 후 48시간 안에 전달하는 것이 좋습니다. 가능하면 빨리 하는 것이 좋죠. 대개 제작 회의는 주간 회의로 진행하므로, 실천해야 할 항목들과 일정 알림들은 보통 기한이 짧습니다. 만일 회의와 회의록 배포 사이에 너무 긴 시간이 걸린다면 세부 내용의 유효 기간이 지나 버립니다.

Twelfth Night

AGENDA: November 10

Director—Walter

Top of show — designers thoughts on using shrine without gate?
Intermission after III-3

Scenery and Props— Mandy

Time to set a height for the pit with Orsino and Malvolio
Live flame concerns for candles on the shrine
Ripping up the challenge letter

TD— Ron

Status of pit repair

Costumes—Michelle

Confirm PR photo on Thursday at 6:00
Confirm Toby coat test right after photo
Scheduling a quick-change rehearsal

Lights—Nick

No current questions

Sound—Brent

OK on headsets?

Music— Alden

No current questions

SM— Laurie

Paper Tech next week at 11 — lovely to get cues Friday or Monday!
Replaced lost crew member
Discuss use of dry tech time on Sunday

그림5.30 연습 기간 중 제작 회의 안건들

> ### *ASM의 관점*
>
> 세 명의 젊은 무대감독이 연습실에서 무대조감독의 역할에 대한 각자의 견해를 주었습니다.
>
> 카라 쿡Cara Cook: "ASM의 가장 중요한 업무는 자신의 역할을 이해하는 것입니다. 일반적인 ASM의 책임뿐 아니라, 무대감독, 연출 그리고 다른 극단이나 회사에서 온 스태프들의 역할도 알아야 해요. 성격이 다른 사람들과 일하는 것은 항상 어렵죠. 하지만 그런 다른 성격들이 우리가 하는 일에 다른 아이디어를 끌어옵니다. 연습이 얼마나 빠르게 진행되는지 정말 놀라워요. 최대한 정리를 잘하는 것이 부드러운 연습과 혼란스러운 연습의 차이라고 할 수 있습니다."
>
> 니콜 스미스Nicole Smaith: "저는 ASM의 목표가 연습 중 소품, 의상, 무대 장치를 최대한 잘 준비하는 것이라고 생각해요. 그래야 배우, 무대감독 팀, 연출이 이 요소들과 무대에서 작업할 때 편안하거든요. 그러면 테크 리허설에는 새로 만들어야 할 것들에 집중할 수 있어요."
>
> 퀸 매스터슨Quinn Masterson: "ASM으로써, 연습 기간은 제가 가장 좋아하는 과정이에요. 제가 사냥꾼이 된 느낌이에요. 소품이나 가구를 맡는 경우, 이것들이 무대 위로 어디서 나오고 나갈지 혹은 배우들을 위해 무대 어느 곳에 미리 놓일지 따라다니는 재미가 있어요. 반대로 의상을 맡을 때면, 배우들이 옷을 갈아입을 시간이 충분한지, 어디에 의상들을 준비해 두어야 할지 고민하는 것들이 매일 저녁 연습을 새롭게 합니다."

무대 요소들 추가하기

작품이 테크니컬 리허설에 다가갈수록, 제작소에서 출연자들에게 실제 가구나 만들고 있는 전환용 무대 장치를 제공합니다. 둘 다 연습실에서 경험을 풍족하게 하고 출연자들이 기술 연습에서 공연을 조합하는 과정에 준비할 수 있게 도와줍니다. 추가되는 다른 요소 중 유용한 것은 리허설 의상이나 음향 큐를 들 수 있습니다.

어떤 극장에서는 무대감독 팀이 연습 소품이나 의상을 창고에서 꺼내 제공하기도 합니다. 여러분이 연습용 물품들을 스스로 조달해야 한다면, 도면과 스케치를 자주 들여다보고 적확한 물품을 가져와야 합니다. 팔걸이가 있는 의자와 없는 의자의 차이는 크고, 무릎 위로 올라오는 곧은 치마를 입을 여배우에게 고무줄 넣은 주름치마를 가져다줄 수는 없습니다. 학교의 경우 배우들이 스스로 연습용 물품을 조달하기도 하는데, 집에서 가져오더라도 동일한 기준을 제시합시다. 무대감독 팀 혹은 출연자들이 적당한 것을 가져오지 못한다면 도움을 요청합시다.

연습 단계에서 무대감독은 이렇게 새로 추가되는 요소들을 연습실에 성공적으로 반입하고 구체적인 연습 노트도 늘어납니다. 연습실 의자 하나에서 다른 것으로 바꾸는 것은 새로 구입하거나 제작한 것을 수정하는 것보다는 덜 수고롭습니다.

다만, '실제 사용' 물품이 연습에 반입될 때마다 연출에게 고지하는 것이 중요합니다. 공연용 소품은 대체용 소품보다 좀 더 진지하게 고려합니다. 연출과 모든 신규 반입 물품을 연습 시작 전에 둘러봅시다. 그리고 연습을 마치고 나면 연출에게 이 물품들에 대한 노트가 있는지 물어보고 연습 일지에 반영합니다.

AEA와 신발

미국배우조합 관할 작품의 경우, 신발에 관한 구체적인 규정이 있습니다. 대부분의 계약에서, 드레스 리허설Dress Rehearsal 최소 일주일 전에 무용수들에게 무용 신발을 제공하도록 정하고 있습니다. 전통 발레의 경우, 앙 포앙트en pointe(역주: 발끝으로 서기)가 있는 모든 연습에는 사전에 전용 신발을 제공해야 합니다. 무대감독은 의상실에 이와 같은 마감일을 공지하고 신발의 반입, 사용 그리고 반입 후 보관에 관여합니다.

어떤 공연 물품들은 연습실에서 그대로 재현할 수 없는 경우가 있습니다. 연습실에 이 층 건물을 들일 수 없듯이, 연습실에서 조명 큐를 실현하는 것도 거의 불가능할 것입니다. 주요 조명 변화는 무대감독이 말로 알려 줍니다. "암전" 혹은 "조명 변화"와 같이 말로 하면 연기자들이 연기와 빛의 상호 작용을 인지하거나 무의식적으로 인지하기도 합니다. 마찬가지로 무대감독은 연습 중에는 음향 큐도 말로 전달합니다. 특히 음향은 연기에 미치는 영향이 중요합니다. 문이 닫히면 대사가 시작된다거나 무대 밖에서 뭔가 깨지는 소리나 총소리가 들릴 수 있고, 점차 줄어드는 음악에 맞추어 다음 장면이 시작될 수도 있습니다.

기타 계획 사항들

무대감독 팀이 새로운 물품의 연습실 반입을 준비하면서 과정이 순조롭도록 사전에 고려할 것들을 생각해 봅시다.

- 준비에 많은 시간이 필요한가? 야간작업 허가를 받아야 하는가?
- 수월한 이동을 위해 바퀴 달린 수레가 필요한가?
- 노트북에 있는 것보다 더 나은 스피커가 필요한가?

- 무대조감독들이 모두 장치 전환을 맡아 다른 작품에서 제작팀 보조를 빌려 와 연습 대본을 보도록 해야 하는가?
- 연습이 끝난 저녁에 제작소에 빌린 물건을 반납해야 하는가? 열쇠는 갖고 있는가?
- 연습실에 물품들을 두고 갈 수 있는가? 귀중품이나 전자 제품을 보관할 안전한 곳이 있는가?

문서 수정

연습을 진행하면서 무대감독 팀은 소품을 넣거나 빼고, 일정을 변경하고, 배우의 등·퇴장에 대한 새로운 정보를 얻습니다. 훌륭한 소통 방법은 해당 문서를 최신 정보로 유지하고 수정 사항을 제작팀에 공유하는 것입니다.

수정된 문서에는 수정본의 번호와 날짜를 반영해야 합니다. 인물/장면분석표와 같은 보관용 문서들에서 수정된 정보를 강조할 필요는 없지만 대화형 문서들에서는 새로운 정보들이 두드러지도록 약간의 서식을 추가하면 좋습니다.

그림 5.31의 소품 목록은 연습 3주 차를 지난 후의 모습입니다. (초안은 그림 3.11에서 볼 수 있습니다.) 연습 일지에 처음 나타난 신규 물품이 등장했습니다. 파란 글씨로 작성되어 시각적으로 구분됩니다. 이런 서식으로 무대감독이나 소품감독이 목록을 보고 수정 사항이 무엇인지 알아보고 연습용 물품이 있는지 확인하기 편합니다. 소품 목록을 인쇄본으로 전달하는데 무대감독 팀에서 컬러 프린터를 쓸 수 없다면 다른 방법을 찾아봅시다(굵은 글씨, 문장 왼쪽에 큰 별표 삽입 등).

삭제된 소품도 목록에 남겨 두지만 취소선으로 표현합니다. 삭제할 수도 있지만 이렇게 하는 것이 공식적으로 삭제된 것인지 수정 과정에서 실수로 누락된 것인지 확인할 수 있습니다.

무대감독 팀은 문서 수정 주기가 일정해야 합니다. 물품들을 일주일에 한 번 이상 수정하는 경우는 드뭅니다. 다음 제작 회의 하루 전에 수정된 문서를 공유하는 것이 좋고, 모든 이가 동일한 버전의 정보로 작업에 임합니다.

소품 목록이 3차 수정안이라면 수정 과정은 다음과 같습니다.

1. 모든 글씨를 검은색으로 바꾸어 다음 수정 때 신규 수정 사항과 구분합니다.
2. 최종 버전 이후 추가된 모든 소품을 적고 기존 소품의 신규 정보를 반영하여 노트에 적습니다.
3. 삭제된 소품은 취소선으로 표현합니다.
4. 언급한 사항들을 파란 글씨로 변경합니다.
5. 문서 수정 번호와 날짜를 변경합니다.
6. 게시판이나 공연 웹사이트에 배포 및 다시 게시합니다.

무용 리허설

무용단에서 일하는 전업 무대감독도 연극이나 뮤지컬 무대감독과 많은 비슷한 과정을 경험합니다. 다른 관리 업무를 담당하지 않는다면 정기적으로 연습에 참석하고, 노트를 제작팀에 공유하며, 제작 회의를 준비하거나 참석하고, 일정을 조정하고, 동선을 기록합니다. 동선 기록은 4장에서 소개한 무용용 보조 페이지의 상자 안에 그리는 도형을 말합니다. 무대감독은 매일 음향 효과를 재생하기도 합니다. 기존 음악이나 녹음된 음악을 사용하는 현대 무용단의 경우 특히 일반적입니다.

무대감독이 겸직인 경우 다음 중 일부를 수행합니다. 제작 기간이 본격적으로 들어가기 전까지는 가끔 연습에 참여하고, 참여 시점도 대개 자신이 결정합니다. 참석 시기를 결정할 때 회의 일정 근처로 정해야 최대한 정보를 얻을 수 있습니다. 나중에 전업으로 전환할 수도 있지만 보통 3주 차 이후인데, 안무가가 새로운 안무를 만들고 난 후 수정하고 다듬을 때입니다. 이 두 가지 경우가 일반적입니다.

제 경험 중에는 세 번째 계약 조건도 있었습니다. 테크 리허설 며칠 전에 일을 시작한 적도 있습니다. 이 경우, 의상 피팅은 다른 전업 스태프가 담당하고, 안무가나 안무 조감독이 연습 노트나 음향 재생을 맡습니다. 무대감독은 회의에 참석할 수도 있고 아닐 수도 있습니다. 이런 경우는 재공연을 준비 중인 작은 발레단의 경우에 일반적입니다. 올해 작품 「잠자는 숲 속의 미녀」는 무용수를 빼고는 2년 전 공연과 동일합니다. 그러나 대본은 여전히 필요합니다. 다행히 이렇게 짧은 기간의 작업 시에는 무대와 조명 큐에 관한 문서와 이전 공연의 녹화 영상 등 중요한 자료를 일 시작과 함께 받습니다.

LITTLE SHOP OF HORRORS
REVISED PROP LIST

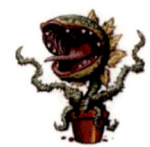

Page	Prop	C	Character	Notes	R	A	Source
FURNITURE/SCENIC ITEMS							
	Trash cans/garbage barrel			Multiple, possibly danced on			
	Outdoor bench						
	Refrigerator						
	Antique dentist's chair						
	(3) Stools			2 work table, 1 counter			
	Counter						
	Work table			Old			
	Coat rack						
	Shiny new work table						
	sign		On door	"open" "closed"			
18	Dust pan		Audrey				
18	Broken flowerpots		Audrey	In pan- "terracotta" pieces			
19	Cleaning rag		Seymour				
21	Leftover sandwich		Wino #1	Lettuce and white bread			
21	Roses		Audrey	Limp, lifeless			
22	Pod #1		Seymour	Large, but sickly; expandable			
24	~~Cobweb~~		~~Set Dressing~~	~~On register~~			
24	Roses		Audrey	Dead			
24	~~Monster movie magazine~~		~~Crystal~~	~~Oversized~~			
26	Plant food		Seymour				
26	Spray/spritzer bottle		Seymour	For watering plants			
27	Blood	*	Seymour	Pricks finger, and feeds Audrey II			

그림5.31 소품 목록 수정본에서 발췌한 페이지

대본 작성은 재택 작업으로 이루어집니다. 무대감독이 영상을 보며 뮤지컬 연습 중 안무를 정리하는 것과 같은 방식으로 동선 노트를 정리합니다. 정리한 대본을 리허설 때 들고 와 현장에서 안무를 확인하며 해당 노트를 추가 수정합니다. 큐 목록이 있으면 혼자 페이퍼 테크paper tech(다음 장에서 논의할 것입니다)도 가능하고, 필요하다면 무대 장치 목록으로 전환 계획도 가능합니다.

이것이 좀 최악의 상황으로 들리겠지만, 무용단은 공연을 성공적으로 진행하길 바라며, 마찬가지로 여러분도 성공적이길 바란다는 것을 기억합시다. 지금까지 정해진 것 이상으로 연습에 참여한다고 할 때 안 된다는 소리를 들어 본 적은 없고, 조명디자이너가 큐 목록에 대한 질문을 거부한 적도 없었습니다. 인력 활용에 대한 초기 정보가 부족하다면, 지난번 사용한 내용을 공부하다 보면 더 많은 정보를 얻거나 실제 관여했던 사람을 만납니다. (어떤 경우에는 기술감독이나 조명디자이너가 전업 스태프인 경우가 있고 이런 업무를 담당하기도 합니다.)

연습실 마감

연습실에서 마지막 날은 작업을 다듬는 날입니다. 무대감독은 런run을 여러 번 진행하며, 진행을 마친 직후에는 수정 사항을 논의합니다. 이때는 주요 인물을 중심으로 노트를 기록하고, 다음 런 진행 시 반영합니다.

무대감독 팀은 이제 고대하던 크루와 만납니다. 다음 장에서 크루들에게 나누어 줄 문서들에 대해 다루겠지만, 이 시기에 초안을 만들고, 가능하면 꼼꼼하게 검토합니다.

무대감독은 설치가 진행 중인 극장을 방문합니다. 무대 장치들을 조립하는 과정에서 간혹 필요한 수정이 발생합니다. 무대감독은 연습실 마킹을 수정하고, 연출이 무대로 올라가기 전에 동선을 검토하여 큰 수정이 필요할지 파악합니다. 큰 문제가 없다면, 무대감독이 출연자의 무대 방문을 주선합니다. 단 몇 분이라도 무대 위에 서 본다면 바닥 테이프에서 실제 덧마루로 적응하는 데 더 도움이 되며, 극장에서의 느낌을 연습실 마지막 연습에 잘 반영할 수 있을 것입니다.

운이 좋다면, 일정상 테크 리허설을 시작하기 전에 하루나 그 이상 무대에 서 볼 수도 있습니다. 이것으로 시각선 조정과 그 밖의 작은 수정을 미리 실행할 수도 있고, 조명디자이너가 조명 포커싱을 마치고 큐를 작성하기 시작하면서 배우들을 무대 위에 세워 볼 수도 있습니다. 무대조감독은 백스테이지를 미리 확인하고 크루 관련 문서에 추가할 업무를 확인할 수도 있습니다. 이런 일정이 애초에 제작 일정에 없었다면, 가능성을 타진해 봐야 합니다. 아마 일정과 예산의 제약으로 이런 일정이 배제되겠지만, 물어보기 전엔 아무도 모릅니다.

chapter 6

테크니컬 리허설

테크니컬 리허설은 무대감독에게 가장 신나는 제작 과정 중 하나입니다. 여러분이 공연의 심장이며, 모든 공연 요소가 성공적으로 통합되는 데 필수적인 존재입니다. 여러분의 도움과 전문성으로 배우들, 디자이너들, 기술자들의 노력이 빈틈없이 완전한 공연으로 하나가 됩니다.

이 새로운 리허설 단계는 무대감독에게 새로운 소통 과제도 가져옵니다. 신중하게, 적시에, 구체적인 소통의 목적은 전반적으로 동일하지만, 더 오랜 기간 팀 전체와 한 번에 소통하는데, 대부분 어둡고, 한쪽 귀는 덮인 상태에서 전달해야 합니다. 지금까지 작업으로 준비된 무대감독은 새로운 인력들(크루들)을 맞이하고, 여러 작업을 동시에 조율하며, 시간과 공간의 제약에 신중하게 대처합니다.

테크 리허설 업무

- 배우들이 연습실에서 극장으로 넘어오면서 필요한 여러 가지를 조정합니다.
- 무대, 소품, 의상을 위한 백스테이지 공간을 계획하고 정리합니다.
- 연습 기간에 시작된 기술 요소들의 위치와 동선을 기록한 문서를 최종 수정합니다.
- 크루들이 이런 동선들을 수행할 수 있도록 훈련합니다.
- 프롬프트 대본에 큐를 적습니다.
- 큐를 제대로 부를 수 있도록 연습합니다.
- 무대조감독들과 권한과 책임을 나눕니다.
- 출연자, 제작팀원, 크루 등 모든 필요 인원을 관리합니다.

테크 일정 만들기

보통 테크니컬 리허설 일정은 제작감독이나 기술감독이 만듭니다. 극장 가용 시간을 배분하여 연습에 적당한 시간을 보장하고, 무대감독 팀에게 무대 주변을 준비할 기회를 제공하며, 각 제작팀이 매일 매주 작업 시간을 확보할 수 있도록 조정합니다. 여러 조합에서 온 사람들이 한 작품에서 일할 때, 제작감독은 각 조합 규정을 상호 조율하여 모두의 요구를 충족할 수 있는 환경을 조성합니다.

추가 연습 일정

미국배우조합 관할 작품에서는 첫 유료 관객을 받기 직전 주에 추가 연습 일정이 있습니다. 많은 경우 개별 연습 일정에 대해 새로운 형식을 제시하는데, 연기자들이 12시간 중 10시간 동안 작업할 수 있도록 하는 것이 골자입니다. 계약에서 이런 긴 일정을 얼마나 많이 사용할 수 있는지 정합니다. LORT 계약상의 지역 극단은 이 추가 연습 일정을 두 번으로 정합니다. CORST 계약상의 지역 극단들은 계약 조건이 약간 다른데, 이 일정을 한 번으로 제한하며 공연이 아닌 드레스 리허설dress rehearsal로 정합니다. 더 작은 계약에서는 이런 선택 사항 자체가 없고, 브로드웨이 계약에서는 첫 관객을 들이기 전 7일로 이 일정을 정하고 하루 12시간 중 10시간으로 진행합니다.

AEA 소속 무대감독은 테크 리허설 때 한 주 이상을 사용합니다. 학교에서는 보통 더 시간이 적고 이틀이나 사흘 정도 주어집니다. 어느 학과는 주말에 테크 리허설을 시작해서 수업이 없는 주말, 12시간 중 10시간 연습의 긴 일정을 실습하고 이후 테크 리허설은 주중 저녁에 진행합니다.

테크 리허설의 종류

테크 기간에는 몇 가지 다른 종류의 리허설이 포함됩니다. 각각 공연 요소들과 출연자들을 하나로 조합하지만 약간 다른 방식으로 진행됩니다. 모든 공연에서 이 과정을 모두 거치는 것은 아니지만 무대감독은 무엇이 진행에 가장 유리한지 고려해야 합니다. 적극적으로 활용하고 애초 일정에 없더라도 유용한 방법에 대한 질문을 주저하지 마세요.

드라이 테크 Dry tech. 배우들 없이 진행하는 연습으로 여러 큐를 한 번에 진행하는 장면을 중심으로 진행합니다. 음악이 연주되는 중에 무대 장치가 등장하며 조명이 변하는 것과 같은 예입니다. 이런 연습을 통해 디자이너와 기술스태프들이 출연자들을 기다리지 않고 서로 작업을 맞춰 볼 기회가 됩니다. 크루들을 가르칠 시간이 사전에 있어야 한다는 것을 명심하세요. 그래야 디자이너들을 기다리게 하지 않고 진행할 수 있습니다.

큐투큐Cue-to-cue. 배우들과 하는 연습으로 큐가 없는 부분은 건너뛰면서 진행합니다. 기술적으로 복잡한 장면을 우선함으로써 극장 활용 시간을 극대화합니다. 이 과정에서 무대감독은 백스테이지 준비 동선을 파악하거나 의상 전환 시점이 언제인지 알아야 합니다. 큐가 없더라도, 대사를 진행하는 동안 백스테이지 인원들이 일을 수행할 시간이 충분한지 점검합니다. 하지만 큐투큐는 까다로운 선택입니다. 디자이너기 치음에는 그냥 넘어갔던 장면에 세로 큐를 추가할 수도 있고, 일단 전체를 다 진행하고 나면, 무대감독이 추가 사항들을 받게 되는데, 추가 연습할 시간이 부족할 것이기 때문입니다.

테크 리허설. 필요시 멈춰 가며 전체 공연을 진행하는 연습이며, 보통 며칠이 걸립니다. 공연 요소들과 출연자들이 하나가 되는 가장 일반적인 방법입니다.

시츠프로브Sitzprobe. 뮤지컬에 한정된 연습인데, 출연자들이 오케스트라와 맞춰 보는 첫 연습입니다. 이 독일어를 대충 해석하면 '앉아서 노래하기'입니다. 지휘자와 음악감독은 타이밍, 템포, 음악을 대사에 맞추는 것이 중심이며 동선, 무대 전환이나 다른 큐 없이 진행합니다. 이 과정을 출연자들의 동선과 함께 진행하는 것은 완델프로브wandelprobe라고 부릅니다.

퀵체인지 리허설 Quick-change rehearsal. 연기자들과 의상 전환수들이 일 분 안에 의상을 갈아입는 연습입니다. 이 연습이 필요하다면 무대감독은 출연자들이 의상을 입는 날 직전에 무대 위 시간을 만들어 놓아야 합니다. 연기자는 퇴장 후 백스테이지로 가서 의상을 갈아입고 재등장 동선을 연습합니다. 무대감독은 스톱워치를 보면서 전환 속도가 공연 중 대사나 음악의 소요 시간에 맞는지 확인하며, 연기자나 전환수에게 별도 콜call을 주지는 않습니다.

드레스 리허설 Dress rehearsal. 멈추지 않고 전체 연습을 진행합니다. 어떤 공연장에서는 이때 의상을 처음 입어 보고, 다른 곳에서는 출연자들이 옷을 입고 무대 연습 전체를 진행하도록 하는 곳도 있습니다. 이것을 기점으로 매일 전체 연습으로 진행합니다. 뮤지컬에서는 보통 이즈음 피아노 연습에서 오케스트라 연습으로 전환합니다.

다른 조합

전문 상업 공연에서 일하는 무대감독은 미국배우조합 외에도 다른 조합원들과 일합니다. 이 중 가장 일반적인 곳을 아래 적어 두었습니다. 조합원들의 권리를 보호하려는 것에는 모두 비슷하지만, 각 조합에 따라 다른 규정과 보호 조치가 있고, 한 작품에 여러 조합원이 함께 일하는 경우도 있지만, 연습 시간에 대한 일반적인 지침은 정하지 않고 있습니다.

IATSE는 국제극장노동자연합the International Alliance of Theatrical Employees이라 부르며, 이 조합은 극장, 영화, TV, 행사 등에서 일하는 기술자들을 대표하며, 이 분야의 전문 무대 장치나 의상을 제작하는 사업체까지 포함합니다. AEA와 유사하게 조합원들은 구체적인 작업 규칙을 계약서에 정하는데 모든 고용주가 따라야 하는 것입니다. 여기에는 일정과 안전 문제와 공연 물품을 다루는 것에 관할권 지침도 있습니다. 극장 규모로 나누는 연기자 조합의 계약과 다르게, IATSE는 지리적 기반인 '지역'으로 나뉩니다. 의상 전환수들은 별도로 혹은 동시에 극장 의상 전환수 조합인 **IATWU**에 가입하기도 합니다.

미국음악가연합the American Federation of Musician은 미국, 캐나다의 극장, 콘서트, 음반 업계에서 일하는 전문 상업 음악가들의 이익을 대변하는 단체입니다. AEA와 IATSE와 같이, 조합원들은 정해진 지침에 따라 급여, 복리 후생, 일정, 작업 규칙 등을 정합니다. AMF 지부는 IATSE와 같이 지역 단위로 나뉩니다. 무대감독은 보통 뮤지컬에서 AFM 조합원인 전문 오케스트라 연주자들과 만납니다.

미국무대미술가조합UNITED SCENIC ARTIST은 영화, 극장, 오페라, 발레, 방송, 기업 행사, 광고 및 전시 등에서 일하는 디자이너, 화가, 공예가들을 대표하는 조합입니다. 무대미술가조합원 계약은 연출 계약과 유사해서 연기자, 무대기술가나 연주자들과 다르게 일간이나 주간 업무 시간을 규정하지 않습니다. 무대감독이 연습과 공연을 진행하면서 무대미술가조합의 보호 및 보장 규정에 영향을 받는 경우는 드뭅니다.

테크 준비하기

무대감독 반입

이전 장에 적은 것처럼 무대감독은 무대 제작 마지막 날 극장을 방문해 보고 디자이너와 기술감독으로부터 필요한 수정 사항이 있는지 알아봐야 합니다. 일단 장치가 세워지고 나면, 무대감독 팀은 관련 물품 반입을 지휘합니다. 일반적으로 반입 업무에는 (1) 소품 테이블의 위치를 잡아 배치하고, 그림6.1에 보이는 것처럼 대도구 지정 공간을 정합니다. 그리고 (2) 시각선을 바닥에 표시하고, (3) 전환등running lights이 적절

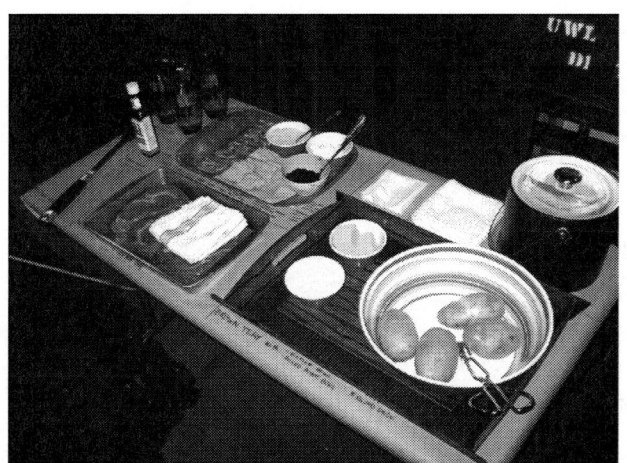

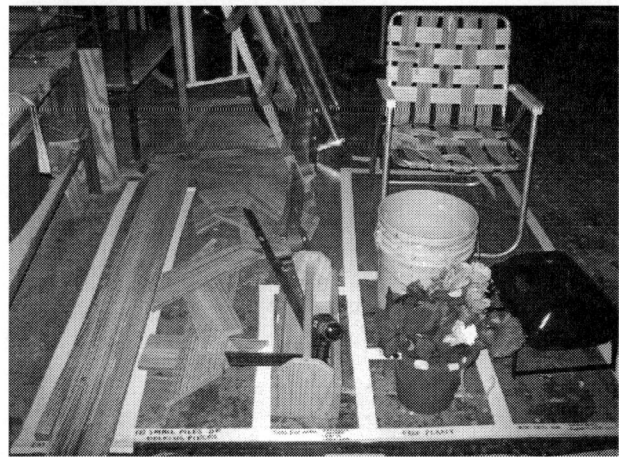

그림6.1과 6.2 이름표를 붙인 소품 테이블과 대도구 보관소

한지 확인하며, (4) 무대 뒤에 잠재적으로 위험한 구역을 표시합니다. 연기자들이 어둠 속에서 무대 주변을 다녀야 한다면, 발광 테이프를 덧마루, 벽 등의 모서리에 붙여 구분합니다. 가구나 다른 장치의 위치를 표시한 스파이크 마크spike mark는 이제 연습실에서 무대 위로 옮겨야 합니다. 무대감독 팀은 스파이크 마크를 위해 연습실 바닥에 표기한 위치를 하나하나 재서 옮기며 무대 장치를 표기한 것과 같은 방법을 활용합니다. 평면도에서 치수를 읽는 과정은 생략할 수도 있지만 비슷한 좌표나 삼각법을 활용할 것입니다.

비조합원과 일하는 경우, 일하는 시간 외에 무대 위에서 일하는 것에 제약이 적습니다. 맡은 일을 마치고 나면 다른 부서 일을 맡길 수도 있습니다. 작화가들이 작업 중이라면 백스테이지 정리 일을 맡기거나, 음향디자이너가 음향을 체크하는 동안 발광 테이프와 스파이크 마크를 붙이는 것을 맡깁니다. 무대감독은 마지막 제작 회의에서 이런 공용 작업 시간을 요청하여, 기술감독이나 제작감독이 이를 테크 일정에 반영하도록 합니다.

IATSE 크루와 작업한다면, 무대감독은 해당 조합 규정에 더욱 신경을 쓰게 됩니다. 보통 무대감독 팀은 소품이나 무대 장치에 직접 손을 대는 작업을 하지 못합니다. 이 경우, 반입 계획에 좀 더 신중한 협상이 필요하며, 해당 작업을 크루들의 업무 시간으로 배정해야 합니다. 여러분이 직접 일하는 대신, 원하는 상세한 작업 목록을 제작감독, 기술감독 혹은 목수팀장에게 전달하면, 그 작업이 반입 일정에 포함되고 무대감독 대신 진행됩니다.

무대감독은 백스테이지 소통에 대해 미리 생각해 보아야 합니다. 극장에 도착하기 전에, 무전기와 큐라이트cue light(백스테이지 전환수와 소통하며 무대 장치나 연기자 등장 신호를 주는 필수 장치)의 설치에 대해 관련 부서에 정보를 제공합니다.

무대감독을 위한 기술

극장 기술 발전의 혜택이 디자이너들에게만 해당되는 것은 아닙니다. 오늘날 무대감독은 몇 가지 새로운 도구를 이용해 무대와 조정실 간의 소통을 개선했습니다.

큐라이트cue lights. 백스테이지에 설치된 전구로, 무대감독 책상에 있는 스위치 박스로 연결됩니다. 큐라이트로 무대 전환이나 배우 등장 신호를 줄 수 있는데, 무전기를 찬 전환수가 근처에 없거나 여러 사건이 동시에 일어나는 경우에 사용합니다. 무대감독은 불을 켜서 경고하고, 불을 끄면 무대 전환을 하거나 배우가 등장합니다. 그림6.3과 6.4에서 큐라이트와 스위치 박스 예제를 볼 수 있습니다.

큐라이트 시스템

많은 공연장에 큐라이트 시스템이 설치되어 있습니다. 전등이 백스테이지 여러 곳에 미리 설치되어 있고, 고급 시스템에서는 공연에 맞게 장소를 추가할 수도 있습니다. 하지만 극장에 설치된 시스템이 없다 해도 여전히 사용할 수 있는 방법이 있습니다.

여러 공연 물품 회사들에서 큐라이트 시스템을 구매해 설치할 수 있고, 어떤 것들은 무선도 가능합니다. 가격은 수십만 원에서 수백만 원까지 합니다. 어떤 것들은 빌려 쓸 수도 있고, 극장으로서는 특정 공연에 맞춰 임대하기 때문에 가끔 사용하는 것에 큰돈을 투자하지 않아도 됩니다. 구매나 임대용 시스템에는 몇 가지 기능이 있습니다. 무대감독이 큐라이트를 구비하는 대화에 참여한다면 몇 가지 주요 특징을 확인해야 합니다. 설치할 등의 크기가 어떤가? 작은 LED는 밝고 여러 위치에 설치하기가 쉽지만, 다른 장치들이나 가림막에 가릴까 봐 극장 벽 높은 곳에 설치하면 오히려 알아보기가 어려워집니다. 전환수들이 전등을 보고 확인 버튼을 누르기에 직관적인가? 헤드셋이 없는 공간에서는 매우 유용합니다만 접근하기 쉬운 위치를 선정하는 것에 제약도 있습니다. 기존 설치된 큐라이트가 없는 극장에서 일한다면 비전통적인 방법도 고려해 봅시다. DJ용품을 다루는 회사들에서 작은 스위치 박스를 팔기도 합니다. 원래는 스트로브나 비눗방울 효과를 작동하는 데 쓰겠지만, 큐라이트 제어에도 유용합니다. 저는 최근 비행 시뮬레이터에 사용하는 스위치 박스를 발견했는데 튼튼하고 크기도 좋습니다. 큐라이트를 연결하려면 전기 지식이 있어야 하지만 '즐거운 도전'이라고 생각하는 동료의 도움을 받았습니다.

저는 또 수년간 집에서 만든 다양한 장치를 사용했습니다. 모양보다는 기능에 우선해서 만들어졌지만 맡은 일은 잘했습니다. 수년 전 소극장에서 사용한 연장선에 멀티탭을 활용한 단순한 장치도 있었습니다. 세 개의 멀티탭을 무대감독 책상 위에 고정해 썼는데, 긴 연장선을 각 멀티탭에서 극장 뒤에까지 돌리고 전등을 꽂았습니다. 이 등은 집게 달린 갓등이나 일반 백열전구를 사용했습니다. 멀티탭을 켜면 등이 들어오고, 연기자나 전환수에게 신호를 주려면 스위치를 단순히 끄면 되었습니다. 화려한 디자인은 아니지만 작동은 그런대로 잘되었습니다.

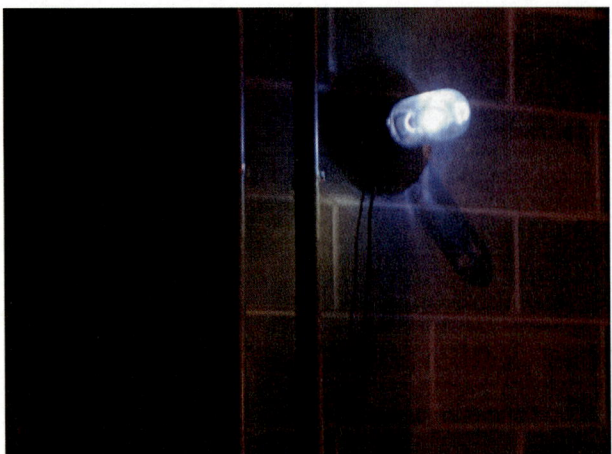

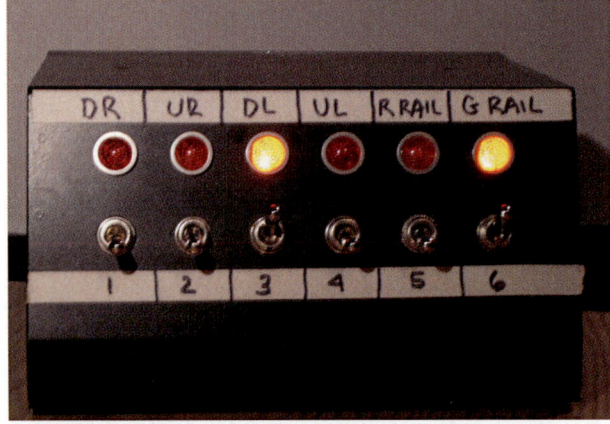

그림6.3과 6.4 백스테이지에 설치된 큐 라이트와 무대감독의 조정 박스

그림6.5 지휘자와 적외선 카메라 모니터

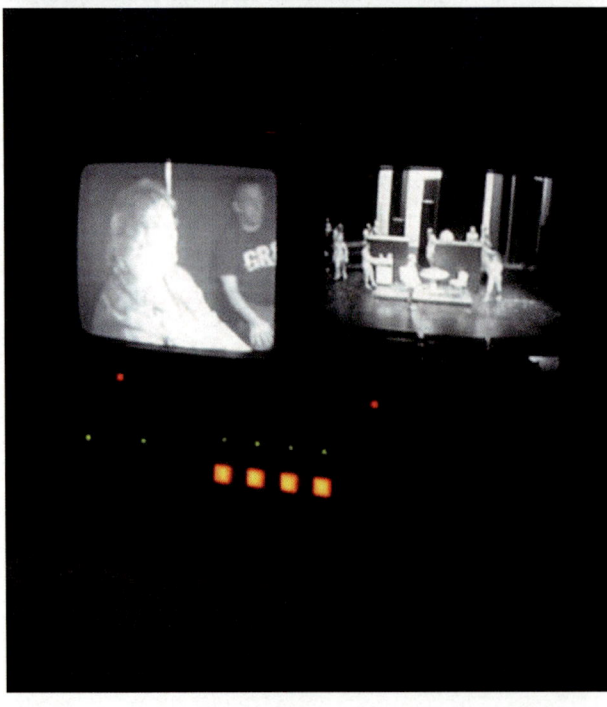

비디오 모니터. 무대감독은 공연의 세부 사항을 확인하려면 몇 가지 종류의 비디오 모니터가 필요합니다. 무대 모니터는 무대 정면 전체를 보여 주며 특히, 백스테이지나 시선의 제한이 있는 곳에서 공연을 진행하는 경우 유용합니다. 적외선 모니터는 무대 암전 상태에서 맨눈으로 볼 수 없는 출연자, 전환수 등을 볼 수 있게 도와줍니다. 지휘자 모니터로는 뮤지컬에서 지휘자가 오케스트라나 가수에게 보내는 신호를 볼 수 있습니다. 그림6.5는 이런 모니터들을 사용하는 모습입니다. 다른 특수 모니터로는 무대 장치의 특정 부분을 보는 등 보통 안전 관련 이유로 사용합니다.

각 모니터는 극장 해당 위치에 설치됩니다. 보통 무대 위, 객석, 오케스트라 피트 등에 설치됩니다. 배선은 각 카메라에서 해당 모니터로 연결합니다. 작고, 설치가 쉬운 카메라들을 보안 장비 전문 업체에서 구매할 수 있습니다. 특수 적외선 카메라는 렌즈 주변을 둘러싼 발광체를 이용해 어두운 곳에서도 사람의 체온을 감지해 볼 수 있습니다. 카메라와 모니터 한 세트를 몇십만 원이면 구입합니다.

헤드셋Headset. 그리 새로운 것은 아니지만, 헤드셋은 무대감독이 객석이나 조정실에서 백스테이지 전환수들과 소통할 수 있는 필수 도구입니다. 이 인터컴intercom 시스템(내선 통화 시스템)은 주로 무대감독 근처에 설치된 마스터 제어반(베이스 스테이션)과 개별 휴대용 박스로 구성되는데, 헤드셋과 함께, 조명 오퍼레이터, ASM들, 주요 백스테이지 크루들과 연결됩니다. 보통 베이스 스테이션은 하나 이상의 채널이 있어, 백스테이지 전환수와 조명팀, 음향팀 등을 서로 분리합니다. 테크 리허설 도중에는 분야별로 여러 사람들이 소통하는데 같은 팀끼리만 소통하고 싶을 때 사용합니다. 예를 들어 여러분의 ASM이 서로 소통하며 백스테이지 문제를 해결하는 동안 동시에 조명디자이너가 조명콘솔프로그래머와 큐를 조정하려고 할 때 유용합니다. 두 대화가 모두 필요하지만 같은 채널에서 동시에 소통하려고 한다면 모두 혼란스러울 것입니다.

현대의 인터컴 시스템은 무선도 가능합니다. 똑같은 제어 박스와 헤드셋을 착용하고도 벽에 꽂은 전선에 연결하지 않아도 됩니다. (복잡하게 들리지만 수화기가 본체에 선으로 연결된 예전 전화기에서 진화한 무선 전화기와 같습니다.)

공연장에 설치된 장비들이 공연에 사용하기 적당하다면 SM은 사용 여부를 확인만 하면 됩니다. 만약 백스테이지가 훨씬 복잡해서 헤드셋이나 큐라이트가 평소보다 더 필요하다면, 무대감독은 필요 사항을 문서로 사전에 작성해서 반입 때 설치될 수 있도록 조치합니다.

그림6.6의 지도는 복잡한 공연의 설치 상황을 보여 줍니다. 이 작품은 플라잉flying 효과, 전동 무대 장치, 영상 그리고 수많은 호출 큐가 있었습니다. 무대감독은 일반적으로 사용하는 물품들뿐만 아니라 비상 대비용도 포함했습니다. 기술감독이 설계한 움직이는 장치는 공연 중 자동 제어 장치가 고장이 날 경우 수동으로 조작할 수 있도록 준비하였습니다. 그러나 오퍼레이터가 무대 오른쪽에 위치한 일반적인 조정판에서 나와 장치 뒤쪽으로 이동해야 했는데, 막판에 헤드셋을 챙기려고 뛰어다니지 않도록 비상용 장비들을 필요한 곳에 미리 준비해 두는 것이 좋습니다.

큐의 수가 많아서 장치의 움직임과 연기자들의 등퇴장은 큐라이트에 의존했습니다. 무대감독은 두 가지 색의 전등을 요청했고, 비좁은 백스테이지 구석에서 빠듯하게 바쁜 장면을 구현할 때 출연자와 전환수들에게 이미 혼잡스러운 헤드셋에 대고 말하지 않고도 분명하게 소통할 수 있었습니다.

지도에는 단어, 그림, 색깔을 사용하여 가능한 세부 사항을 분명하게 설명했습니다. 이 정도의 백스테이지 규모는 드문 경우입니다만, 필요하다면 무대감독이 신경 써서 미리 요청 사항을 구성하도록 하여, 모든 이가 미리 제대로 준비하도록 하고, 수정 계획이 있다면 대안을 찾도록 합니다.

RUM & COKE
CUE LIGHT AND CLEAR COM PLACEMENT

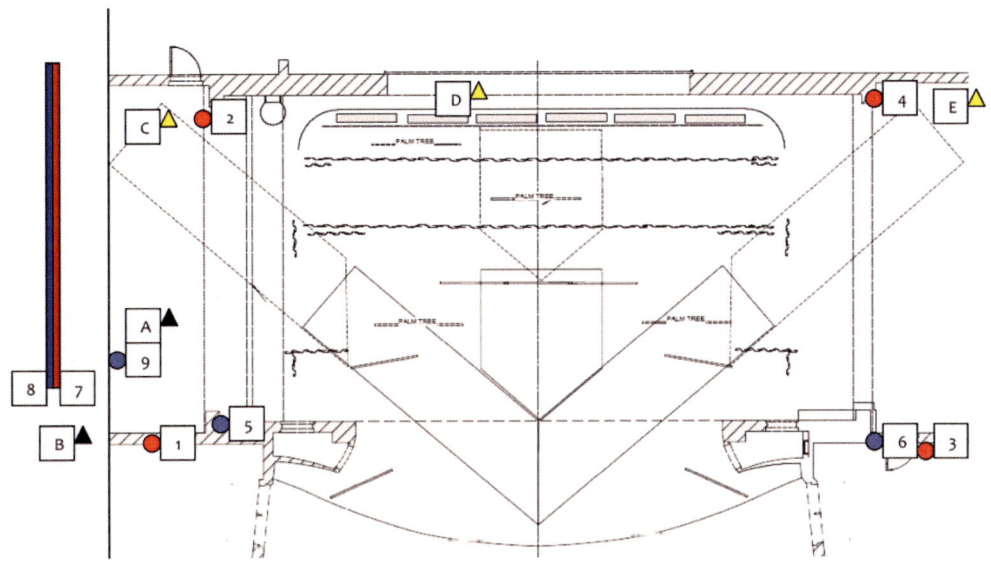

CUE LIGHTS note: marker color indicates lamp color 🔴 actors 🔵 scenery (except for rail which has both colors)

Circ. #	Box #	SM Label	Color	Perm.
	1	DR	Red	Y
	2	UR	Red	Y
	3	DL	Red	Y
	4	UL	Red	Y
	5	SR Wall	Blue	N
	6	SL Wall	Blue	N
	7	Red Rail	Red	Y
	8	Blue Rail	Blue	Y
	9	Automation	Blue	N
	10	(spare)		
	11	(spare)		
	12	Late Seating	Red	Y

CLEAR COM note: ▲ indicates regular use, △ indicates emergency backup (wireless also in use for ASMs)

Circ. #	Box #	SM Label	Color	Location
	W1	ASM SR		Wireless
	W2	ASM SL		Wireless
	W3	ASM spare		Wireless
	A	Automation	Black	SR
	B	DS Rail	Black	SR
	C	Emergency UR Deck	Yellow	SR
	D	Emergency UC Deck	Yellow	UC
	E	Emergency UL Deck	Yellow	SL
	F	Lights		Booth
	G	Video		Booth
	H	Sound		Booth

그림6.6 큐라이트와 헤드셋 배치도. 복잡한 백스테이지

역할 배분

연습 기간에 무대감독 팀은 각개 전투 전략을 활용하여 방대한 정보를 처리하고, 공연 요소들에 대한 상세한 내용을 기록하는 책임을 나눕니다. 모두가 당일 연습을 위해 연습실을 준비하고, 무대감독도 조감독들과 마찬가지로 소품을 제자리에 갖다 놓고 의자 위치를 표시하는 일에 쉽게 참여합니다.

일단 공연장에 들어가면, 무대감독은 어느 정도 거리를 두고 작업합니다. 물리적으로 위치가 객석으로 옮겨지기도 하고, 심리적으로도 큰 그림을 보며 책임을 집니다. 무대감독은 무대 위를 관장하는 무대조감독에 의지해야 합니다. 역할을 나누고 연습 기간 동안 공유한 정보가 이제 빛을 봅니다. 전체 팀이 공연 내용을 잘 알고 익숙하기 때문입니다. 테크 동안에도 이렇게 공유하는 태도를 유지하도록 하고, 당일 목표를 팀에게 전달하며, 출근하면서 얻은 최신 정보도 공유합니다. 정보는 보물이 아닙니다. 혼자만 간직하면 일만 느려집니다.

전환수와 일하기

전환수가 도착하는 날은, 한 사람이든 한 무리가 오든, 무대감독 팀에 행복한 순간입니다. 연습 기간에 여러분은 연습실 준비를 신속하게 성실히 했고, 무대 전환도 효과적으로 진행하였으며, 예상되는 문제점들도 잘 파악했습니다. 첫 테크 즈음에는 그동안 연습한 내용들이 머릿속에 단단히 자리 잡게 됩니다. 여러분의 크루가 도착하면서 생기는 가장 어려운 도전 과제는 이런 정보들을 머리에서 꺼내 종이에 담아야 한다는 것입니다. 무대감독이 조감독에게 힘을 실어 주고 책임을 나누듯이 조감독도 전환수들을 교육해 소품 정리와 장면 전환을 스스로 실행할 수 있도록 훈련합니다. 이를 위해서는 무대감독 팀이 몇 가지 문서를 만들어 대본을 읽어 보지 않은 사람들과 한 번도 연습해 본 적이 없는 사람들에게 모든 필요한 정보를 전달하여야 합니다.

알렉시스 웰스Alexis Wells는 최근에 졸업한 무대감독인데, '현실'의 문서 작업에 대한 생각을 나누어 주었습니다. "문서 작업이 대부분 제가 알고 있던 것과 다르지 않다는 사실에 약간 안도했어요. 어떤 것들은 이름이 좀 다르기도 했지만 결국 다 같았습니다. 새로운 방법이나 더 좋은 방법을 배워 나 자신과 사람들에게 도움이 된다면 더없이 좋습니다. 그리고 여러분이 전문 상업 극장에서 일한다고 모든 크루가 경험이 많은 것은 아닙니다. 그래서 분명하고 간결한 문서 작업이 어디서건 기본입니다."

무대 준비 목록

가장 먼저 언급할 문서는 사전준비목록표(preset list)입니다. 공연 전에 무엇이 어디에 있어야 하는지 정리해 놓은 표입니다. 점검표처럼 만들어, 크루들이 무대 위, 무대 주변에 제대로 모든 것을 배치할 수 있도록 도와줍니다. 그림6.7A와 B는 현장 문서에서 발췌한 것을 보여 줍니다.

　무대 준비 목록은 몇 개의 구역으로 나뉘는데 (1) 무대 구역, (2) 뒷무대 소품 테이블, (3) 뒷무대 가구나 다른 대도구 구역으로 나뉩니다. 각 구역은 자세하게 나열하고, 같이 놓이는 것들끼리 묶습니다. 문서를 만들 때 저는 항상 무대 위 소품부터 시작해, 공연에서 일어날 일을 먼저 생각해 봅니다. 무대감독 팀은 무대 위 물건들을 먼저 처리하고, 상부 전환되는 장치들이나 마이크를 확인하기 위해 무대를 비우고, 배우들이 몸을 풀 수 있도록 자리를 만들어 줍니다. 여러 일을 동시에 처리하면 효과적입니다. 누군가 뒷무대를 준비하고 다른 크루들이 무대 위를 정리하는 것이 한 곳에서 모두 복작거리는 것보다 낫습니다.

　목록은 세로로 정리하는 것이 좋습니다. 각 테크와 공연 때 체크할 칸이 목록을 담는 칸보다 좁아도 됩니다. 한 페이지에 적당한 수의 공연 날짜를 담도록 합시다. 한 주에 8회 공연이라면, 8개의 칸을 만들어 일주일 동안 씁니다. 2주간 6회 공연인 경우, 한 페이지에 모두 담고, 한 주를 여러 문서로 나누지 않도록 합니다.

DETROIT

PRESET LIST

Stage Left Prop Table	10/15	10/16	10/17	10/18	10/19	10/20	10/24	10/25	10/26	10/27
Basting Brush										
Bottle of Steak Sauce										
(4) Blue Glasses										
Green Hors d'oeuvres tray with:										
(8) Slices of tomatoes										
(12) Dates wrapped in bacon										
Grey Bowl with:										
Small spoon										
Pink Salt										
Teal Bowl with:										
Spreader										
Danish Havarti Cheese										
Patterned Bowl with:										
Small spoon										
Caviar										
(5) Teal Napkins										
(15) Crackers on top of napkins										
Handkerchief										
White Towel										
Black Ice Bucket with:										
Small Tongs										
Ice										
Brown Tray with:										
Teal Bowl with Butter										
Grey Bowl with Sour Cream										
Striped bowl with:										
Tongs										
(4) Potatoes										
Metal Tray with:										
(4) Raw Steaks										
Cooking Rag										

그림6.7A와 6.7B 무대 준비 목록

Stage Right (Scene Shop)	10/15	10/16	10/17	10/18	10/19	10/20	10/24	10/25	10/26	10/27
(3) Long Decking Pieces										
(2) Small Piles of Decking Pieces										
Tool Box with:										
Framing Square										
Drill										
Pry Bar										
Fake Plant										
5 Gallon Bucket										
Folding Chair										
Mini Grill with:										
Charcoal										
Paper Plate with (4) Burger Patties										
Stage Right Prop Table	10/15	10/16	10/17	10/18	10/19	10/20	10/24	10/25	10/26	10/27
Spatula										
(5) Opened Beer Cans- empty										
Short Liquor Glass with Water										
Clear Canteen with Water										
Cookie Sheet with:										
Opened Bag of Cheese Puffs										
Unopened Sleeve of Saltines										
Unopened Can of Bean Dip										
Unopened Jar of Cheez Wiz										
Blood Pack										
Plastic Cup with Water										
Paper Towel										
(8) Hamburger Buns in Bag										
Jar of Dijon Mustard										
Jar of Pickle Relish										
Plastic Bottle of Ketchup										
Ring of House Keys										
White Bowl- empty										
White Bowl with Cheese Balls										
Wallet with 6 Bills										

그림6.7B

점검표 정렬

들여쓰기는 하나로 묶인 항목을 표현하는 간단한 방법입니다. 하지만 표를 작성할 때 '탭' 버튼을 누르면 다음 셀로 이동하기 때문에 이것도 두 번째 선택 사항입니다. 통이나 그릇처럼 담는 용기는 왼쪽 맞춤으로 쓰고 내용물은 오른쪽 맞춤으로 쓰거나, 여백을 넣어서 들여쓰기하는 방법도 있습니다. 세 번째 방법이 가장 좋은데, 열을 추가하는 방법입니다. 그림6-7에서 가장 왼쪽 열은 사실 3개의 열을 합친 것입니다. 두 개의 좁은 열과 한 개의 넓은 열로 이루어집니다. '들여쓰기'는 셀을 합치고, 경계선을 없애서 만들었습니다. 녹색 전채 요리 접시green hors d'oeuvres tray는 세 개의 셀을 합쳐서 적고, 왼쪽으로 맞춥니다. 옥색 접시Teal bowl는 가장 왼쪽 셀을 그대로 두고, 경계선을 없앤 후 나머지 셀을 합쳐서 적습니다. '버터칼'은 세 번째 열에 적고 나머지 셀은 그대로 둔 후 경계선만 지웁니다. 그림6.7C는 이 요령을 설명하는 그림으로, 점선으로 꺼진 경계선을 표시하며 셀 병합 방법을 보여 주고(왼쪽), 동시에 단락 맞춤 방법도 보여 줍니다(오른쪽).

소품이 많은 공연에서는 소품 하나하나를 다 구분하는 것이 더 안전하다고 생각합니다. 옥색 접시Teal bowl를 간단하게 적는다면 접시, 버터칼, 치즈를 한 칸에 넣습니다. 만약 무대 준비 과정에 치즈는 있지만 버터칼이 없다면 어떨까요? 체크를 지금 할까요 아니면 나중에 할까요? 이런 방법은 특히 무대 오른쪽 소품 테이블에 놓일 과자 받침 종이cookie sheet와 같은 소품을 기록할 때 도움이 됩니다. 이 쿠키 시트에는 다섯 개의 소품이 놓이지만, 이 중 일부는 밤새 같은 장소에 두지 않을 수도 있습니다(예를 들어, 혈액 팩은 공연 사이에 소품 캐비닛에 보관되지 않을 가능성이 높습니다). 물론 엑셀을 이용해 도움이 된다 해도 이렇게 신경 쓰는 것에는 시간이 좀 더 걸립니다. 그러나 문서에서 시각적인 일관성을 주며, 한 번 만들어 두면 다음 작업에서 쉽게 시작할 수 있습니다.

White Towel		Tool Box with:	
Black Ice Bucket with:			Framing Square
	Small Tongs		Drill
	Ice		Pry Bar
Brown Tray with:		Fake Plant	
	Teal Bowl with Butter	5 Gallon Bucket	
	Grey Bowl with Sour Cream	Folding Chair	
	Striped bowl with:	Mini Grill with:	
	Tongs		Charcoal
	(4) Potatoes	Paper Plate with (4) Burger Patties	

그림6.7C 칸 추가 방식과 단락 맞춤 방식의 비교

소품 테이블에 놓은 소품들은 이름표 관리에 신경 쓰고, 무대 준비 목록과 같은 이름을 쓰도록 합니다. 이것이 준비하기에도 좋고 확인하기에도 좋습니다. 크기가 있는 소품은 테이블에 올리지 못하지만 뒷무대에 둘 때는 무대감독 팀에서는 그 구역을 구분하고 이름표 작성에 일관성을 유지합니다. 이 보관 장소들은 공연 중 뒷무대 공간의 동선을 정리할 때 중요합니다.

Cat on a Hot Tin Roof

PRESET LIST

ONSTAGE	M	T	W	R	F	SA M	SA	SU
Vanity								

	M	T	W	R	F	SA M	SA	SU
3 Perfume Bottles								
Empty round jar								
Jewelry box								
Glass with Water								
Mascara								
Nail Clippers								
Nail File								
Makeup brush								
Empty oval jar with bow								
Cigarette Case with:								
(2) Cigarettes								
Zippo Lighter								
Lipstick								
Metal Tin								
Powder with Puff								
Necklace Stand with:								
Gold Necklace (front center)								
Talc powder								
Hand Mirror								
Hair Brush								
Comb								
Rocks glass with:								
Ice and liquor								

그림6.8 사진을 통한 무대 준비 목록의 추가 정보

간혹 너무 많은 정보가 여러분을 혼란스럽게 할 때가 있습니다. 그림6.8의 「양철 지붕 위의 고양이Cat on a Hot Tin Toof」 매기Maggie의 화장대를 기록한 무대 준비 목록을 봅시다. 여기에는 26가지의 소품이 있고 각각 자기 자리가 있습니다. 각 소품과 그 위치를 온전히 글로 적는다면 과다할 것입니다. 그래서 화장대 위 사진을 넣는 것만으로 전환수가 소품 목록도 확인하면서 준비해야 할 시각적 결과물도 이해하게 됩니다.

LITTLE SHOP OF HORRORS
SET DRESSING

DR Bookcase	SR Shelves	UR Bookcase
ACT I		
1- Sad Sound Plant	1-Dust Pan & Brush *	1- empty
2- Transparent Green Pot	2-empty	2- empty
3- Clear Vase w/ White Flowers	3-(2) Medium Pots	3- empty
4- Gold Greek w/ Dead Foliage	4- (3) Medium Pots	4- Blue Vase w/ Yellow Daffodil
5- Yellow Rectangle Box	5- (5) Small Pots	5- Get Well arrangement # 2*
6- Clear w/ White Carnations	6-(2) Small Pots	6- Stack of Books
7- Green Square Chalise		7- empty
8- White Watering Can*		8- Get Well arrangement #1*
9- White Vase w/ White Daisies		9- Rag*
10- Green Mister*		10- Lg Fake Wooden Pot (DL 12)
11- Plant Food		11- empty
12- Dictionary*		12- empty
		12- empty

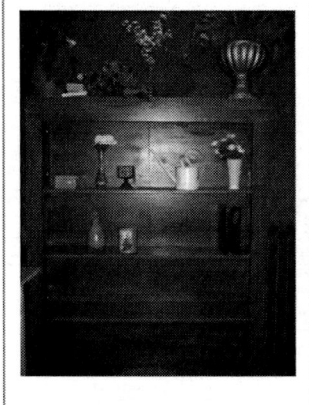 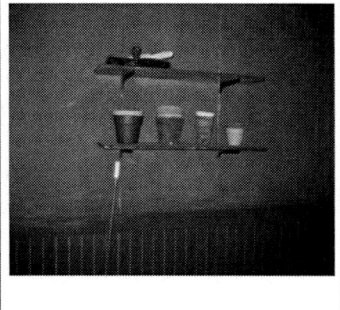 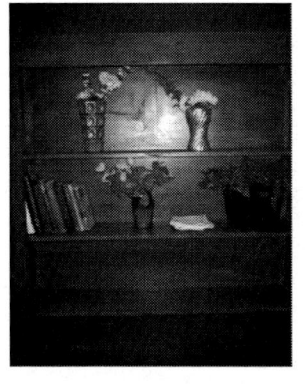

*Indicates Show Prop   *Italics indicate a change from Act One to Act Two*

그림6.9A   사진으로 목록과 전환을 설명한 예

　　무대의 사전 준비가 복잡할 때는 한 장의 사진이 열일을 합니다. 그림6.9A와 6.9B 에서 「리틀 숍 오브 호러Little Shop of Horror」의 백스테이지 문서 두 페이지를 보여 주 며, 가게 안 화분 선반들을 구체적으로 설명합니다. 공연 시작 전에 6개의 선반을 정 리하고 중간 휴식 중에 다시 정리합니다. 여기에서는 바뀌지 않는 것과 바뀌는 것 그 리고 출연자들이 사용하거나 옮기는 것들을 구분했습니다.

LITTLE SHOP OF HORRORS
SET DRESSING

DR Bookcase	SR Shelves	UR Bookcase
ACT II		
1- Happy Sound Plant	1-Dust Pan & Brush *	1-Lg Brown Woven Basket
2- empty	2-Clear Vase w Lg Blue/White Arr	2-Green Woven Basket
3- Clear Vase w/ White Flowers	3- (2) Medium Pots	3- Oblong Vase w/ Red Roses
4- Empty Metallic Vase	4-(3) Medium Pots	4- 1 Blue Vase w/ Yellow Daffodil
5- Yellow Rectangle Box	5-(5) Small Pots	5- 2 Clear Vase
6- Clear w/ White Carnations	6- (2) Small Pots	6- Stack of Books
7- Green Square Chalise		7- Tall Tulip Vase
8- White Watering Can*		8-Transparent Green Vase w/ Pink Lily
9- White Vase w/ White Daisies		9- Rag*
10- empty		10-White Tulip Bowl
11- Dictionary*		11- Clear Short
		12- Woven Round Basket w/ Vines
		13- Mickey Jar

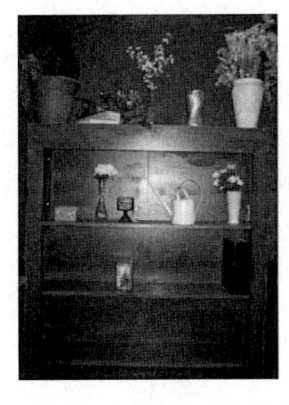 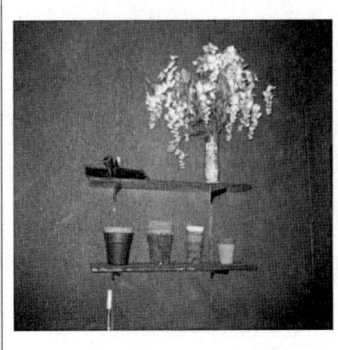 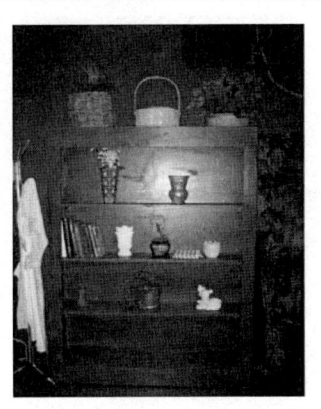

*Indicates Show Prop　　　　　　　　　　　　*Italics indicate a change from Act One to Act Two*

그림6.9B

목록의 번호는 각 선반 위 해당 위치를 나타내며 흰 테이프로 관객에게 보이지 않는 위치에 적어 둡니다. 화분과 소품을 해당 번호에 놓습니다.

소품 테이블

이름을 붙여 잘 정돈된 소품 테이블은 그 자체로 효과적인 소통 도구입니다. 각 항목의 위치를 정해 두면, 크루들에게 제 위치를 알려 줄 뿐 아니라 배우들에게 사용할 소품을 알려 줄 수도 있습니다.

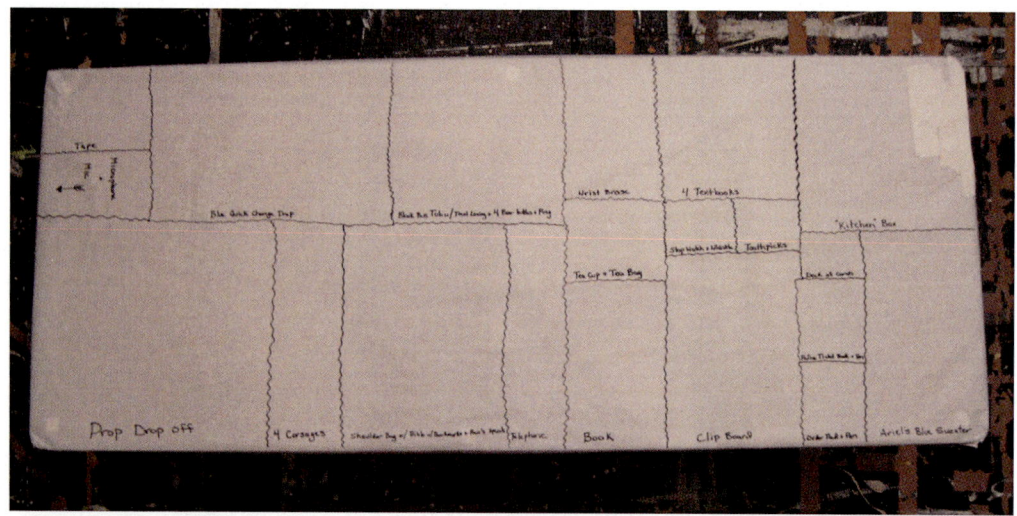

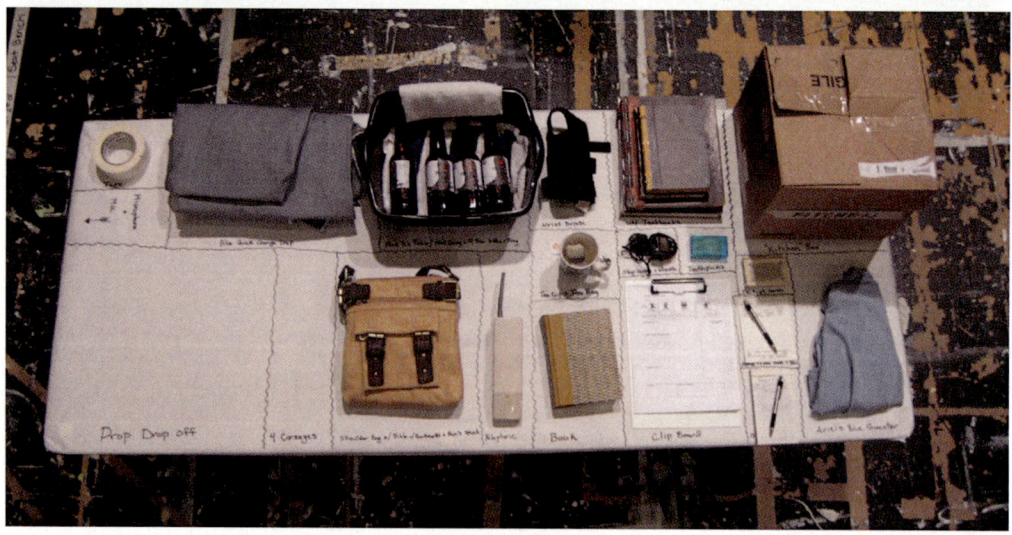

그림6.10과 6.11   소품 테이블 사전 준비 전과 후

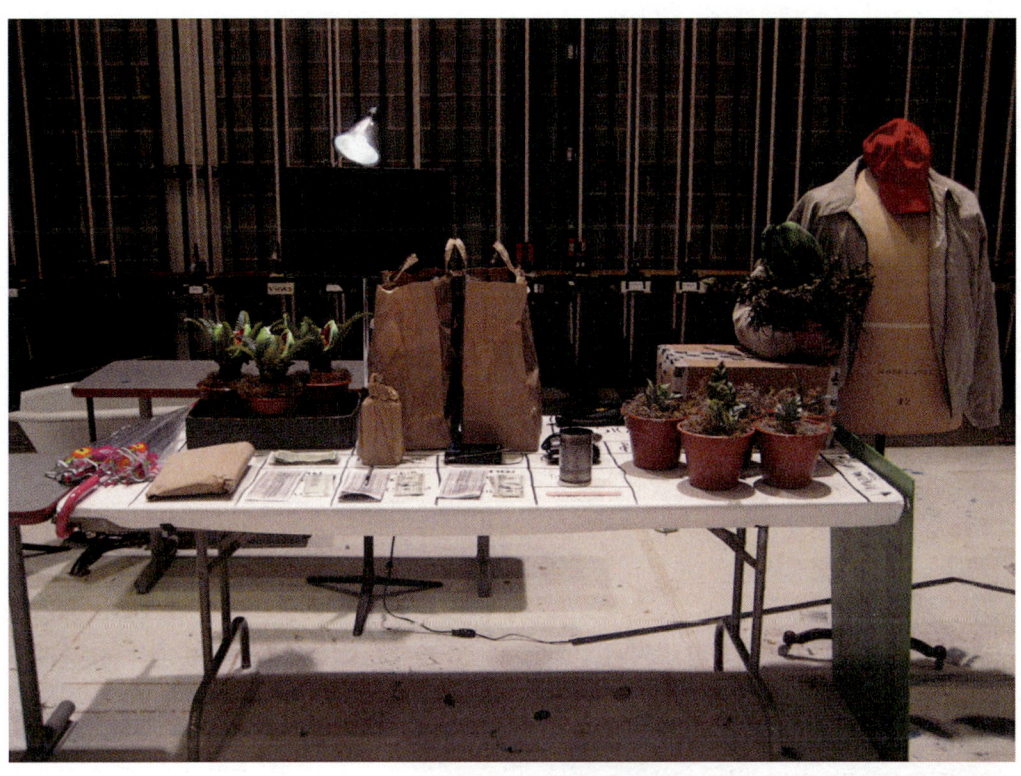

그림6.12와 6.13 뒷무대 보관의 창의적인 발상의 예

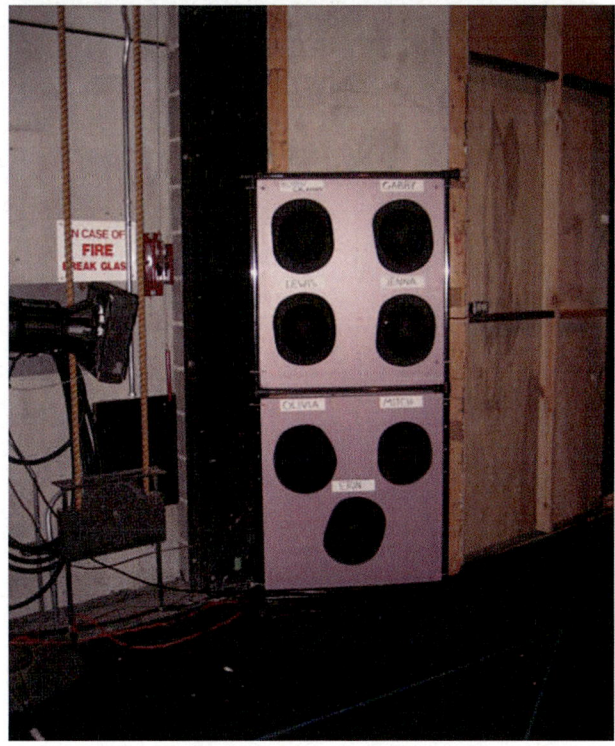

소품 테이블의 배치를 고민할 때 무대감독은 소품이 어디서 시작해 어디로 가는지 알아야 합니다. 모든 것이 원래 자리로 가야 하는 것은 아니므로, 테이블에 여유 공간을 주어, 다른 곳에 있다가 반대편으로 가는 소품들의 자리를 만들어 두어야 합니다.

그림6.10과 6.11에서 두 장의 소품 테이블 사진으로 무대조감독이 효과적으로 정리해 둔 소품 테이블의 예시를 볼 수 있습니다. 각 소품은 정해진 위치가 있는데, 공연 전에 아무것도 놓이지 않는 테이블이 있고 '소품 놓는 곳'이라고 쓰여 있으며, 공연 중 이곳으로 옮겨지는 소품들을 위한 공간입니다. 계속 쓰이는 소품이라면 무대 양쪽에 자리를 만들고 이름을 써 구분하는 것이 좋습니다. 한 번만 쓰는 것들은 한 곳에만 정해도 좋습니다. 소품 반납 공간이 1막 도중 꽉 찬다면, 중간 휴식 동안 크루가 치워, 2막 소품을 위한 공간으로 내주는 것도 좋습니다.

무대감독 팀은 뒷무대 공간을 고려할 때 창의적으로 준비해야 합니다. 어떤 물품들은 테이블에 올릴 수 없는 것들이 있습니다. 그림6.12는 「리틀 숍 오브 호러」의 뒷무대 사진입니다. 오드리Audrey Ⅱ(역주: 극 중 괴물 캐릭터 이름)의 여러 버전 중 하나는 중간 크기로 가짜 손이 달린 재킷에 붙어 있습니다. 의상실에서 남는 마네킹을 빌려 와 걸어 두면 좋습니다(야구 모자도 함께 걸어 둡니다). 소품 테이블에 상자를 올려 오드리를 받칠 수 있게 높이를 맞춰 줍니다.

또 다른 경우 무대감독은 테이블 위 자리를 많이 차지하는 소품과 씨름해야 합니다. 테이블을 추가하면 무대 뒷공간이 부족할 것입니다. 그림6.13은 「시카고」의 뒷무대 사진입니다. 공연의 주요 댄스 멤버들의 등장을 위해 13명의 출연자가 재빨리 보울러bowler 모자를 집어 들고 나가야 합니다. 크루의 수가 적어 일일이 모자를 건네줄 수 없었고, 모자의 크기를 출연자 개인에 맞춰야 했으므로, 모자를 단순히 쌓아 둘 수도 없는 노릇이었습니다. 위로 쌓는 것이 적절한 방법이었는데, 저렴한 옷걸이에 폼보드 두 장을 달고 고리를 붙여 만들어 해당 장면 직전 배우들 등장 직전 무대 양쪽에 하나씩 밀어 넣었다가 나중에 치웠습니다. 각 모자걸이에는 배우들 이름을 붙여 출연자들이 스스로 찾을 수 있도록 했습니다. 사진은 없지만, 모자걸이 뒷면에 다른 고리를 달아 다른 장면에서 사용하는, 역시 소품 테이블에 올릴 수 없는 대형 부채를 걸어 두었습니다.

전환계획표

공연 사전 준비를 문서로 정리하는 것 외에 무대감독은 막이 올라가고 나서 일어나는 일들을 자세히 정리해야 합니다. 전환계획표라는 별도의 문서로 정리하는데, 그림 6.14에서 예시를 볼 수 있습니다. 무대 전환수의 모든 작업을 목록으로 작성하고 전환계획표에서 언제 어떻게 아래와 같은 작업이 진행되는지 내용을 담습니다.

- 무대장치의 등 퇴장
- 배우에게 소품 전달하기
- 배우에게 소품 전달받기
- 전환에 대비한 사전 작업
- 전환수에게 영향을 주는 의상 전환

이 문서는 상세한 내용을 담은 문서임과 동시에 어두운 불빛 아래에서 재빨리 읽어야 한다는 남다른 특징이 있습니다. 이 때문에 무대감독은 내용 정리와 양식에 특별히 신경을 써야 합니다.

필요한 정보

전환계획표는 여러 열에 주요 정보를 담습니다. 이런 정보들은 연습 과정에서 모은 것들이며, 이것을 기반으로 전환수들이 공연 중 모든 전환을 실행합니다.

언제? 첫 두 열에는 전환 순서를 나타냅니다. 무대감독이 각 전환이나 동시에 일어나는 작업 그룹의 번호를 매깁니다. 한 장면에 하나 이상의 전환이 있을 때는 자세한 순서를 구분하기 위해 나눌 수도 있습니다. 각 전환에는 시간 항목도 있는데 전환이 일어나는 시점을 나타냅니다. 시간은 중간 휴식까지 누적된 형태로 기록하고 이후 다시 시작합니다. 중간 휴식의 길이는 조금씩 달라, 공연 시간은 각 막으로 제한하는 것이 더 정확합니다. 무대감독 팀은 연습실에서 한 막이나 런 스루run-through의 소요 시간을 재고 필요에 따라 테크 리허설 동안 수정합니다.

누가? 다음 열에는 전환에 관여하는 사람을 적습니다. 전환은 한 명일 수도 있고 여러 명이 담당할 수도 있으며, 무대조감독 혹은 출연자가 관여할 수도 있습니다.

Twelfth Night
Revised Shift Plot

#	Time	Crew	Lineset	Unit	Move	Spike	Notes
Shift II-3 to II-4: After "Maria Hatches a Plan"							
9A	54:15	Hans	LS 22	Gate	OUT	Red	**RED RAIL**
		Courtney, Anastasia		Kitchen table	OFF		SL
		Meghan		Kitchen chair	OFF		SL
		ASM-L		Pit	UP		to AUDITORIUM level
9B	54:35	don, luke		SR railing	ON	Blue ▼	
		ASM-R		Curved Legs R	PAGE		
		austin, brian		SL railing	ON	Blue ▼	
		Matt		Curved Legs L	PAGE		
		Katie, Ashlynne		Wicker settee	ON	Blue	SR
		Courtney		Wicker table	ON	Blue ▼	SL
		Anastasia		Wicker chair	ON	Blue ▼	SL
During II-4: "Cesario Falls in Love with Orsino"							
	57:00	Katie		(2) towels and robe	HANDOFF		SR to Austin
		Meghan	Self	Self	Go SR		to be ready for next scene shift
Shift II-4 to II-5: After "Cesario Falls in Love with Orsino"							
10A	1:04:00	Katie, Ashlynne		Wicker settee	OFF		SR
		Courtney		Wicker table	OFF		SL
		Anastasia		Wicker chair	OFF		
		don, luke		SR railing	OFF		
		ASM-R		Curved Legs R	PAGE		
		austin, brian		SL railing	OFF		
		ASM-L		Curved Legs L	PAGE		
		ASM-L		Pit	DOWN		
10B	1:04:30	Hans	LS 22	Gate	IN	White	**RED RAIL**
		Matt	LS 15	Colonnade	IN	White	**RED RAIL**
		Amanda	LS 6	Trees	IN	White	**GREEN RAIL**
		Katie		SR urn	ON		SR
		Ashlynne, Meghan		Garden bench	ON	Green ●●	SR
		Courtney		SL urn	ON		SL

그림6.14 『십이야』의 전환계획표

　문서가 출연자들에게 전달되지 않아도, 출연자들의 전환은 문서에 포함되어야 합니다. 이것으로 전환수들이 출연자와 함께하거나 혹은 그 주변에서 도울 수 있고, 무대조감독이 그 상황을 확인합니다. 출연자 전환 부분을 이탤릭이나 굵은 글씨로 쓰면 시각적으로 충분히 강조되어 대체 전환수들이 자신의 담당 업무가 아님을 구분합니다.

　무엇을? 다음 두 열은 관련된 구체적인 소품이나 장치를 표기합니다. 전환 장치가 상부 전환 장치라면, 장치봉 번호를 포함합니다. 공연에서 상부 장치를 아예 사용하지 않는다면 이 칸은 지울 수도 있습니다. 장치 설명은 단순하게 쓰고, 여기에 적는 설명은 사전준비목록표와 소품 테이블에 적힌 설명에 맞추어 일관성을 유지합니다.

　작업 내용은? 그다음으로 전환 자체를 설명합니다. 작업 명칭을 구체적으로 일관성 있게 사용하는 것이 중요합니다. 상부 장치는 '인(in)' 또는 '아웃(out)'으로 표현하며, 하부 장치는 '온(on)' 또는 '오프(off)'라고 합니다. 기술팀은 소품을 배우에게 '전달(hand off)'하거나 배우에게서 '회수(catch)'한다고 합니다. 만약 소품이 새로운 위치로 이동하지만 여전히 사용 중이라면, 그것은 '재배치(reset)'라고 하고, 설치한 무대를 없앤다면, 크루가 '철거(strike)'한다고 합니다. 기술팀이 다음 전환 때 빠른 입장을 위해 무대 가까이로 무대 장치를 '대기(load)'하거나, 전환이 완료된 후 보관 장소로 이동하여 '보관(park)'하며, 또한 크루가 배우나 무대 장치가 빠르게 측면 무대로 통과할 수 있도록 커튼을 '걷는다(page)'라고 표현합니다.

　어디로? 전환 장치는 정해진 위치로 이동하며, 무대감독이 이 위치 정보를 기록해야 합니다. 간단한 공연의 경우 무대 좌우를 표시하는 것만으로도 충분합니다. 더 복잡한 공연은 이 칸에 더 자세한 내용을 적습니다.

　5장에서 소개한 두 무대 디자인이 이런 차이를 잘 설명합니다. 「판스워스의 발명」에서는 가구들이 특정 단위로 등퇴장했습니다. 몇 개의 대도구들만 무대 일부에서 사용되고 거리도 떨어져 있어 전환계획표의 위치를 표시하는 칸에는 해당 전환과 관련된 단을 구분하기만 하면 되었습니다. 전환수는 어떤 스파이크 마크가 어떤 가구에 해당하는지 금방 알 수 있고 그대로 진행했습니다. 「십이야」의 경우, 한 무리의 장치들이 여러 구역에 걸쳐 사용되었습니다. 여러 장치가 다른 시점에 같은 위치에서 사용되기도 했습니다. 개별 전환의 위치를 위해 색으로 구분한 스파이크 마크를 사용했고, 전환계획표에도 이 색상을 반영했습니다.

　「십이야」는 더 복잡했습니다. 어떤 전환은 조명이 있는 상태에서, 다른 전환은 암전 상태에서 진행했습니다. 무대 바닥의 색이 밝아 발광 테이프의 효과가 떨어지고 나면 구별하기 어려웠습니다. 이런 문제에 대응하기 위해 발광 테이프와 동시에 색이 있는 스파이크 마크 테이프를 사용했습니다. 그러나 발광 테이프는 색상이 다양하지 않습니다. 그래서 같은 곳에 발광 테이프 여러 개가 붙어 있다면 어떻게 구분해야 할까요? 모양입니다. 테이프를 작게 잘라 사각형, 원형, 삼각형 등 단순한 여러 모양을 만들어 붙입니다. 전환계획표에 잘 보이는 전환 시에는 색깔 테이프를 쓰고 어두운 곳에서는 모양이 있는 발광 테이프를 사용합니다.

이밖에 알아야 할 사항. 맨 오른쪽에 칸을 만들고, 무대감독이 필요한 정보를 기록하는 곳으로 사용합니다. 신호를 주는 방법이나 빠른 의상 전환 시 배우에게 소품을 전달한다는 내용 등을 이 칸에 담습니다. 제목을 '노트'로 적은 것은 무대감독이 필요한 내용을 다양하게 적기에 적당하기 때문입니다.

지표 정하기

전환계획표에 소요 시간을 넣기는 하지만 전환수에게는 적당한 정보는 아니며, 특히 복잡한 공연에서는 더욱 그렇습니다. 전환계획표는 공연의 장면들에 따라 하위분류로 나뉩니다. 하위분류에는 두 가지 특징이 있습니다. 첫째, 제목은 이제 막 끝난 장면이나 곧 일어날 장면을 지칭하며, 단어에 '이후' 혹은 '동안'을 추가합니다. 특정 장면 '이전'에 일어나는 행위를 설명하는 것은 소품을 설명할 때 그 소품을 사용하던 배우로 설명하려는 것만큼 어렵습니다. 테크니컬 리허설이나 공연 기간 초반 대체된 크루와 작업하게 될 때 무대감독이 내용을 파악하지 못한 전환수에게 업무 지시를 할 수 있습니다. 이때 장면이 시작되면 '앗! 이거였는데……'하는 원치 않는 순간들이 찾아옵니다.

하위분류를 장면 번호로만 나누는 것도 마찬가지로 쓸모없습니다. 효과적인 전환계획표는 기억하기 좋은 장면의 특징을 따라 장면의 별칭을 사용하는 것이 좋습니다.

전환수들에게는 각 연습이나 공연의 시작과 끝에 임무가 추가됩니다. 전환계획표는 그림6.15에 적힌 것처럼 공연 전 업무로 시작하고 공연 후 해야 할 일로 마칩니다. 소품을 준비하는 것은 이런 작업 중 하나일 뿐입니다. 세부 내용과 서식의 차이로 인해 이 두 문서의 공통점을 찾기 어려울 것입니다.

뮤지컬 문서

뮤지컬의 전환계획표를 만드는 과정은 연극의 전환계획표와 같지만, 문서 자체는 아마도 더 길고, 소품과 무대 장치들이 단순히 한 장면이 아니라 개별 음악과 연결되어 더 복잡합니다. 이 때문에 계획표상 하위분류를 추가합니다.

음악의 존재만으로 두 가지 중요한 변화가 발생하는데, 노래 제목은 장면 제목을 효과적으로 대신합니다. 첫날 근무가 끝날 때쯤 전환수에게는 노래가 기억하기 좋습니다. 이 점을 이용해 하위분류를 만드는 것이 좋습니다. 다른 것으로는 공연의 흐름과 관련한 것입니다. 출연자들만이 아니라 전환도 안무에 따라 움직입니다. 연출이 노래 중 전환이 일어나는 특정 장소를 정하거나, 무대감독 팀이 연주되는 음악에 따라 전환 시간을 잽니다. 이것으로 전환 순서를 더 구체적으로 정하고 하나의 전환을 A와 B로 나눕니다.

그림6.16은 「빅피시」에서 발췌한 내용이며, 공연 중 간단한 전환과 복잡한 전환을 보여 줍니다.

서식 고려 사항

이제 왜 전환계획표가 세부 문서인지 분명해졌을 것입니다. 복잡한 작품에서는 무대감독 팀이 상당한 양의 정보를 전달해야 합니다. 문서의 양식을 만드는 일이 일에 성공적으로 도움이 됩니다. 기본적인 것들은 문서 프로그램의 표나 스프레드시트로 구현합니다.

가로보기 문서는 전환계획표를 담기에 적당하여 모든 열을 담을 만큼 폭이 충분합니다. 열의 제목은 각 페이지 상단에 반복됩니다. 중간 크기 글자들로 모든 내용을 담으면서도 쉽게 읽습니다. 일반적으로 각 전환 사항을 간단한 글로 표현하는 것이 이상적입니다. 몇 가지 줄 바꿈 된 내용이 사전 준비 업무 항목에서 보이지만, 이 내용은 밝은 곳에서 공연 진행의 급박함을 느끼지 않는 상태에서 읽어도 되는 내용입니다. 세로보기로 문서를 만들면 글도 작아지고 줄 바꿈 된 글이 많아져 문서가 혼잡하고 가독성이 떨어집니다.

그림6.15 「십이야」 사전 준비 업무

Twelfth Night
Revised Shift Plot

#	Time	Crew	Lineset	Unit	Move	Spike	Notes
Preshow Duties							
		Hans, Matt		Deck	SWEEP		
		Courtney, Anastasia		Deck	MOP		
		Katie, Meghan		Prop tables	SET		see preset list for details
		Courtney		Urns	SET		onstage for fight call
		Meghan		Toaster	SET UP		on counter in green room
		Meghan		Flask	FILL		1/2 with water
		Meghan		Wine bottle	FILL & CORK		1/4 with water
		Hans, Matt	LS 9, 21	Legs	IN		clip to boom and screen
		Hans, Matt	LS 6, 10, 15, 22	All flying units	TEST		End with colonnade left onstage for fight call
		Katie		Shrine	ON	Red //	
		Courtney, Anastasia		Pit Steps	ON		pit is all the way down
		ASM-L		Pit	CHECK		PIT POWER IS ON (light switch lit)
		ASM-L		Fan in pit	OFF		
		ASM-L		Pit remote	MOVE		arrange cable so you won't be run over by railing later!
		Hans	LS 15	Colonnade	OUT		fly out on SM request during fight call
		Courtney		Urns	OFF		strike to pre-show spots on SM request during fight call
		Video		Projector carts	SET		also run video test once plugged in!
		All Crew		Glow tape	CHARGE		
At the 15 minute call							
		Meghan		Toast & Juice	PREPARE		make toast, pour juice, deliver to tray on SR prop table
Into I-1: After Opening Storm							
1A	02:20	Amanda		Shrine	OFF		DR cue light

Big Fish
2/21/18

SHIFT PLOT

Version 5: 2/21/18

Shift #	Time	Who	Unit	Move	Where	Notes
During Scene 2: "Be The Hero"						
6A	5:00	Stephen, Taylor	Trap	OPEN		For mermaid
6B	5:45	Stephen	Fish #1	TOSS UP	From trap	
6C	6:00	Stephen	Fish #2	TOSS UP	From trap	
6D	7:25	Stephen, Taylor	Trap	CLOSE		Come to deck after trap is locked
6E	8:15	Matt	Fish Luge	TOSS TO STAGE	From FOH	Toss by handful to stage as fast as you can
After Scene 2: EDWARD: "I didn't know she would change my life forever."						
7A	10:50	Gabrielle	Platform 3	BRAKE OFF		With the start of the music
7B	Auto	**Shane F. & Gabe B.**	**Platform 3**	**CLOSE**		**Closed = yellow spikes line up**
7C	Auto	Gabrielle	Platform 3	BRAKE ON		When platform wall fully closed
7D	11:15	Morgan	Swamp branches	FLY IN	Line set 15	Red Rail cue light
During Scene 3: "I Know What You Want"						
8A	11:30	Gabrielle, Taylor	Twin Bed	STRIKE		Book with red cover sitting by pillow
		Morgan	Square backed chair	STRIKE	Platform 3	
		Stephen	Table lamp	UNPLUG		Sitting on top of white bedside table
		Stephen	White bedside table	STRIKE		Strike with lamp
8B	Auto	Gabrielle, Taylor	Park bench	SET		
		Stephen	Lamp post	SET & PLUG IN	Platform 3	
After Scene 3: End of "I Know What You Want (Reprise)"						
9A	18:45	Morgan	Swamp branches	FLY OUT	Line set 15	Red Rail cue light
9B	19:00	Emily	Microphone Pack A5	SWAP	SR	From Violet E. to Megan R.
		Gabrielle	Microphone Pack C8	SWAP	SL	From Emma H. to Maddie S.

NOTE: Shifts in **BOLD** are completed by actors onstage ; AUTO denotes a move in a shift that follows the prior actions with no separate cue.

그림6.16 뮤지컬의 전환 계획 예제

여백

각 열은 내용보다 약간 넓게 조정합니다. 그리고 한 장면에서 여러 전환 사이에 빈 행이 있습니다. 이렇게 눈이 쉴 곳을 만들어 줍니다. 각 전환 업무가 동시에 일어난다면, 전환 내용과 시간을 담은 칸을 합쳐서 커다란 상자 한가운데 내용이 보이도록 하는 것이 좋습니다.

음영과 색상

최소한의 음영만으로 하위분류 제목에 사용합니다. 색을 사용하면 행간을 강조하거나, 스파이크 마크 내용을 강조해 유용해 보이지만, 이 문서들은 복사도 해야 하고, 각 전환수와 무대감독 팀 전원에게 나누어 줘야 합니다. 또 테크 리허설이 진행되는 동안 불가피하게 수정도 하게 됩니다. 색을 바꿀 때마다 여러 장으로 된 문서를 계속해서 출력한다면 실용적이지 않을 것입니다.

페이지 구성

페이지에서 정보를 다루는 마지막 방법은 내용이 나뉘지 않도록 하는 것입니다. 이것은 전환 그룹을 나누지 않는다는 뜻입니다. 사전준비목록표는 그룹 내용이 다음 페이지로 나뉘어도 제목 줄을 반복해야 제 기능을 다합니다. 예를 들어 두 번째 페이지로 넘어가게 되면 '무대 오른쪽 소품 테이블'이라는 제목으로 시작하는 것입니다. 전환계획표는 어두운 불빛 아래 멈출 수 없는 상황에서 사용되기 때문에 장면 전환 중 페이지를 넘기는 것이 집중력에 영향을 미쳐 전환을 조금이라도 늦춥니다. 무대감독은 페이지 나누기 기능을 활용하여 같은 그룹의 내용을 한 페이지에 유지하도록 합니다. 이 때문에 가끔 페이지 하단에 여백이 생기기도 합니다. 전체 페이지 여백과 열의 폭을 약간씩만 조정해도 반만 채워진 페이지와 뒤로 밀린 내용 사이의 적절한 균형을 찾을 수 있습니다.

전환계획표 수정하기

무대감독 팀이 테크 리허설 시 사용하는 전환계획표는 잘 정리된 초안이라고 볼 수 있습니다. 추가 작업이 발생하거나, 생각보다 시간이 오래 걸리거나, 제작 회의에서 상의한 것과 제작팀이 다른 방법을 선택한다고 해서 잘못된 것은 아닙니다. 테크 기간 중 무대감독은 수정과 추가 사항을 추적하여 문서를 수정합니다.

전환수들이 문서 수정에 기여할 수도 있습니다. 전환수들에게 의견을 받고 작업 시 발견한 다른 일들을 알리도록 독려해야 합니다. 그렇다고 전환수들이 맘대로 결정해서 업무를 수행해야 한다는 것은 아닙니다. 하지만 무대조감독이 동시에 여러 곳에 있을 수는 없습니다. 예를 들어, 전환수가 퀵체인지(quick change 출연자가 무대 위에서 빠르게 의상을 갈아입는 것) 도중 손전등을 들고 있어야 하는 일이 생긴다면 전환계획표에도 기록해야 합니다. 어느 날 대체 투입된 전환수가 있었고, 그 일을 기록하지 않는다면, 전등을 들어줄 사람이 필요한지 모르고 있다가 막상 전환을 진행하게 되면 정상적으로 부드럽게 진행되지 못할 것입니다.

무대감독 팀은 전환수들에게 전환계획표 수정본을 전달하여 다음 연습에 반영되도록 해야 합니다. 만약 테크 리허설 일정이 화요일에 1막을 진행하고 수요일에 2막을 진행한다면, 목요일까지 수정된 문서가 필요하지는 않을 것입니다. 무대감독은 첫날 연습의 수정 사항을 적용하고 바로 수정본을 출력할 필요는 없습니다. 이후 두 개의 막 연습을 모두 진행하고 전체 수정을 반영한 후 출력해도 됩니다. 매일 전체 연습을 진행하는 일정일 때는 수정본이 좀 더 빨리 만들어져야 할 것입니다.

ASM의 관점, 2부

새로운 두 명의 젊은 무대감독이 무대 위의 삶에 대해 의견을 주었습니다.

크리스틴 해리스Kristen Harris: "테크와 프리뷰 과정에서 제가 발견한 가장 중요한 것은 유연성이에요. 공연이 예술적으로 완성되어 가면서 추가되거나 삭제되는 것들이 있게 마련이고, 이렇게 긴 연습 과정에서 유연한 태도를 갖고 이런 변화가 무대 뒤에서 매끄럽게 진행되도록 합니다."

에리카 부시Erica Bush: "재빠른 순간적인 판단이 공연 진행 중 반드시 발생합니다. 중요한 소품을 뒷무대에 남겨 두었거나, 출연자 중 누군가 아프거나, 예기치 않은 일을 처리해야 하는 일들이 ASM으로서 가장 큰 도전 과제이며, 가장 긴장되는 순간입니다."

문서 변용

모든 공연이 이 책의 예제에 소개한 것처럼 규모가 큰 것은 아닙니다. 그리고 이런 작품들이 전환수들이 활용하는 두 가지 문서로 원활하게 운영되며, 무대감독은 덜 번잡한 작품을 위해서 작업을 간소화합니다.

소품이나 무대 장치의 전환이 없는 작품에서 무대감독은 사전준비목록표를 유일한 문서로 변용합니다. 공연 전에 '사전 업무' 항목을 추가하고 공연 뒤에는 '사후 업무'를 추가한 후, 소품과 관련이 없는, 이를테면 걸레질, 발광 테이프 교체, 가림막 넣고 빼기, 음식 소품 재고 확인과 같은 일들을 나열하고 점검합니다.

여러분의 전환수가 몇 가지 업무가 없는 경우에도, 여전히 문서 한 장은 필요합니다. 사전준비목록표에 한 가지 항목을 추가하고 중간 휴식 업무를 적으면, 모든 뒷무대 업무를 성공적으로 다 담을 수 있습니다. 또 이 두 가지 양식을 합쳐 양쪽 정보 형식을 모두 유지합니다. 무대감독의 주요 관심사는 효율성인데, 몇 가지 안 되는 내용을 담으려고 여러 문서를 만든다면 효율적이지 않을 것입니다. 그림6.17은 이런 예를 보여 줍니다. 사전준비목록표와 전환계획표 모두 간단하고 짧아 문서 병합에 대한 우려에는 적절한 예외일 수 있습니다. 궁극적으로 이 '병합 양식'이 성공적인 이유는 페이지가 반으로 나뉘어 효과적이기 때문입니다.

다른 반대의 예를 고려해 보자면, 때로 상부 전환이나 전동 전환 장치의 큐가 많은 작품이 있는데, 소품 전달과 같은 내용과는 별도로 문서를 나누어야 전환계획표가 전환수 각자에게 더 명확해 보입니다. 이런 상황에서 마이크로소프트 엑셀과 같은 스프레드시트에서 작업하는 것은 최선의 선택일 것입니다. 한 파일에서 각 워크시트를 서로 연결할 수 있습니다. 무대감독은 간단히 다 만들어진 계획표의 내용을 선택 복사 후, 두 번째 워크시트에 붙여 넣으면서 '링크 붙이기'란 기타 붙여넣기 옵션을 사용하면, 페이지를 서로 연결할 수 있습니다(그림6.18). 그다음 두 번째 워크시트에서 불필요한 정보를 지우고 특정 전환수를 위한 수정 내용을 만듭니다. 무대감독이 원본 페이지를 수정하면, 연결된 페이지에서도 자동으로 수정 내용이 반영될 것입니다.

또 다른 복잡한 공연의 경우로는 조명 아래에서 진행하는 전환이 많고, 전환이 효율적이기보다 우아하게 안무가 가미된 경우입니다. 여러분의 전환수 동선도 구체적으로 정해져 있어서 어떻게 전환하느냐가 무엇을 어디로 전환하느냐만큼 중요합니다.

이 경우, 작은 평면도나 안무 상자를 넣는 것이 방법입니다. 추가적인 사전준비목록표와 전환계획표 예제를 연관 웹사이트에서 찾을 수 있습니다.

의상전환표

마지막 주요 뒷무대 문서는 공연 중 출연자의 의상 전환 계획을 기록한 문서입니다. 그림6.19에서 볼 수 있듯이 전환계획표와 유사하며, 공연 진행을 위한 문서입니다.

의상전환표 내용은 전환계획표의 내용과 유사합니다. 몇 가지 항목들로 언제 어디서 전환이 발생하는지 담습니다. 각 전환은 발생 시간이 기록되고, 장면별로 하위분류됩니다. 무대감독 팀은 전환계획표에 적힌 하위분류의 별칭과 동일한 이름을 사용하며 양쪽 문서 사이의 일관성을 유지하고 전체 전환수들이 같은 언어를 사용하도록 돕습니다.

두 문서의 가장 큰 차이는 의상전환표는 배우가 어디로 퇴장하고 재등장하는지 그리고 그 전환 자체도 기록한다는 것입니다. 큰 무대 장치는 뒷무대에 하나 이상의 보관 장소를 갖기가 어렵고 이 장소들도 관련 사전준비목록표에 분명하게 명시합니다. 여러분이 직접 회의 탁자를 이동한다면, 어디로 가야 할지 압니다. 하지만 배우들은 훨씬 유연합니다! 의상 전환수는 의상 전환을 위한 모든 장소를 파악해야 합니다.

의상전환표를 만드는 것에는 무대감독과 의상팀의 협업이 필요합니다. 의상디자이너는 누가 언제 옷을 갈아입을지 자세한 정보를 줍니다. 대개 디자이너들은 '의상목록표'를 만들며 이것은 의상전환수들이 매일 점검해야 하는 기본 서류입니다. 전통적으로 의상디자이너나 의상스태프가 점검표를 만드는데, 무대감독들이 말하는 사전준비목록표소품사전준비목록표와 닮았습니다. 어떤 극장에서는 해당 스태프가 의상전환표를 만들기도 하지만 다른 극장이나 학교에서는 무대감독이 담당합니다. 누가 만들든지, 협조가 필요한 문서입니다. 의상팀은 각자 의상에 대한 자세한 설명을 갖고, 무대감독은 시간과 위치에 대한 정보를 갖습니다. 처음 일하는 극장이라면, 이 문서와 관련한 관행에 대해 물어봅시다.

The 25th Annual Putnam County Spelling Bee   **COMBO Preset & Shift Plot**

PRESET								
Onstage								
Bleachers								
(2) Folding Chairs								
Desk, with								
Official Spelling Ledger								
Clipboard with Volunteer info								
Small Note Pad								
Bell								
Pencil Cup with Pencils								
(10) Contestant Placards Top down order: 11, 6, 1, 22, 27, 7, +4 for volunteers								
SL Prop Table								
"Rona" Banner								
Trophy								
(3) Entry forms								
Savings Bond Check								
Cell Phone								
Camera								
Can of Diet Pepsi (with brown water)								
Wallet w/ $25 cash								
(8) Juice Boxes								
(1) Open & Empty Juice Box								
Cooler								
Small Plant								
Gardening Gloves								
Hoe								
Fencing foil								
Karate Chop board								

SHIFTS DURING THE SHOW					
Time	*Unit*	*Move*	*Side/Spike*	*Crew*	*Notes*
During "The 25th Annual Putnam County Spelling Bee"					
4:50	"BEE" banner	FLY IN	LS 10	Shelby	
During Pandemonium					
22:15	Ribbon Sticks	HAND OFF	DR Wing	Kyla	To Lily
25:45	Ribbon Sticks	CATCH	DR Wing	Kyla	From Olivia
During " I Speak Six Languages"					
58:50	Fencing Foil	HAND OFF	SL False Pro	Shelby	To/From Seth
AF	Fencing Foil	CATCH	SL False Pro	Shelby	
AF	Karate Chop Board	HAND OFF	SL False Pro	Shelby	
AF	Karate Chop Board	CATCH	SL False Pro	Shelby	
During " Jesus"					
1:01:00	Rope swing	Prep	SL Loading Deck	Shelby	
AF	Rope swing	Catch	SL Loading Deck	Shelby	From Nirvan
During "Champion"					
1:23:30	Check	HAND OFF	UL	Ali	To Seth
	Confetti Cannons	FIRE	DL & DR	Kyla & Shelby	

NOTE: AF indicates a scenic move that will automatically follow the previous action without separate cueing

그림6.17 사전준비목록표와 전환계획표

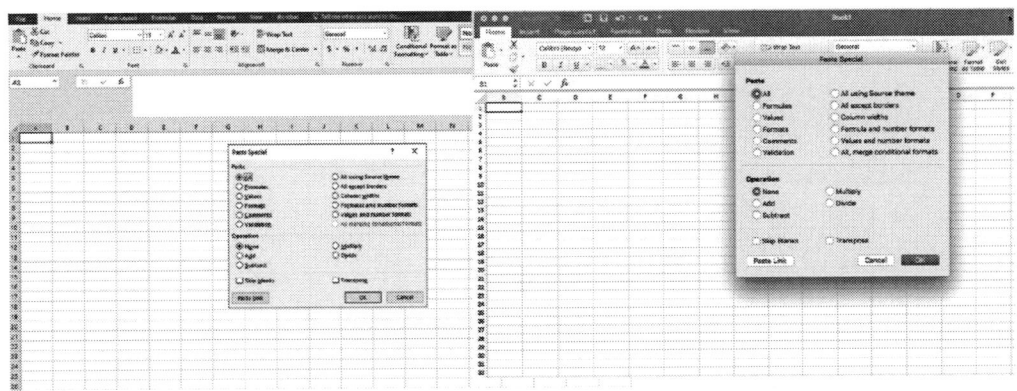

그림6.18　마이크로소프트 엑셀의 기타 붙여넣기 옵션 스크린 사진. PC와 매킨토시 버전.

의상은 어디서 갈아입을까?

빠른 의상 전환을 위해서는 재등장하는 곳과 가능하면 가까운 곳이 가장 좋습니다. 배우가 무대 좌우 방향을 바꾸어 등장해야 하는 경우, 이동을 먼저 하고 이후 갈아입는 것이 좋습니다. 의상 문제로 예기 치 않은 지연이 생길 경우 대처하는 데 도움이 됩니다. 배우가 옷을 입자마자 바로 등장할 준비가 되므 로, 등장 직전에 극장을 뛰어다니지 않아도 됩니다.

　의상전환표는 배우가 의상을 입고 벗을 때마다 추적합니다. 이 문서를 효과적으로 만들려면 옷을 따로 적는 것보다 설명하듯 문구로 적는 것이 좋습니다. 그림6.19의 작품 「빅피시」에서 발췌한 문서를 보면 각 앙상블 출연자는 기본 의상 위에 구체적 장면이나 안무를 위해 여러 옷가지를 추가했습니다. 의상 전환수가 점검표를 들고 공연 시작 전 모든 의상이 제자리에 있는지 하나하나 확인했는데, 물론 기본 의상도 모두 포함됩니다. 기본 의상은 벗지 않으므로 공연진행표에 적을 필요는 없고 공간을 아껴 각 인물의 스타일 기록에 필요한 내용에 집중하도록 합니다. 물론 어느 인물에 단순히 옷가지(예를 들어 랩코트 등)가 추가된다면, 무대감독이 모두 기록해야 합니다. 에드워드와 같은 주요 배역은 무대 위에서 더 많은 시간을 머물며 장면 사이 변화가 적습니다. 그러나 빠듯한 등장 시간으로 인해 거의 모든 의상 전환이 빠르고 전환수의 도움이 필요합니다.

　속도는 의상 전환에서 중요한 요소입니다. 계획표에는 빠른 전환(1분 미만)인지 구분 하고 전환수 도움이 필요한지도 적습니다.

Big Fish

COSTUME PLOT

Version 2: 2/23/18

Time	Actor	Location	Exit Character	Exit Costume	Re-Enter Location	Re-Enter Character	Re-Enter Costume	Length
After Scene 3 "I Know What You Want" (Reprise)								
18:45	John Divney	SR	Teenage Edward	Blue pants, white shirt, baseball cap, baseball jacket	SR	Wedding Edward	REMOVE: ball cap, baseball jacket	:20
18:45	Carly Boles	SL	**Witch**	**Witch costume/skirt/cape, black ballet shoes**	**SR**	**Waiter**	**REMOVE: witch costume, skirt, cape, ballet shoes** **ADD: Black skirt, white tux shirt, white apron, black character shoes**	**1:00 (Kaitlyn)**
	Sarah Lambert	SR	Witch	Witch costume, skirt, cape, ballet shoes	SL	Teacher	REMOVE: witch costume, skirt, cape, ballet shoes ADD: green print skirt, white blouse, beige cardigan, character shoes	10:00
	Leah Williams	SR	Witch	Witch costume, skirt, cape, ballet shoes	SR	Girl with Car	REMOVE: witch costume, skirt, cape, ballet shoes ADD: pink/green dress, character shoes	10:00
18:45	Megan Gunderson	SR	Witch	Witch costume, skirt, cape, ballet shoes	SL	Hillbilly	REMOVE: witch costume, skirt, cape, ballet shoes ADD: overalls, plaid blouse, brown boots	10:00
	Tess Douty	SL	Witch	Witch costume, skirt, cape, ballet shoes	SL	Aunt Bea	REMOVE: witch costume, skirt, cape, ballet shoes ADD: gold print dress, tan apron, character shoes	10:00
During Scene 4 - Getting Ready for the Wedding								
20:00	John Divney	SR	**Edward**	**Blue pants, white dress shirt**	**SR**	**Edward**	**ADD: vest, jacket, blue tie**	**:45 (Jackie)**
During Scene 5 - The Wedding Reception								
24:45	Megan Roddy	SL	**Josephine**	**Wedding dress**	**SR**	**Josephine**	**REMOVE: wedding dress** **ADD: Pregnancy pad, floral dress**	**1:30 (Mia)**
24:45	Jenna Mollanen	SL	**Sandra**	**Turquoise dress**	**SL**	**Sandra**	**REMOVE: turquoise dress** **ADD: blue skirt, white blouse, tan sweater**	**1:30 (Josey)**
25:00	Reed Schwender	SR	Wedding Guest	Yellow shirt, black pants, long tie	SR	NY Doctor	ADD: lab coat	5:30

NOTES: Changes in BOLD need help from costume crew because they are fast and/or complex. assigned crew noted in parentheses

그림6.19 뮤지컬의 의상전환표 발췌본

연극이나 뮤지컬에서 배우가 한 명 이상의 인물을 연기한다면, '인물' 항목에 해당 정보를 기재합니다. 이 작품에서는 소수의 연기자만 다수의 역을 소화하지만, 무대감독 팀은 가장 복잡한 정보를 기준으로 표를 작성합니다. 전환은 위치에 따라 그룹을 만들고 무대에 재등장하는 배우들 순서로 목록을 만듭니다.

큰 뮤지컬만 상세한 의상 문서가 필요한 것은 아닙니다. 두 번째 의상전환표 예제는 「증명」에서 가져온 것입니다. 이 연극은 단지 네 명의 배우가 각자 한 명의 인물을 연기하지만 각 장면의 시간대와 주어진 상황에 따라 각자 다른 것을 입습니다. 다행히 이 연극은 형식적인 장면 구성으로 이루어져 무대 위에서 소품을 전환하는 동안 의상을 갈아입을 수 있습니다.

거의 동일한 문서 형식을 이 작품에도 사용합니다. 한 가지 다른 점은 각 배우가 한 명의 인물만 연기해 배우 이름 항목을 뺍니다. 이것으로 '전환' 항목의 칸 폭을 넓혀 필요한 내용을 담기에 유용합니다.

그림6.20에서 해당 의상전환표를 볼 수 있습니다. 무대감독 팀은 추가되거나 삭제되는 옷가지를 구체적으로 기재합니다. 그리고 '전환 길이' 항목이 여전히 남아 있지만, 이 경우 빠른 전환이 아니라는 노트를 적습니다. 공연을 진행할 때, 저는 각 장면 전환 끝에 제 ASM 중 한 명이 '완료(clear)' 신호 주기를 기다렸다가 배우들이 다음 장면 준비를 마쳤음을 확인하고 다음 큐를 진행합니다. 그러나 연극 막간의 형식적인 정지 시간에도 불구하고 작품에서는 여전히 빠른 전환 연습을 유지하면서 전환이 가능하면 효과적으로 진행되도록 했습니다. 한 번은 '완료' 신호를 전환이 일부만 완료된 상태에서 주기로 했는데, 배우가 다음 장면 초반부터 등장하지 않았고 초반 대사를 진행하는 동안 신발 신을 시간이 충분했기 때문이었습니다.

문서 형식 고려 사항

의상전환표와 전환계획표는 몇 가지 형식에서 비슷한 점이 있습니다. 둘 다 가로보기가 가장 좋고, 열의 크기와 빈 행의 크기를 조절하여 여백을 최대한 활용하는 것이 좋습니다. 전환 시점을 담은 칸은 동시 전환의 경우 하나로 병합하고 음영을 최소한으로 사용하여 하위분류를 강조하도록 합니다.

표의 제목 줄과 바닥글은 페이지마다 반복됩니다. 의상전환표의 경우 두 줄 머리글이 세부 내용을 담기에 좋으며, 퇴장과 재등장 사실을 함께 묶어 표현합니다. 의상 전환은 무대감독이 큐를 주지 않으므로 번호를 붙일 필요는 없지만, 같은 장면에서 전환이 복잡하면 필요에 따라 A, B로 구분할 수는 있습니다.

세 가지 주요 문서에 대해 논의하면서 무대감독 팀 안에서 역할 분담의 중요성을 알아보았습니다. 무대조감독이 무대 뒤에서 이런 업무들을 지휘하기에 가장 좋고, 테크 기간에 해당 문서를 수정 보완합니다. 이것으로 무대감독이 주요 업무에 집중하면서, 더 큰 그림을 관장하며 큐를 불러 공연을 진행합니다.

큐의 실행

큐의 구성

모든 큐는 세 가지 부분으로 구성됩니다. 서두, 실행 그리고 신호입니다. 서두는 공연에서 순차적인 번호와 함께 변경되는 요소들을 말합니다(조명 19번이나 전환 4A와 같음). 실행은 단어 '고(go)'라고 말합니다. 가끔 스톱(stop)을 사용하여 수동 조작하는 동작을 멈추기도 합니다. 예를 들어, 포그 머신을 작동하기 위해 무대감독이 "포그 고"라고 말하고 멈출 때는 "포그 스톱"이라고 합니다. "포그 정지 고"는 부자연스럽고 자연스럽지 않습니다. 큐는 대본의 단어나 연기자의 행동, 음악의 박자 혹은 일시 정지를 끝내는 것 등으로도 신호가 실행됩니다.

큐 이름

오랜 시간에 걸쳐 일상 용어가 각 제작 분야에서 큐의 접두어로 개발되었습니다.

조명(Lights): 조명 콘솔에서 'Go' 버튼을 누르면 나타나는 조명의 변화를 말합니다. 브로드웨이 특정 무용단에서는 일렉트릭electric이라는 말이 대신하기도 합니다.

전환(Shift): 무대 장치의 변화.

상부(Rail): 상부 장치의 변화로 무대 위 큐와 분리됩니다.

오토(Auto): 컴퓨터로 제어되는 무대 장치의 변화.

특효: 스포트라이트, 폭죽, 포그, 헤이저, 눈 등 다른 유사 특수 효과가 포함된 장면들은 보통 그 장비 이름으로 부릅니다.

{PROOF}

COSTUME CHANGE PLOT

Issue #3

Run Time	Character	Exit		Re-Enter		Length of change
		Location	Costume	Location	Costume	
ACT ONE						
After Catherine Calls the Police (1-1 to 1-2)						
24:00	Catherine	House	Grey Sweater, blue & green flannel, black tank, ripped jeans, key necklace, barefoot	House	REMOVE grey sweater, blue & green flannel, ADD light green flannel, slippers, black hair clip, hair towel	
	Hal	House	Grey button-up shirt, graphic t-shirt, khaki pants, brown shoes	SL	REMOVE grey button-up shirt, graphic t-shirt, ADD white t-shirt, red checked button-up shirt	
After Harold Dobbs is Real (1-2 to 1-3)						
37:00	Catherine	House	Light green flannel, black tank, ripped jeans, slippers, black hair clip, hair towel, key necklace	House	REMOVE light green flannel, ripped jeans, slippers, hair towel, ADD black slip, black dress, black heels	
	Hal	House	Red checked button-up shirt, white t-shirt, khaki pants, brown shoes	House	REMOVE red checked button-up shirt, khaki pants, socks, brown shoes, ADD white button-up shirt, tie, black suit jacket, black pants, black socks, black shoes	
	Claire	House	Black cami, pink blouse, grey blazer, black pants, black heels	House	REMOVE pink blouse, grey blazer, black pants, black heels, ADD blue robe, black slippers, ponytail	whole scene to change!
After Kissing During the Party (1-3 to 1-4)						
49:00	Catherine	House	Black dress, black slip, black tank, black heels, black hair clip, key necklace	House	REMOVE black dress, black heels, black hair clip, ADD blue/green robe, black slippers	
	Hal	House	Black suit jacket, white button-up shirt, white t-shirt, black pants, black socks, black shoes	House	REMOVE black suit jacket, tie, white t-shirt, black socks, black shoes, ADD BACK white button-up shirt unbuttoned	

As of 10/13/15

NOTE: **unless otherwise indicated, every change is a fast change**

Page 1 of 3

그림6.20 '증명'의 의상전환표 발췌본

프로젝션과 비디오 디자인의 출현으로 큐의 새로운 항목들이 소개되었고, 업계에 아직 개발되지 않은 표준 용어들의 개발이 필요해졌습니다. 비디오는 영상 장면의 시작을 가리키는 접두어입니다. 프로젝션은 다소 어렵습니다. 예전에는 단어 탭(tab)을 사용했는데, 다음으로 넘어갈 때 누르는 컴퓨터 키를 가리킵니다. 프로젝션은 오늘날 다양한 프로그램을 사용해, 이 단어는 사용하지 않습니다. 어느 무대감독은 이런 큐의 접두어로 프로젝션이나 슬라이드를 사용했습니다. 저는 개인적으로 이미지라는 단어를 선호합니다. 발음도 구분이 뚜렷하고(슬라이드와 라이트가 비슷하게 들립니다) 프로젝션에 비해 음절도 짧습니다. 저는 또 사진still image이든 동영상moving image이든 헤드셋으로 소통하면서도 혼란스럽지 않게 사용할 수 있다는 것도 알게 되었습니다.

대본에 큐 기록하기

무대감독은 모든 큐를 여백이 많이 남도록 축소 복사한 프롬프트 대본에 기록합니다. 큐는 가능하면 정확하게 표시하고, 해당 대사에서 지시선으로 연결하여 해당 큐 신호로 연결합니다. 종종 무대감독은 상자를 그리기보다 밑줄 그은 대사 바로 위나 아래에 시각적 기호로 표기하기도 합니다. 큐 배치에서 가장 어려운 부분은 얼마나 큐의 필요성을 느끼는가 하는 것으로, 무대 위 전환이 의도한 단어나 행동과 연결되어 보이거나 들려야 합니다. 연필로 큐를 작성하면 좋은 점은 테크 기간 중 위치를 수정할 때 수정이 쉽다는 것입니다. (디지털 대본으로 작업한다면, 무대감독은 소프트웨어에서 제공하는 답글이나 노트 기능을 이용해 가능하면 자세하게 기록할 수 있습니다. 이런 기록은 리허설 중이나 이후에도 수정이 가능합니다.)

그림6.21은 두 가지 장면 사이 전환 큐의 위치를 보여 주는 예제 페이지입니다. 여기서 제가 작성한 이상한 시각적 기호를 볼 수 있는데, 가로로 그은 두 줄을 두 그룹의 큐 사이에 넣었습니다. 이는 다음 큐를 진행하기 전에 약간의 지연 호흡을 넣는다는 표시이며, 보통은 이제 막 부른 큐가 완료되기를 기다려야 하기 때문입니다. 그림5.18에 보이는 동선 기호를 떠올려 보면, 비슷한 기호를 기억할 수 있을 것입니다. 거기서는 수직으로 그은 점이 다릅니다. 그 뜻은 '너무 빨리 진행하지 말 것, 배우가 여기서 잠시 멈춤'이라는 알림입니다. 저의 경력 초기에 복잡한 큐 진행 장면에서 비슷한 알림 방법을 찾으려 했고, 그 동선 기호가 적당한 방법이라고 생각해서 지금까지 쓰고 있습니다.

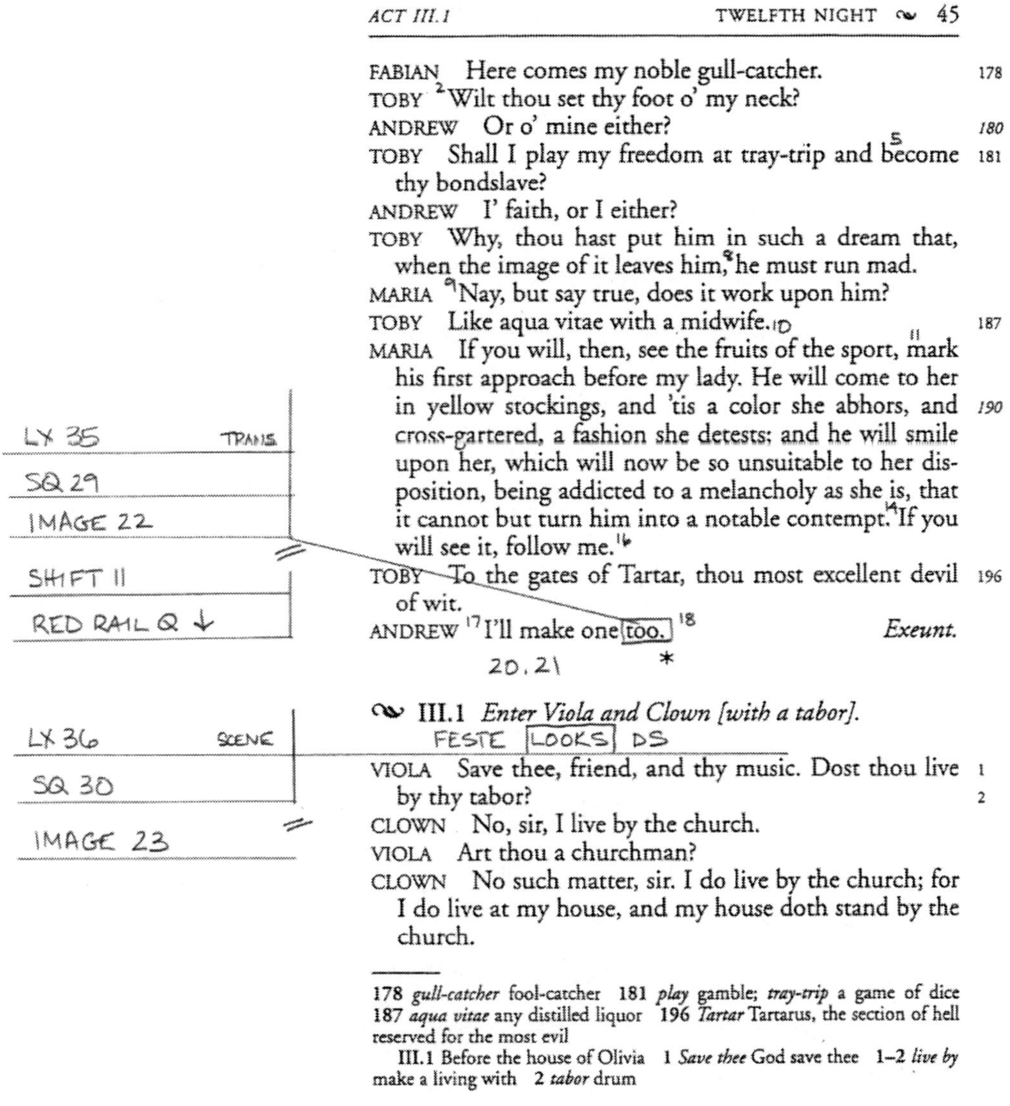

ACT III.1　　　　　　　　　　　　　　TWELFTH NIGHT ～ 45

FABIAN　Here comes my noble gull-catcher.　　178
TOBY　²Wilt thou set thy foot o' my neck?
ANDREW　Or o' mine either?　　180
TOBY　Shall I play my freedom at tray-trip and become　181
　　thy bondslave?
ANDREW　I' faith, or I either?
TOBY　Why, thou hast put him in such a dream that,
　　when the image of it leaves him, he must run mad.
MARIA　⁹Nay, but say true, does it work upon him?
TOBY　Like aqua vitae with a midwife.₁₀　　187
MARIA　If you will, then, see the fruits of the sport, mark
　　his first approach before my lady. He will come to her
　　in yellow stockings, and 'tis a color she abhors, and　190
　　cross-gartered, a fashion she detests; and he will smile
　　upon her, which will now be so unsuitable to her dis-
　　position, being addicted to a melancholy as she is, that
　　it cannot but turn him into a notable contempt. If you
　　will see it, follow me.¹⁶
TOBY　To the gates of Tartar, thou most excellent devil　196
　　of wit.
ANDREW　¹⁷I'll make one too.　¹⁸　　　　　　　*Exeunt.*

LX 35　　TRANS.
SQ 29
IMAGE 22
SHIFT II
RED RAIL Q ↓

20.21
*

～ III.1 *Enter Viola and Clown [with a tabor].*
FESTE LOOKS DS

LX 36　　SCENE
SQ 30
IMAGE 23

VIOLA　Save thee, friend, and thy music. Dost thou live　1
　　by thy tabor?　　2
CLOWN　No, sir, I live by the church.
VIOLA　Art thou a churchman?
CLOWN　No such matter, sir. I do live by the church; for
　　I do live at my house, and my house doth stand by the
　　church.

---

178 *gull-catcher* fool-catcher　181 *play* gamble; *tray-trip* a game of dice
187 *aqua vitae* any distilled liquor　196 *Tartar* Tartarus, the section of hell
reserved for the most evil
　　III.1 Before the house of Olivia　1 *Save thee* God save thee　1–2 *live by*
make a living with　2 *tabor* drum

그림6.21 「십이야」의 큐 페이지

다른 무대감독들은 색이 있는 스티커를 큐 위치에 사용하여 조명, 음향, 무대 장치 등을 시각적으로 더 명확히 구분합니다. 이 방법은 저도 뮤지컬의 노래 부분에서 사용하기도 하는데, 그런 장면의 페이지가 원래 복잡해 유용합니다. 하지만 연극에서는 잘 사용하지 않습니다. 이것은 전적으로 개인의 선택입니다. 저의 유일한 우려는 싸구려 임시 접착 메모지를 써서 원하는 만큼 잘 달라붙어 있지 않는 것입니다. 프롬프트 북의 페이지를 넘겼는데 큐 기호가 옮겨지거나 떨어지면 정말 가슴이 막막합니다.

큐 전달받기

큐는 조명디자이너와 음향디자이너에게서 목록의 형태로 무대감독에게 전달됩니다. 그림6.22와 6.23에서 그 예제를 찾을 수 있습니다. 전환계획표는 무대 장치 큐시트로 볼 수도 있습니다. 어떤 작품들은 페이퍼 테크paper tech 일정을 잡고 기술 요소들에 대해 논의하기도 합니다. 이 미팅은 무대감독, 디자이너, 연출이 참여하는 회의이며, 첫 테크 리허설 전 모든 사람이 전체 공연을 구두로 진행해 보는 기회를 가지면서, 큐의 개별 위치와 큐 그룹을 동시에 논의합니다. 큐가 사전에 공유된다면, 무대감독은 대본에 큐를 적어서 참석하고 논의하면서 수정합니다. 또 다른 경우에는 무대감독이 페이퍼 테크 도중, 큐 목록을 전달받아 논의를 진행하면서 프롬프트 대본에 적는 경우도 있습니다. 어떤 형식이든 이런 미팅의 가치에도 불구하고 모든 극장에서 이렇게 일정을 진행하는 것은 아닙니다. 무대감독이 디자이너와 개별적으로 만나기도 하고 또 어떤 경우에는 목록만 전달받기도 합니다.

뮤지컬의 특수성

음악에서 음표를 구분하는 것은. 특히 가사가 없는 경우 디자이너들에게 특별한 기술이 요구됩니다. 개별 음표는 일련의 번호를 따르며, 페이지, 시스템(역주: 여러 오선 줄을 세로로 묶어 파트별 음표를 한 번에 기록하는 것), 마디, 박자에 따라 그 위치를 구분합니다. (그림6.22의 조명 큐에서 음표의 위치를 볼 수 있습니다. 더 자세한 설명이 필요하다면 그림5.2A와 5.2B를 참고하길 바랍니다.) 앞서 이야기했듯이 이런 경우가 컬러 스티커를 사용하기에 매우 유용한 경우입니다. 여러 종류의 스티커가 있습니다.

The Wild Party
WORKING LIGHTING CUE LIST

	Cue	Time	•	Pg. / Sys. / Mes. / Beat	Description	Intels	Spots
Pre-Show	1	5		Pre-Show	House Full & Preset		
	2	5		Pre-Show	House to Half		
	3	3	•	Pre-Show	BLACKOUT		
#1 - Opening	4	5		Pre-Show	Music Stand Lights up, cueing musicians to start.		
	5	8		1 / 1 / 3 / 3	Add city sky-line & stage glow		
	6	8		2 / 1 / 1 / 1	Add deep blue down light.		
	7	8		2 / 2 / 2 / 1	Add backlight special CS for Queenie		
	8	6		2 / 3 / 3 / 1	Add spots on Queenie		2 & 3 – Queenie
	9	8		3 / 3 / 3 / 1 (she)	Add colors in dim pink	Colors – dim pink full stage	

그림6.22 「성난 파티The Wild Party」 조명 큐시트 발췌본. 조명디자이너 숀 마이클 스몰맨Sean Michael Smallman제공

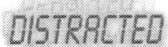

Sound / Projection Cue List

S	Cue	Page	Type	Called on	Description	Where
Scene 3	27	20	Video	At top of scene	Fast and Furious plays on one screen, living room look on rest	
	AF	20	Sound	Autofollow	Street noise fades out	
	28	20	Video	MAMA: "No you are not"	TV snaps off	
	29	21	Video	DAD: "...if you don't mind"	Newscast w/ bombs on TV (@W1)	
	30	21	Video	VISUAL as Mama turns off TV	TV off	
	31	21	Sound	MAMA: "...stands for hyperactivity"	Blast of rap music from Jesse's room (@2)	
	32	21	Sound	DAD: "Turn it off!"	Rap music fades down a bit	
	33	21	Video	VISUAL as Dad turns on TV	Video of Pres. Bush (@W1)	
	34	22	Sound	DAD: "You worry too much."	Blast of rap music upstairs	

그림6.23 「디스트랙티드Distracted」 음향 영상 큐시트 발췌본. 음향영상디자이너 숀 마이클 스몰맨Sean Michael Smallman제공

그림4.12처럼 반투명 스티커도 있고, 종이 포스트잇post-it 형태의 화살표도 그림6.24C 와 D에서 볼 수 있으며, 반투명 접착식 플래그flag로 아래는 투명하고 위에는 색상이 있는 것도 있습니다. (마지막 종류는 제가 현재 가장 좋아하는 것이지만 이 책에 스캔으로 담기에 전달이 잘되지는 않습니다.) 무대감독의 주요 목표는 내용을 구체적으로 담고, 혼란스럽지 않은 색상을 목적에 따라 사용하며, 일관성을 유지하는 것입니다.

리브레토와 악보를 포함한 뮤지컬 작가의 전형적인 접근법은 리브레토 페이지는 연극 방식으로 작업하고, 악보 페이지에는 컬러를 사용하는 것입니다. 그림6.24A-D는 뮤지컬 「빅피시」의 '영웅이 되렴be The Hero'의 발췌본을 보여 주며, 저의 모든 표기법을 확인할 수 있습니다. 4장에서 논의한 대로 리브레토 페이지에서 숫자로 표기한 것을 두 군데 찾을 수 있습니다. 이것은 음표의 길이를 세는 것으로 가사를 따라 악보에서 큐를 부르기에는 필요성이 떨어집니다. 하지만, 무대감독이 큐의 위치를 정확하게 하려면 악보의 해당 음표 위에 플래그를 붙이는 것도 가능합니다. 조명디자이너는 특정 음악의 부분이나 연주 길이에 맞춰 큐를 만들 것입니다. 조명큐30은 단어 'bend'라는 가사에 맞춰 8박자 중 7번째 박자에 맞추어 부릅니다. 만약 디자이너가 그 8박자 전체에 걸쳐 점차 변하는 느린 큐를 의도했다면 그 단어 자체에 큐를 맞추었을 것입니다. 그러나 이번 경우처럼 다음 구절을 대비해 무대의 분위기를 빠르게 변경하는 더 짧은 큐인 경우, 단어에 맞춰 큐를 호출하면 너무 빨리 끝나 부정확해집니다. 숫자를 추가하면 정확한 위치를 지정할 수 있으며, 이는 초연 무대감독에게 좋은 참고가 되고, 음악에 덜 익숙한 대체 무대감독이 부스를 맡더라도 명확하게 이해할 수 있게 됩니다.

악보로 작업하는 것에 관해 한 가지 더 중요한 사항은 스스로에게 기준점을 주라는 것입니다. 가사가 있을 때는 문제가 없습니다. 그러나 반주에 맞춘 안무 장면에서는 놓치기 쉽고, 특히 무대감독이 무대와 악보를 번갈아 보면서 놓치게 됩니다. 여러분 대본에는 악보 건너편에 동선 페이지가 있어, 동선을 잘 기록해 두었겠지만, 간단한 안무 노트를 적어 필요한 때 재빨리 초점을 맞출 수 있습니다. 그림6.24 C와 D에서 그런 노트를 볼 수 있습니다. '박수-무릎-팔clap-knee-arms'이라고 적은 장면과 '척chug(역주: 앞으로 점프하며 내딛는 동작)'과 같은 동작을 기록하였습니다. 잠시 타이밍을 놓쳤다면, 이런 단어들을 참고해 해당 페이지를 찾아 음악을 따라잡을 수 있습니다.

```
S/B
LX 26-38
IM C+CX
SPOT 1 - OPEN
SPOT 2 - UP/OUT
MER then FISH

TRAP OPEN/
        CLOSE
FISH x 2
```

EDWARD (CON'T)

WHAT IF I SAID
I MET A WITCH WHEN I WAS VERY YOUNG
WHAT IF I SAID
SHE SHOWED ME HOW I DIE

YOUNG WILL

How you die?

EDWARD

POWERLESS IN THE FACE OF IT
TERRIFIED IN THE WOOD
THAT WAS WHERE MY LIFE WAS CHANGED FOR GOOD

> *(THE WITCH exits; reveal THE GIANT--EDWARD
> shakes his hand.)*

EDWARD

HEY!
WHAT IF I SAID
I MET A GIANT WASTING IN A CAVE
WHAT IF I CLAIMED I ROSE TO BE FAR BRAVER THAN THE BRAVE
ALL MY LIFE OF STORIES, SON, AND EVERY ONE IS TRUE

LX 26

SO BELIEVE ME AS I'M TELLING YOU 2 3 4

TO BE THE HERO OF YOUR STORY WHILE YOU MAY
BE THE GUY WHO GETS THE GIRL AND SAVES THE DAY
YOU DON'T NEED A BOOK OF GREEKS
TO TEACH YOU HOW TO STAY ALIVE
BE THE HERO OF EACH STORY YOU DERIVE
THEN FOREVER YOU'RE THE STORY WHO'LL SURVIVE

LX 27
IM C

EVERY TALE THAT YOU INVENT
CAN BE A LIFE THAT YOU MAKE REAL
WHERE EACH CHARACTER YOU MEET
BECOMES YOUR FRIEND

> *(ENSEMBLE enters, each one dressed as we
> will see them later in the show.)*

LX 30

YOU DON'T NEED TO BE A NOVELIST
TO MAKE BELIEVE WHAT'S WAITING 'ROUND THE BEND 2 3 4 5 6 7 8

SPOT 1 - OPEN FULL
SPOT 2 - OUT

EDWARD AND ENSEMBLE

BE THE HERO OF YOUR STORY 'TIL IT'S DONE
WHY GO PROMENADE WHEN YOU WERE BORN TO RUN

그림6.24A   A에서 B까지 「빅피시」 '영웅이 되렴'의 대본 발췌본. 존 어거스트John August와 앤드루 리파Andrew Lippa 제공

EDWARD

TRAP OPEN

IF YOU UNDERSTAND THIS PREMISE
YOU WILL NEVER BE ALONE

EDWARD AND SOME ENSEMBLE

YOU CAN CONQUER EVERY CHALLENGE
YOU CAN FACE EACH STEPPING STONE

VIS: SEE HER HEAD

LX 33

EDWARD AND FULL ENSEMBLE

BE THE HERO OF YOUR STORY

SPOT 2 UP- MERMAID

(EDWARD spots THE MERMAID in the river)

EDWARD

WHAT IF I SWORE
I SAW A MERMAID SWIMMING IN THE MIST
WHAT IF I TOLD YOU
SHE WOULD BE THE FIRST GIRL THAT I KISSED
OUT THERE NEAR THE WATER
FILLED WITH EAGERNESS AND FEAR

LX 34

HERE IS WHAT SHE WHISPERED IN MY EAR

EDWARD AND FULL ENSEMBLE

VIS: KISS

BE THE HERO OF YOUR STORY
BE THE HERO OF YOUR STORY

LX 35

BE THE HERO OF YOUR STORY

VIS: SHE'S OUT

LX 35.1

*(Quick kiss--As music builds, EDWARD helps
THE MERMAID out of the river.)*

SPOT 2 OUT

EDWARD

Something about that kiss transformed her.

(She now has legs! She dances.)

Pretty as she was in the water, she was even more beautiful out
of it.

(she blows a kiss and spins out)

LX 36

One day, I met this fisherman...

SPOT 2 UP- FISH MAN

(A FRUSTRATED FISHERMAN enters)

FRUSTRATED FISHERMAN

You gottta help me! If I don't catch a fish, my family's gonna
starve!

EDWARD

The fish are sleepin'! You gotta get 'em movin'.
        (an idea)
Try the Alabama Stomp!

*(EDWARD launches into a stomping dance step.
One fish jumps out of the river, landing on
stage --it's incredible!)*

그림6.24B

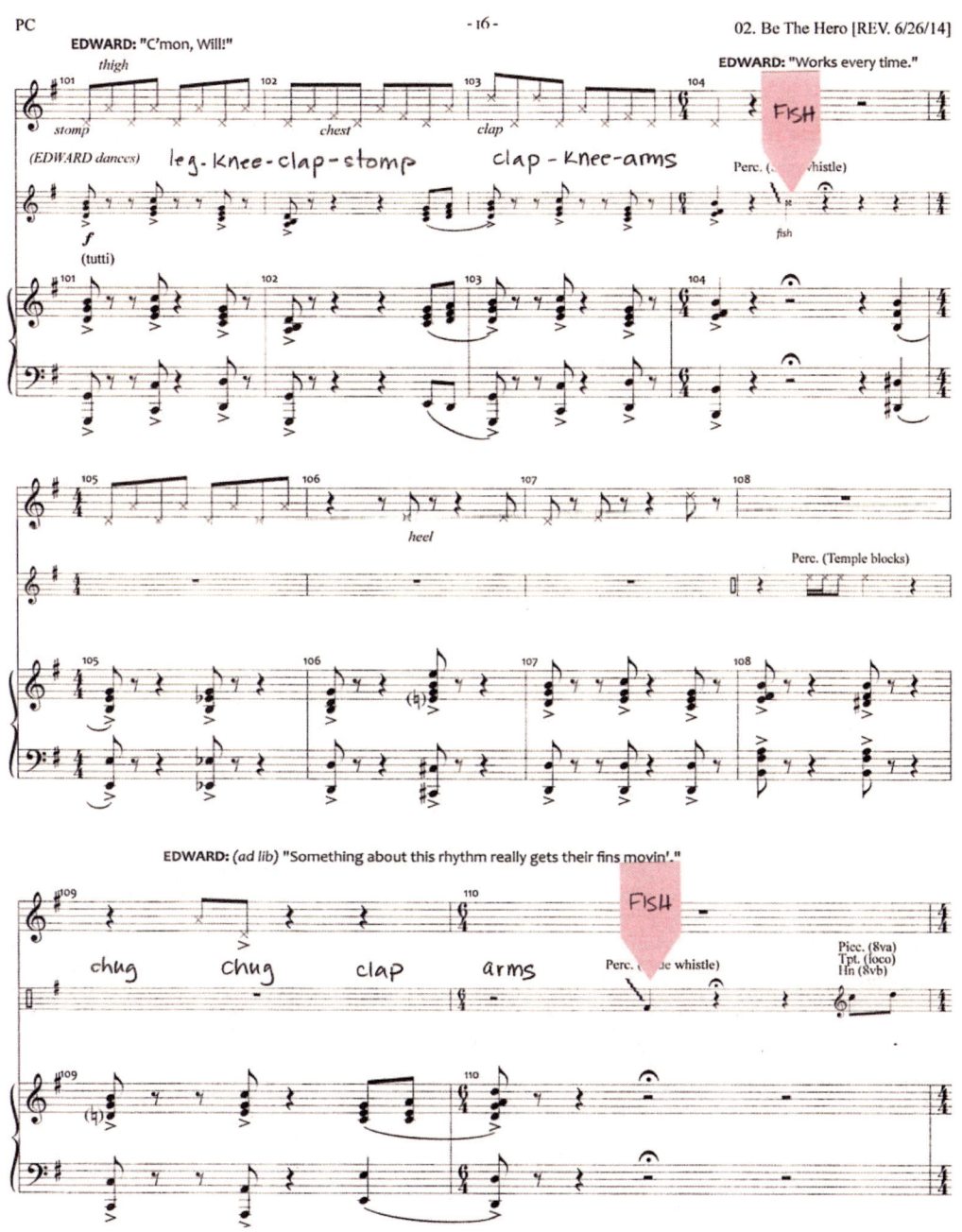

그림6.24C

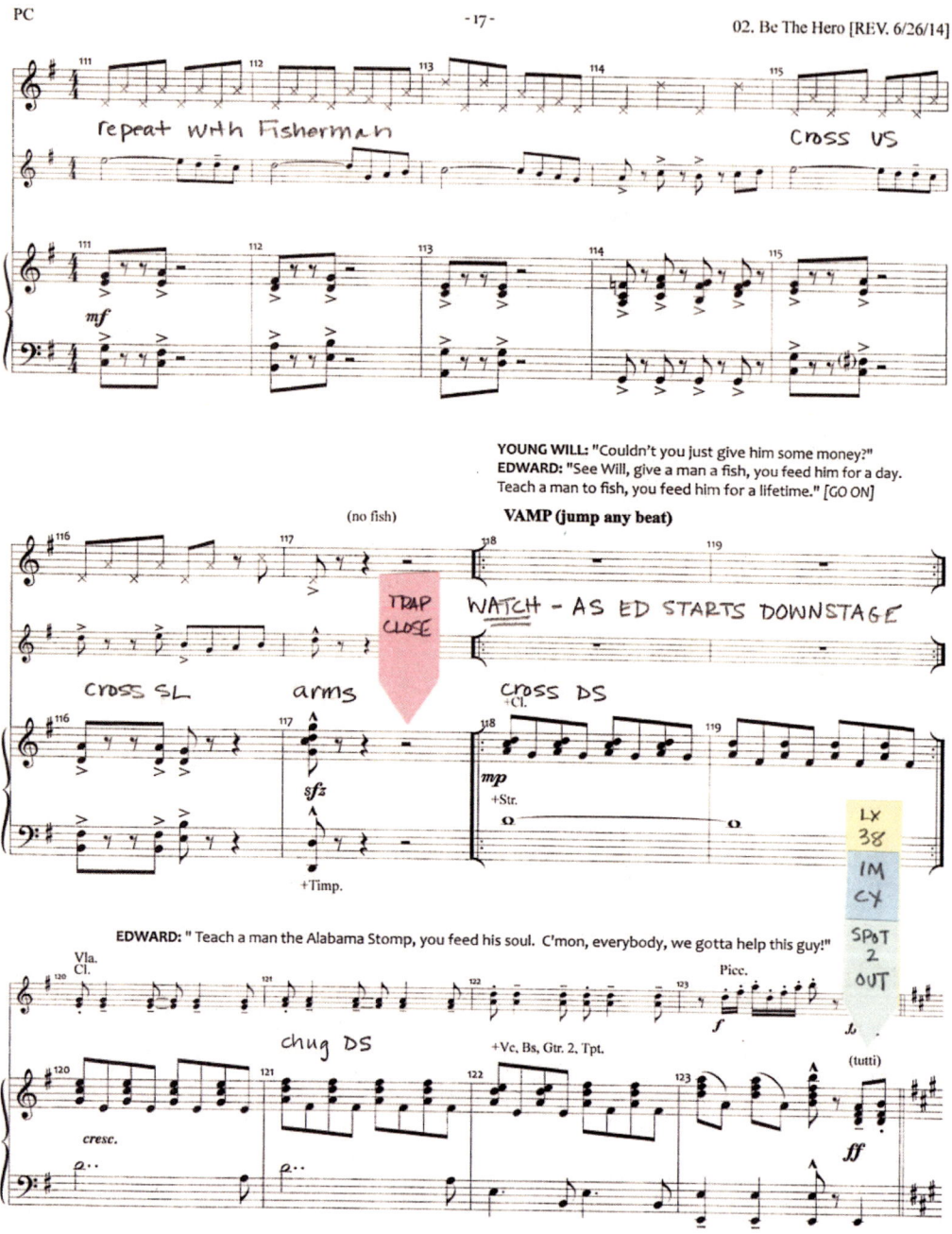

그림6.24D

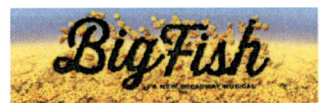

CALLING KEY

ABBREVIATIONS

LX	Light Cue (YELLOW flag in the score)
SPOT	Follow Spot cue (GREEN flag in the score)
SQ	Sound Cue (*all handled by cue light in this production!*)
IM	Image Cue- still projection or video (BLUE flag in the score)
SHIFT	Scenic move onstage (PINK flag in the score)
S/B	Standby for one or a series of cues- listed in small yellow post-it, always in above order!
↑ or ↑↑	Cue lights ON (standby)- one arrow for single cue light, double arrow for multiple cue lights
↓ or ↓↓	Cue lights OFF (GO)- one arrow for single cue light, double arrow for multiple cue lights

CUE LIGHTS

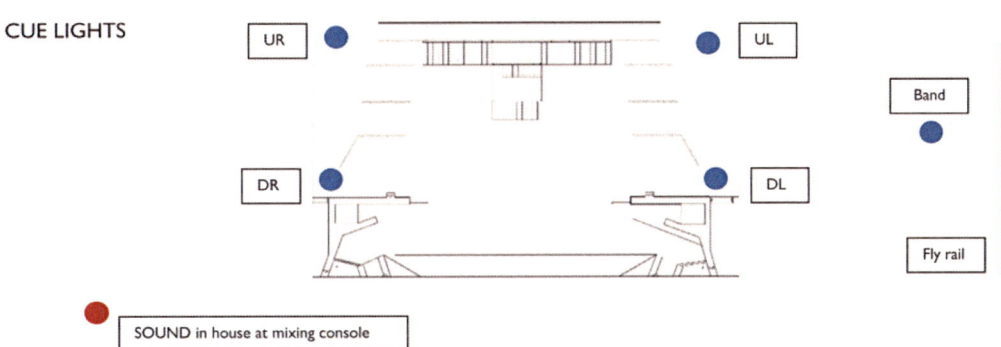

PLACEMENT WITHIN SCRIPT

☐ A cue drawn to a line of text with a box placed around a single word or syllable means the GO is called on that word. A "X" means the GO is called immediately after the word or line/lyric.

☐ A cue drawn along a line/lyric with no specific box or X but with an action written to the right of the cue means the GO called visually on that specific action, which generally occurs during the line or lyric underlined

☐ A cue drawn along a line/lyric with no specific box or X but with "vox" to the right of the cue means the GO is called to anticipate the vocals in that song or verse

☐ A cue drawn to one in a series of numbers means the GO is called on that specific beat- may also be seen as "on 3" or similar notation for calling GO within the measure preceding the vocals

☐ A cue drawn to the symbol ♪ means the cue is called with the conductor on the downbeat of the music

☐ Cues which are bracketed together should be called simultaneously with a single GO

☐ Descriptions of cue action or sound effect are provided within cue box whenever possible

그림6.25 호출 기호

스탠바이STANDBY

일단 모든 큐를 정하고 나면, 무대감독은 대본에 스탠바이(대기)를 추가합니다. 이것은 콘솔 오퍼레이터나 전환수에게 다가올 큐나 장면을 미리 알리는 것입니다. 스탠바이는 큐가 시작하기 전 약 반 페이지 앞서 넣고, 무대감독이 모든 관련 오퍼레이터에게 알린 후 모든 이가 준비되었는지 확인을 되돌려 받습니다. 큐가 많은 부분에서는 무대감독이 큐 그룹에 스탠바이를 겁니다. 예를 들면 '조명 10부터 17, 음향 4부터 9'라는 식입니다.

여러 분야가 대기 중일 때 무대감독은 순서에 일관성을 지켜야 합니다. 보통 (1) 조명, (2) 음향, (3) 영상, (4) 무대 장치, (5) 특효의 순입니다. 큐 라이트를 사용한다면 무대감독은 스탠바이와 고에 이것도 포함하며, 순서상 맨 뒤에 적습니다. 이는 여러분이 해당 스위치를 켜고 끄는 것에 대한 알림입니다.

스탠바이는 대본에서 큐와 구분되도록 하는 것이 좋습니다. 스탠바이 주변에 상자를 둘러 그리거나 작은 포스트잇을 붙입니다(물론 잘 안 떨어지는 걸로). 무대감독은 공연 중 문제 해결 모드에 있어야 합니다. 눈에 띄는 표시로 무대감독이 다음 큐를 준비하는 데 도움이 됩니다.

호출 기호

프롬프트 대본에 큐를 준비하는 마지막 요소는 호출기호표를 만드는 것이며, 동선 기호와 유사하게, 대본에 사용된 기호와 노트를 설명하는 용도입니다. 무대감독은 테크 중에 호출기호표를 손에 들고 있을 필요는 없습니다. 도움 없이도 문서를 읽을 수 있어야 합니다. 단지 이 기호표는 다른 무대감독이 대본을 사용할 때를 대비하여 만듭니다. 그림6.25는 「빅피시」에서 사용한 제 호출기호표입니다.

기호표는 큐 표기법에 대한 요약 설명입니다. 여기에는 약자, 큐 라이트를 켜고 끄는 기호들, 함께 부르는 큐들의 괄호, 구체적인 신호를 구분하는 방법들을 설명합니다. 컬러 스티커를 사용한다면 위치와 색상을 표에서 설명합니다. 이런 기호들로 리브레토와 악보 정보를 설명하며, 저는 이 두 가지를 혼합해 사용합니다.

보고, 읽고, 말하고

테크 리허설 중, 무대감독은 프롬프트 대본에 적은 대로 큐를 호출하며, 노트를 정확히 진행하고, 가능하면 확실히 진행합니다. 그럼 전환 방법이 정해진 바로 그 순간, 실행해 볼 수 있고, 모든 이가 수정이 필요한지 살펴볼 수 있습니다. 디자이너가 큐의 길이를 바꾸거나 다른 위치로 옮길 수도 있고, 연출이 무대감독에게 무대 위 동선에 따라 큐를 옮겨 달라고 할 수도 있습니다. 때로는 요청이 없어도 무대감독이 의도대로 큐가 작동되도록 최선의 방법을 스스로 찾을 수도 있습니다. 그러나 이 모든 플랜 A가 정확하다는 가정에 기반합니다.

연습 초기에는 무대감독이 대본과 무대를 번갈아 보기 어렵습니다. 효과적인 콜링을 위한 비법 하나를 알려 주자면 큐 서두와 단어 '고' 사이에 여백을 남기는 것입니다. 이 여백으로 무대감독은 개별 음절을 듣거나 구체적인 동선을 볼 수 있습니다. 뮤지컬 진행 시, 음악과 함께 진행하는 큐들은 음악의 정확한 위치에서 발생합니다. 영상 모니터를 통해 무대감독은 지휘자의 클로즈업을 보며 이런 순간들을 확인할 수 있고, 그 여백을 이용해 해당 신호를 눈으로 확인할 수 있습니다. 일부 무대감독들은 복잡한 장면에서 이 여백을 유지할 수 있도록 말을 시작할 위치에 노트를 추가합니다. 보통 특정 단어 위에 점을 찍어 표시하거나, 색으로 표시하거나, 서두 자체를 따옴표에 넣어 적기도 합니다. 마지막 방법은 리브레토보다는 악보에서 훨씬 유용합니다.

헤드셋

테크 동안 무대감독의 거의 모든 지시는 헤드셋으로 전달됩니다. 여러분이 소통하는 대부분의 전환수는 여러분을 전혀 보지 못합니다. 그래서 사전 알림과 큐 실행에 일관적인 방법을 개발하는 것이 중요하고 명확하고 적당한 크기로 말하는 것도 중요합니다(헤드셋을 쓴 사람들이 들을 수 있는 크기로 말하되 배우들의 목소리보다 크면 안 됩니다).

새로운 보드 오퍼나 무대조감독과 일하면, 첫 테크 리허설을 진행하기 전 시간을 따로 갖고 여러분의 소통 방식을 설명하도록 합시다. 고를 가기 전에 항상 약간의 여백이 있다는 것을 설명하고, 오퍼레이터가 그 말을 기다려야 한다는 것을 강조합니다. 스탠바이 후에 확인 신호를 되돌려 주는 방식도 정리합니다. 보통은 '조명', '음향', 무대 오른쪽' 등으로 대답합니다. 목소리는 인터컴을 통해 들으면 살짝 다르게 들리므로 단순히 '오케이'나 '대기 중'이라고 답하면 누가 대답한 것인지 모릅니다.

매우 빠른 장면에서는 무대감독이 단어의 수를 줄여 모든 '고'가 제시간에 갈 수 있도록 해야 합니다. 이것도 각 오퍼레이터에게 설명합니다. 그리고 스탠바이 시 이 점을 알려 줍니다. 예를 들어 「풋루즈」의 1막 마지막에 큐 진행이 빠듯한 장면이 있었는데, 매번 음악의 마지막 세 박자에 4개의 조명 큐가 있고, 한 박자 뒤에 암전이 있었습니다. 그리고 뒤이어 메인 막이 내려오고, 이후 하우스 라이트가 들어와 중간 휴식이 시작됩니다. 한 음표에서 '고' 외에는 다른 단어가 들어갈 틈이 없었습니다. 그래서 '조명 136부터 139 ---- 고, 고, 고, 고'라 부르고, 일단 암전이 되고 나면 큐라이트를 작동해 메인 막이 내려오도록 합니다. 커튼이 다 내려오면 '조명 140, 고'를 부릅니다. 이것이 진행도 좋았고 타이밍도 정확했습니다. 어떤 경우에는 무대감독이 큐 번호를 빼서 음절을 줄이기도 합니다. 물론 여러분의 오퍼레이터가 현 상황을 잘 안다는 가정하에, 이후 상황이 허락해 큐 정보를 완전하게 사용하는 상태로 바로 돌아간다면, 뭐가 되든 필요한 것들이 가능하도록 빠르게 소통할 수 있는 방법을 찾아봅시다.

이 책의 연관 웹사이트에는 현장의 큐 호출 장면을 보여 주는 동영상과 대본 페이지도 있습니다. 이 예제들은 큐 호출의 명료함과 정확함의 중요성 그리고 프롬프트 대본에 적은 노트 구체성의 중요성을 잘 보여 줍니다.

일인다역

일부 작은 극장에서는 테크 리허설이 시작되면 무대감독의 업무가 추가되며, 조명이나 음향 콘솔을 조작해야 할 수도 있습니다. 일부 AEA 계약에서도 이런 상황을 정합니다. 이것은 까다로운 상황인데, 무대감독의 시선이 무대와 콘솔 둘로 나뉠 것이기 때문입니다. '고'와 버튼을 누르는 것 사이의 박자가 필요하지 않아 큐를 대본에 적을 때도 약간 다를 것입니다. 테크를 시작하기 전에 이런 상황의 가능성을 염두에 두고 콘솔에 익숙하지 않다면 미리 사용법을 배워 두어야 합니다. 무대감독은 공연 중 여러분이 큐를 부르는 동안 현장 문제 해결에 가장 근접한 사람으로서 조감독을 준비시킬 수 있는 최상의 방법을 구상합니다. 여러분이 콘솔 한 대를 조작하지만 다른 콘솔 오퍼레이터에게 큐를 불러 줘야 한다면, 프롬프트 대본을 '무대감독 버전'으로 정리하고 여러분 자신의 큐도 호출합니다. 물론 소리 내지 않고 속으로 해도 됩니다. 사실 일부 큐만 골라서 콜링하는 것이 더 복잡합니다.

중요한 것은 테크 리허설 시작부터 콘솔 조작을 해야 할지 진행 상황을 지켜보다 공연 때부터 시작할지 알아봐야 합니다. 조명디자이너의 큐 수정 요구를 들으면서 동시에 출연자의 대사에 맞춰 그 큐를 불러야 한다는 것은 매우 벅찬 일입니다. 그리고 뒷무대 스태프가 질문이라도 하는 순간, 동시에 두 곳 모두에서 집중력을 잃을 수 있습니다. 이상적으로는 한 명의 대타를 두어 테크 처음 며칠은 진행하도록 하고, 많은 수정 노트가 마무리되고 나면 무대감독이 콘솔 업무로 전환하는 것이 좋습니다.

음악감독과의 협업

이 관계는 성공적인 뮤지컬을 위해 매우 중요한 요소입니다. 모니터를 이용해 음악감독이 오케스트라를 지휘하는 모습을 보는 것은 친구 얼굴을 확인하려고 하는 것이 아니라 큐 호출을 위한 수단입니다. 무대감독은 큐 위치를 제대로 정해야 출연자가 무대 오른쪽에서 왼쪽으로 가로지를 때 조명을 제대로 받을 수 있고, 전환을 세부적으로 나누어 전환이 매끄럽게 진행되도록 합니다. 무대감독은 지휘와 밀접하게 연결된 큐를 호출하기 위해 음악감독에게 의지합니다. 노래 앞부분에는 느린 박자를, 음악이 끝나는 부분에는 전환 음악을 두고, 배경 막에 10초짜리 조명의 색상 전환을 통해 노래 중반부에 중요한 변화가 정확한 타이밍에 이루어지도록 합니다. 특수 효과가 음악 특정 부분에 연결되었다면, 음악감독의 지휘는 연주자, 가수와 함께 그 효과의 신호가 되기도 합니다. 무대감독의 업무는 음악을 이해하고 연습 과정 초반부터 프롬프트 대본에 정리하는 것이며, 이를 통해 테크와 이후 과정에 여러 세부 사항을 소통할 수 있도록 환경을 조성합니다. 음악감독은 첫 공연 이후에도 여러분과 공연 진행의 협력자로 남아 작품의 질을 유지하는 책임을 나눕니다.

음악감독 캐서린 스켐프 모란Kathryn Skemp Moran은 무대감독과 음악감독의 협력 관계의 주요 내용에 대해 사소한 환경적 요소에서 큰 그림을 조율하는 것에 걸쳐 다음과 같은 생각을 전해주었습니다.

- 신속하고 효율적인 연습 일정을 수립하고 진행 속도를 유지해 공연의 음악을 배우고 복습하고 다듬어야 합니다.
- 연출, 안무가, 무대감독이 대본과 악보의 삭제에서 원활한 소통 체계를 갖춥니다.
- 악보 배포를 돕습니다.
- 오케스트라를 위한 적절한 의자, 보면대와 조명, 모니터 확보를 돕습니다.
- 음악감독과 출연자들을 위해 필요한 비디오와 오디오 모니터를 배치합니다.
- 명확하게 큐를 진행합니다. 전환 음악 한 곡이 끝나고 나서 음악감독이 끝을 주도할 것인지, 무대감독이 기술 요소들을 기반으로 다음 큐를 진행하고 조명 전환이 시작되면 음악감독이 전환 음악이 끝나도록 오케스트라를 이끌 것인지 정합니다.
- 그리고 마지막으로 테이프, 아주 많은 테이프로 보면대, 케이블, 조명들을 단단하게 고정해 줍니다.

여러분이 아직 대학 강의를 들을 수 있다면, 최소한 음악을 이해하거나 악보를 읽을 수 있는 능력을 갖추길 바랍니다. 물론 대본에 큐를 적을 때 단어나 가사 무대 방향 등을 기반으로 할 수도 있지만, 많은 경우 전체적으로 음악 자체를 기반으로 진행되다 보니, 악보의 마디 번호를 찾고 박자를 셀 수 있다면 일이 훨씬 수월할 것입니다.

무용의 테크

무용 공연에서 테크니컬 리허설은 연극의 사촌쯤 됩니다. 역시 무대감독이 페이퍼 테크를 진행하는데, 아마 조명디자이너와 둘만 참석할 수도 있습니다. 큐시트에 자세한 내용이 없으면, 연습을 촬영한 비디오를 보면 됩니다. 안무를 말로 설명하기 어렵다면, 보통 스크린을 가리키거나 영상을 멈추고 '여기'라며 쉽게 가리키며 설명할 수 있습니다. 물론 디자이너가 무대감독에게 큐 목록을 줄 수도 있지만 사전에 시간을 들여 큐를 만들어 와야 하는데, 이후 큐를 만드는 과정이 테크 리허설을 시작하기 전에 매우 빠르게 진행될 수 있습니다.

복잡한 안무와 움직이는 장치들이 있는 장면은 드라이 테크가 도움이 될 수도 있지만 보통은 생략하는 것이 흔하며, 큐투큐cue-to-cue 리허설(역주: 큐만 간단하게 맞추며 끊어서 가는 연습)도 마찬가지입니다. 연기자들과 대사를 건너뛰며 맞춰 보는 연습처럼 무용수에게 음악을 건너뛰며 여러 지점을 나누어 연습하라는 것은 실용적이지 않을 것입니다. 연결해 가든 끊어 가든 그 필요성의 균형을 잡기 위해 무대감독은 음악과 함께 먼저 전체를 진행해 보도록 제안해 볼 수 있을 것입니다(긴 안무인 경우 어느 정도 나눌 수도 있음). 이후 무용수들에게 특정 위치로 움직이도록 하거나 음악 없이 특정 순간으로 이동하라고 하고서 잠깐 멈추어 조명디자이너가 필요한 큐를 수정할 기회를 줍니다. 무용수들은 이미 안무를 진행해 보아, 올바른 위치를 쉽게 잡을 수 있을 것입니다. 일반적으로 무용은 멈추지 않고 가는 연습이 연극이나 뮤지컬보다는 빠르게 진행할 수 있습니다. 체력과 흐름이 여기서는 가장 중요합니다

무대감독의 무용 공연 진행 대본은 보통 동선기록표와 같습니다. 처음에는 안무 노트를 적고, 이제 큐 노트를 추가합니다. 무대감독이 박스 밑에 아무 내용도 쓰지 않았다면, 그곳에 큐를 적을 수도 있습니다. 하지만 가장 좋은 곳은 박스 위, 진행 시간 정보를 적는 곳의 왼쪽이 좋습니다. 공연 중 시각적으로 눈에 잘 띄는 곳이기도 합니다. 그림6.26은 무용 대본 중 한 페이지인데, 안무 노트와 음향 큐, 조명 큐도 적혀 있습니다.

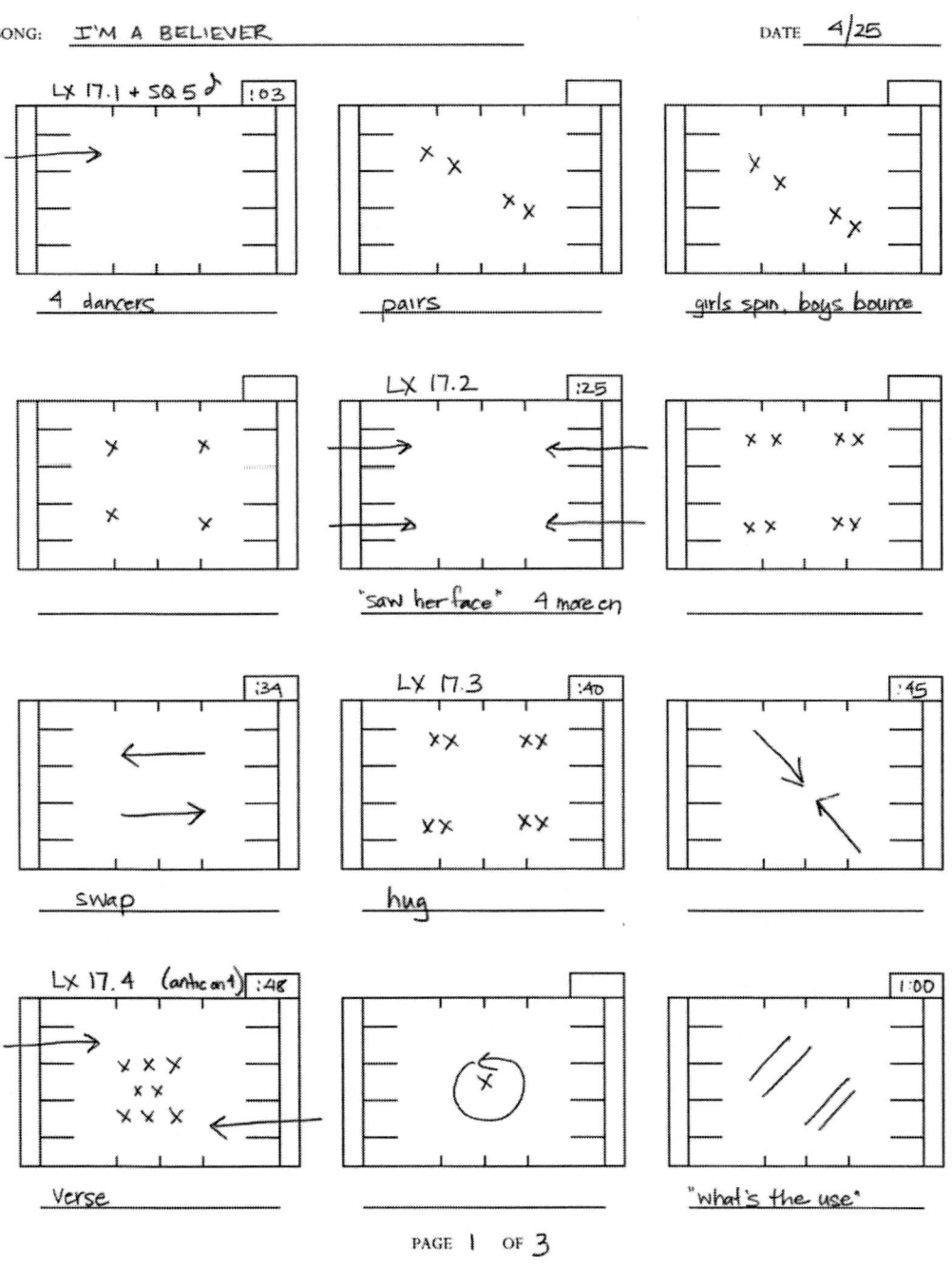

그림6.26 「몽키마니아Monkeemania」 무대감독의 콜링 대본 페이지. 안무 캐이시 고만kathy Gorman, 음악 비틀즈Beatles.

종합 예술

무대감독이 모든 것을 기록했지만 공연의 즐거움은 각 연습이나 공연과 호흡하면서 출연자들과 한마음을 맞추어 완성할 때 나옵니다. 수잔 스레드길Susan Threadgill, 텍사스 오스틴 대학의 공연기획실장은 큐 진행 기술에 대해 적절한 설명을 해 주었습니다.

무대감독에게 큐가 그냥 쥐어지는 것이 아닙니다. 무대감독, 연출, 디자이너 들과 대화를 통해 관객이 큐를 알아볼 수 있는 시점, 큐가 가능한 시점 그리고 음악, 대사, 동선과의 연결을 고려하며 결정합니다. 이 예술의 형식이 현장성에서, 큐를 호출하는 상태가 매번 다를 수 있습니다.

훌륭한 무대감독은 당시 상황에 맞춥니다. 지휘자가 오늘따라 느리게 진행하고 1막에서 총 2분이 달라져…… 큐를 그에 맞춰 부릅니다. 주연 배우가 늦게 등장해 2막에 쓸 벽이 들어올 자리가 비워지지 않아…… 안전을 위해 큐를 맞춰 부릅니다. 마지막 장면 앙상블의 위치가 너무 높아 이 감동을 주는 장면을 마무리하려면 1.5초가 더 필요하여…… 큐를 알맞게 맞춰 부릅니다.

공연을 준비하며

모든 공연 요소와 참여 인원들을 한데 모으는 것은 공연의 권한 이양이 시작된다는 것을 의미합니다. 보통 연출과 디자이너는 작품 개막 후 떠나고, 무대감독이 마지막 공연까지 예술적 비전의 조합을 유지하는 역할을 맡습니다. 테크 리허설은 이런 작업의 섬세함을 여러분이 이해하도록 만들어진 것입니다.

테크 리허설 중에 서면 소통에서 구두 소통으로 그 우선순위가 변합니다. 여러분은 꾸준히 연습 일지를 준비하고 배포할 것입니다. 하지만 여러분은 이제 하루 종일 동일한 사람들과 꾸준하게 상호 작용할 것입니다. 여러분의 일지에서도 소통의 전문성과 명료함의 감각을 그대로 유지합니다. 여러분이 가진 정보를 제공하고, 갖지 않은 세부 정보를 찾아보며, 기록합니다(아무도 모든 것을 기억하지 못합니다). 스트레스를 받을 때도 있겠지만, 자기 일을 사랑한다는 것을 기억해 봅시다.

이 책 전반에서, 저는 권한authority과 책임responsibility이라는 단어를 사용했습니다. 권력power이 아니라는 것에 주목해 주세요. 권력은 다른 사람에 대한 통제와 누가 옳고 누가 행동의 주체인지를 정하는 위계질서를 의미합니다. 공연은 협업의 예술이라는 사실을 기억합시다. 신뢰를 바탕으로 모두를 하나로 모으는 것과 우두머리가 되는 것은 다릅니다.

여러분과 연락하는 모든 사람이 여러분을 보고 들을 수 있는 것은 아니라는 사실을 이해하는 것이 중요합니다. 뒷무대에서 헤드셋을 쓴 사람들은 목소리로 여러분을 듣습니다. 객석에 앉아 있는 스태프는 여러분의 표정만 보거나 여러분의 어깻짓으로 감을 잡습니다. 여러분의 단어, 행동, 몸짓 언어가 여러분의 생각과 감정을 전달하는 데, 원하건 원하지 않건, 여전히 함께 작용합니다.

여러분이 대놓고 짜증을 내거나 당황한다면 모든 사람이 알아챕니다. 여러분이 혼란스러움을 드러내면 여러분의 말과 행동에서 신뢰가 깎입니다. 그리고 여러분이 만든 문서에도 영향을 미칩니다. 자신감을 가지세요. 호흡도 차분하게 유지합시다. 일단 브레이크를 밟아 잠시 멈추고 잠깐 극장 밖으로 나와 혼돈으로부터 거리를 둡시다. 몸짓 언어를 이해하는 수업이 중요합니다. 특히 무대감독이 피곤하고 압박감을 느낄 때는 더욱 그렇습니다.

물론 제가 이런 글을 쓰는 것이 여러분이 삶에서 느끼는 것보다 훨씬 쉽겠지요. 경험을 통해 여러분의 감정을 다루는 방법과 상황을 받아들이는 방법을 배울 것입니다. 신입 무대감독으로서 모든 것이 개인적으로 느껴지는 것은 당연합니다. 1장에서 우리가 처음 논의한 것 중 여러분에게 소리를 지르는 것과 여러분 앞에서 소리를 지르는 것을 구분하는 것이 어렵다는 것이 있었습니다. 연출이나 디자이너가 화를 내면, 여러분에게 화를 낸다고 생각하기 쉽습니다. 여러분이 지금까지 해 온 것들에 믿음을 가지세요. 그리고 바뀌는 것이 있으리라는 것을 받아들이세요. 대부분 누구의 잘못도 아니라는 것을 기억합시다. 시간과 예산이 부족하면 긴장이 고조됩니다. 그리고 소통의 창구로서 많은 긴장감이 여러분에게 다가옵니다. 시간이 지날수록 바로 반응하지 않고 듣는 기술을 연마할 것입니다.

기다리는 동안에도 할 일이 있다는 것을 명심하세요. 조명디자이너가 장면 수정에 몇 분이 걸린다고 한다면, 추가된 발광 테이프를 붙이거나 연출을 불러 이전 장면의 연기 노트를 진행할 수도 있습니다. 테크 리허설은 느리게 진행됩니다. 여러 일을 동시에 처리하는 것으로 그런 특성을 만회합니다. 그리고 연습이 다시 시작되면 무대감독은 모든 사람이 제자리로 돌아간 후 어느 장면부터 시작할지 정확하게 알립니다.

테크 기간 중 연습 일지

무대감독은 테크 기간에도 연습 일지를 작성합니다. 하지만 내용이 좀 다릅니다. 연습 중 수정된 것들을 나열할 필요는 없습니다. 대부분의 제작팀이 테크가 끝나면 매일 저녁 간단한 모임을 합니다. 이 제작 회의에서 연습 중 할 수 없던 의견이나 질문을 할 기회가 주어집니다. 무대감독은 이 내용을 모두 기록할 필요는 없고 일지를 써야 할 회의도 아닙니다.

하루가 길면 일지는 보통 짧아집니다. 이것이 적당하기도 하지만 편하기도 합니다. 각 제작팀원도 테크 리허설에 참여할 것이고, 노트를 각자 기록하거나 현장에서 바로 문제를 해결하기도 합니다. 무대감독 팀은 그 시간을 다음 연습을 위해 문서와 대본을 수정하는 데 씁니다.

테크 리허설 일지의 노트는 주로 모두가 없는 자리에서 얻은 정보를 중심으로 담습니다. 아마 연습 후 크루가 치우다가 발견한 깨진 소품에 관한 내용일 수 있고, 연습 후 제작 회의에서 미처 말하지 못한 연출 노트일 수도 있고, 디자이너가 참석하지 않은 상태에서 연기자들과의 노트에서 나온 연출 노트일 수도 있습니다. 또 모두가 퇴근한 후 무대감독 팀만 참석한 문제 해결 과정에서 나온 내용일 수도 있습니다.

하지만 가끔 무대감독에게 테크나 회의에서 나눈 내용을 어느 부서에서 다시 물어오는 경우도 있습니다. 잊지 않았는지 다시 확인하는 경우도 있고, 해당 부서 담당자가 회의에 참석하지 않아서일 수도 있습니다. 이런 요청에 따라 해당 내용을 포함하고 이전에 노트를 전달했는지 확실치 않으면 만약을 대비해 적어 줍시다.

마지막 의상 리허설을 마치고 나면, 공연팀은 이제 공연을 완성하기 위해 마지막 한 가지를 추가할 준비가 된 것입니다. 바로 관객입니다.

공연

관객은 공연의 필수 요소입니다. 살아 있는 관객 눈앞에서 펼쳐지는 공연은 텔레비전이나 영화와 다른 예술 형식이며 관객의 경험을 매일 새롭고 신선하게 유지합니다. 매번 객석등이 반쯤 어두워질 때마다 공연팀 전체가 함께 달려 나갑니다. 모든 것이 계획대로 진행되기를 바라며 지금까지의 노력에 보람이 있기를 기대합니다.

40회차 공연을 본 관객도 개막 공연을 본 관객과 동일한 공연을 봐야 합니다. 공연의 예술적·기술적 요소들을 그대로 유지하는 무대감독의 책무가 이 일을 가능하게 합니다.

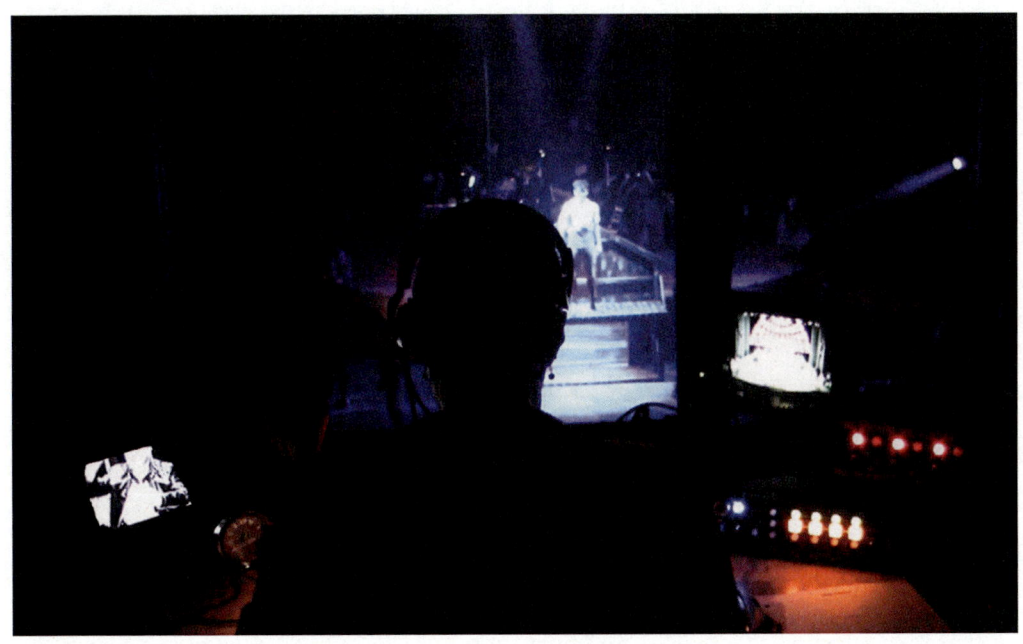

그림7.1 공연 중 무대감독의 시선

공연 중 업무

- 연출 방향을 유지합니다.
- 공연의 예술적·기술적 요소들을 정확하고 일관되게 유지합니다.
- 객석 스태프들과 협력하며 관객의 상태를 살핍니다.
- 언더스터디understudy(대역), 대체 배우, 교체 배우 그리고 크루들과 협업합니다.
- 각 분야 제작팀원과 신속하고 명료하게 소통합니다.

프리뷰PREVIEW

현장에서도 관객 앞에서 처음 공개하는 공연은 리허설의 일부라고 할 수 있습니다. 프리뷰 공연은 만들어진 공연을 시험해 보고 관객들의 반응을 통해 수정할 수 있는 기회를 제공합니다. 저녁 프리뷰는 다음 날 수정 작업과 추가 리허설이 따라오며 기술적인 요소들, 무대 위 관계들을 명확히 하거나 어떤 경우에는 대사와 동선이 바뀌기도 합니다.

무대감독은 팀 전체가 최고의 효율을 발휘할 수 있도록 도와야 합니다. AEA 계약에 따라 프리뷰 주간에 배정된 시간은 보통 리허설 기간보다 훨씬 적습니다. 작업이 필요한 부분을 특정하고 수정 노트가 명확해서 모든 이가 새로운 변화를 어떻게 작품에 하나로 잘 엮을 수 있는지 이해해야 합니다.

학교에서는 프리뷰를 제작 일정에 포함합니다. 일주일 정도는 아니고 보통 한두 번 진행하겠지만, 목적은 같으며, 이 프리뷰 외에 진행하는 어떤 연습도 같은 목적으로 진행합니다. 수정 작업은 보통 다음 날보다는 공연 직후 진행합니다. 하지만 무대감독은 새로운 큐나 동선 변화를 위해 추가 연습 시간이 있을 것에 대비해야 합니다.

프리뷰 중 멈추기

기술적으로는 프리뷰도 리허설이라, 무대감독이 공연을 중단하고 오류를 수정할 수 있습니다. 실질적으로 프리뷰 중에 멈추는 관행은 각 극장에 따라 매우 구체적입니다. 어떤 곳에서는 기꺼이 멈추고 다시 준비하면서 이것이 리허설이라는 것을 관객들에게 환기합니다. 다른 곳에서는 일단 관객이 입장하면 모두 같은 공연이라 생각하고 긴급한 사고가 아닌 한 멈추지 않습니다. 무대감독은 극장의 예술적 방향성을 이해할 필요가 있으며 복잡한 문제가 발생했을 때 어떻게 진행해야 할지 제대로 판단해야 합니다.

일상 업무 정리하기

관객이 있다는 것만으로 공연을 준비하면서 시간에 쫓기게 됩니다. 테크 리허설을 진행하면서 공연이 지연된다면 나중에도 계획한 것보다 늦게 시작할 수 있습니다. 그리고 이것이 제작진에게는 달갑지 않은 경험이겠지만, 아무도 그저 기다리는 사람은 없습니다. 관객은 보통 공연 30분 전에 객석으로 입장할 수 있는데, 이는 모든 준비가 이즈음에는 끝나야 한다는 뜻입니다.

일단 드레스 리허설이 시작되면 무대감독 팀은 공연 사전 준비를 위한 작업 순서를 개발합니다. 동시에 처리할 수 있는 일들과 모든 작업의 전체 순서를 정합니다. 무대감독과 무대조감독은 준비 작업의 일정한 책임을 갖고 모든 업무가 잘 완료되면서도 가능한 가장 효율적으로 처리될 수 있도록 관리합니다. 이는 크루가 진행하는 업무와 무대감독의 업무 모두를 포함합니다. 일부 전문 극장에서는 디자인팀이 이전에 하던 업무를 넘겨받기도 하는데, 조명 콘솔 오퍼레이터와 디머 체크(역주: 모든 조명 회로를 하나씩 켜 보며 상태를 확인하는 일)를 진행하는 일을 예로 들 수 있습니다.

학교나 비조합원 참여 작품의 경우, 사전 준비 업무를 개발하는 것은 주로 무대감독 팀에 의해 결정됩니다. 조합원 참여 작품의 경우에는 무대감독이 조명팀장과 협력하여 계약에서 정한 크루 개인의 업무 책임 안에서 조율하며 사전 준비 작업을 배정합니다. 프리뷰와 공연 기간이 다가올 즈음, 이렇게 공연 전 해야 할 일상 업무가 정해지고 백스테이지와 객석에 각자 필요한 업무를 해결합니다.

공연진행표The run sheet
무대감독은 공연 전 일상 업무의 작업 과정을 기록하고, 나중에 다른 무대감독이 완벽하게 동일한 순간, 동일한 곳의 업무를 수행할 수 있도록 문서를 만듭니다. 공연진행표는 여러 개로 나뉜 책임이 어떻게 맞물려 진행되는지 그리고 전환계획표의 사전 업무가 관객 입장 전 배우들의 무대 준비 시간과 어떻게 연결될 수 있는지 보여 줍니다. (이 책의 문서 이름은 저에게는 익숙한 것들이지만, 다를 수도 있습니다. 어떤 극장에서는 전환계획표를 공연진행표로 부를 수도 있습니다. 공연 중 업무를 자세히 묘사하고 한 장면에서 다른 장면으로 어떻게 전환되는지 설명합니다. 공연진행표는 확인 목록checklist 또는 타이밍 목록 time list이라고 부르기도 합니다. 이름이 어떻든 기능과 중요성은 그대로입니다.)

형식과 내용

공연진행표는 전체에게 배포되는 문서는 아니며, 많은 서식이 필요한 것도 아닙니다. 그림7.2A와 7.2B의 예제에서 간단한 목록을 볼 수 있습니다. 특히 무대감독을 위해 두 가지 종류의 정보를 담습니다. 바로 시간과 사건입니다. 무대감독은 목록표에 좀 더 구조를 만들거나 완료한 업무를 체크할 수 있는 곳이 필요한데, 사전준비목록표에 사용한 형식을 차용할 수도 있고 코팅한 공연진행표에 지워지는 펜을 이용해 작업 진행을 확인할 수도 있습니다.

최근 제가 본 무대감독들은 업무 확인을 위해 핸드폰이나 태블릿을 활용하였습니다. 화면을 손으로 터치하면서 목록을 확인하고 점검합니다. 매우 휴대하기 좋은 목록표이지만 2차 저장용으로는 유용하지 않습니다. 여러분이 전자 장비를 사용해 작업하는 것을 선호한다면 프롬프트 북에도 출력본을 두어 보관하길 추천합니다.

제목은 간단하게 공연 전, 공연 중, 공연 후 업무로 나눕니다. 시간은 저녁 공연과 낮 공연에 모두 적어 빈번하게 자신의 시계를 확인하지 않도록 합니다.

각 항목의 내용은 사전 지식을 염두에 두지 않는다는 것에 주의합시다. 학교 공연에서는 특히 중요합니다. 조명 스위치가 어디 있는지, 누가 격투 안무 연습에 참석해야 하는지, 어느 무대조감독이 불참 크루에게 연락할 것인지 모두가 아는 것은 아닙니다. 무대감독 대본에 큐 실행 방법을 자세히 정한 것처럼 공연진행표의 목적은 공연 시작 전에 무엇을 어떻게 준비해야 하는지 자세한 내용을 제공하는 것입니다. 때로 무대 위에 필요한 작업의 이유가 분명하지 않다면 여기에 자세한 설명을 넣기도 합니다. 상부 전환 장치 확인 항목 아래 기울임 꼴로 쓰인 노트가 이런 예입니다.

무대조감독을 위한 공연진행표

무대감독팀의 각 인원은 공연진행표를 휴대해야 합니다. 공연 중 일이 겹치는 경우도 있겠지만 각자 맡은 일이 있습니다. 연습 기간에 사용한 '각개 전투' 전략을 떠올려 봅시다. 책임을 나누면, 팀은 모든 작업을 신속하고 효율적으로 처리합니다. 한 사람만 출근부를 확인하고 늦는 사람에게 연락하면 됩니다. 한 명의 무대조감독이 1막에 필요한 음식 소품 준비를 담당하고 그사이 다른 조감독이 퀵 체인지를 위한 것들이 모두 제자리에 있는지 확인합니다. 그리고 무대감독은 객석 잘 보이는 곳에 앉아 음향 체크가 되는지, 저녁 공연 중 습도가 상부 장치에 영향을 주지 않을지 확인합니다. 모든 사람이 이런 일들을 누군가 다른 사람의 일이라고 생각하면 작업에 구멍이 생깁니다. 그림7.3은 「십이야」 무대조감독의 공연진행표에서 발췌한 것입니다. 무대감독의 문서와 관점이 무엇이 다른지 주목해 보길 바랍니다.

만약 무대조감독들이 공연 중 특징 전환을 맡거나 의상 전환에 책임을 맡았고, 그것이 이미 적당한 크루 문서에 자세히 정리되어 있다면, 업무 목록을 다시 정리할 필요는 없습니다. 단순히 그 전환 업무를 크루 페이퍼에 적기만 하면 되고, 무대조감독이 공연 중 단순 감독 역할에 그치지 않고 실무를 같이 수행한다는 점을 강조합니다. 무대조감독에게 특정 전환 업무가 없다면 공연진행표 한쪽에 막 전환에 관한 중요 확인 사항들을 적고 필요한 작은 의견들을 적습니다.

그 이유는, 공연진행표는 단지 무대감독 팀에게 일을 시키기 위해 만들어진 것이 아닙니다. 신입 무대감독이나 대체 무대감독이나 무대조감독에게 가장 중요한 문서가 될 것입니다. 리허설 과정의 역사적 맥락을 모르고 일을 시작하는 것은 어렵습니다. 공연진행표는 개막 후 추가 업무를 받을 무대조감독에게도 도움이 될 것입니다. 어떤 극장에서는 추가로 무대감독을 구하거나 연습과 테크 기간에 인턴을 고용합니다. 그러나 개막하고 나면 최소 계약만 유지하는 것으로 돌아갑니다. 이론적으로 공연 진행은 관리가 쉽습니다. 연습 기간에 무대 위 관리 업무를 나누었던 무대조감독은 그들이 참여하지 않았던 작업의 복잡함에 익숙하지 않을 것입니다. 두 개의 공연진행표를 하나로 합치는 것이 모든 필요한 작업이 잘 진행되도록 하는 데 도움이 될 것입니다.

Twelfth Night

SM RUN SHEET

PRESHOW

5:15 pm /11:45 am	Arrive at theatre
	Turn on house, work, and grid lights from touch panel backstage (SR or SL)
	Unlock doors: -back of house left and right -stage door left and right -lower house door left -dressing rooms, makeup room, laundry room -storage room: open and place stage weight in door -green room -room 70
	Unlock booth and turn on lights
5:45 pm /12:15 pm	Check for crew arrival. Ask Cara to call anyone who is late.
6:10 pm/ 12:40 pm	Check in on video setup& make sure dimmer check is happening Check glo tape onstage and replace any missing pieces Check cue lights Confirm headset check is complete
6:15 pm/12:45 pm	Check sign in sheet for actors. Ask Melissa to check for missing folks & call anyone who is late.
6:25 pm/ 12:55 pm	Be in house for rail check. Pay special attention to amount of stretch in ropes on LS 6 (trees)
	Be prepared to make a slight adjustment if hitting the out spike means flying the bottom of the tree hardware above the first electric. (Trees will catch and not come in correctly during the show if this happens)
6:30 pm/1:00 pm	Stage Open
6:35 pm/1:05 pm	Make sure fight call setup is onstage: colonnade, 2 urns, bench
6:40 pm/1:10 pm	Fight Call: Antonio, Sebastian, Fabian, Andrew, Viola, Toby Sword fight and fist fight ** keep ASM and rail on standby to fly out colonnade/strike urns after sword fight
6:55 pm/1:25 pm	Close stage Final check of onstage preset Make sure pit power is on Go into Lights 1 and Sound .5
7:00 pm/1:30 pm	Open House Announce half hour dressing rooms
7:15 pm/1:45 pm	Announce 15 minutes in dressing rooms then check in with ASMs

---

그림7.2A 「십이야」의 무대감독의 공연진행표 공연진행표

7:20 pm / 1:50 pm	Check in with House Manager then head to booth
7:22 pm / 1:52 pm	Call 5 minutes over cast call mic and headset
7:27 pm / 1:57 pm	Call Places over cast call mic and headset
7:30 pm / 2:00 pm	Begin show (or when receive "house is closed" from house manager) Crew on headset to start: lights, sound, (2) ASM, (2) projections operators Top of show places: 　　　SR: Orsino, Prescott, Hart, Coffin 　　　SL: Olivia, Hernandez

INTERMISSION

At 8 minutes in	Call 5 minutes in dressing rooms then check in with ASMs
At 10 minutes in	Check in with House Manger, head to booth
At 13 minutes in	Call Places
At house closed	Check for places, all crew back on headset Part Two Places: 　　　SR: no one 　　　SL: Toby, Andrew, Fabian, Maria

POST SHOW

| At house empty | Announce house is closed and ask for work lights & call Sound 46

Go down to deck and check in with ASMs and crew
- prop notes
- consumables check

Go down to dressing rooms to check with actors & costume crew

Pit back up to auditorium level, fan off, power off

Lock all doors that were unlocked at beginning of show

Collect stuff from booth, turn out lights, lock door

(Make sure center projector in booth has been turned off!)

Go to office: write report, email it to production team and post on theatre callboard in hallway and online on show website |

그림7.2B　「십이야」의 무대감독의 공연진행표 공연진행표

Twelfth Night

ASM RUN SHEET — STAGE RIGHT

PRESHOW

5:30 pm / 12:00 noon	Arrive at theatre
	Get keys from SM and unlock props cabinet Double check that props notes from previous show have been completed
5:50 pm / 12:20 pm	Call any crew members who are late Ensure that the rest of the crew has started preshow duties
6:00 pm / 12:30 pm	Check wax seal on trick letter and redo it if it is falling off Check stability and length of candles in shrine – replace if too short, melt more wax around them if too loose Check spike tape and glo tape on deck and replace missing pieces as needed
6:30 pm / 1:00 pm	Have crew set stage for fight call: colonnade, 2 urns, bench **After sword fight, SM will ask for colonnade out and urns struck for fight part 2
6:55 pm / 1:25 pm	Have crew reset stage for top of show Double check that dousers for both projections computers are closed
7:15 pm / 1:45 pm	Get on headset after SM calls 15 minutes
7:28 pm / 1:58 pm	Check for actors once places have been called Switch to show paperwork

---

DURING PART ONE (note times below are now running times)

	Check candles each time they come off stage – they have a tendency to get loose after being carried around while lit
6:00	End of I-1: Page DR leg for crew to strike railing
11:00	Top of I-3: Cue Maria at door
20:00	Before I-5: Make sure Olivia has her ring
23:00	During: I-5: Send Katie over to SL with wine glasses and martini glass
40:00	End of II-1: Watch as trees are flown in for the first time- make sure crew remembers any spike adjustments made for this performance
54:00	End of II-3: Watch as trees are flown out for the first time – make sure they do not overshoot (*If bottom turnbuckle gets above the batten on lineset 6 they will not be able to come back in. Let SM know if this happens and be ready to fix at intermission.*)

그림7.3 「십이야」의 ASM의 공연진행표 발췌본

개막 공연

카라 쿡Cara Cook: '개막 당일 겪는 감정과 같은 것은 없어요. 공연 중 어떤 일을 맡건 상관없습니다. 여러분이 연기자이건, 디자이너이건, 매니저이건 모든 사람이 힘들게 일한 결과가 눈앞에 있고 관객들의 반응을 처음 들으면 환상적입니다. 그리고 왜 이 많은 사람이 공연에 열광적인지 알 것 같아요."

개막일 저녁은 공연의 새로운 단계를 나타냅니다. 이 시점에 기자들이 전문 공연을 관람하고 작품 리뷰를 남깁니다. 또한 이 시점에 미국배우조합에서 정한 마지막 업무 시간 지침이 시작됩니다. 언제 배우가 극장에 도착해야 하는지, 각 주마다 얼마나 리허설을 할 수 있는지 새로운 규칙을 정합니다. (맞아요. 여전히 리허설이 있습니다. 뒤에서 더 설명하겠습니다.)

개막 공연 관객은 공연 중 볼 어느 다른 관객들과 다를 것입니다. 언론에 더해, 객석은 친구, 가족, 팬들로 가득 찹니다. 그들은 손뼉도 자주 치고, 크게 웃으며, 공연 막판에는 기립 손뼉을 칠 것입니다. 이런 열정들이 반갑지만, 종종 그 나름 공연의 리듬에 영향을 줍니다. 무대감독은 항상 관객의 반응에 민감해야 합니다. 그러나 오늘 저녁 마지막을 화려하게 장식할 노래 후반부 장면 전환 큐를 부르기 위해 한참을 기다렸더라도, 이제 막 공연 기간이 시작된 것이므로 이렇게 완전히 정해지는 것은 아니라는 것을 참고합시다.

개막 공연은 개막 연설이나 다른 공지 등으로 시작할 수도 있어 큐가 수정될 수도 있습니다. 무대감독은 이런 특별 행사가 성공적으로 진행되도록 미리 고려해야 합니다. 공연 시작 전 배경 음악을 '핸드폰 꺼라'라는 공지로 바로 페이드했다가 그다음 첫 번째 음향 큐로 곧장 페이드 되도록 해야 할까요? 우선 연출과 디자이너와 조율해 보고 어딘가에 연설을 위한 자리를 비워야 할 것입니다. 공연 전 조명 큐로 무대 위에 선 사람이 충분히 보일 수 있을까요? 아마 당일 하루만을 위한 조명이 필요할 수도 있고, 팔로우 스팟follow spot을 추가해야 할 수도 있습니다. 이런 수정 사항 처리를 구두로만 확인할 것이 아니라 해당 오퍼레이터와 장면 연습을 통해 정확하게 확인하는 것이 좋습니다. 그리고 개막 후 이런 임시 추가 사항을 빼고 나면, 둘째 날 이 장면을 연습해 보고 제대로 삭제되었는지 확인합니다.

개막 후 조합원 근무 시간

작품이 개막일을 지나고 나면 무대감독은 주간 업무 시간에 관한 세 번째 규정을 접합니다. 계약서에 따라 차이는 있겠지만, 조항은 크게 두 가지 항목으로 나뉩니다.

1. **호출.** 믿기 어렵겠지만, 배우의 공식 호출 시간은 공연 '삼십 분' 전입니다. 현재 극장이 공연 시작 시 메인 막을 사용하지 않는다면, 공연 시작 전 배우에게 무대 위에서 준비할 시간이 없다는 뜻입니다. 배우가 자발적으로 일찍 출근하는 것을 막는 것은 없지만, 공연 전 준비를 위해 공식적으로 시간이 더 필요하다면, 배우에게 추가 수당을 지급해야 합니다. 몇 가지 상황이 이런 추가 수당 호출에 해당하는데, 안전과 예술적 완성도를 위해 필요한 일일 격투 연습이나 분장과 머리 손질의 비중이 큰 경우 등이 이에 속합니다.

2. **업무 주간.** 각 주마다 계약서에 정한 구체적인 공연 회차에 더해 조합 소속 배우들은 개막 이후 매주 10시간까지 연습에 호출됩니다. 보통 연습은 의도치 않게 바뀐 세부 내용을 다시 다듬거나 대역 배우들 연습을 준비하는 것으로 사용합니다. 식사 시간을 보장해야 하는 5시간짜리 긴 연습이 아니라면 공연 호출 직전에도 가능합니다.

조합은 공연이 2회가 있는 날에도 배우와 무대감독을 살핍니다. 낮 공연과 저녁 공연 사이 정해진 식사 휴식 시간이 계약서보다 짧다면 극장에서 식사를 제공해야 합니다.

추가 근무나 추가 공연, 식사 제공 등이 모두 극장이 부담하는 비용이므로, 공연 날이 다 되어서야 극장에서 아무 준비를 하지 않았다는 사실을 발견하는 경우는 드뭅니다. 하지만 훌륭한 무대감독이라면 이런 점도 확인하여 나중에 예기치 않은 일이 생기지 않도록 하는 것도 필요합니다.

객석팀과의 협조

관객이 도착하면서 무대감독은 공연을 관리하는 새로운 파트너를 갖습니다. 하우스매니저house manager가 그 파트너입니다. 하우스매니저는 관객과 작품을 잇는 접점이고, 관객의 질서와 안전에 책임을 집니다.

이 일을 성공적으로 완수하려면 하우스매니저가 매일 저녁 일정과 더불어 관객에게 영향을 줄 수 있는 공연 요소들을 잘 알아야 합니다. 여기에는 물리적인 공연 요소들로 관객의 의학적 상태를 악화시킬 만한 것들이나 감상의 즐거움을 방해할 만한 내용들도 포함됩니다. 이런 정보들은 티켓을 구매하려는 관객들의 질문에 잘 대응하기 위해 박스 오피스 직원들이 물어보기도 합니다.

무대감독은 관객이 극장을 찾는 첫날이 되기 전에 하우스매니저와 만나 구두로 관련 내용을 전달할 수도 있습니다. 간결하고 구체적으로 관련된 공연 요소를 설명합니다. 하우스매니저는 여러분의 크루가 며칠 혹은 몇 주 전 그랬던 것처럼 작품에 처음 접한다는 사실을 기억합시다. 질문에 꼼꼼히 대답하고 특별히 관객에게 영향을 주는 환경이 있다면 만난 김에 극장을 같이 돌아보는 것도 고려해 봅시다.

어떤 극장들은 문서를 요청해 해당 정보를 관객을 상대하는 모든 스태프와 자원봉사자들에게 제공하기도 합니다. 그림7.4는 객석관련정보표front-of-house information sheet의 예제로 공연 정보를 포괄적으로 이해하기 위해 사용됩니다.

연습 일지처럼 객석정보표는 상단에 조직과 시간 정보를 담고, 항목별로 많은 정보를 담습니다. 첫 질문은 전체 공연과 관련한 일반적인 내용입니다. 이 내용으로 하우스매니저가 극장의 무대 구역과 관객 구역의 관계에 대해 알 수 있습니다. 어떤 것들은 일반적인 내용으로 어느 극장에나 해당되지만 또 다른 것들은 특정 극장에 더 중요하게 적용되는 것들도 있습니다. 예를 들어 암전 중 무대 전환은 프로시니엄 극장 외 관객들에게는 영향이 적지만, 돌출 무대 형식의 극장에서는 앉아 있는 어느 관객이 로비로 나가려는 그 순간 거대한 무대 장치가 나가려는 객석 통로vom쪽으로 다가올 수도 있습니다. (객석 통로vom는 돌출 무대나 블랙박스 극장의 계단 객석 사이에 있는 통로를 말합니다.) 이런 정보를 알고 있다면 하우스매니저가 해당 정보를 기반으로 공연 중 객석 안내인들ushers의 배치에 최적의 선택을 할 것입니다.

두 번째와 세 번째 항목은 작품에 구체적으로 연관된 내용들입니다. 이들은 디자인의 물리적인 요소인 포그, 총성, 섬광 등과 함께 내용상으로도 신성 모독, 흡연, 성인용 묘사를 포함합니다. 하우스매니저가 작품의 이런 요소들에 대해 관여할 여지는 없습니다만, 이 정보를 통해 일찍 자리를 뜨는 관객들이나 중간 휴식 중 항의 혹은 환불 요구에 대비할 수 있습니다.

서식

객석정보표는 매끄러운 형식으로 깔끔하게 정보를 전달하도록 작성합니다. 이 책에서 논의한 다른 문서들과 마찬가지로 형식은 폭넓은 범위의 정보를 담기 위해 만들어집니다. 여러 공연 공간을 가진 공연예술센터 등에서는 장소마다 제각각 정하길 원하지는 않을 것입니다. 자세한 사항을 구체적으로 정해 칸의 이름을 정하고 각 항목을 분류하여 페이지에 배치합니다. 개별 질문은 간단히 '예, 아니오'로 정할 수 있도록 하고 부가 내용이나 설명을 위해 공간을 남깁니다.

공연명

객석 관련 정보

개막일:	폐막일:	극장:
연출:	무대감독:	무대조감독:

공연시간

1막	
중간휴식	
2막	

일반정보

	Y/N	노트
지연관객석		대기 시간:
객석 등장 출연자		
관객 접촉 출연자		
무대 출연 관객		
수화 통역사 일정		
암전 장면전환		
시야 제한석		
공연 직전 연습		

효과

무대 위 총포		
무대 밖 총포		
포그/스모크		
섬광		
불꽃/연기		
기타 소음		
기타 효과		

내용

무대 위 흡연		
무대 위 음주		
약물 사용 묘사		
폭력 장면 묘사		
누드		
욕설 및 폭언		
성적 내용		
기타 정보		

그림7.4 객석팀과 매표팀을 위한 정보

개별 극장에 적용되지 않는 질문은 그 여부를 표시하도록 합니다. 여백으로 각 항목을 나누고, 큰 글씨의 공연 제목을 써서 사용자가 다른 공연의 문서와 쉽게 구분할 수 있도록 합니다. 복합 공연장에서는 각 공간을 더 잘 구분하길 바랄 것입니다. 음영을 사용하지 않은 문서라서 색이 있는 종이를 사용한다면 가독성을 유지하면서도 효과적으로 구분할 수 있습니다.

공연 일지

무대감독은 개막 이후 매 공연의 수정 사항을 공지합니다. 연습 일지와 같이, 공연 일지는 공연의 공식 문서이며 공연과 그 공연의 창작 및 기술인들의 연결성을 유지합니다.

받아 보는 사람들

- 연출과 무대감독 팀
- 디자이너들
- 제작감독
- 연습 일지를 받아 보는 각 제작팀장
- 신작에 참여하는 공연장 관계자
- 총괄 책임자(필요한 경우)
- 제작무대감독(역할이 있는 경우)
- 지도교수들(교육 기관에서)
- 하우스매니저(일부 극장에서)

내용

- 당일 공연의 세부 내용
- 다음 공연 일정
- 공연 전이나 도중에 크루가 해결한 기술적인 문제들
- 처치가 필요한 해결되지 않은 문제들
- 병이나 상해 관련 정보
- 객석 관련 요청 사항

이유

- 공연의 사건들을 기록함
- 기술적인 문제들에 관한 수정 사항이나 요청 사항
- 관람객의 규모, 관객 관련 문제, 혹은 객석 관련 요청 사항

공연 일지는 연습 일지의 공식적인 서면 소통 방식을 유지해야 합니다. 정보를 분류하는 항목은 다를 수 있지만, 모든 내용을 신중하게 구체적으로 전달하는 것에 똑같이 주의를 기울여야 합니다. 노트를 해결해야 하는 인력이 공연에 참여하는 경우는 드뭅니다. 기술 문제의 배경을 설명하면 스태프가 발생한 문제를 좀 더 효과적으로 해결하는 데 도움이 됩니다. 수리해 보려고 했지만 잘되지 않았나요? 공연 몇 번은 임시로 메꾸겠지만 제대로 된 처치가 필요한가요? 공연 물품 여유분을 모두 소진했나요?

내용 확인

그림7.5의 공연 일지 예제에서는 공연 진행의 해당 내용을 위한 형식을 볼 수 있습니다. 조직 구성에 관한 정보는 맨 위에 보이고, 연습 기간 때와 마찬가지로 거의 같은 방법으로 크게 나타냅니다.

일정 개요 부분에는 가장 중요한 내용을 담습니다. 문서를 받은 모든 사람은 어젯밤 공연이 있었다는 것을 압니다. 객석 개방을 늦게 했다는 것은 기술적인 문제가 있거나 매표소에 문제가 생긴 것을 의미합니다. 중간 휴식 때도 마찬가지입니다. 연출은 각 막의 공연 시간을 특히 주시합니다. 작품에 처음 흐름보다 예기치 않은 변화가 많아진다면 연출이 우려할 테고, 이런 문제가 지속된다면 무대감독이 연출에게 연락받는 것이 놀랍지 않습니다. 이런 시간 지연들은 공연 전체에 대한 관객들의 감상과 의견에 상황에 따라 영향을 줄 수 있습니다. 다음 공연 일정이 정해지면 작업 일정이 정해지고, 공연에 필요한 작업의 마감 시간 알람이 됩니다.

일지의 요점은 구체적인 내용을 전달하는 것입니다. 극장에서 요청하는 정보들에는 출결 상황, 객석 문제, 그리고 기술 노트들을 더 강조한 내용을 포함합니다. 공연장에서 특정 방법으로 정보를 전달하기를 원한다면, 이미 작업했던 연습 일지와는 다른 형식으로 만들어야 합니다.

이쯤 되면, 각 분야 디자이너나 제작팀장들의 요청에 따라, 분야별로 기술노트 항목을 따라 나누거나 노트가 없다는 공지를 넣어야 할 필요는 없습니다. 문제와 우려사항은 일지의 한 부분에 모아 전달할 수 있고, 특별히 노트를 받을 부서를 명기합니다. 일지에 분야별 구분을 유지하고 싶다면 연습 일지를 기본 서식으로 사용하여 일정이나 공연 시간 같은 구역을 조정하고 새로운 정보를 기록합니다.

PERFORMANCE REPORT
Production: Big Fish
Date: Friday February 23
Stage Manager: Laurie Kincman
Assistant Stage Managers: Rachel Krause, Sydney Smith

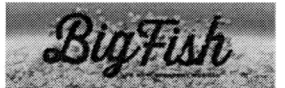

House Open	7:00
Curtain	7:31
Act I	1:15:11
Intermission	16:40
Act II	57:35

Next Performance		
Saturday February 24		
Time	**What**	**Who**
5:45 pm	Call to Theatre	Full Company
6:00 pm	Call to Theatre	Board Operators
6:20 pm	Mic Check	Company with microphones
6:45 pm	Pit Check	Band
7:30 pm	Curtain	All

Actors or Crew Late:

None

Front of House Notes:

Intermission held due to long lines at the restrooms.

Tonight's full house stood for enthusiastic applause at the end of the show.

Problems or Repairs:

1. SCENERY. A pieces of foam fell off the wall on turntable 3. After the show, the crew determined it was a piece of the lower trim and reattached it.

2. SCENERY. The brake on turntable 2 slipped back down while it was being opened for the circus, causing it to stop the turntable early and then get jammed. We used the occasions of the cast running off scared first of the giant and then of the werewolf to jiggle the turntable and free the brake so it would close for the Auburn University scene.

3. COSTUMES. The sole of Cullen's right ballet slipper is starting to separate from the rest of the shoe.

4. COSTUMES. One of the buttons fell off the right arm of Evan's army jacket. Violet will reattach it before tomorrow's show.

5. SOUND. One of the Rio boxes in the pit spontaneously turned itself off and back on during exit music.

Accidents or Injuries:

Isaac strained something during his tumbling run. He appeared to land not quite as intended. After a few ice packs and some additional stretching, he said he felt fine. Laurie will check in with him tomorrow afternoon.

Additional Notes:

A reminder that the photo call originally scheduled after this Sunday's matinee has been cancelled.

Thanks everyone,

Laurie Kincman, SM

그림7.5 「빅피시」의 공연 일지

「빅피시」 예제에서 몇 가지 기술 노트를 엿볼 수 있습니다: 공연 중 해결한 문제, 다음 날 크루에게 전달받은 노트, 크루가 해결할 수 없는 수리 문제, 낮에 제작팀장의 처치가 필요한 두 가지 문제 등입니다. 무대감독은 일지에 이런 정도의 내용을 담습니다. 이미 해결한 문제를 기록할 필요는 없어 보입니다. 하지만 마이크 문제의 반복을 알림으로써 음향감독이 향후 있을 더 큰 문제를 예측할 수 있습니다. 같은 의상에서 동일한 수선 문제가 반복된다면 추후 교체해야 할 수도 있습니다. 선제적인 대처가 필요 없더라도 해당 팀장이 크루가 감당한 노고를 이해할 필요는 있습니다.

어떤 극장에서는 공연 일지에 저녁 공연의 티켓 판매 수나 관객 중 특별한 손님이 있었는지, 특히 야외 공연인 경우 날씨와 같은 정보를 요청하기도 합니다. 또 다른 극장에서는 출연자들에게 전달한 노트를 요구하기도 합니다. 제공된 예제는 쉽게 수정하여 이런 내용을 담을 수 있습니다. 그리고 다른 문서들과 마찬가지로, 공연장에 이미 공연을 위해 정해진 문서가 있다면 활용하도록 합시다!

일지 꾸미기

공연 일지는 연습 일지와 비슷한 기능을 가져, 형식적으로 같은 원칙을 공유하는 것이 당연합니다. 완성형 문장과 올바른 문법을 사용하여 공식적인 태도를 유지합니다. 일지는 다른 문서들처럼 쉽게 구할 수 있는 서체를 사용하고 PDF로 보내며, 공연 이미지를 계속 유지하여 일지가 어느 공연에 속하는지 빠르게 눈으로 구분할 수 있도록 합니다. 노트 번호는 계속 사용하지만 매번 1에서 다시 시작합니다.

보는 사람의 시선을 유도하기 위해 두 가지 기법을 사용합니다. 일지의 각 항목 사이의 적당한 여백과 대문자를 사용하여 노트의 해당 기술 분야를 강조합니다. (이는 분야별 개별 항목을 만들지 않는 대안으로 사용합니다.)

배포

마지막으로 연습 일지와 공연 일지의 유사점은 배포입니다. 공연 리포트는 각 공연 후 즉시 모든 제작 팀원에게 발송되어야 합니다. 2회 공연이 있는 날에는 저녁 식사 시간 동안 리포트를 보내야 할지, 아니면 저녁 공연이 끝난 후 두 개를 한 번에 보낼지 극장(제작사) 방침을 확인해야 합니다. 다음 공연 전까지 시간이 짧아 스태프가 이메일을 읽고, 극장으로 와서, 저녁 공연 전에 필요한 수리를 마치기 어려운 경우도 많습니다.

이러한 상황에서는 공연 사이에 '무소식이 희소식'으로 간주할 시스템을 만드는 것도 유용합니다. 긴급한 문제는 보통 전화로 전달하는 것도 좋습니다. 무대감독은 필요한 정보를 구두로 전달받거나, 스태프가 이동 중일 때 우선 할 수 있는 방법에 대한 지시를 받을 수도 있습니다. 첫 주가 끝나기 전에 이런 사항을 확실히 정하고, 제작팀과 공유해야 합니다.

배포 방법은 연습 일지와 동일해야 합니다. 이메일로 전송해 왔다면 계속 그렇게 하되, 인사 변동에 따라 수신자 목록을 조정합니다. 만약 리포트를 출력해서 게시했다면 이것도 지속합니다. 토요일 저녁 공연과 일요일 낮 공연 사이에 게시판을 아무도 보지 않을 거로 생각할 수도 있지만, 그럴 수도 있고 아닐 수도 있습니다. 항상 필요한 사람이 정보를 확인할 수 있도록 정보를 제공하는 것이 최선입니다.

인력 변경

개막 공연을 기점으로 연출이 떠나고 상주하지 않던 디자이너도 떠납니다. 물론 일지를 통해 계속 연락을 유지하겠지만 공연 중 발생하는 문제에 직접 개입할 수는 없습니다. 따라서 무대감독은 소통의 범위를 넓혀 이전에는 공연에 참여하지 않던 공연장 스태프를 포함하여 공연 중 새로운 역할을 맡깁니다. 예를 들어, 외부 조명디자이너가 만들어 놓은 조명을 극장 상주 조명 보조가 일상적으로 관리하는 경우가 있습니다. (역주: 미국 지역극장들은 분야별로 자체 기술 인력을 보유해 외부 인력이 빠져나가고 나면 작업을 인수인계합니다.)

이런 경우, 새로운 팀원들을 단순히 이메일 수신 목록에 추가하기 전에 직접 만나 대화하는 것이 좋습니다. 이를 통해 개인적인 관계를 강화하고, 새로 합류한 팀원들이 해당 분야의 공연 진행 상황을 빠르게 이해할 수 있도록 돕습니다. 특정 장비에 지속적인 문제가 발생하고, 앞으로도 빈번한 수리 노트가 예상되는 상황인지? 최근 배우가 아팠으며, 해당 배우의 대역이 아직 의상 피팅을 받지 못한 상황인지? 이와 같은 사전 정보를 제공하면, 새로운 팀원들이 공연의 필요 사항을 더 효과적으로 지원하고, 이후에 긴 설명을 반복하는 부담을 줄일 수 있습니다.

장기 공연의 준비

최근 졸업생 알렉시스 웰스가 전문 현장의 경험을 공유하면서 공연 횟수가 7회에서 70회로 늘어날 때 생기는 차이점에 대해 또 다른 소감을 전했습니다.

"개막 후 몇 주가 지나면, 제 크루들은 더 이상 서류를 사용하지 않는데, 공연을 너무 많이 했기 때문이거든요. 우리는 주당 8회 공연을 진행했고, 그중에는 오전 10시 학교 단체 공연도 포함되었습니다. 공연을 반복하다 보면, 공연을 완벽하게 숙지해서 무대 뒤에서 대기하는 대신 그린룸에서 쉬는 시간이 더 많아지더군요. 장기 공연에 적응하면서 어려운 점 중 하나는 출연진과 스태프의 분위기를 유지하는 것이라고 생각해요. 시간이 지나면 다들 지치고 지겨워지기 때문이죠. 그래서 긍정적인 에너지의 실천이 정말 중요하다고 느꼈어요. 그리고 소품이나 무대 장치가 마모되거나 소모품이 빨리 소진되면서 수리 및 보수 요청이 훨씬 빈번해지더라고요. 그래서 여전히 제작소와 협력해 수리를 진행해야 하고, 때로는 긴급 상황에서 직접 고쳐야 할 때도 있어요."

공연의 예술성 유지하기

이제 연출도 떠나고, 무대감독이 공연의 예술적 구성 요소를 유지하는 주요 책임을 갖는데, 음악감독이 있다면 그와 협력해야 합니다. 연출이 제작팀을 떠나지 않더라도, 새로운 작품을 시작하여 현 작품에 충분히 집중하지 못할 것입니다.

기술적 일관성

공연의 예술성을 유지한다는 것은 첫째로 큐를 정확히 유지하는 것입니다. 실시간 공연의 흐름과 처짐에 반응하는 것과 여러분이 좋아하지 않는 부분을 고치려 하는 것은 현저한 차이가 있습니다. 후자는 우리의 역할이 아닙니다.

간혹 공연이 진행되면서 달라지는 순간이 있습니다. 예를 들어 오토 팔로우 큐auto follow cue가 마지막 노래의 박수 소리를 계속 잘라먹는다면, 무대감독이 이런 상황을 전달하고 도움을 청합니다. 그럼 디자이너가 조명 오퍼레이터에게 대기 시간을 늘리고, 두 번째 큐를 수동으로 전환하는 등 수정하도록 합니다. 여러분의 관찰이 적절하고 분명하게 소통하면 디자이너의 작업을 존중하면서도 해결책을 찾을 수 있습니다.

노트 보내기

무대감독은 배우들의 작업에도 신경을 써야 합니다. 여러분의 임무는 마음속에 연출의 의도를 담고 공연을 보면서 모두가 같은 생각이 되도록 또 작품의 기술 요소들과 어울리도록 필요하면 노트를 전합니다. 추가된 작업, 즉흥적으로 추가된 대사, 수정된 동선, 각 장면의 흐름이 변하거나 나머지 출연자와 작품 전체에 영향을 주는 것들에 주의합니다.

출연자들에게 노트를 전달하는 것이 어려울 수 있습니다. 모든 연기자가 여러분의 견해를 받아들이지는 않을 것입니다. 여러분이 처음부터 작품에 관여했더라도 무대감독은 연습 기간에 매우 다른 역할을 하기 때문입니다. 여러분들이 동선이나 인물을 만드는 것도 아니고 여러분의 의견이 배우들에게는 때로 뭔가 잘못한다는 것으로 들릴 수 있습니다.

그래서 무대감독이 어떻게 접근하면 좋을까요? 미리 순비하여 적극적으로 대처합시다. 이런 임무를 수행해야 한다는 것을 알고 있고 그래서 자신의 위치를 잘 선점할 수 있는 모든 방법을 실천해 봅시다. 연습 중 노트 시간에 잘 경청하고, 출연자들이 대사 노트나 지각으로 인한 보충 연습에 어떻게 반응하는지를 살펴봅니다. 연출자가 특별히 신경 쓰길 원하는 부분이 있다면 사전에 상담하세요. 그리고 여러분이 신입 무대감독이라면, 개막 전 마지막 노트 세션 중에 연출자가 무대감독의 피드백 권한을 직접 설명하도록 요청하여, 공연 기간에 여러분의 역할과 권한을 더 명확하게 합니다.

그리고 일단 공연이 시작되면

1. **누구나 하루쯤 실수할 수 있다는 것을 기억합시다.** 안전 문제가 아닌 한, 노트에 '한 번쯤은 괜찮다'는 생각을 반영해 봅시다.
2. **공연은 스스로 성장한다는 것을 이해합시다.** 이런 변화가 연습 기간에 설정한 변수 안에 있습니까? 연기자가 단순히 자기 인물에 익숙해져 나온 것으로 연출이라면 반길 만한 새로운 어떤 것일까요?
3. **공연의 기술적 요소를 우선으로 정합니다.** 연기자가 원래보다 무대 왼쪽으로 더 지나쳐 조명 밖으로 나갔다면? 연기자가 등장하는 순간을 바꾸어 무대 위 다른 사람의 동선에 문제를 일으킨다면? 누군가 대사를 놓쳐서 무대감독이 큐를

건너뛰거나 다음 장면을 준비하는 뒷무대 작업을 서두른다면? 무대감독이 공연을 전체적으로 보는 위치에서 제공하는 큰 그림의 피드백을 준다면 출연자들이 더 쉽게 받아들일 것입니다.

4. **노트를 전달하는 때를 잘 고릅시다.** 여러분의 피드백을 다음날 공연 15분 전에 전달하는 것보다 당일 공연 후 전달하면 더 잘 받아들입니다. 연기자들에게 생각할 시간을 주면 그들의 작업 과정을 덜 침해합니다.

5. **연기자들을 배려합시다.** 연기의 완성도에 관한 의견을 전달할 때는 분장실에 모두가 있을 때는 피하도록 합니다. 공연 후 뒷정리를 조감독에게 맡겨 배우들이 떠나기 전 이야기할 시간을 만들거나, 분장실에 찾아가 해당 배우에게 질문이 있는데 나가면서 잠깐 볼 수 있을지 물어봅시다. 이것으로 다른 배우들 앞에서 느낄 수도 있는 당혹감이나 오해를 피할 수 있습니다.

6. **피드백은 공연에 근거를 둡시다.** 인물 연습이나 런스루 과정에서 적어 둔 예술적 노트를 활용할 시간입니다. 배우나 연출자의 본래 의도와 일치하는 그들의 언어를 사용하면, 무대감독이 공연 방향을 바꾸려는 것이 아니라는 점을 명확히 전달할 수 있습니다.

7. **음악 노트는 혼자 전달하지 않습니다.** 뮤지컬 작업 시 음악감독과의 협력이 중요합니다. 음악감독은 보컬 관련 피드백을 제공할 전문가로, 배우의 음악적 표현에 대한 구체적 피드백을 줄 수 있는 최적의 인물입니다. 만약 노래의 속도가 큐나 기술적 요소와 맞지 않는다면, 이는 연기자나 연주자에게 줄 피드백이 아닙니다. 음악감독과 상의하여 해당 변화가 일시적인지, 공연팀에게 수정 노트를 줘야 할 변화인지 판단합니다.

8. **차선책을 마련합니다.** 어느 연기자가 공연에 부정적인 영향을 끼치며 수정 노트에 응할 의지가 없다면, 다른 대안이 있을까요? 연출이 가까이 있어 필요하다면 극장을 다시 찾아 공연을 볼 수 있을까요? 극단적인 경우 극장의 예술감독이 참여가 가능할지, 계약 기간이 남은 조연출이 공연을 살펴볼 수 있을지 알아봅니다. 공연을 지킨다는 것은 모두에게 무엇이 좋을지 도움을 구할 시점이 언제인지를 안다는 것이기도 합니다.

일반적으로 구두 노트는 서면 노트보다 덜 권위적으로 받아들여집니다. 무대감독은 또한 몸짓 언어를 읽는 능력을 활용하여 피드백이 어떻게 받아들여지는지 파악합니다. 예를 들어, 세 가지 피드백을 전달해야 한다고 가정해 봅시다. 배우가 오늘 한 가지 피드백만 받아들일 수도 있고, 혹은 해당 변화가 다른 배우의 연기로 인해 발생했을 수도 있습니다. 구두 피드백은 이러한 상황에서 대화를 유도할 기회를 제공합니다.

대개의 연기자 조합 계약은 일단 개막하고 난 후에는 적은 시간의 연습만 허용합니다. 여러분이 작업하는 환경에 따라 규정집에 항상 자세히 명시되어 있습니다. 보강 연습brush-up rehearsal은 여러 배우에게 영향을 미치는 물리적 변화를 다루거나, 격투 장면이나 댄스 장면 등을 집중적으로 정리하는 데 효과적입니다. 극장에 무대막이 있어 객석 오픈 30분 전에 배우를 반드시 호출할 필요는 없을 수 있지만, 공연 전 준비 시간만으로는 충분하지 않을 수도 있습니다.

학교 공연에서는 개막 이후 지정된 리허설 시간이 거의 없으며, 공연 사이에 여러 날의 공백이 있을 경우를 제외하고는 보강 연습도 드뭅니다. 그러나 대신 무대감독에게 전문 극장에는 없는 다른 선택지가 있습니다. 초과 수당이 발생하지 않아 전날 저녁 공연의 문제를 해결하기 위해 한두 명의 배우를 일찍 호출할 수 있고, 배우들과 수업 사이나 점심시간 동안 직접 피드백을 나눌 수도 있으며, 연출자가 교수진인 경우가 많아, 공연장 가까이에 상주하는 경우가 대부분입니다.

대역배우와 일하기

공연 기간에 무대감독의 업무는 출연 대역과의 작업도 포함됩니다. 어느 날 출연자 중 하나가 공연하지 못하면, 대역이 그 역할을 맡습니다. 대개 대역은 연습 기간에는 역할을 할 기회가 없습니다. 이 배우들은 연습에 참여해 동선과 인물 구성 작업을 참관합니다. 하지만 무대에 오르지는 않습니다. 개막 후 무대감독이 대역의 연습을 진행하며 그들에게 각 인물에 참여하고 무대에 친숙해질 기회를 줍니다.

대역배우understudy, **대기배우**stanby, **다역배우**swing
대역배우는 출연진 중 다른 연기자의 배역을 연습한 사람으로 주역이 병이나 사고 혹은 결근으로 빠지게 되면 대신 역할을 합니다. 대역배우는 이렇게 '대체' 임무를 전담할 수도 있고, 앙상블 연기자 중 자신의 역할 외에 추가 역할을 배우는 경우도 있습니다. 큰 규모의 작품에서는 무대감독이 대기배우와 작업하기도 합니다. 대기배우는 주연 중 하나의 대역을 하는 배우지만 다른 역은 하지 않는 지정 배우입니다. 대기와 대역을 동시에 할 수도 있지만 보통 가장 큰 규모의 공연에서 활용됩니다. 브로드웨이에서 훨씬 일반적입니다.

코러스가 있는 뮤지컬의 경우, 다역배우 역시 필요합니다. 다역배우는 자신의 성별에 맞는 여러 코러스 배역을 배워 일부 혹은 전부를 대역할 수 있는 연기자입니다. 이런 역할 그룹을 트랙track이라고 부릅니다. 어떤 코러스 배우는 일부 다역배우로 활동하면서, 자신이 출연하지 않는 다른 음악의 코러스 역할을 배우기도 합니다. 각 AEA 계약서에서는 대역과 다역의 구체적인 규정을 정하며 출연자의 규모와 공연의 형태에 따라 다릅니다.

모든 공연에 대역배우가 있는 것은 아닙니다. 일부 특정 연기자조합 계약에서는 이러한 출연자의 대역을 의무화하며, 무대조감독이 대역을 하도록 허용하기도 합니다. 학교 공연에서는 항상 두 벌의 출연진을 꾸릴 만큼 학생이 있는 것은 아닙니다. 대역이 없는 공연에서 일한다면, 배우가 아프거나 사고를 당했을 때 무엇을 해야 할지 알아 이런 위급 상황에 빠르게 대처하는 것이 중요합니다.

대역 연습understudy rehearsal

대개의 전문 공연에서 대역 연습은 개막일 이후 해당 주간에 시작합니다. 무대감독은 대사와 동선이 정확한지 확인하고 주연에게 주어진 피드백과 같은 선에서 노트를 전달합니다. 대역 연습의 의도는 필요시 무대에 설 수 있도록 이들에게 주연들이 개발한 인물을 재연할 기회를 줍니다. 대역 연습은 대역배우들과 무대감독 팀만 참여합니다. 보통 대역 연습은 기술 지원이 제한적입니다. 무대 장치와 소품 정도가 주어지고 조명, 음향, 의상 등은 생략됩니다. 격투 안무, 노래, 또는 무용이 있는 공연의 경우, 대역 연습에 이런 요소들도 포함되어 진행되도록 해야 합니다. 적당한 스태프의 참석도 필요합니다. 음악감독, 무술감독, 안무감독 등 특히 무대감독이 첫 연습 주에 연습에 참여하지 못할 경우에는 더욱 그렇습니다.

비조합 또는 학교 공연에서 대역배우들에게 초기 연습 과정에서 더 많은 연습 기회를 줍니다. 연습 시간과 극장의 관행에 따라 무대감독이 이 부분을 일정에 포함할지 아닐지 결정합니다. 그렇지 않다면 무대감독은 연기자조합의 규정에 따라 대역 연습 계획을 세웁니다.

대역 투입 연습 Put-in rehearsal

대역 연습에서는 일반적인 상황의 1차 배역이 참여하지 않아 무대감독은 대역 상황에서 전체 배역이 등장하는 중요 장면을 구체적으로 연습할 필요가 있습니다. 하나의 요령을 소개하자면, 저는 연기자에게 다른 배우와 노래하고, 춤추고, 싸우고, 관객 앞에서 처음 입맞춤하도록 절대 요구하지 않습니다. 대역 투입 연습에서 물리적으로 어렵거나 대사의 합이 중요한 장면, 큐를 유발하는 동작 그리고 대역 연습에서 재현할 수 없는 것들을 시도해 봅니다.

대규모 공연에서는 거의 모든 역할을 개별적으로 커버할 수 있는 대역 배우를 충분히 확보하는 것이 불가능합니다. 대역 연습 중에는 한 배우가 두 역할을 맡는 경우 해당 장면을 두 번 진행해야 할 수도 있습니다. 또한, 커버되지 않는 역할의 대사를 읽거나 장면 전환을 처리하기 위해 무대조감독을 무대에 올릴 수도 있습니다. 대역 투입 연습은 대역배우가 필요한 공연 부분을 해당 배우들과 함께 그리고 모든 기술적 요소를 갖춘 상태에서 연습할 기회를 제공합니다.

공연이 개막된 후 제한된 근무 시간은 이러한 대역배우 및 대역 투입 연습을 위해 사용합니다. 배우의 결근이 예정된 경우, 무대감독은 대역 투입 연습 시간을 사전에 계획합니다. 긴급 상황의 경우, 다음 공연에 배우를 일찍 오도록 요청하여 공연의 특정 부분을 해결해야 할 가능성이 높습니다.

대부분의 경우, 대역 투입 연습에는 대역 배우의 존재로 인해 직접적으로 영향을 받는 배우만 호출합니다. 한 가지 예외는 공연의 주연 배우 대역의 첫 공연일 경우입니다. 긴급 상황 대처 방식은 변하지 않을 수 있지만, 미리 안다면 무대감독은 연관된 배우들만 참여하는 첫날 리허설과 런 스루를 진행하는 둘째 날 리허설을 준비하여 새로운 주연 대역 배우가 무대에 등장하지 않는 시간을 포함하여 공연의 전체 흐름을 느낄 수 있도록 합니다. 이는 또한 크루를 불러야 할 만큼 중요한 변화라 두 번째 리허설에 모든 큐를 포함하여 진행합니다. 사전 일정 조정을 통해 필요한 초과 근무 수당을 승인받고 진행 크루가 참석할 수 있도록 시간을 확보합니다.

대역 연쇄 교체

대역 배우와 주연 배우 간의 관계가 다양해, 무대감독 팀은 해당 대역 배우가 공연해야 할 경우 어떤 일이 일어날지 미리 계획해야 합니다.

이 책의 샘플 프로덕션 중 하나인 「십이야」를 예로 들어 보겠습니다. 올시노Orsino 역을 맡은 배우가 결근하는 경우, 당연히 그 역할을 대체해야 합니다. 올시노의 대역 배우가 공연에서 다른 역할을 맡지 않았다면, 그를 바로 대체 역할로 투입하여 다른 조정이 필요하지 않습니다. 그러나 올시노의 대역이 발렌타인Valentine 역을 맡은 배우라면 (올시노와 같은 장면에 등장하는 작은 배역이지만), 두 번째 대역이 발렌타인 역을 맡습니다. 발렌타인의 대역이 해당 배우의 주요 배역이 아니라면, 이러한 교체로 상황은 완료됩니다. 하지만 발렌타인의 대역이 귀족 중 한 명이라면, 세 번째 조정이 필요합니다.

이러한 시나리오는 빠르게 복잡해지며, 즉석에서 모든 잠재적인 파급 효과를 생각하기 어렵습니다. 대역 배우가 있는 공연을 진행할 때, 무대감독은 이러한 '도미노 현상'을 사전에 계획하는 데 시간을 투자하는 것이 좋습니다. 이를 통해 대역 배우 리허설 중에 가능한 한 많은 상황을 다룰 수 있고, 대역 투입 연습에서는 조정 사항을 파악하는 것이 아니라 공연 수정 사항에 집중할 수 있습니다. 또한, 현재 계획되지 않은 결근이나 도미노 현상을 파악하여 연출가(또는 음악 감독)가 이러한 문제를 사전에 해결할 수 있도록 합니다.

그림 7.6은 뮤지컬 「나를 사랑하는 그녀She Loves Me」의 네 가지 대역배우 시나리오를 보여 주는 샘플 대역배우계획표의 발췌본입니다. 시나리오 1은 주연배우가 결근하고, 일반 배역이 없는 대역배우가 그 역할을 맡는 상황입니다. 오케스트라 및 다른 주연 배우들과 함께 작업해야 하는 특정 음악 및 동선 부분이 강조됩니다. 시나리오 2는 앙상블 배우 한 명이 결근하고, 여전히 자기 주요 역할을 수행하는 두 번째 앙상블 멤버가 맡는 상황을 다룹니다. 이 상황에서는 두 가지 안무를 감당해야 하는 것 외에도, 두 역할을 수행하기 위해 몇 가지 소품 조정도 필요합니다. 시나리오 3은 이중 대역배우 시나리오로, 앙상블 멤버 한 명이 주연 역할로 올라가고 두 번째 앙상블 멤버가 두 가지 앙상블 역할을 모두 수행하는 상황입니다. 이 상황에서는 의상 전환에 수정이 필요하며, 이 또한 연습이 필요합니다. 이제 마지막 시나리오는 대역 없이 역할을 생략하는 상황입니다. 이 공연에서 연출은 무대 위에서 바이올린을 연주하는

She Loves Me

Understudy Plot

Georg — Robert Schneider

OUT:			
IN:	**Costume Changes**	**Prop Changes**	**To Rehearse**	**Notes**
Harry Kyle	None	None	"Perspective" & box stack Trip in "Tonight at Eight" "Tango Tragique" dialogue timing	

Café/Shop Customer — Jane Smith

OUT:			
IN:	**Costume Changes**	**Prop Changes**	**To Rehearse**	**Notes**
Susan Adams	None	Need handoff of bag in 1-3 Move christmas present to SL table	Romantic Atmosphere: Dance Tango Tragique Dance	Will Still Play Caroler in II-4 (just have one fewer customer in scene)

Sipos — Jason Mendez

OUT:			
IN:	**Costume Changes**	**Prop Changes**	**To Rehearse**	**Notes**
Scott Johnson As: Sipos	None	ASM be ready to help him pick up the pile of boxes!	"Perspective" & Box Stack 12 Day Xmas fight with one fewer customer	
Chris Mitchell AS: Keller	Chris will have new Quick Change to café customer	None	None	

Violinist — Joe Hicks

OUT:			
IN:	**Costume Changes**	**Prop Changes**	**To Rehearse**	**Notes**
None	None	None	None	No violinist in café scene at all (just orchestra part)

그림7.6 캐스팅과 매표팀을 위한 정보

배우를 추가하여 특정 노래의 바이올린 연주 부분을 중복하기로 했습니다. 이는 공연에 추가된 역할이라 외부 대역배우를 캐스팅하지는 않았습니다. 그리고 출연진의 다른 배우 중 누구도 바이올린을 연주하지 못해, 그 배우가 아플 경우 해당 역할은 단순히 빠집니다.

이러한 모든 잠재적인 변화와 리허설 요구 사항을 정리한 차트를 작성함으로써, 무대감독은 대역 투입 연습을 효과적으로 운영하고, 특정 공연 날에 대한 세부 계획을 배우, 제작진 및 지휘자에게 알릴 준비를 합니다. 무대감독은 연습 기간에 이 작업을 시작해야 관련 질문과 해결되지 않은 배역 문제를 개막 전에 해결할 수 있습니다.

계획표 양식

대역배우계획표는 스프레드시트나 워드 프로그램의 표로 작성하는 것이 가장 효과적입니다. 대역배우, 소품 및 의상 변경, 구체적인 리허설 요구 사항, 기타 중요한 참고 사항을 위한 개별 열이 있습니다. 가로보기를 사용하면 작은 글꼴을 사용하거나 많은 양의 텍스트를 줄바꿈하지 않고도 모든 열에 충분한 공간을 제공합니다. 충분한 여백으로 문서를 빠르게 읽기에 편합니다. 알림 과정을 더욱 용이하게 하기 위해 무대감독은 계획표에 전화번호를 직접 넣을 수도 있습니다.

불특정 다수에게 배포될 가능성이 작아 당시 무대감독은 각 시나리오(어떤 배우가 결석하는지)를 강조하기 위해 색상을 사용하고 필요한 적은 수의 사본만 인쇄하기로 했습니다. 각 무대감독 팀원은 사본이 필요합니다. 다른 팀에는 이 정보의 일부 내용만 제공합니다. 조명은 거의 영향을 받지 않으므로 정보가 필요하지 않습니다. 객석팀(극장 안내/매표 담당)과 의상 부서는 각각 안내문과 의상을 위해 누가 누구의 대역인지 알아야 합니다. 그러나 두 영역 모두 리허설 요구 사항이나 소품 조정에는 관여하지 않습니다. 출연진 목록에 세 번째 열을 추가하여 대역 배우를 포함하는 것으로 보통 그들에게 필요한 정보를 제공하는 좋은 방법입니다. 색상은 '결석' 칸을 채우는 것으로만 사용하고 상대적으로 색상이 밝아 표를 흑백으로 인쇄하더라도 쉽게 읽힙니다.

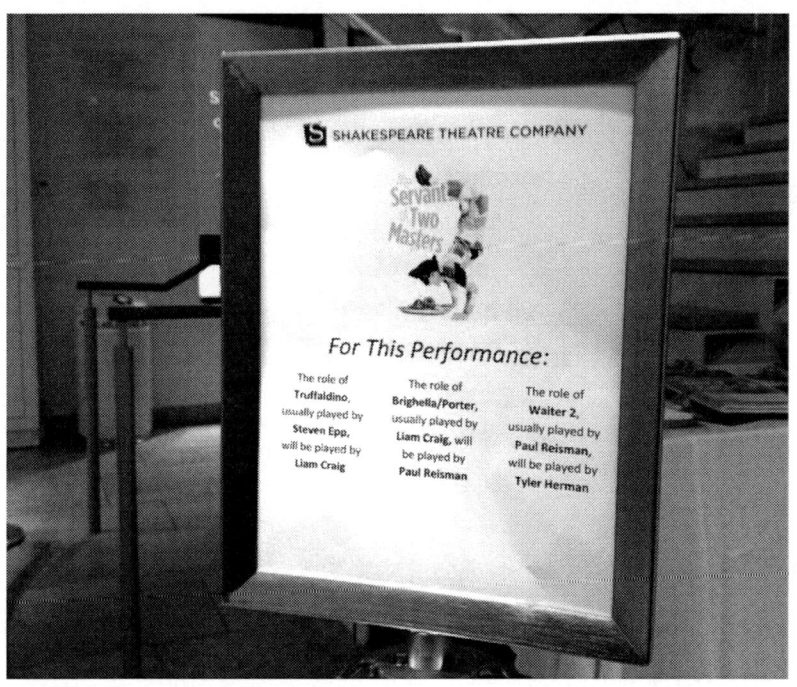

그림7.7　워싱턴 D.C.의 셰익스피어 극장에서 설치한 대역 공지 관객 안내문. 사진 크리스토퍼 아나야 고먼Christopher Anaya-Gorman

질병 이외의 결근

전문 공연에서 대역배우는 단순히 출연진의 갑작스러운 질병의 경우에만 출연하는 것이 아닙니다. 공연 기간에 따라 배우들이 휴가를 갈 수도 있고 매우 장기 공연(예를 들어, 「오페라의 유령」)의 경우, 출연진이 영원히 같을 수는 없습니다. 이 경우, 대역배우가 아니라 아예 교체할 수도 있습니다. 어느 상황이건 무대감독은 새로운 배우와 동일한 방식으로 접근해야 합니다.

크루 교체

배우의 교체뿐 아니라, 무대감독은 크루의 교체에도 대응해야 합니다. 휴가나 병가는 동일하게 기술팀에도 생깁니다. IATSE 소속 크루와 일할 때, 조합 대표나 팀장이 대체 업무에 관여합니다. 학교에서는 무대감독이 할 것입니다. 아니면 교원 제작감독이나 기술감독이겠죠. 크루 교체에 가장 중요하게 고려할 점은 뒷무대 환경에 적응시키고, 해당 문서와 본인의 업무를 설명하고, 가능한 시간 안에서 난해한 동선을 최대한 설명하는 것입니다. 새로운 기술 인력이 무대에 서면, 무대조감독이 뒷무대 작업에 별도의 신경을 쓰며 도움을 주거나 상황에 따라 설명을 덧붙여 마치 신입이 없는 것처럼 공연이 진행되도록 돕습니다. 대체 인력은 한두 번의 공연에 참여해 담당 인력의 작업을 따라 할 기회를 얻고 업무를 인계받습니다. 인력 가용성, 일정, 예산을 고려하며 이 작업의 여부가 결정될 것이며 극장에 따라 다를 것입니다.

긴급 상황과 문제 해결

대역 계획표는 무대감독이 배우와 관련한 긴급 상황에 대응할 수 있도록 하지만 일어날 수 있는 상황의 종류는 불행하게도 출연자 수보다 더 깁니다. 이것에 대비하려면 무대감독은 다양한 경우에 대응할 정보를 모아야 합니다.

기술적인 문제

해결해야 할 첫 번째 범주의 문제는 공연 물품의 고장 또는 오작동을 처리하는 것입니다. 발생 가능한 문제를 사전에 생각하고 해결책을 문의하여 공연 중 대처 내용을 명확하고 신속하게 전달할 수 있도록 하십시오. 철저한 사전 점검을 하더라도 아무런 문제가 발생하지 않으리란 보장이 없습니다. 핵심은 침착함을 유지하고 공연을 계속 진행할 방법을 찾는 것입니다. 모든 문제를 관객이 알아차리는 것은 아닙니다. 그리고 눈에 띄는 문제라도 신속하게 대응할 준비가 되어 있다면 금방 잊힐 것입니다.

　조명 하나에서 램프가 나가는 것이 반드시 큰 영향을 끼치는 것은 아닙니다. 단, 연설이나 노래 중에 켜져 있는 조명처럼 특별한 경우가 아니어야겠죠. 다른 큐로 빠르게 전환하거나 팔로우 스팟 또는 주변 조명을 켜 계속 진행할 수도 있습니다. 전체 조명 콘솔이 고장 난 경우, 상황을 조사하는 동안 작업등을 켤 수는 있을까요? 예기치 않은 침묵 속에서 장면이 전환되면 어색할 수 있습니다. 다음 대사와 연결된 초인종 신호가 나오지 않으면 이상할 것입니다. 무대 밖 누군가에게 노크하라고 요청할 수 있을까요? 무대 장치 오작동은 더 복잡합니다. 여러분과 여러분의 크루가 개별 장치의 작동 구조, 즉 어떤 구성 요소가 고장 날 가능성이 있는지 또는 수동으로 전환하는 방법을 이해하는지 확인합시다. 신임 무대감독은 그 순간에 활용할 경험이 적지만 사전에 질문하는 데 시간을 할애하면 이러한 한계를 만회할 수 있습니다.

공연을 중단하지 않고는 문제를 해결할 수 없는 경우, 무대감독은 수리를 위해 공연을 중단해야 합니다. 관객에게 안내 방송을 할 수 있는 마이크가 있는지 확인하고, 무슨 말을 할지 생각할 필요가 없도록 연설문을 미리 만들어 둡시다. 중단 즉시 하우스매니저에게 알리고 문제가 해결되면 모든 사람에게 다시 시작할 준비가 되었음을 알립니다. (안내 방송 에시는 부록에서 찾을 수 있습니다.) 극상에 안내 방송용 마이크가 없는 경우, 필요시 무대에 올라갈 사람으로 무대조감독 중 한 명을 지정합니다. 목소리가 큰 팀원을 골라 무대 뒤에도 공지 내용을 전달합니다.

극장 시설 문제와 외부적인 문제

무대감독이 직면하는 모든 문제를 개프 테이프gaff tape(역주: 다용도 작업용 테이프)나 5분 중지한다고 해결할 수 있는 것은 아닙니다. 처음 극장에서 일할 때는 공연의 범위를 넘어서는 위급한 상황 대처 방법에 대해 알아야 합니다. 이런 상황은 아래와 같습니다.

- 정전
- 화재
- 폭풍이나 태풍
- 폭우(야외 공연의 경우)
- 지진
- 가스 누출
- 엘리베이터 고장이나 다른 건축 시설물 문제
- 응급 환자
- 건물 봉쇄

이런 상황 중 다수는 특정 극장 직원이나 지역 응급 서비스에 연락해야 합니다. 극장에 대응 절차 및 전화번호 목록이 없는 경우 가장 중요한 세부 정보를 수집하여 직접 적어 두십시오. 대학 극장은 일반적으로 학과를 넘어 일련의 대학 정책에 의해 관리됩니다. 온라인 검색을 통해 필요한 구체적인 정보를 찾을 수 있을 것입니다. 정보를 미리 확보함으로써 무대감독은 비상 상황 발생 시 진행 방법을 결정하기 전에 정보를 수집하는 데 시간을 허비하지 않고 바로 문제 해결을 시도할 수 있습니다.

자나 깨나 문제 해결

헤더 소펠이 또 다른 현장 경험을 공유했습니다. "저는 순환 레퍼토리rotating rep로 운영하는 야외극장에서 무대조감독 일에 관심을 가지게 되었어요. 그곳에서 느낀 가장 크고 분명한 차이점은 야외에서 작업한다는 것과 한 번에 한 작품 이상을 한다는 것입니다. 가장 중요한 준비로, 저는 검은색 비옷을 샀고, 날씨가 제작에 영향을 미칠 수 있는 모든 상황을 배워야 했습니다. 더위 대책부터 우천 대책까지, 무대감독 팀은 항상 배우와 제작진의 안전과 사기를 염두에 두고 모든 상황에 신속하고 침착하게 대응하는 방법을 배워야 합니다. 저는 궁극적으로 제 서류 작업에 의존하는 법을 배웠고, 업무의 모든 측면에서 일관성이 어떻게 마음의 평화를 주고 배우와 제작진 사이에 신뢰를 쌓는지 충분히 이해할 수 있었습니다."

문제 해결의 또 다른 중요한 측면은 한계를 이해하는 것입니다. 모든 사람이 최선을 다해도 오작동하는 무대 장치를 고칠 수 없다는 것을 인식하고, 오늘은 그것 없이 공연하는 방법을 찾아 진행해야 합니다. 이를 위해 관객에게 설명해야 할 수도 있지만, 그런데도 공연을 계속할 수 있을까요? 그러한 해결책이 최선의 선택이 아니더라도 장기적인 관점에서 생각하십시오. 빨리 해결하려다 완전히 망칠 수도 있는 방법을 선택하느라 향후 공연을 희생해서는 안 됩니다.

문제가 있는 상황을 피하는 가장 유용한 전략은 문제가 발생하지 않도록 미리 조처하는 것입니다. 저는 종종 대비책을 만들면 일종의 우주적 '보호막'이 발생한다고 믿습니다. 가능성을 미리 생각하면 문제가 발생하는 것을 막을 수 있는 것 같습니다. 또한, 자신이 통제할 수 있는 일을 주시하십시오. 무대감독은 날씨를 통제할 수는 없지만 사전 점검을 할 수는 있습니다. 배우에게 독감을 옮긴 것은 아니지만, 콜 타임(배우/스태프 집합 시간)에 출근 확인표를 확인하여 도착하지 않은 사람을 찾는 과정을 시작했습니까? 공연으로 꽉 찬 한 주의 끝자락에서도 주도적으로 대처하는 것은 항상 그만한 가치가 있습니다.

무대감독은 공연을 중지할 권한은 있지만, 공연을 취소할 수 있는 위치인 경우는 드뭅니다. 이 책임은 여러분보다 높은 직급에 있는 사람에게 있습니다. 저는 항상 이 사실에 감사합니다. 긴급 상황 발생 시 연락할 수 있도록 그러한 결정을 내리는 사람이 누구인지 파악하십시오. 상급자에게 일찌감치 연락하여 진행 중인 문제 해결 노력을 알리고, 효과적이고 침착하게 여러분의 조치 사항을 전달합니다. 여전히 어떻게든 공연을 진행하라는 지시를 받을 수도 있지만, 폭탄을 투하하는 것보다 대화를 조성하는 것이 상황을 성공적인 해결로 이끄는 데 도움이 될 것입니다.

공연이 일주일이든 한 달이든, 무대감독은 각각의 공연에 동일하게 준비된 자세로 임해야 합니다. 주말 동안 진행되는 짧은 공연 중에는 배우에게 많은 노트를 주지 않을 수도 있지만, 식중독, 뇌우, 컴퓨터 오작동은 차별을 두지 않는 사건입니다. 예술적 우선순위에 대한 확고한 기반과 기술적 지식 그리고 팀과의 명확한 의사소통을 통해 매일 밤 관객에게 최상의 공연을 제공하겠다는 약속을 지킬 수 있을 것입니다.

chapter 8

다음 단계

마지막 공연이 다가올수록 무대감독은 두 가지 중 한 상황에 직면합니다. 막을 내리거나 다음 공연장으로 이동합니다. 두 경우 모두 최종적으로 정리 작업을 하면서 공연 관련 문서를 다시 둘러보고 빠짐없이 완전한지 확인합니다.

공연의 이동

공연 종료와 함께 작품이 끝난 것이 아니라면 무대감독의 마지막 업무는 다른 곳으로 이동하기 위해 준비하는 것입니다.

다른 장소를 위한 준비

공연과 함께 여행해야 한다면 다가오는 공연장 정보를 확보할 기회를 찾도록 합시다. 공연 이동 시에 무대감독이 갖춰야 할 리더십은 극장에 따라 다르겠지만 일단 역할을 정하고 나면 제작팀이 현재까지 아는 것들을 물어봅니다. 다음 공연이 해당 공연장과 공동 제작이라면 상당한 내용이 디자인 과정에서 미리 논의됐을 것입니다. 빠진 내용이 있다면(십중팔구 그렇겠지만), 그곳에 직접 연락이 닿을 사람이 있는지 알아내거나 여러분이 직접 질문을 보내야 할지 알아봅시다. 직접 연락해야 한다면, 역시 제일 적당한 사람은 제작감독이나 기술감독일 것이며, 가능하면 직접 방문해 봅시다.

단순히 내용만 살펴보기보다 초연 극장과 새로운 극장을 비교 분석해 봅시다. 중요한 고려 사항과 질문이 따라올 것입니다.

- 무대 전체 크기가 들어가는지? 그렇지 않다면 수정해야 할 것이 무엇인지?
- 무대 옆 공간이 얼마나 되는지?
- 분장실의 위치와 무대로부터의 거리
- 무대감독의 콜링 위치
- 헤드셋, 큐라이트, 적외선이나 다른 모니터 등 사용 가능한 시설이나 통신 장비들
- 뒷무대 준비, 바닥 표식, 등 첫 연습 전에 공연장 사용에 관한 협조 사항
- 배정된 연습 시간과 테크 전 배우 외 사용 여부
- 연습 공간: 무대, 연습실, 혹은 둘 다
- 작업에 영향을 미칠 공연장 지침(열쇠를 누가 관리하는지, 주차 구역은 어딘지, 작업 시간 규정 등에 관한 규정)

이런 내용들을 확보한 후, 무대감독은 제작팀을 도와 이동 시 필요한 변경 사항을 알아보고 일정을 만들어 모든 일에 필요한 시간을 배정해 봅니다. 다음 공연을 시작하기 전에 관련 규정들을 모두 이해하도록 합시다. AEA 무대감독은 공연이 다른 곳으로 이동하면 그 준비 작업에 대해 추가 급여를 받습니다.

이런 탐색 시간은 다음 극장의 직원들과 관계를 구축할 기회입니다. 무대감독은 지금까지 여러분에게 도움이 되었던 것과 동일한 전문성과 명확성을 가지고 이런 대화와 이메일에 접근해야 합니다. 연출가와의 첫 만남을 떠올려 보세요. 초반에 연출이 자유롭게 이야기하도록 허용하면서 우선순위, 작업 스타일 및 우려 사항에 대한 귀중한 통찰력을 얻었습니다. 다시 한번 강조하지만, 여러분은 질문만 하는 것이 아니라 상대 이야기를 들어야 합니다. 여러분은 이 공연에 대한 전문가이지만 다가올 장소에 전문가는 아니겠죠.

또 중요한 것은 여러분 지식의 한계를 이해하는 것입니다. 전동 무대 장치를 작동하는 스태프에게 지시를 내린다고 해서 무대감독이 작동법을 아는 것은 아닙니다. 때를 보고 질문을 여러분의 팀에 넘기세요. 다른 사람이 더 정확하다는 것을 인정한다고 해서 비난받지는 않겠지만, 잘못된 정보를 제공하면 문제가 될 수 있습니다.

같은 공연이더라도, 무대감독은 다음 장소에서 생길 수정에 대비해야 합니다. 극장 상황이 동일할 가능성은 거의 없습니다. 큐라이트가 없는 경우, 뒷무대와 소통할 다른 방법을 생각해 보십시오. 무대 옆 공간이 훨씬 좁은 경우, 세트 벽 뒷면에 작은 선

반을 설치해 특정 소품을 보관할 수 있는지 살펴봅시다. 필요한 것이 있다면 해결 방법을 찾아보세요. 공연을 옮길 때 유연성이 핵심이며, 창의적으로 생각하려는 의지가 이 과정을 더 성공적으로 만드는 데 관련자 모두에게 도움을 줍니다.

새로운 오디션

아이들이나 앙상블 역을 맡은 지역 배우들이 참여한 공연은 새로운 곳에 전체 출연자를 모두 데려갈 수는 없을 것이라, 배우 대체를 위한 오디션이 추가로 필요합니다. 이 경우 무대감독은 새로운 도시에서 오디션 과정을 도와 달라는 부탁을 받을 수도 있습니다. 본 공연 오디션에 참여했다면 당시 준비했던 정보를 들춰 봅시다. 당시 참여하지 않았다면 오디션 과정을 도울 문서를 준비하거나 만들어야 할 것입니다.

- 원본과 동일한 정보를 담은 오디션 양식
- 공연 내용과 인물 설명을 담은 공연 정보
- 날짜와 기한이 적힌 새로운 공연 일정
- 이전 공연에서의 선택이 여전히 유효한지 연출에게 물어봅니다. 다시 뽑을 역할에 따라 연출이 다른 요구를 할 수 있습니다.

인수인계

무대감독이 항상 공연과 함께하는 것은 아닙니다. 며칠 동안 이동 계획에 참여한 다음 떠날 수도 있고, 본 공연 극장에서 공연을 인계하여 프로덕션이 해당 시설에 도착했을 때 새 무대감독이 작업을 시작할 수 있도록 하기도 합니다.

여러분이 따라가지 않는 경우, 마지막 공연 몇 주간 후임자를 만납니다. 그들은 공연을 보고, 큐 콜링을 관찰하고(허용되는 경우 공연 진행 과정), 뒷무대 공간을 둘러보고, 여러분의 서류 작업을 검토합니다. 새로운 무대감독은 똑같이 비교 분석을 합니다. 즉, 두 공간의 차이점을 찾아 수정될 것들을 예상합니다.

다음 공연에 참여하지 못해 실망하더라도, 후임자의 작업을 어렵게 할 이유는 없죠. 인수인계 시간을 활용하여 '내용'뿐만 아니라 '이유'도 설명하세요. 지금 이 전환수가 배우 X에게 대본을 넘겨주는 이유는 배우가 세트 뒤로 한참을 가로질러야 해서 소품 테이블에 갈 시간이 없기 때문인지? 그가 다음 장면의 중요한 대사를 신경 쓰느라 자주 까먹기 때문인지? 아니면 그 전환수 업무가 거의 없어서 공연에 집중하도록 할 일을 찾아 주는 것인지? 다시 말하지만, 모든 것이 맥락입니다.

큐잉cueing도 마찬가지입니다. 여러분이 신호를 보내기 전에 배우의 무의식적인 특정 움직임에 의존한다면, 그 통찰력을 공유하세요. 대사가 항상 틀리는 곳이 있을까요? 친절하게 새로운 무대감독에게 통상 발생하는 일을 설명하고 해당 페이지를 성공적으로 진행하는 방법을 알려 주십시오. 공연계는 매우 좁은 세상이며, 이런 관계를 구축하는 것도 마찬가지로 중요합니다. 이 친구와 언제 다시 마주칠지 또는 그가 일자리를 맡을 수 없을 때 추천해 줄지 절대 모르는 일입니다.

순회 공연touring

여러분의 작품이 여러 장소에서 공연될 예정이라면, 장소 설문지가 여전히 유용합니다. 단지 여러 곳에서 답변을 받게 됩니다. 정보를 한곳에 모아 작업하는 방법을 개발하고 성실하게 기록할 것을 권합니다. 일종의 비교 차트를 사용하면 무대감독이 패턴을 찾고 사전 계획을 세우는 데 도움이 됩니다. 예를 들어, 장소의 크기가 다양하지만 일반적인 '대형' 및 '소형' 범주로 나뉘는 경우, 지금 시간을 좀 들여 각 범주에 대한 계획과 문서를 미리 작성합니다.

여러 장소에서 진행되는 순회공연에서는 종종 설치load-in, 스태프 교육 및 필요한 리허설 시간이 단축됩니다. 훌륭한 무대감독 팀이라면 이 부분도 미리 계획합니다.

리허설. 작품에 격투 장면이나 안무와 같이 보강 연습이 필요한 경우, 다음 장소 일정에 포함하기보다는 이전 장소 일정의 마지막에 시간을 찾아보세요. 이렇게 장소마다 필요한 시간을 아낄 수 있습니다.

정보와 표지판. 배우와 전환수가 탈의실, 무대 측면 등을 빠르게 찾을 수 있도록 무대 뒤에 붙이는 표지판을 준비합시다. (크고 굵은 글꼴과 색상지를 사용할 수 있는 순간 중 하나입니다.) '현지 정보' 양식을 만들어 배우들이 볼 수 있는 친숙한 한 곳 게시판에 붙이면 이번 장소의 다른 점이 확인됩니다.

대본과 콜. 무대감독은 프롬프트 대본을 눈썰미를 활용할 수 있도록 염두에 둡니다. 음향이나 팔로우 스팟 큐에서 등장인물의 이름에 연결된 눈으로 확인할 수 있는 설명을 이용합니다. 현지 팔로우 스팟 조명 기사의 첫 작업에서 공연을 처음 보면, '로라를 비추라고 하는 것보다 '무대 오른쪽에서 들어오는 빨간 드레스를 입은 여자'를 찾으라고 하는 것이 처음에는 더 성공적일 것입니다.

전환수 교육과 서류. 전환수가 현지 인력으로 보충되는 경우, 그들에게 공연을 쉽게 소개하는 방법을 생각합시다. 새로운 무대 의상 전환수를 위해 전체 리허설을 하는 경우는 극히 드뭅니다. 현지 스태프와 투어 스태프를 짝지어 전환을 쉽게 할 수 있는지 생각해 보세요. 그리고 서류를 어떻게 다르게 사용할지 생각해 봅시다. 사전준비목록표는 공연 시작 전에 사용하는 문서라, 새로운 곳의 첫날부터 그대로 효과적이어야 합니다. 그러나 전환계획표나 의상전환표에 담긴 모든 내용은 연습이 거의 또는 전혀 없다면 다소 부담스러울 수 있습니다. 한 가지 방법은 모든 스태프의 움직임을 한곳에 담은 문서를 개별 전환수에게 맞춘 특정 카드 묶음으로 바꾸는 것입니다. 또 '소품 1' 또는 '의상 A'와 같이 평범한 이름을 세목으로 사용합니다.

카드는 전환수의 주머니에 들어갈 수 있을 만큼 작아야 합니다. 개별 카드에는 단일 전환 또는 의상 변경에 대한 전환계획표에 원래 있는 동일한 정보가 들어갑니다. 각 카드는 내구성을 위해 코팅할 수 있으며, 여럿을 모아 열쇠고리나 끈으로 묶습니다. 각 장소에서 무대감독 팀은 어느 신입 전환수가 어느 트랙에 투입될지 구분하고 적절한 포켓 사이즈 가이드를 나누어 줍니다. 저는 소품 전환수, 상부 전환수 또는 의상 전환수를 구분하기 위해 색상지를 사용하는 무대감독 팀도 보았습니다. 컬러 잉크는 비용도 높고 어두운 조명에서 잘 안 보여 실용적이지 않지만, 색상지에 검은색 잉크를 사용하는 것은 예산 부담이 크지도 않으며 무대조감독이 해당 팀에 제대로 배포하기 쉽게 만들어 줍니다. (또한 무대감독 팀이 각 전환수 자리에 대한 여분의 카드를 준비하는 것도 좋은 생각입니다. 만약을 대비해서 말이죠! 사전준비목록표의 사본을 준비해 코팅해 두는 것도 좋습니다.)

마지막 공연 – 정말 끝일까?

마지막 공연으로 프로덕션이 종료되는 경우, 무대감독은 프롬프트 북의 모든 정보가 최신 상태인지 대본의 메모가 정확한지 확인해야 합니다. 이 공연을 다시 볼 가능성이 작아 보이지만, 예상치 못한 기회가 생길 수도 있습니다.

전문 프로덕션에서는 성공적인 공연을 다음 시즌에 다시 올리거나 원래 공연 기간에 예상하지 못했던 장소로 투어를 떠나는 것이 드문 일이 아닙니다. 상업 공연에서는 일반적으로 프로덕션이 종료된 후 프롬프트 북을 극장에 보관합니다. 여러분은 이 다음 공연의 무대감독을 맡을 수도 있고 그렇지 않을 수도 있습니다. 큐를 살펴보세요. 공연이 진행되면서 큐 위치가 완전히 자리를 잡았지만 여러분의 머릿속에만 존재합니까? 콜이 대본의 문서와 다른 경우, 나중에는 변경 사항을 기억하지 못합니다. 그리고 다음에 여러분이 무대감독을 하지 않는다면, 여러분의 메모는 단순히 틀린 것입니다.

AEA(미국배우조합)와 프롬프트 북

철거 후 자료 소유권에 대한 접근 방식은 비조합 전문 극단에서는 서로 다르지만, 미국배우조합 계약은 공연 종료 시 무대감독의 프롬프트 북이 극장의 재산임을 정합니다. 무대감독은 이를 개인적으로 소유할 수 없습니다. 최종본 수정에는 추가 규정이 있습니다. 무대감독은 대본을 공연에 맞게 정확하게 남겨야 하지만, 극장이 다른 중대한 수정이나 추가 사본을 만들어 달라고 요청하는 경우, 무대감독은 해당 작업에 대한 추가 급여를 받습니다.

공연 진행 문서도 마찬가지입니다. 여기에는 사전준비목록표, 전환계획표, 의상전환표, 공연진행표가 포함됩니다. 공연 4주 차쯤에는 무대조감독과 전환수들은 프리뷰 기간에 그랬던 것만큼 서류에 의존하지는 않습니다. 유사한 작은 수정 사항들이 발생할 것이고, 이런 것들도 모두 기록해야 합니다. 무대감독이 다시 서류를 나눠 줄 필요는 없지만 전자 문서는 수정하고 프롬프트 북에 한 장을 복사해 보관합니다.

학교에서는 최종 정리의 이유가 약간 다릅니다. 학생 무대감독은 자신의 작업에 대한 학점 취득을 위해 프롬프트 북을 제출해야 할 것이며, 공연을 정확하게 반영해야 합니다. 또는 포트폴리오의 일부로 특정 대본 페이지나 문서를 보관하고 싶을 수도 있습니다. 취업이나 대학원 인터뷰에서 자신의 작업 방식에 대한 질문에 "음, 실제로는 이렇게 하지 않았지만…"이라고 대답하고 싶지는 않을 것입니다.

대학 실습 작품이 다시 상연되는 경우는 드물지만, 몇 가지 중요한 예외가 있습니다. 학과가 케네디센터 미국대학연극제(KCACTF)에 참가하는 경우, 해당 작품이 지역 연극제 중 하나에 출품됩니다. 매년 소수의 공연이 이러한 페스티벌에 초청되며, 종종 본 공연 이후 몇 달 후가 됩니다. 문서가 정확하면 공연을 올바르게 기억하고 새로운 시설로 이동하고 필요한 수정 사항을 파악하는 데 도움이 됩니다. KCACTF는 원래 극장과 유사한 장소를 제공하기 위해 노력하지만, 같은 프로시니엄이라 하더라도 무대 뒤 공간의 크기가 다르거나, 탈의실 위치로 인해 퀵 체인지가 더 필요하거나, 조명 설치가 달라 큐가 달라질 수 있습니다.

> 케네디센터 미국대학연극제(The Kennedy Center American College Theater Festival, KCACTF)는 미국 전역의 대학 공연을 기리고 축하하는 전국적인 축제입니다. 참여 대학은 심사를 위해 작품을 출품할 기회를 가지며, 학생들에게 귀중한 피드백, 전문성 개발 및 명예를 제공합니다. "주, 지역, 전국 페스티벌을 통해 참가자들은 창작 과정을 기념하고, 서로의 작품을 감상하며, 공연 예술 커뮤니티 내에서 경험과 통찰력을 공유합니다. 이 페스티벌은 전반적인 제작의 우수성을 기리고, 극작, 연기, 비평, 연출, 디자인 분야의 상과 잔학금을 통해 학생 예술가들에게 개별적인 영애를 제공합니다."

어떤 공연들은 전문 극단처럼 대학 레퍼토리에 포함되기도 합니다. 「크리스마스 캐럴A Christmas Carol」이 좋은 예입니다. 제가 다니던 대학교에서는 4년마다 이 작품을 공연하여 모든 공연 전공 학생이 대학 생활 중 한 번은 이 공연을 경험할 수 있도록 합니다. 무대 장치와 의상은 보관되고 연출가도 항상 같습니다. 출연진은 매번 거의 완전히 바뀌며 무대감독도 바뀔 가능성이 높습니다. 잘 만들어진 보관용 프롬프트 대본은 귀중한 자료입니다. 제가 처음 이 작품을 접했을 때 이전 무대감독의 대본에 크게 의존했지만, 사전에 더 자세한 내용이 있었으면 하는 부분이 있었습니다. 저는 다음 공연을 위해 그러한 공백을 없애는 데 중점을 두고 제 작업 과정을 문서화했습니다. 그리고 상황에 따라 4년 후 제가 다시 무대감독을 맡았지만, 잘 만들어 둔 문서로 지난번에 어떻게 작업했는지에 대한 우리의 집단 기억의 공백을 메우는 데 도움이 되었고, 해당 공연을 위한 서류 작업의 반가운 출발점을 제공했습니다.

기타 문서

프로덕션과 관련된 세부 내용 외에도, 무대감독은 공연 종료 시 다른 정보도 요청받습니다. 전문 극단에서는 배우의 정보가 포함된 최종 연락처 목록표를 요청할 수 있습니다. 이를 통해 직원들은 향후 오디션에 대한 메일링 리스트에 포함하거나 세금 관련 급여 양식을 우편으로 보내기 위해 배우에게 연락할 수 있습니다. 최종 연락처 목록표는 무대감독에게도 훌륭한 네트워킹 자료입니다. 이제 새로운 친구에게 연하장을 보내거나 향후 구직 시 업데이트된 이력서를 보내기 위한 정확한 주소 목록을 갖게 된 것입니다.

대학 공연 무대감독은 종종 공연이 끝난 후 평가 과정에 참여합니다. 교수진이 성적을 부여하지만, 스태프 업무의 일관성이나 배우의 누적 출석 기록에 관한 구체적인 의견을 학점에 반영하기를 원합니다. 무대감독은 여러 참여자에 대한 포괄적인 관점을 제공하기에 가장 좋은 위치입니다. 무대감독이 이러한 유형의 정보를 제공해야 하는 경우, 일반적으로 학과 정책에 따라 형식이 결정됩니다.

이런 평가는 프리 프로덕션 때부터 함께해 온 신중하고, 시기적절하며, 구체적이라는 의사소통 능력을 보여 줄 수 있는 마지막 수단입니다. 지금은 가십을 공유하거나 편애할 때가 아닙니다. 객관적이고 정직한 평가는 공연 구성원에 대한 공정한 평가를 용이하게 하고 향후 업무에도 유리하게 작용합니다.

철거strike

대학 및 기타 비조합 프로덕션에서 무대감독은 철거에도 참여합니다. 철거는 무대를 분해하고 소품, 의상, 보관용 무대 장치를 창고로 돌려보내는 것입니다. 무대감독은 철거 작업 역할 분담을 전달하고 모든 참여자의 참석 확인을 돕도록 요청받습니다. 또 다른 경우에는 작업자 중 한 명이 되기도 합니다. 극장의 관례에 익숙하지 않은 경우, 해야 할 일이 무엇인지 알아보고 적극적이고 도움이 되는 태도로 작업에 임합니다.

무대감독은 또한 자체적인 철거 작업이 있습니다. 여기에는 게시판에서 정보를 떼어내고, 빌려 온 음악 대본 수집을 돕고, 바닥에서 스파이크 마크를 제거하고, 부스의 작업 공간을 청소하고, 마지막 공연에 대한 서류 작업을 완료하는 것이 포함됩니다. 무대감독 팀은 또한 연습 공간이 다음 프로덕션을 위한 준비가 되었는지 확인합니다. 연습실에서 극장으로 빠르게 전환하느라, 혹은 대역 배우 또는 보강 연습을 위해 공연 중에도 연습실을 계속 사용하는 경우, 공연이 끝날 때까지 연습실에서 제대로 퇴실할 시간을 찾지 못할 수 있습니다. 즉, 바닥에서 스파이크 테이프가 제거되었는지, 연습 소품과 의상이 보관 장소로 반납되었는지, 공연 관련 표지판이 제거되었는지 그리고 공간이 깨끗한지 다시 한번 확인해야 합니다.

합평회

비록 전문적인 환경보다는 교육 환경에서 더 흔하지만, 공연이 끝난 후 마지막 회의가 있습니다. 합평회로 알려진 이러한 유형의 회의를 통해 제작팀은 결과물뿐만 아니라 과정도 되돌아보고, 그 과정에서 발생한 예상치 못한 과제와 성공적인 협업 또는 문제 해결의 순간을 파악할 수 있습니다. 대학에 따라 출연진이 참석하기도 합니다.

이러한 성찰이 가치 있긴 하지만, 쉽게 두 가지 함정 중 하나에 빠질 수 있습니다. 어떤 팀은 그 마지막 모임에서 칭찬만 하거나, "그때 정말 좋았지…"라는 후렴구에 밀려 건설적인 평가는 두 번째로 밀려나기도 합니다. 다른 극단적인 경우도 똑같이 비생산적입니다. 공연이 예산을 초과하거나 일정보다 늦어진 경우, 서로에게 손가락질한다고 해서 결과가 달라지지 않습니다. 성공적이지 못한 협업이 합평회 중에 개선되지는 않겠지만, 신랄한 말은 모든 사람의 마음에 남아 다음번에 함께 일할 때 그 과정을 괴롭힐 수 있습니다.

성공적인 합평회는 '내용'뿐만 아니라 '이유'도 대화의 일부로 만들기 위해 노력하는 것입니다. 타지에서 온 두 디자이너가 연습 기간에 얼굴을 보고 만났던 기회로 협력 관계가 특히 좋았나요? 복잡한 공연이었지만 운 좋게 두 번째 연습실을 확보한 덕분에 짧은 리허설 기간에 맞출 수 있었나요? 성공한 원인을 파악하면 재현하기가 훨씬 쉬워집니다. 그리고 이상적이지 않은 부분이 있었다면 어떻게 다르게 했는지 생각해 봅시다. 무대감독의 위치가 프로덕션의 중심에 있다 보니 공연의 성공과 어려움에 대한 폭넓은 관찰과 의견을 가질 것입니다. 대화에 참여하면, 무대감독은 공연 내내 그랬던 것처럼 신중해야 하며, 비밀리에 받은 정보도 존중해야 합니다.

무대감독은 이 과정에서 자신의 작업에 대한 논의가 있음을 준비해야 합니다. 전체 팀의 성과에 대해 객관성을 유지하기 위해 노력하고, 자신에게 향한 비판을 단순히 무시하지 마세요. 변명하지 말고 '이유'로 돌아가십시오. 사무실까지 다시 운전해서 돌아가는 대신 연습실에서 컴퓨터를 사용했다면 좀 더 제때에 일지를 보낼 수 있었을까요? 사방에 깔린 Mac 컴퓨터 때문에 예상보다 더 힘들었던 PC 사용자였나요? 무대감독 인턴이 있어서 연습 중 무대감독 팀의 작업을 더 효율적으로 처리해 극장으로 이동이 더 순조로웠습니까? 여러분이 맹렬히 요구했지만 얻지 못한 값비싼 무선 헤드셋 패키지만큼 무전기가 효과가 있었나요? 그리고 이것이 공연의 어떤 면으로든 첫 경험이라면 (대규모 출연진, 뮤지컬, 자동화된 무대 장치 등), 배운 것들을 마음에 잘 담고 또 그것을 다음 작품에 활용할 수 있다는 것을 명심하세요.

과정에서 한 발짝 떨어진 사람이 대화에 참석하거나 진행한다면 도움이 됩니다. 제작감독이 더 객관적일 것이며, 향후 예산, 일정 또는 인력 변경을 실행할 수 있는 위치에 있다는 이점이 있습니다. 그런 역할이 없다면, 이 공연과 직접적으로 관련이 없는 동료를 찾는 것도 좋습니다. 그 사람은 예산 권한이 없을 수도 있지만, 직접적인 사실에서 벗어나 있어 끼어들고 싶은 욕구 없이 많은 메모를 할 수 있고, 잠재적으로 빗나간 대화를 정상 궤도로 되돌리는 데 도움이 됩니다.

여러분의 학과나 극단에 합평회 과정이 없더라도, 여러분은 여전히 어느 정도 자체 평가를 해 볼 수 있습니다. 다음 프로젝트로 넘어가면서, 방금 완료한 작업을 되돌아 볼 시간을 찾아봅시다. 특정 문제를 특히 잘 처리했나요? 문서 수정 작업을 훨씬 효과적으로 수행했나요? 완전히 새로운 것을 경험했나요? 이런 성취를 자랑스럽게 생각하고 잘 기록합시다. 그러나 계속해서 개선할 수 있는 부분도 살펴보십시오. 불필요하게 복잡하거나 심지어 불쾌하던 공연조차도 무대감독에게 배울 기회를 제공합니다. 하지 말아야 할 것을 아는 것이 완벽한 해결책을 찾는 것보다 때로 더 가치가 있습니다.

무대감독 교육자로서, 저는 종종 학생들에게 글로 자신을 돌아보도록 하면서 자기 성찰을 하도록 합니다. 아래 질문은 자신의 작업을 평가할 수 있는 구조를 제공합니다. 그러나 이런 질문으로 무대감독이나 무대조감독이 각자 현재 끝나 가는 프로덕션 경험을 되돌아보는 비공식 가이드 역할을 합니다.

1. 공연에 내재한 어려움(출연진 규모, 시기, 특정 기술 요소)이 있었습니까?
2. 이러한 어려움을 어떻게 해결할 계획이었습니까?
3. 자신의 성공을 어떻게 평가하며, 그 이유는 무엇입니까?
4. 예상하지 못했던 어려움은 무엇이었습니까?
5. 이러한 새로운 어려움을 어떻게 (그리고 얼마나 성공적으로) 해결했습니까?
6. 이번 공연에서 새로운 것을 시도한 것이 있습니까? 무엇입니까? 효과가 있었습니까?
7. 이전 공연에서 했던 일이나 경험했던 일이 이번 프로덕션에 도움이 된 예를 하나 들어 보세요.
8. 무대감독의 어떤 측면에서 가장 성공적이었다고 생각합니까?

9. 이 프로덕션의 어떤 측면이 여전히 개선해야 할 영역이라고 생각합니까?

10. 공연을 되돌아보았을 때, 다르게 했더라면 좋았을 것으로 생각하는 것이 있습니까? 그 이유는 무엇입니까?

마지막 보고서가 제출되고 고스트 라이트ghost light(역주: 무대를 사용하지 않을 때 안전상 무대 위에 올려놓는 작은 등)가 마지막으로 켜지면, 정중하고 전문적으로 프로젝트를 마무리합니다. 성공적인 무대감독은 마지막으로 긍정적인 인상을 남길 것입니다. 그런 다음 숨을 고르고 다음 공연을 준비합니다.

마지막 팁: 전문 현장으로 진출하기

여러분이 마주한 종착역이 대학 졸업이라면, 다음 단계는 큰 도약입니다. 바로 전문 현장의 세계에 진출하는 것입니다. 이 책에서는 미국배우조합의 규정과 관점을 반복적으로 언급하지만, 비조합 전문 작업도 있으며, 종종 갓 졸업한 사람에게 가장 좋은 첫걸음이기도 합니다.

새내기 무대감독에게는 미국배우조합에 가입할 수 있는 두 가지 경로가 있습니다. 첫 번째는 AEA 조합원 후보 프로그램Equity Membership Candidacy Program입니다. 젊은 무대감독은 전국의 많은 AEA 관할 극단에서 인턴이나 제작 보조로 근무한 기간에 따라 '포인트'를 쌓을 수 있습니다. 25점과 50점이라는 두 번의 이정표에서 무대감독은 조합에 가입할 수 있는 선택권이 주어집니다. 무대감독은 이 과정에서 계속 진행할지 여부를 결정할 수 있는 특정 기간이 주어지며, 정해진 기간에 활동이 없으면 포인트가 사라질 가능성이 있습니다. 조합 후보 자격은 젊은 무대감독이 이 분야에서 성장하는 데 진지하다는 것을 미래의 고용주에게 보여 주는 강력한 지표가 될 수 있으며 채용 과정에 도움이 됩니다. 그러나 프로그램 가입비를 내지 않고도 종종 같은 극장에서 인턴이나 제작 보조로 일할 수 있습니다. 이 경험과 인맥은 여전히 여러분에게 도움이 될 것입니다. AEA에 가입하는 가장 일반적인, 제 관점에서, 가장 유리한 방법은 조합 관할 작업을 제안받는 것입니다. 젊은 무대감독은 계약을 제안받기 위해 조합원 후보자가 될 필요는 없습니다. 계약을 통한 이점은 조합에 가입됨과 동시에 일자리가 생긴다는 것입니다. 무대감독이 조합에 가입하면, 향후 비조합 극장의 무대감독 업무를 수행하는 것이 금지됩니다. 따라서 조합 계약을 수락할지 여부를 신중하게 선택해야 합니다.

조합 가입은 이점이 있지만, 경쟁이 아닙니다. 단 하나의 길만 있거나 정해진 올바른 길이 있는 것도 아닙니다.

졸업 후 시간을 활용하여 다양한 극장, 다양한 극단과 일해 보세요. 조합 카드를 소지한다고 해서 일자리가 보장되는 것은 아닙니다. 지금 당장 큰 급여를 받겠다고 전문 인턴십이나 도제 과정을 무시하지는 마세요. 대학에서 경험했던 것보다 훨씬 대규모 작품뿐만 아니라 이전 경험과는 거리가 멀어 보이는 작품에서도 인간관계를 발전시키고 추가적인 경험을 쌓는 것이 하나의 AEA 계약이 다른 계약으로 이어지도록 보장하는 가장 좋은 방법입니다. 자신의 직감을 믿고, 멘토에게 조언을 구하며, 천천히 가는 것을 두려워하지 마세요.

후기

무대감독의 대표적인 소지품 중 하나는 우리에게 필수적인 온갖 잡동사니가 들어 있는 공구통입니다. 일하면서, 공구 통도 점점 커지고, 결국 수년에 걸쳐 유용하게 사용되어 이제는 없이 일하기 어려울 것 같은 특이한 도구들로 가득 찹니다. 여러 면에서 무대감독으로 성장한다는 것은 이와는 또 다른, 만질 수 없는 공구 통을 만드는 것입니다. 작품에 참여할 때마다 여러분에게 새로운 기술과 경험을 제공하여, 다음 프로젝트에 훨씬 더 잘 갖추어진 사람이 되도록 해 줍니다.

경력이 쌓이면서, 어떤 작품에서든 여러분의 주요 목표는 인간관계를 구축하고, 정보 공유를 촉진하며, 공연에 최선의 이익이 되도록 집중하는 것임을 기억하세요. 효과적인 의사소통과 전문적인 상호 작용은 매번 여러분을 성공으로 이끌 것입니다! 이 책과 연관 웹사이트에서 몇 가지 전략과 도구를 제공합니다. 이를 통해 조금이라도 도움이 되길 바랍니다.

졸업을 앞둔, 두 명의 젊은 무대감독이 전문 현장 진출에 대해 나누어 준 소감을 공유합니다.

알렉시스 웰스: "저는 대학 때 여름 극단summer stock에서 일해 보는 것이 중요하다고 생각합니다. 졸업 시 이력서에 그 경험과 경력을 기재하는 것이 도움이 되기 때문입니다. 저는 (현재의) 견습 과정을 시작하기 전까지 무대조감독을 전문적으로 한 적이 없었는데, 경험이 있었다면 여기서 일을 처음 시작할 때 불안감이 덜했을 것 같습니다. 시작한 이후로, 저는 제가 생각했던 것보다 훨씬 더 준비가 잘되어 있다는 것을 알게 되었고 지금까지 잘해 내고 있지만, 더 전문적인 극단에서 일했다면 도움이 되었을 것으로 생각합니다. 또한, 선택의 폭을 열어 두고 어디서든 일자리를 찾아보는 것이 중요합니다. 지원을 시작하고 제안을 받으면, 어디서 일할지 선택할 수 있다는 것은 언제나 좋은 일입니

다. 회사에 따라 제작 보조나 무대조감독으로 시작할 수 있습니다. 모든 것은 여러분이 무엇을 하고 싶은지에 달려 있으며, 어느 환경이 여러분에게 잘 맞는지 알아보아야 합니다."

퀸 매스터슨: "저의 가장 큰 걱정은 무대감독이라는 직업을 선택하는 것입니다. 인턴십과 견습 과정을 통해 다른 공연으로 이어질 것이라는 것은 알지만, 실제로 생계를 유지하는 것과 제 연극적 자아에 만족하는 것 사이의 균형을 맞추는 것은 아마도 시간이 걸릴 것이고, 제가 가졌는지도 잘 모르는 인내심이 필요할 것입니다."

솔직히 말해서, 무대감독이 되는 것은 쉬운 일이 아닙니다. 때로 복사기에 붙어 살고 정치적인 상황에 끊임없이 휘말리는 것처럼 느껴집니다. 다른 모든 사람들은 창의적인 즐거운 일을 하는 것 같습니다. 이 직업의 어려움에도 불구하고 저는 이 일에 예술과 기술이 모두 필요하며, 무대감독으로서 성공을 거두는 것은 진정으로 자랑스러운 일이라고 생각합니다.

몇 년 전, 제가 속한 무대감독협회의 어느 동료가 무대감독의 진정한 본질과 한 공연에서의 예술적 구성 요소로서 그 '자질'에 대해 받은 질문을 공유했습니다. 그의 허락을 받아, 여기에 그의 답변 일부를 공유합니다. 초판의 마지막에 공유했던 것으로 우리 모두에게 의사소통의 노력이 중요하다는 것과 모든 일이 결국 정말 가치 있다는 것을 상기시켜 줍니다. 그리고 지금 원고를 수정하면서도, 그 말은 여전히 진실로 다가옵니다.

무대감독이 일을 수행하기 위해 특정 기술을 사용해야 하는 것은 사실입니다. 그러나 그것은 음향디자이너에게 필요한 기술과 다르지 않습니다. 거의 모든 공연예술가는 일정한 기술이 필요하며, 거의 모든 공연예술가가 특정 지시를 받습니다. 그러나 디자이너에게 주어지는 지시는 '협업'이라고 부르면서, 무대감독에게 주어지는 지시는 다르게 부른다면 단순한 말장난에 불과할 것입니다. 저는 무대감독을 동등한 예술적 협력자로 인정하지 않는 사람에게 동의하지 않습니다.

무대감독은 자신의 지식을 이용하여 연출의 비전을 이해하고 공연의 고유한 감각과 장면의 흐름을 개발합니다. 무대감독과 협업하며 최상의 공연을 만드는 연출과 디자이너들이 가장 많은 덕을 누립니다. 무대감독은 팀의 그 누구보다 배우 한 명 한 명, 무대 장치 하나하나, 각 조명과 음향 큐 그리고 각 구성 요소가 개별적으로, 전체적으로 매 순간 어떻게 작동하는지 완벽히 이해해야 합니다. 무대감독의 예술적 감각과 진정성으로 인해 파편으로 부터 마법 같은 완전체의 공연이 만들어집니다.

알 프랭클린Al Franklin

스테판 울프 극단Steppenwolf Theatre Company (전) 제작감독

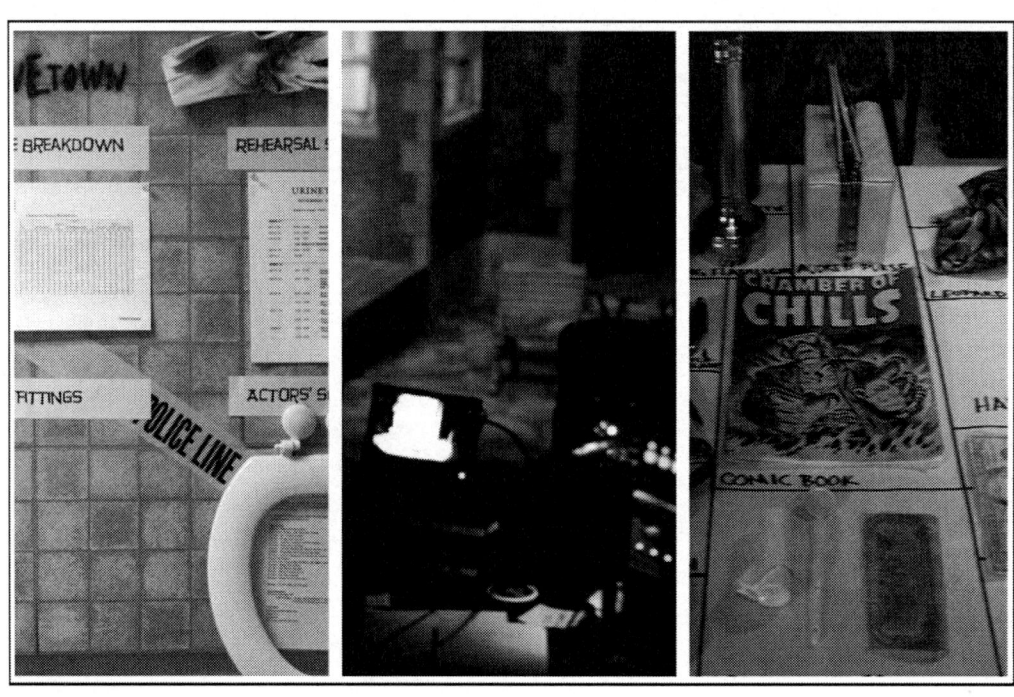

부록

형식적으로는 책의 끝에 도달했지만, 우리는 이 책 안에서 너무 과한 정보란 없다는 것을 수없이 보았습니다. 이 부록은 무대감독 세계의 여러 측면에 대한 확장된 관점을 제공하기 위해 만들어졌습니다. 여기에는 미국배우조합에 대한 자세한 내용, 무대 감독의 도구에서 찾을 수 있는 항목들, 공연을 중단해야 할 경우 사용할 수 있는 긴급안내방송, 더 많은 문서양식, 온라인 자료 및 읽을 만한 책 모음을 포함하였습니다.

미국배우조합ACTORS' EQUITY ASSOCIATION

미국배우조합은 미국의 전문 배우와 무대감독의 노동조합입니다. 1913년에 처음 결성된 AEA는 이 예술가들을 대표하여 미국 전역의 전문 극단과 계약을 체결합니다. 계약의 범위는 다양한 공연 상황과 체험에 대응하도록 설계되었고, 가능한 많은 사람에게 직업을 보장합니다.

조합 가입
배우들과 무대감독은 조합원 후보 프로그램Equity Membership Candidacy program을 통해 가입할 수 있으며, 이 프로그램에서는 참여한 극장에서 근무한 주에 따라 점수를 획득하거나 조합 관할 공연에 계약을 제안받아 가입합니다. 또 영화, 텔레비전, 라디오 출연자를 위한 미국 영화배우 조합/미국 텔레비전 및 라디오 예술가 연맹Screen Actors Guild/American Federation of Television and Radio Artists(SAG/AFTRA) 또는 오페라 및 합창 공연자와 무대감독을 위한 미국 음악 예술가 길드American Guild of Musical Artists(AGMA)와 같은 다른 연기자 노조의 회원은 할인된 회비로 조합에 가입합니다.

계약과 협약

AEA는 미국 전역의 다양한 극장과 계약을 협의합니다. 일부 계약은 극장 연합을 대표하는 반면, 다른 계약은 개별 극장과 구체적으로 협의합니다. 뉴욕 및 로스앤젤레스와 같은 주요 도시를 위한 일련의 소규모 '규약codes'도 존재하며 공연 시연을 위한 구조입니다. 각 규약 또는 협약은 급여, 근무 시간, 안전 고려 사항, 오디션 요구 사항 및 홍보 규정을 포함한 관련 고용 규칙을 간략하게 설명합니다. 조합 계약의 전체 목록은 미국배우조합 웹사이트의 문서 라이브러리에서 찾을 수 있지만, 몇 가지 주요 사항은 여기에 나열합니다.

개별 협약 극장의 예시

Children's Theatre Company— Minneapolis, MN

Disney World— Orlando, FL

Fireside Dinner Theatre— Fort Atkinson, WI

Ogunquit Playhouse— Ogunquit, ME

지역 협약 예시

베이 지역 극장Bay Area Theatres 샌프란시스코 광역 지역에 위치하고 400석 미만의 극장에서 시즌 공연을 제작하는 극장들

시카고 지역 극장Chicago Area Theatres 시카고 광역 지역에서 운영되는 엄선된 비영리 단체 그룹. 2020년 기준 회원 극장 목록은 아래와 같습니다:

16th Street Theatre	Provision Theatre Company
A Red Orchid	Remy Bumppo Theatre Company
About Face Theatre	Rivendell
American Blues Theatre	Route 66 Theatre Company
Black Ensemble Theatre	Shattered Globe Theatre
Buffalo Theatre Ensemble	Silk Road Rising
Chicago Shakespeare Theatre	Southport, LLC
Congo Square Theatre	Southport Cabaret
First Folio Theatre	Steppenwolf Theatre

The Gift

House Theatre

Hypocrites

Irish Theatre of Chicago

Lookingglass Theatre Company

Oak Park Festival

Porchlight Music Theatre Chicago

Teatro Vista

Theatre at the Center

Theatre Wit

Timeline Theatre Company

Victory Gardens Theatre

Windy City Playhouse

Writers' Theatre

전국 협약 예시

<u>청소년 극장</u>Theatre for Young Audiences(TYA) 고등학생 이하의 청소년을 위해 극작 또는 각색된 희곡이나 뮤지컬을 제작하는 극장

<u>카지노 극장</u>Casino Theatres 극장 또는 기타 공연 공간을 운영하는 카지노 또는 호텔

<u>지역 상설 극장 협의회</u>Council of Regional Stock Theatres(CORST): 매년 운영 기간에 일련의 연극을 연속적으로 제작하며 여름에만 독점적으로 운영되는 극장. 2020년 기준 회원 극단 목록은 다음과 같습니다.

Barnstormers, Tamworth, NH

Flat Rock Playhouse, Flat Rock, NC

Peninsula Players, Fish Creek, WI

Peterborough Players, Peterborough, NH

St. Michael's Playhouse, Colchester, VT

Maine State Music Theatre, Brunswick, ME

Mountain Playhouse, Jennerstown, PA

Williamstown Theatre Festival Williamstown, MA

<u>지역 극장 연합</u>League of Resident Theatres(LORT) 미국 전역의 74개 주요 비영리 극장으로 구성된 AEA 극단의 가장 큰 하위 그룹입니다. LORT 극장은 좌석 수와 지난 4년간의 평균 연간 매표소 수입을 기준으로 5개 범주(A, B+, B, C, D)로 세분됩니다.

ACT Theatre— Seattle, WA

Actors Theatre of Louisville— Louisville, KY

Alabama Shakespeare
Festival— Montgomery, AL

Alley Theatre— Houston, TX

Alliance Theatre— Atlanta, GA

American Conservatory Theater— San Francisco, CA

American Repertory Theatre— Cambridge, MA

Arden Theatre Company— Philadelphia, PA

Arena Stage— Washington, DC

Arizona Theatre Company— Tucson & Phoenix, AZ

Artists Repertory Theatre— Portland, OR

Asolo Repertory Theatre— Sarasota, FL

Baltimore Center Stage— Baltimore, MD

Barter Theatre— Abington, VA

Berkeley Repertory Theatre— Berkeley, CA

Capital Repertory Theatre— Albany, NY

Center Theatre Group- Los Angeles, CA

Cincinnati Playhouse in the Park— Cincinnati, OH

City Theatre Company— Pittsburgh, PA

Clarence Brown Theatre Company— Knoxville, TN

Cleveland Play House— Cleveland, OH

Court Theatre- Chicago, IL

Dallas Theatre Center— Dallas, TX

Delaware Theatre Company— Wilmington, DE

Denver Center Theatre Company— Denver, CO

Florida Studio Theatre— Sarasota, FL

Ford's Theatre— Washington, DC

Geffen Playhouse— Los Angeles, CA

George Street Playhouse— New Brunswick, NJ

Geva Theatre Center— Rochester, NY

Goodman Theatre— Chicago, IL

Goodspeed Musicals— East Haddam, CT

Great Lakes Theatre Festival— Cleveland, OH

Guthrie Theater— Minneapolis, MN

Hartford Stage Company— Hartford, CT

Huntington Theatre Company— Boston, MA

Indiana Repertory Theatre— Indianapolis, IN

Kansas City Repertory Theatre— Kansas City, MO

Laguna Playhouse— Laguna Beach, CA

La Jolla Playhouse— La Jolla, CA

Lincoln Center Theater— New York, NY

Long Wharf Theatre— New Haven, CT

Maltz Jupiter Theatre— Jupiter, FL

Manhattan Theatre Club— New York, NY

Marin Theatre Company— Mill Valley, CA

McCarter Theatre— Princeton, NJ

Merrimack Repertory Theatre— Lowell, MA

Milwaukee Repertory Theatre— Milwaukee, WI

Northern Stage— White River Junction, VT

Northlight Theatre— Skokie, IL

The Old Globe— San Diego, CA

Pasadena Playhouse— Pasadena, CA

People's Light— Malvern, PA

Philadelphia Theatre Company— Philadelphia, PA

Pittsburgh Public Theater— Pittsburgh, PA

Playmakers Repertory Company— Chapel Hill, NC

Portland Center Stage— Portland, OR

Commercial Theatre Portland Stage Company— Portland, ME

The Repertory Theatre of St. Louis— St. Louis, MO

Round House Theatre— Bethesda, MD

Roundabout Theatre Company— New York, NY

Seattle Repertory Theatre— Seattle, WA

Second Stage— New York, NY

Shakespeare Theatre Company— Washington, DC

Signature Theatre Company— Arlington, VA

South Coast Repertory— Costa Mesa, CA

Syracuse Stage— Syracuse, NY

Theatre For A New Audience— New York, NY

Theatreworks— Palo Alto, CA

Trinity Repertory Company— Providence, RI

Two River Theater Company— Red Bank, NJ

The Wilma Theater— Philadelphia, PA

Westport County Playhouse— Westport, CT

Yale Repertory Theatre— New Haven, CT

상업 극장

<u>프로덕션 계약</u>Production Contract 브로드웨이 극장 연합The Broadway League의 회원인 프로듀서가 관리하는 브로드웨이 극장 및 전국 투어

특별 협약

<u>객원 아티스트 협약</u>Guest Artist Agreement 교육 기관 및 비영리 커뮤니티 극장이 최대 3 명의 AEA 배우와 1명의 AEA 무대감독을 고용할 수 있도록 허용합니다.

<u>U/RTA 협약</u>U/RTA Agreement 회원 학교뿐만 아니라 조합 예술가 고용에 어려움을 겪는 비회원 학교를 포함하여 기성 극장 프로그램 또는 파트너 극장과의 작업을 허용합니다.

<u>특별 출연 협약</u>Special Appearance Agreement 뉴욕, 시카고, 로스앤젤레스와 같은 주요 도시 외곽의 200석 미만 소규모 극장이 최대 3명의 AEA 배우를 고용할 수 있도록 허용합니다.

기타 정보

미국배우조합은 조합원을 위한 풍부한 정보를 유지 관리합니다. 여기에는 구인 게시판, 서류 양식, 프로덕션의 무대감독 및 부 무대감독을 위한 정보 그리고 조합 규정에 따라 운영되지 않지만 이것으로 조합원에게 오해의 소지가 될 수 있는 현 작품 목록이 포함됩니다.

이러한 내용과 조합에 대한 자세한 내용은 www.actorsequity.org를 방문하세요.

무대감독 키트

대개의 무대감독우 리허설에 필요한 필수용품들을 모아서 디넙니다. 종종 태클 박스나 도구 상자에 보관되는 무대감독 키트는 사무용품, 응급 처치 용품, 도구 및 기타 유용한 품목이 혼합됩니다. 더 크고, 유명한 극장에서 일할 때는 이러한 품목 중 일부가 정기적으로 제공됩니다. 신입 무대감독이나 소규모 공연장에서 일하는 사람들은 '언제든 준비'하기 위해 다음 목록의 품목을 갖춥니다. 그러나, 이 모든 것을 구매해야 할 의무감은 느끼지 맙시다!

사무용품

바인더 집개	포스트잇
지우개	자
형광펜	축척자
펀치 홀 스티커	가위
1공 혹은 3공 펀치	투명 테이프
글루건	매직
서류 클립	스테이플러
연필	스테이플 제거기
펜	수정 펜

장비

CD 플레이어, MP3 플레이어 혹은 iPod(전화기와 별도)

노트북, 넷북, 혹은 태블릿 PC

휴대용 프린터

USB 드라이브

구급 용품

붕대	손톱 줄
손 세정제	안약
소독 연고	얼음찜질 팩
아스피린, 기타 진통제	티슈
위 제산제	식염수
반창고	멸균 장갑
머리핀 혹은 머리밴드	생리대
기침약	족집게
치실	

백스테이지 공구 혹은 장비

건전지	옷핀
클립 라이트	스파이크 테이프(마킹 테이프)
연장선	작은 스크루 드라이버
손전등	작은 렌치
개프 테이프Gaff Tape	스톱워치
멀티 툴	줄자
바늘과 실	
멀티 전원선	개인 헤드셋

소품 혹은 기타 물품

종	라이터 혹은 성냥
크레용 혹은 색연필	리본 혹은 끈
카드 한 벌	호루라기

응급 공지

만약 극장에 긴급 상황 발생 시 공연 중단을 위한 표준 안내 방송 지침이 없다면, 다음 예시를 참고하세요.

태풍/날씨 안내:

안녕하십니까, 잠시 안내 말씀드리겠습니다.

현재 기상 비상 상황이 발생하여 극장에서 대피해야 합니다. 관객 여러분께서는 침착하게 직원들의 안내에 따라 주변 분들과 함께 옆문으로 이동하여 지하로 내려가 주시길 바랍니다.

감사합니다.

화재 안내 방송:

안녕하십니까, 잠시 안내 말씀드리겠습니다.

현재 기술적인 문제가 발생했습니다. 안전 수칙에 따라 모든 분은 가장 가까운 출구를 통해 최대한 신속하게 극장을 나가셔야 합니다. 침착하게 직원들의 안내에 따라 주변 분들과 함께 이동해 주시길 바랍니다. 공연 관련 추가 정보는 밖에서 곧 제공될 것입니다.

감사합니다.

정전 안내 방송(무대조감독이 무대에서 진행):

안녕하십니까, 잠시 안내 말씀드리겠습니다.

현재 정전이 발생했습니다. 전원이 제시간에 복구될 수 있는지 확인 중이니 잠시 기다려 주시길 바랍니다. 추가 정보가 확보되는 대로 즉시 알려 드리겠습니다.

감사합니다.

정전 안내 방송(5분 이상 지속 시):

안녕하십니까, 안내 말씀드리겠습니다.

현재 정전이 (이 건물에만/전체 구역에) 영향을 미치는 것으로 확인되었습니다. 정전이 얼마나 지속될지 조사하는 동안, 편안하게 일어서서 다리를 뻗으셔도 좋습니다. 안내원이 로비와 화장실로 이동하는 것을 도와드릴 수 있습니다. 정전 문제의 정도를 파악하는 대로 다시 안내해 드리겠습니다.

여러분의 양해와 협조에 감사드립니다.

의료 응급 상황 안내 방송:

안녕하십니까, 잠시 안내 말씀드리겠습니다.

무대 뒤 의료 상황이 발생하여 현재 공연을 잠시 중단하고 있습니다. 혹시 객석에 의사 선생님이 계신다면 도움을 주시길 바랍니다. 로비로 나와 하우스매니저에게 신분을 알려 주시고, 다른 분들은 자리에 앉아 대기 바랍니다. 최대한 빨리 공연을 재개하도록 하겠습니다.

감사합니다.

의료 응급 상황 안내 방송(관객석):

안녕하십니까, 잠시 안내 말씀드리겠습니다.

의료 상황으로 인해 현재 공연을 잠시 중단하고 있습니다. 혹시 객석에 의사 선생님이 계신다면 도움을 주시길 바랍니다. 로비로 나와 하우스매니저에게 신분을 알려 주시고. 다른 분들은 자리에 앉아 대기 바랍니다. 최대한 빨리 공연을 재개하도록 하겠습니다.

감사합니다.

기술적 문제 안내 방송:

안녕하십니까, 잠시 안내 말씀드리겠습니다.

현재 기술적인 문제가 발생하여 공연을 잠시 중단하고 있습니다. 자리에 앉아 계시면, 추가 정보가 확보되는 대로 즉시 안내하겠습니다.

감사합니다.

기술적 문제가 신속하게 해결되지 않을 경우 안내 방송:
안녕하십니까, 다시 한번 안내 말씀드립니다.

현재 기술적 문제를 해결하기 위해 계속 노력하고 있습니다. 편의를 위해 객석 조명을 밝히겠습니다. 편안하게 일어서서 다리를 뻗으셔도 좋습니다. 00분 후에 공연을 재개할 예정입니다.

감사합니다.

기술적 문제 해결 안내 방송:
안녕하십니까. (지연 시간에 따라 "다시 한번 안내 말씀드립니다……"로 시작합니다.)

양해해 주셔서 감사합니다. 기술적 문제가 해결되어 공연을 진행할 준비가 되었습니다.

여러분의 양해와 협조에 감사드립니다.

기타 문서

이 책에서 이미 제시한 서면 의사소통 도구에 더해, 공연 제작 과정을 용이하게 하기 위한 몇 가지 추가 자료를 첨부합니다. 이러한 샘플은 연관 웹사이트에도 담겨 있습니다.

첨부 서류는 다음과 같습니다.

- 배우 및 기술 스태프를 위한 긴급 상황 정보 양식
- 어린이와 함께 작업할 때 사용할 수 있는 수정된 긴급 상황 양식
- 프로그램용 약력 정보 수집 템플릿
- 첫 리허설 날 학생 배우들에게 배포되는 정보 시트 예제

- 셋업 및 철거를 위한 무대감독 팀 체크리스트
- 대체 리허설 보고서 양식
- 긴 하루 또는 AEA 스타일 리허설을 위한 샘플 일일 호출서
- 무대감독 팀의 무대 준비에 도움이 되는 리허설 공간의 스파이크 마크 기록을 위한 표
- 여러 막의 공연을 위한 스파이크 마크용 평면도 기반 색상 주석 발췌
- 프로덕션이 다른 극장으로 이동하는 경우 사용할 기술 사항 질문지 예제
- 무대감독 및 조감독을 위한 계약서 및 프롬프트 북 목차 - 실습으로 수행하는 학생 무대감독을 위해 제가 작성했습니다(일부는 강의 계획서, 일부는 계약서로 구성).

(학과 혹은 극장 이름)

응급 의료 정보

이 정보는 개인정보 처리 규정에 따라 보호될 것이며 응급 의료 상황에만 사용될 것입니다.

일반 정보

이름: _____   성별: _____

전화번호: _____   생년월일: _____

이메일: _____

주소: _____

비상 연락처

연락할 사람: _____   관계: _____

전화번호: _____

진료를 받고 있는 질환이 있다면, 알려주세요.

_____

_____

알러지 정보(음식 포함): _____

_____

_____

처방된 약을 복용 중이거나 비 처방 약제를 복용 중이라면 알려주세요.

_____

_____

최근 중대한 수술이나 치료를 받은 적이 있다면 알려주세요.

_____

_____

_____

서명   날짜

(학과 혹은 극장 이름)

아역 배우 응급 의료 정보

이 정보는 개인정보 처리 규정에 따라 보호될 것이며 응급 의료 상황에만 사용될 것입니다.

일반 정보

이름: _____   성별: _____

전화번호: _____   생년월일: _____

이메일: _____

주소: _____

비상 연락처

1차 연락할 사람: _____   관계: _____

전화번호: _____

1차 연락할 사람: _____   관계: _____

전화번호: _____

아이가 진료를 받고 있는 질환이 있거나, 처방약 혹은 비 처방 약제를 복용 중이라면 알려주세요.

_____

_____

알려지 정보(음식 포함): _____

_____

_____

아이의 출퇴근 동행을 맡깁니다.

네   아니오   위에 적은 1차 혹은 2차 연락자만이 동행하도록 합니다.

아래 적은 사람이 연습실에서 귀가 시 동행하도록 허가합니다.

_____

_____

서명   날짜

자기 소개서

간단한 자기 소개를 3 인칭으로 작성해주시기 바랍니다.

이름: _____

_____

_____

_____

_____

_____

_____

_____

_____

_____

_____

_____

공연기본정보와 당부사항

연습장소: ○○○ 예술극장
Rehearsals: 9 월 12 일부터 10 월 7 일까지. 월요일부터 금요일 6:30–9:30pm
Tech: 10 월 10 일 ~ 12 일. 도착시간은 대략 5 시 45 분까지
Performances: 10 월 14 일~15 일, 20 일–22 일 7:30 pm. 10 월 16 일과 23 일 2:00 pm

주요 연락처:

Laurie Kincman   XXX) XXX-XXXX 사무실, (XXX) XXX-XXXX 휴대전화 (휴대전화 항시 대기!)
(SM) 의상실   (XXX) XXX-XXXX
매표소   (XXX) XXX-XXXX

당부사항:

1. 사전에 전달해 승인된 일정 외에는 모든 연습에 참여합니다. 자세한 세부 일정이 다음주 금요일 게시판에 게시될 예정입니다.

2. 매 일정 최소 10 분 전에 도착하기 바랍니다.

3. 도착 즉시 출근부에 서명하세요.

4. 지각하게 되는 경우 무대감독에게 연락하기 바랍니다. 단 2 분 늦더라도 해당됩니다.

5. 오디션 서류에 적지 않은 새로운 일정이 있을 경우 즉시 Laurie 와 상의하기 바랍니다.

6. 사전에 몸풀기가 필요하다면 연습 시작 전에 끝내기 바랍니다.

7. 극장에서 음식과 음료 취식이 불가합니다. (물은 예외)

8. 모든 의상 피팅 일정은 정시에 참여해야 합니다. 늦거나 취소가 필요한 경우 의상실에 연락바랍니다. (Joe 에게 연락이 닿지 않으면 Laurie 에게 연락주세요).

9. 의상 및 분장 디자이너 Joe Anderson 과 사전 협의 없이 이발 등 외모 변화를 주지 않습니다.

10. 연습 중에는 타인을 존중하는 의미에서 정숙하도록 합니다. 본인이 참여하지 않지만 연습실에 참석 중이라면 소음을 내지 않도록 합니다. 한참 대기해야 한다면 숙제를 하거나 책을 가져와 읽어도 좋습니다. 해당 차례가 되면 알리겠지만 스스로 챙겨야 합니다.

11. 이메일은 매일 확인바랍니다. (다른 사정이 있다면 연락주세요)

12. 매일 게시판을 확인바랍니다. 극장 사무실 복도에 오래된 게시판이 있고, 학교 홈페이지에서 온라인 버전도 찾아볼 수 있습니다. http://www.uwlax.edu/theatrecallboard

13. 연습실에는 연필을 지참하시기 바랍니다.

질문이나 요청 사항이 있다면 언제든 연락주시기 바랍니다! ☺

Laurie Kincman
무대감독
휴대전화 (XXX) XXX-XXXX
lkincman@uwlax.edu

무대감독 설치 확인 목록

☐ 무대 주변 청소와 정돈

☐ 소품 테이블 설치

☐ 소품 테이블보 설치

☐ 소품 테이블에 이름표 붙이기

☐ 소품 보관함 정돈과 이름표 정리

☐ 무대장치 및 가구 보관 구역을 정해 이름표 붙이고 테이프로 시각선 표시

☐ 상부장치 전환 작업대에 표시할 테이프 색상 확인

☐ 안전 구역 테이프 작업

☐ 발광 테이프 작업

☐ 전환등 확인

☐ 헤드셋 위치와 전선 길이 확인

☐ 퀵체인지 구역 확인

☐ 배우들과 전환수를 위한 뒷무대 대기 공간 확보

☐ 구급함 준비

☐ SM: 테크 테이블관련 장비와 위치 확인. ASM: 작업공간 조성 (보면대, 전환등, 의자 등) 및 출연자/전환수/보드 오퍼레이터 출근부 준비

☐ 사전준비목록표 준비 및 복사

☐ 전환계획표 준비 및 복사

☐ 의상관련 서류 준비 및 복사

☐ 소품 보관 목록표 준비 및 휴게실에 게시. 소품과 공연용 음식 준비

무대감독 철거 확인 목록

- ☐ 헤드셋 선정리 및 철거
- ☐ 공연 후 소품 뒷정리 (평소보다 빠르게)
- ☐ 분장실에서 의상 철수 확인
- ☐ 휴게실과 분장실에서 소품 철수 확인
- ☐ 소품 테이블에서 일회용 종이류 폐기
- ☐ 소품 테이블 원상복귀
- ☐ 안전 구역 및 보관 장소 테이프 철거
- ☐ 공연용 보관소와 준비물 철거
- ☐ SM: 무대감독 부스에서 공연용품 및 개인용품 철수
- ☐ 게시판 철거
- ☐ 전환수 출근부 회수
- ☐ ASM: 작업대에서 공연용품 및 개인용품 철수
- ☐ 연습실에 표시한 테이프 철거 확인
- ☐ 모든 공연용 알림 및 표지판 철거(분장실 포함)
- ☐ 출연자와 전환수용 의자 원상복귀
- ☐ 빌려온 식수용품과 추가 구급함, 출연자 편의용품 원상복귀
- ☐ 분장실 출연자 개인물품 철수 확인
- ☐ 휴게실 청소 확인
- ☐ 전환수 평가서 작성 혹은 작성 일정 정하기

YOUNG FRANKENSTEIN

날짜:_____   시작시간:_____   날짜:_____

지각:_____

결석:_____

손님 명단:_____

참석: Leonard, Walth, Gorman, Hart, Stoffregen, Anderson, Mompier, Gingold, Kincman, Crow, Reuss

휴식:_____(5 / 10)_____(5 / 10)_____(5 / 10)_____(5 / 10)_____(5 / 10)

장면		
시간	사건	인물

노트

소품	
장치/TD	**의상**

소품	음향

제작감독/무대감독	무대조감독	모든 스탭

출연자 노트	기타	연출

의상 피팅: 예   아니오   사전알림: 네   아니오

연습일지 전달: 예   아니오   시간: _____   지난 노트#: _____

NAME OF SHOW
Daily Schedule

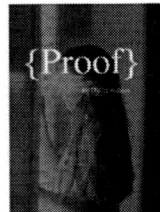

날짜:

연습시간:

출연자	1차 호출	장소	도착시간	작업 요약

Please Note:

의상 피팅

추후 변경될 수 있음

Big Fish

전환 표시 목록

Scene	Color	Measurements Onstage	Purpose (furniture, actor mark, etc.)

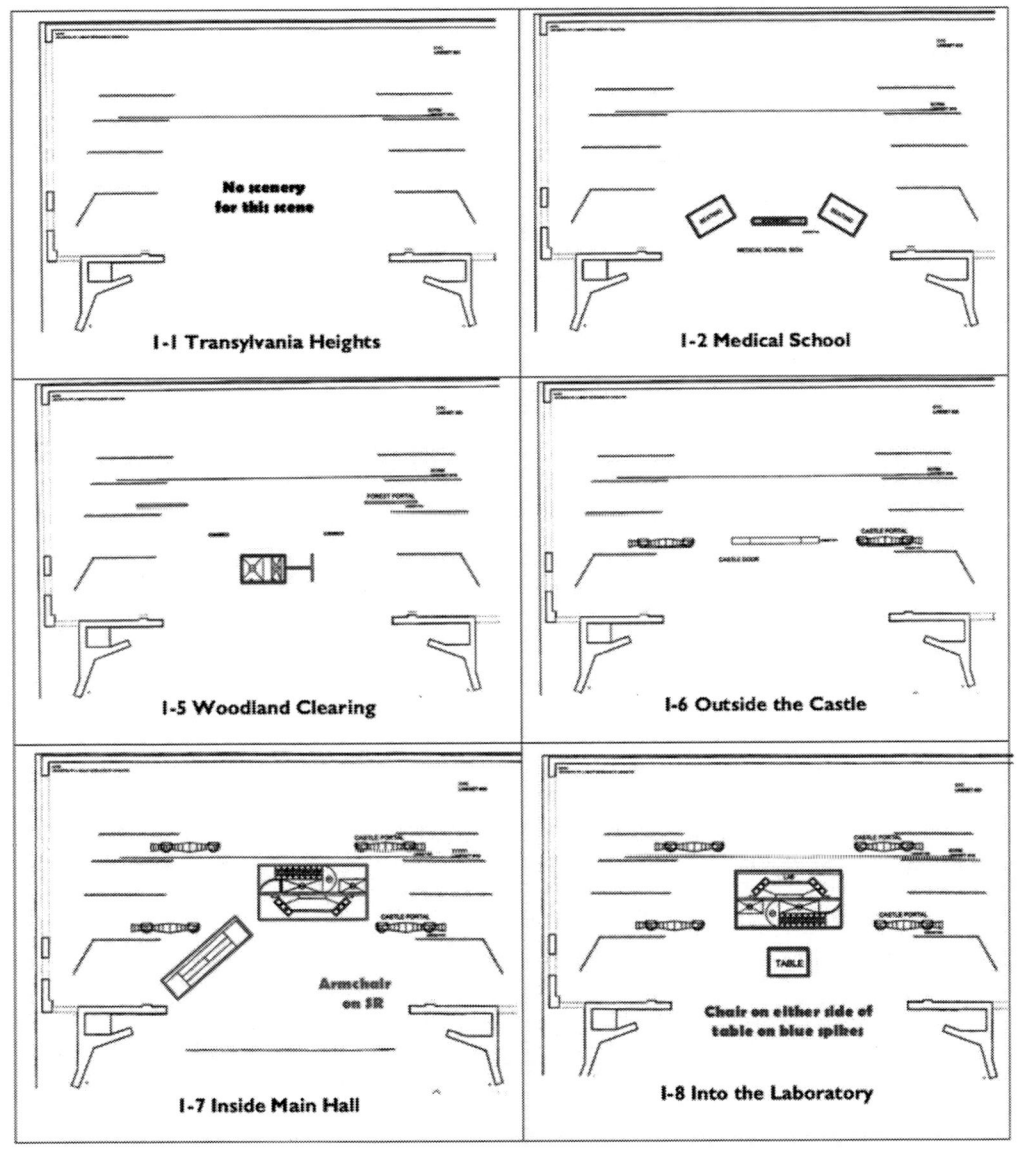

제작사 이름
기술정보 질문지

일반항목

1. 극장 이름_____
2. 담당자_____   직함_____연락처#_____
3. 객석수_____
4. 발코니_____
5. 객석 앞열 이동 객석 여부_____   손실 객석 수_____
6. 반입구_____
7. 분장실 위치_____
8. 분장실 수_____
9. 조정실 위치_____

무대

1. 프로시니엄 높이_____
2. 프로시니엄 폭_____
3. 플래스터라인에서 뒷벽까지 거리_____
4. 플래스터라인에서 마지막 장치봉까지 거리_____
5. 앞무대/에이프런 치수_____
6. 측무대 SR_____
7. 측무대 SL_____
8. 그리드 여부_____
9. 그리드 높이_____
10. 장치봉 상단 리미트 높이_____
11. 상부기계 시스템 설명(일대일 수동, 이대일 수동, 전동 등)_____
12. 크로스오버 위치_____
13. 댄스플로어 보유 여부_____   색상_____

**본 문서에 극장 평면도와 단면도 첨부바랍니다.

가림막

1. 메인 커튼. 색상?_____   작동방식(상부전환/좌우전환/둘다)_____

2. 다리막 폭과 수량_____

3. 머리막 높이와 수량_____

4. 모든 사용 가능 막 확인

   검정 활막_____   검정 스크림_____   흰 스크림_____   사이클로라마_____

   검정 전장막_____   주름막_____

   **본 문서에 상부장치 시스템 평면도 첨부바랍니다.

조명

1. 디머 종류_____

2. 디머 수량_____

3. 회로 수량_____

4. 조명 콘솔 종류_____

5. 필요시 추가 디머 설치 가능여부_____

6. 조명 콘솔 위치_____

7. 큐라이트 수량과 위치_____

   **본 문서에 조명 장비 보유목록 첨부바랍니다.
   추천 조명 설치도면이 있다면 제공바랍니다.

음향

1. 음향 콘솔 위치_____

2. 음향 콘솔 객석 설치 가능 여부_____

3. 음향 재생 장치 설명_____

4. 헤드셋과 호출 장비_____

5. 무선 마이크 보유 여부_____   장비 설명_____

   **백스테이지나 객석용 적외선 보청 시스템이나 적외선 비디오 시스템에 관한 정보가 있다면
   제공바랍니다.

무대감독 지침서
공연학과

ASSIGNMENT

이름	
작품명	학기
역할	공연장

중요 정보

	날짜		날짜
열쇠 불출		테크 서류 기한	
첫 연습		공연진행표 기한	
전환수 회의		프롬프트 북 기한	
철거		기타	
열쇠 반납 기한			

테크 서류: 전환수에게 전달하는 모든 서류. 사전준비목록표, 전환계획표, 퀵체인지계획표 등 공연진행에 필요한 서류들

공연진행표: 공연장에 도착한 순간부터 퇴근하기까지 모든 작업을 자세히 담은 문서로 공연에 여러분이 출근하지 못하는 경우 대체 인력이 작업을 이어받을 수 있도록 한다.

일반적인 요구사항

- 모든 오디션, 연습, 사전작업/무감 반입, 각종 회의와 공연에 참석한다.
- 제작 전 과정에서 모든 제작분야와 원활한 소통을 유지한다.
- 회의록과 연습일지는 분명한 어조로 제시간에 전달한다.
  - 제작회의 종료 후 48시간 안에 회의록을 전달한다.
  - 연습과 공연일지는 다음날 오전 8시 전까지 전달한다.(주말 포함)
- 긍정적이고 선제적인 태도를 갖는다.
- 좋은 조직의식과 협동의식을 유지하고 무대감독팀 내 다른 구성원을 존중한다.
- 연출, 공연제작팀, 출연자, 대역, 전환수를 존중하는 마음으로 대한다.
- 무대조감독과 책임을 나누고 필요한 업무를 완수하기 위해 지원하고 돕는다.
- 확신이 없을 때는 질문을 하거나 도움을 청한다.
- 작품의 일정과 요구사항에도 불구하고 수업에 충실해야 한다. 어려움이 예상된다면 문제가 생기기 전에 Lorie와 상의한다.

연습 시작 전

- 연출과 만나 연습 계획에 대한 정보를 얻는다.
- 무대감독 지도교수와 만나 조감독이 누군지 확인하고 연락처를 받고, 공연의 주요 일정과 행사를 확인한다.

- 출연자 연락처와 참석 일정표를 만들어 연습 첫 날 출연자들과 확인한다.
- 프롬프트북을 만들기 시작한다.
- 인물/장면분석표를 만든다. 보통 연기자 항목에 넣는다.

연습 기간 중

- 출연자관련 필요한 정보를 모으거나 작성한다.
- 연습 시작 전 30~45분 전에 도착하여 연습실을 준비한다.
- 무감 대본에 연기 동선을 표기한다.
- 의상 피팅, 인터뷰 혹은 출연자의 여타 활동의 일정을 조율한다.
- 소품 목록을 최신으로 유지하고 수정본을 해당팀과 공유한다.
- 무감팀이 대사 도움을 줄 수 있도록 준비하고 배우들이 대본 없는 연습을 시작하면 대사 노트도 기록한다.
- 무감팀과 연습 시간 외에 최소 일주일에 한 번은 따로 만나 향후 일정이나 수정, 문제점, 서류 작성 등 앞으로 다가올 일들에 대해 논의하는 시간을 가져본다. (일주일에 한 번 15분 일찍 만나거나 연습 뒤 15분 더 남아 진행한다.)
- 전환수 미팅를 구성하고 주요 노트를 담은 서류를 만든다.
- 최소 일주일에 한 번 제작팀 진행상황을 확인한다. 아마 매일 오후 5시 전에 제작소와 극장을 들러 오늘 연습에 뭐가 들어올지 확인하고 싶을 것이다.
- 진환수에게 필요한 서류 작성에 관여한다. 사전준비목록표, 전환계획표, 퀵체인지계획표 등.
- 전환수들에게 줄 모든 서류의 초안을 테크 리허설 시작 일주일 전까지 Laurie에게 제출한다.
- 테크 리허설 전 일요일 일정을 잡고 극장 준비와 필요한 서류 작업을 마무리한다.
- 테크 리허설을 시작하기 전에 대본에 모든 큐와 스탠바이 콜을 최신으로 수정한다.

공연 기간 중

- 모든 회차의 공연에 참가하고 테크 리허설 동안 준비한 모든 큐를 진행합니다.
- 개막 전에 공연진행표를 만든다.
- 개막 전에 공연과 관련된 모든 응급 절차를 숙지한다.

마지막 공연 뒤

- 철거에 참석한다.
- 여러분의 공연실습 지도교수의 요청에 따라 전환수 평가표를 작성한다.
- 철거 다음날까지 프롬프트북을 Laurie에게 제출한다.

프롬프트북 지침서

아래는 공연을 마친 후 완성될 프롬프트에 담길 내용을 열거한 것이다. 어떤 것들은(연락처와 같은) 빠질 수 없는 것들이며, 어떤 것들은 작품이나 극장에 따라 다를 수 있다. 또 공연에 따라 특별한 고려사항(아역 배우와 같은)에 주의를 기울이고 관련 서류를 만들어 작품에 담아야 할 수도 있다.

궁극적으로 여러분의 프롬프트북은 작품에 관한 여러분의 작업이 반영되어야 하며, 작업을 위한 모든 필요 정보가 담겨야 한다. 여러분에게 전달된 내용과 여러분이 만들어낸 내용이 모두 담기게 될 것이다.

조감독들은 대본에 모든 동선과 큐를 기록할 필요는 없지만, 대신 연습 중 기록한 노트들은 담겨야 한다.

- 출연자 목록
- 인물/장면분석표
- 연락처
- 배포 명단 (누가 어떤 문서를 받는지, 연습일지, 제작회의록 등)
- 일정과 달력
- 막과 장이 표시된 대본
    - 동선과 동선기호 포함 (본인의 일이 아니라면 다른 ASM으로부터 받음)
    - 대사 표현 기호 (본인의 일이 아니라면 다른 ASM으로부터 받음)
- 일지, 회의록, 다른 대화들의 복사본
- 각 분야별로 취합한 정보와 소통한 정보를 담은 묶음 (무대, 소품, 의상, 조명, 음향 등)
- 백스테이지 계획들. 예를 들어 장면전환표, 상부 전환큐 목록, 소품 전환 추적, 소품테이블 목록, 의상 퀵체인지 목록 등을 담는다. 공연 진행을 위해 만든 모든 문서를 담는다.
- 평면도
- 공연진행표 (무감은 ASM의 공연진행표 사본을 갖고 있는다)
- 응급정보와 계획
- 객석정보표 (무감에 해당)

프롬프트북은 삼공 링바인더에 담아 **각 항목별로 나누고 이름을 붙여** 보관한다. 항목으로 나뉘어 이름표가 붙은 바인더는 서점이나 문구점에서 구입할 수 있다.

철저하게 꼼꼼함이 중요하다. 재공연을 위한 기본 구조로 사용할 수 있는 기록이라고 보면 된다. 여러분이 참여할 수 없을 때 누군가 대신할 수 있도록 모든 정보를 이 한권에서 얻을 수 있어야 한다.

공연을 진행하면서 정기적으로 이 목록을 들여다보고, 이 목록의 어느 하나라도 생략되었다면 둘 중 하나일 것이다. 해당 공연에 필요가 없거나 지금이라도 만들어야 한다. 본인이 어느 경우에 해당하는지 모른다면 질문하자.

깔끔함, 분명함 그리고 철저함이 성적 평가의 기준이다.

인터넷 자료

미국배우조합— www.actorsequity.org

무대감독Network— www.smnetwork.org
무대감독 온라인 커뮤니티로 경험을 공유하고, 질문에 답을 주고, 최신 동향을 파악합니다.

Stage Write Software— www.stagewritesoftware.com
무대 위의 위치와 동선을 표로 만들어 주는 소프트웨어로서 프롬프트 대본도 만들어 줍니다. 크롬Chrome과 파이어폭스Firefox 브라우저에서 웹 기반으로 사용 가능한 버전과 아이패드 버전이 있습니다.

Cuelist— www.thecuelist.com
웹 기반 협업 도구로서 프롬프트 대본을 만들어 디자이너들과 공유하고 필요하면 PDF로 출력하여 오프라인에서도 사용이 가능합니다. 큐 목록이나 노트와 같은 대본 정보는 스프레드시트 형식으로도 볼 수 있습니다.

United States Institute for Theatre Technology— www.usitt.org
비영리 조직으로 공연 디자인, 예술 경영, 공연 제작 분야의 학생, 현장 실무자들, 교육자들이 워크숍, 출판, 연간 회의, 온라인 정보 등을 통해 교류합니다.

Kennedy Center American College Theatre Festival— www.kcactf.org
전국 공연 예술 프로그램으로 공연, 연출, 드라마터그 등 공연 제작 거의 모든 분야에서 전국의 유명한 대학에서 수천 명의 학생들이 참여합니다. 이 프로그램에서는 현장 교육의 기회를 제공하고 일련의 연간 지역 공연 축제들과 워싱턴 지역의 연간 축제를 관리합니다.

Stage Managers Association— www.stagemanagers.org

무대감독들이 결성한 전국 연합회입니다.

Stage Directors and Choreographers Society— www.sdcweb.org

미국 전역의 극장에서 일하는 전문 연출들과 안무가들의 노동조합입니다.

American Guild of Musical Artists— www.musicalartists.org

오페라 분야의 합창단과 무대감독의 노동조합입니다.

IATSE— www.iatse- intl.org

공연 기술, 영화 기술, 관련 예술가들 및 인접 분야의 국제 연맹으로 미국 본토와 영토 그리고 캐나다의 예능 산업 분야 전문 디자이너와 관련 분야 기술자들을 대변합니다.

Theatre Communications Group— www.tcg.org

미국의 전문 비영리 극장을 강화, 육성 및 홍보를 뚜렷한 사명으로 하는 비영리 조직입니다. 연례 회의 및 콘퍼런스, 특별 연구 보고서, 기타 온라인 및 대면 교육 기회를 통해 이를 수행합니다. TCG는 예술 분야에서 이용 가능한 가장 포괄적인 구인 및 인턴십 컬렉션 중 하나인 ArtSearch를 운영합니다.

ArtsJournal— www.artsjournal.com

미술 및 공연 예술 분야의 동향, 아이디어 및 관련 소식들을 담은 잡지입니다.

이 외에도 다양한 웹 자료를 본 책의 연관 홈페이지에서 찾아볼 수 있습니다.

추천 도서

예술 경영과 공연 제작

Arts Management: Uniting Artists and Audiences in the 21st Century. Ellen Rosewall. New York: Oxford University Press. 2014

The Backstage Guide to Stage Management. Third Edition. Thomas A. Kelly. New York: Back Stage Books. 2009.

The Backstage Handbook. Third Edition. Paul Carter. New York: Broadway Press. 1994. Backwards and Forwards: A Technical Manual for Reading Plays. David Ball. Illinois: Southern

Illinois University Press. 1983.

Dance Production: Design and Technology. Jeromy Hopgood. Massachusetts: Taylor and Francis- Focal Press. 2015

Designing with Light. Seventh Edition. J. Michael Gillette and Michael McNamara. New York: Taylor and Francis- Focal Press. 2020.

On Directing. Harold Clurman. New York: Fireside. 1997.

Essentials of Stage Management. Peter Maccoy. New York: Routledge Press. 2004. Fight Directing for the Theatre. J. Allen Sudduth. Portsmouth, NH: Heinemann Press. 1996. Illustrated Theatre Production Guide. Third Edition. John Holloway. Massachusetts: Taylor and Francis- Focal Press. 2014.

Producing Theatre: A Comprehensive Legal and Business Guide. Third Edition. Donald C. Farber. New Jersey: Limelight Editions. 2006.

Sound and Music for the Theatre: The Art and Technique of Design. Fourth Edition. Deena Kaye and James Lebrecht. Massachusetts: Taylor and Francis- Focal Press. 2015.

Stage Management Theory as a Guide to Practice. Narda E. Alcorn and Lisa Porter. New York/ London: Routledge Press. 2019

Stage Rigging Handbook. Third Edition. Jay O. Glerum. Illinois: Southern Illinois University Press. 2007.

The Art of Active Dramaturgy: Transforming Critical Thought Into Dramatic Action. Lenora Inez Brown. Newburyport, MA: Focus Publishing. 2011.

The Dramatic Imagination. Robert Edmond Jones. New York: Routledge Press. Latest printing 2004.

The Production Manager's Toolkit: Successful Production Management in Theatre and Performing Arts. Cary Gillett and Jay Sheehan. New York: Taylor and Francis- Focal Press. 2016.

Theatrical Design and Production: An Introduction to Scene Design and Construction, Lighting, Sound, Costume, and Makeup. Eighth Edition. J. Michael Gillette and Rich Dionne. New York: McGraw- Hill. 2020.

Working Together in Theatre: Collaboration & Leadership. Robert Cohen. New York: Palgrave Macmillan. 2011.

미주

Introduction

1. 연기자 조합의 무대감독에게 제공하는 업무 정의 요약본은 지역극장연합(LORT) Leargu of Resident Theater의 2017-2022 규정집, 공연 제작 2015-2019 규정집, 지역극단위원회(CORST) Council of Resident Stock Theatres 2018-2023 규정집에서 찾은 직무 설명 항목을 편집한 것입니다. 연기자 조합이 60가지가 넘는 계약 형식을 총괄하고 가능한 모든 분야의 전문적인 공연 단체와 관련한 규정을 관리한다는 사실 때문에, 모두에 적용할 단 한 가지 정의는 없습니다. 이 세 가지 협의서에서 정한 직무 설명에서 주요 내용만 추려 요약본을 만들었습니다.

2. Maccy, Peter. 2005. Essential of Stage Management. New York: Routledge Press. 39-40

3. Fleming, Carol A., Ph.D. 2010. It's the Way You Say It: Becoming Articulate, Well- spoken and Clear. New York & Bloomington: iUniverse, Inc. 98.

Chapter 1

4. Pease, Allan and Barbra. 2004. Pease, Allan and Barbara. 2004. The Definitive Book of Body Language. New York: Bantam Dell— A Division of Random House. 9.

5. "Examples of Body Language," Separated Parenting Access and Resource

Center, Accessed on May 21, 2012, http://www.deltabravo.net/cms/plugins/content/content.php?content.367

Chapter 2

6. Hagen, Rebecca and Kim Golombisky. 2013. White Space Is Not Your Enemy. Second Edition. Burlington, MA: Focal Press— an imprint of the Taylor and Frances Group (Routledge Publishing). 6.

7. Williams, Robin. 2008. The Non- Designer's Design Book. Third Edition. Berkeley California: Peachpit Press. 153- 160.

8. "Adobe Acrobat" Adobe Systems Incorporated, accessed May 4, 2012. http://www.adobe.com/ products/ acrobat/ acrobatpdf.html.

Chapter 3

9. Catmull, Ed. 2014. Creativity, Inc. New York: Random House. 76.

Chapter 4

10. Actors Equity Association, CORST Rulebook 2018- 2023, rule 56 (F) (2).

Chapter 5

11. Actors Equity Association, CORST Rulebook 2018- 2023, rule 53 (I) (1), as well as URTA Rulebook 2017- 2022 rule 54 (H), and LORT Rulebook 2017- 2022, rule 54 (J) (1), among others.

12. Intimacy Directors International, "About IDI," accessed November 1, 2019. https:// www.teamidi.org/ about- idi

13. Stone, Douglas, Bruce Patton, Sheila Heen. 2000. Introduction to Difficult Conversations: How to Discuss What Matters Mos t. Second Edition. New York: Penguin Books. xxix- xxx.

14. Sopel, Heather. Interview with author. January 3, 2020.

15. Cook, Cara. Interview with author. November 17, 2015.

16. Smith, Nicole. Interview with author. August 15, 2012.

17. Masterson, Quinn. Interview with author. December 13, 2015.

18. Actors Equity Association, LORT 2017- 2022 Rulebook, rule 12 (B) (2).

Chapter 6

19. Wells, Alexis. Interview with author. December 27, 2019.

20. Harris, Kristen. Interview with author. August 17, 2012.

21. Bush, Erica. Interview with author. November 27, 2015.

22. Skemp Moran, Kathryn. Interview with author. December 3, 2015.

23. Threadgill, Susan. Comments shared with Production Managers Forum (excerpted with permission). June 1, 2012

Chapter 7

24. Cook, Cara. Interview with author. November 17, 2015.

25. Wells, Alexis. Interview with author. December 27, 2019.

26. Actors Equity Association, LORT 2017- 2022 Rulebook, rule 70. Similar rules exist in most other agreements, although the number of understudies/ swings or the compensation to be received may differ.

27. Sopel, Heather. Interview with author. January 3, 2020.

Chapter 8

28. Actors Equity Association, LORT 2017- 2022 Rulebook, rule 64 F- G. Similar rules exist in most other agreements, although the amount of compensation may differ.

29. Actors Equity Association, LORT 2017- 2022 Rulebook, Rule 64 J (1)- (3). Similar rules exist in most other agreements, although the amount of compensation may differ

30. "Kennedy Center American College Theatre Festival" Accessed July 1, 2012 www. kcactf.org

Chapter 9

31. Wells, Alexis. Interview with author. December 27, 2019.

32. Masterson, Quinn. Interview with author. December 13, 2015.

33. Franklin, Al. Comments shared with Production Managers Forum (excerpted with per- mission). June 1, 2012.

문서 작성

The Non- Designers Design Book. Third Edition. Robin Williams. Berkeley CA: Peachtree Press. 2008.

The Practical Guide to Information Design. Ronnie Lipton. New Jersey: John Wiley & Sons, Inc. 2007.

Thinking with Type. Second Edition. Ellen Lupton. New York: Princeton Archi tectural Press. 2010.

White Space Is Not Your Enemy. Third Edition. Kim Golombisky & Rebecca Hagen. Massachusetts: Focal Press. 2017.

소통과 리더십

Being Wrong: Adventures in the Margin of Error. Kathyrn Schulz. New York: HarperCollins Publishers. 2010.

Creativity, Inc.: Overcoming the Unseen Forces That Stand in the Way of True Inspiration. Ed Catmull. New York: Random House LLC. 2014

Difficult Conversations: How to Discuss What Matters Most. Second Edition. Douglas Stone, Bruce Patton, and Sheila Heen. New York: Penguin Books. 2010.

Invisibles: The Power of Anonymous Work in an Age of Relentless Self- Promotion. David Zweig. New York: Portfolio/ Penguin Publishers. 2014.

It's the Way You Say It: Becoming Articulate, Well- Spoken and Clear. Carol A. Fleming. New York: iUniverse. 2010.

Leadership in the Performing Arts. Tobie Stein. New York: Allworth Press. 2016.

On Managing People. Boston, MA: Harvard Business Review Press. 2011

The Silent Language of Leaders: How Body Language Can Help or Hurt How You Lead. Carol Kinsey Goman. San Francisco, CA: Jossey- Bass Publishers. 2011.

Winnie the Pooh on Problem Solving. Roger E. Allen and Stephen D. Allen. New York: Dutton Press. 1995.

공연 제작 크레딧

이 책 전반에 걸쳐 사용된 예제는 워싱턴 라크로스 대학 공연예술학과(학장 조 앤더슨 Joe Anderson)의 여러 작품에서 가져온 것입니다. 별도의 노트가 없는 한, 모든 작품의 문서들과 이미지는 무대감독이자 본서의 저자인 로리 킨크만이 만들었습니다.

Twelfth Night
연출 Walter Elder
무대디자인 Mandy Kolbe
의상디자인 Michelle Collyar
조명디자인 Nick Mompier
기술감독 Ron Stoffregen
무대조감독— Cara Cook, Melissa Heller, Quinn Masterson

Big Fish
연출 Mary Leonard
무대디자인 Megan Morey
의상디자인 Joe Anderson
조명디자인 Hideaki Tsutsui
영상디자인 Ben Golden
음향디자인 Alex Bauerly
기술감독 Megan Morey

무대조감독— Rachel Krause, Sydney Smith

Chicago
연출 Mary Leonard

무대디자인 Ron Stoffregen

의상디자인 Joe Anderson

조명디자인 Derrick Falkowski

기술감독 Ron Stoffregen

무대조감독— Lauren Gingold, Lydia Runge

Proof
연출 Walter Elder

무대디자인 Ron Stoffregen

의상디자인 Ali Filipovich

조명디자인 Derrick Falkowski

기술감독 Megan Morey

무대조감독— Christine Stein

The Farnsworth Invention
연출 Mary Leonard

무대디자인 Mandy Kolbe

의상디자인 Joe Anderson

조명디자인 Brent Bankes

기술감독 Ron Stoffregen

무대조감독— Rachel Holtz, Scott Jenks

Urinetown
연출 Mary Leonard

무대디자인 Victoria Halverson

의상디자인 Joe Anderson

조명디자인 Mandy Hart & Andrew Appold

기술감독 Ron Stoffregen

무대조감독— Shelby Krarup, Erica Perrin

Young Frankenstein

연출 Mary Leonard

무대디자인 Mandy Kolbe

의상디자인 Joe Anderson

조명디자인 Nick Mompier

기술감독 Ron Stoffregen

무대조감독— Teahlyn Crow, Joe Reuss

Little Shop of Horrors

연출 Mary Leonard

무대디자인 Mandy Kolbe

의상디자인 Joe Anderson

조명디자인 Chad Kolbe

기술감독 Ron Stoffregen

무대조감독— Lauren Gingold, Melissa Heller, Shelby Krarup

The Tempest

연출 Walter Elder

무대디자인 Megan Morey

의상디자인 Michelle Collyar

조명디자인 Mandy Kolbe

기술감독 Grayson Bush

무대감독팀— Quinn Masterson, Lydia Runge, Tyler Kachel

**이 작품은 책의 표지 이미지로 사용되었습니다.

용어

배우 핸드북 Actor Packet　연습 첫날 배우들에게 나누어 주는 서류 묶음으로 일정과 제출해야 할 서류 양식들이 담겨 있습니다. 웰컴 패킷welcome packet이라고도 부릅니다.

무대조감독Assistant Stage Manager　연극이나 뮤지컬 공연의 무대 뒤에서 기술 요소들을 정리하고 관리하는 보조 무대감독.

보조 페이지 Backing Page　프롬프트 대본의 각 페이지의 맞은편 페이지로 동선과 여러 노트를 적습니다. 어떤 무대감독은 이 페이지를 동선 페이지라고 부르거나 복사한 대본 뒷면을 사용하지 않고 모서리를 잘라 낸 종이를 끼워 사용하는 경우에는 삽입 페이지slip sheet라고 부릅니다.

동선 기호 Blocking Key　무대감독이 프롬프트 대본에 동선을 기록할 때 사용하는 모든 기호와 약어를 모아 놓은 표.

동선Blocking　무대감독이 대본에 기록하는 무대 위, 주변, 밖 배우들의 움직임.

몸짓 언어 Body Language　자세, 손짓, 표정 등으로 이루어진 비언어적 의사소통.

보강 연습 Brush Up Rehearsal　공연 오픈 후 동선, 안무, 격투 혹은 음악의 특정 부분을 다듬거나 수정하려고 할 때 소집하는 짧은 연습. 학교에서는 공연 없이 여러 날 쉬었을 때 남은 공연을 준비하기 위해 전체 연습으로 진행하기도 합니다.

2차 오디션 Callbacks　연출이 골라낸 배우들을 보는 오디션 두 번째 단계로, 보통 작품의 구체적인 부분의 대사를 읽거나 노래를 부릅니다.

게시판Callboard　무대감독이 공연 관련 정보를 게시하는 중앙 정보 판으로, 극장에 실제로 있는 것이거나, 온라인에 게시된 것입니다.

중심선Center Line　무대를 왼쪽 오른쪽으로 나누는 가상선. 평면도를 읽을 때 Y축으로 사용하기도 합니다.

인물/장면분석표 Character/Scene Breakdown　연극이나 뮤지컬 한 작품 전체에 걸쳐 어느 배우가 등장하는지 또 여러 역을 맡는 경우 어떤 역을 연기하는지 페이지를 기록한 표.

코러스Chorus 뮤지컬의 앙상블 배우. 대사로만 구성된 대본 장면에 나올 수도 있지만, 보통 노래나 춤으로 등장합니다.

조합사전회의Company Business Meeting 연기자 조합이 참여하는 작품의 첫 연습 날 진행 일정으로 조합 대표를 뽑고, 연습 시간에 관한 사항과 연습 간 휴식 시간에 관한 사항을 투표로 정합니다. 조합원만 참석합니다.

소모품Consumable 작품에서 매일 쓰고 없어져 채워야 하는 소품. 먹어야 하는 음식이나 찢거나 망가뜨려야 하는 것처럼 매일 써야 하는 것도 있고, 몇 번의 공연에서 사용하면 닳아 정기적으로 바꿔야 하는 편지와 같은 종이 소품도 있습니다.

의상 피팅 Costume Fitting 연기자들이 의상디자이너와 의상 제작자들과 만나는 미팅으로 여기에서 여러 옷을 입어 보며 의상의 수정 사항을 확인합니다.

큐Cue (1차 정의) 한 작품에서 조명, 음향, 무대 전환의 개별 효과. 무대감독은 하나에서 다른 것으로 변하는 그 순간을 콜링call합니다.

큐(2차 정의) 배우에게 전달하는 시각 신호 혹은 구두 신호를 말하여 등장과 대사의 타이밍을 가리키는 신호입니다.

큐라이트Cue Light 무대 뒤에 설치된 조명으로, 무대감독이 조정하는 작은 제어 박스에 연결되어 배우의 등장이나 기술 효과에 신호를 줍니다. 큐라이트는 헤드셋을 통해 말로 전달하기 어렵거나, 배우가 무대 위 상황을 쉽게 보고 들을 수 없을 때 사용합니다. 이 조명을 켜서 해당 배우에게 준비를 알리고 끄면 실행하라는 신호입니다.

사이클로라마Cyclorama 사이크cyc라고도 부르며, 무대 전체를 가로지르는 밝은색의 배경막으로 특정 조명을 이용해 비추며 장면의 장소성(하늘)이나 감정(분노하는 장면에서 붉은색)의 표현을 돕습니다.

일일 알림 Daily Call 작업 분량과 연습이나 공연, 피팅 혹은 홍보에 배우들이 참석해야 하는 시간 등을 담은 다음 날 연습 일정 알림.

댄스 캡틴 Dance Captain 안무 연습을 돕고 공연 중 안무를 유지하도록 돕는 뮤지컬의 출연진.

조합 대표 Deputy Equity 조합원으로 구성된 출연진 중에서 동료 배우들이 선출한 대표자로, 공연 중 노조 규정이 준수되는지 감독하며, 위반 사항이나 불일치가 발생할 경우 이를 보고하는 역할을 합니다.

방언 코치 Dialect Coach 프로덕션 팀의 일원으로, 배우들이 무대에서 사용하는 억양, 방언 또는 외국어를 돕기 위해 개별 배우들을 돕습니다.

배포 목록 Distribution List   무대감독이 특정 범주의 프로덕션 문서를 보낼 대상자 목록입니다. 이름은 문서의 주제에 따라 배포 혹은 수정 빈도에 따라 자주 변경합니다.

문서 디자인 Document Design   문서의 형식과 배치를 고려하여 정보의 접근성을 극대화함으로써 문서에 구조를 제공하는 과정입니다.

드라마터그Dramaturg   연출가, 디자이너, 배우 및 관객이 대본과 그 주변의 맥락을 이해하도록 돕기 위해 연구 및 분석에 중점을 두는 프로덕션 팀원입니다.

감성 지능 Emotional Intelligence   자신과 타인의 감정을 인식하고 이해하며, 공감하고, 문제에 직면했을 때 회복력을 발휘하고, 관계 형성에 성공할 수 있도록 감정을 관리하는 능력입니다.

격투 연습 Fight Call   공연 30분 전 안전과 정확성을 위해 무술감독과 무대감독이 진행하는 연극 내 격투 장면에 대한 간단한 점검 연습.

전투 캡틴 Fight Captain   격투 안무 연습을 돕고 공연 중 안무를 유지하도록 돕는 연극 또는 뮤지컬 출연진.

프렌치 신 French Scene   1막, 2막 등과 같이 전형적으로 나누는 대신, 연극의 막 안에서 비공식적으로 세분된 장면. 프렌치 신은 주요 인물의 등장이나 퇴장 또는 줄거리나 무대 분위기의 중대한 변화에 따라 장면을 구분합니다.

주어진 상황 Given Circumstances   대본 분석 관점으로는 연극이 시작될 때의 설정과 주어진 정보, 공연 제작 관점에서는 변경될 가능성이 낮은 공연장과 제작진의 조건을 말합니다.

평면도Groundplan   무대의 축척 도면으로, 극장 자체의 건축물(벽, 계단, 문 등)도 포함하여 위에서 본 모습을 보여 줍니다.

30분 전 Half Hour   공연 시작 30분 전. AEA 프로덕션에서는 배우들이 안전 점검이나 추가 의상 준비를 위해 일찍 출근하지 않는 한 보통 극장에 도착해야 하는 시간입니다.

하우스매니저House Manager   관객과 그들의 안전을 관리하는 직원.

혼합 대본 페이지 Hybrid Script Page   대본과 악보의 일부를 모두 포함하는 뮤지컬 무대감독의 프롬프트 대본 페이지.

인티머시 디렉터 Intimacy Director   무대 위 배우 간의 성적인 장면 및 기타 민감한 장면의 안무를 돕고, 일관성, 동의 및 편안함을 보장하는 절차를 수립하는 제작팀원.

렉시콘Lexicon   셰익스피어 전용 참고 도서로, 발음, 정의 그리고 특정 단어나 구절이 등장하는 여러 희곡 내 위치의 목록도 담습니다.

리브레토Libretto   뮤지컬 대본으로, 모든 대사와 가사가 있지만 음악은 포함하지 않습니다.

대사 노트 Line Notes   배우의 정확한 대본 암기를 돕기 위해 무대감독 팀이 작성한 대사나 표현의 오류를 적은 전자 노트 혹은 출력본.

라인 세트 Line Set   조명 기구 또는 무대 장치를 매달 수 있는 장치봉에 부착된 개별 로프 시스템. 극장의 모든 라인 세트는 플라이 레일fly rail이라고 하는 가로 파이프 또는 레일을 따라 배치됩니다. 일부 극장에서는 플라이 레일이 지면에 있고 어떤 극장에서는 더 높은 곳에 있습니다.

셋업Load-in   무대 장치가 극장으로 이동하는 기간으로, 그 후 무대감독 팀은 무대 장치, 소품 및 의상의 무대 뒤 위치를 결정하고 구성하는 데 도움을 줍니다.

모형Model   무대 장치의 3D 축척 버전.

뮤지컬 스테이징 Musical Staging   일반 안무보다 덜 격렬하고 느슨한 타이밍의 유연한 움직임.

페이지 방향 Page Orientation   높이 또는 너비 중 가장 큰 값에 따라 가로보기, 세로보기로 정해지는 문서의 방향.

페이퍼 테크 Paper Tech   첫 번째 리허설을 하기 전에 프로덕션의 연출가, 무대감독 및 디자이너가 만나 기술적인 큐의 배치를 구두로 논의하는 회의.

공연 일지 Performance Report   결석, 병가, 기술적 문제 및 실내 온도나 관객 규모와 같이 극장에서 요청한 기타 세부 사항을 기록하여 당일 공연이 끝나면 제작팀에 보내는 보고서.

플래스터 라인 Plaster Line   프로시니엄 아치의 무대 안쪽 벽을 따라 가로지른 가상선. 평면도를 측정할 때 X축으로 사용합니다.

합평회Post Mortem   공연에 참여한 인원이 모여 이룬 것들과 남은 과제를 되돌아보는 최종 회의.

프리 프로덕션 Pre-production   연습 시작 전 기간으로, 무대감독 팀이 사전 서류 작업을 완료하고, 연습 공간을 준비하고, 초기 회의에 참석합니다. 많은 AEA 계약에서 이것을 준비 주prep week라고 합니다.

프리뷰Preview   연극 또는 뮤지컬에서 연습 기간 마지막 날 또는 몇 주 동안 진행하는 공연. 관객 반응을 기반으로 수정해 일반적인 리허설도 진행합니다.

주연 배우 Principal Actor   연극이나 뮤지컬의 주연 배우로, 이야기에서 중심적인 역할을 하고 일반적으로 상당한 양의 대사를 소화하거나 노래를 부릅니다.

제작자Producer   공연 제작에 재정적 지원을 제공하는 사람 또는 팀.

제작 회의 Production Meeting   연출가, 디자이너, 무대감독 및 기술팀장들이 제작 관련 회의를 하며, 연습 기간이나 제작 기간에 정기적으로 열립니다.

프로덕션 무대감독 Production Stage Manager   일반적으로 예산 관리, 인턴 채용 또는 다음 장소를 위한 투어 준비와 같은 추가적인 관리 업무를 맡은 무대감독.

프롬프트 북 Prompt Book   공연 대본과 무대감독이 작성한 서류가 포함된 대형 바인더.

프롬프트 대본 Prompt Script   무대감독이 배우의 동선과 호출할 큐를 기록한 확장판 공연 대본.

소품Prop   대본에 적힌 배우가 무대에서 다루는 물건. 책, 꽃다발, 커피 한 잔 또는 기타 여러 품목입니다. 여러 극장에서 가구와 세트 장식도 소품으로 간주합니다.

재사용Pulling from Stock   개별 작품을 위해 제작하거나 구매한 품목들과 다르게, 극장이 소유해서 보관하는 소품, 가구 또는 의상 품목을 가져오는 것입니다.

대역 투입 리허설 Put-in Rehearsal   대역 배우가 무대에 오르기 전 주요 배우 및 대부분의 공연 요소와 함께 무대에서 볼 수 있는 기회를 주는 리허설.

퀵 체인지 Quick Change   보통 1분 안에 배우가 의상을 갈아입는 것을 말하며, 의상 팀의 도움이 필요합니다.

낭독Read-through   테이블에 앉아 배우들이 소리 내어 대사를 읽어 보는 공연의 첫 번째 리허설.

연습 번호 Rehearsal Numbers   각 곡의 음악적인 주요 변경 사항을 표시한 뮤지컬 악보의 마디 번호. 번호는 일반적으로 다른 마디 번호보다 크고 테두리 상자에 넣어 더 눈에 띕니다.

연습 일지 Rehearsal Report   연습이 끝날 때마다 제작팀에 보내는 보고서로, 세부 일정을 문서화하고, 수정 사항을 제공하며, 연습실에서 진행되는 작업과 관련하여 각 공연 요소에 대한 질문도 적습니다.

재공연Remount   정식 공연이 종료된 후 연극 또는 뮤지컬을 다시 무대에 올리는 것.

컬러 스케치 Rendering   개별 의상 또는 무대 장치의 풀 컬러 그림.

수정 대본 Replacement Pages   연극 또는 뮤지컬의 첫 공연 제작 중 극작가가 수정한 대본 페이지.

런 스루 Runthrough   연습실에서 작품 전체를 중단 없이 시연하는 것으로, 대본에 표시된 인터미션 지점에서만 휴식을 취합니다.

축척Scale　도면 선의 길이와 실제 측정값 사이 고정된 비율로, 큰 물체와 공간을 훨씬 작은 종이에 표현할 수 있도록 사용됩니다. 예를 들어, 1/2인치 축척은 도면에서 측정된 1/2인치가 실제 1피트에 해당한다는 것을 나타냅니다. 일반적으로 사용하는 비율이 미리 인쇄된 특수 자를 사용하여 도면을 측정하고 더 쉽게 계산합니다. 미국에서 건축가 축척architect's scale은 이런 비율을 미국식(영국식) 측정 단위로 표시하는 반면, 엔지니어 축척engineer's scale은 미터법을 사용하여 표시합니다.

장면 전환 Scene Shift　연극 또는 뮤지컬에서 장면 사이에 무대 장치나 가구의 이동 혹은 소품을 설치하거나 이동하는 것.

악보Score　뮤지컬 대본으로, 노래 시작 전 가사와 주요 대사를 포함하여 보컬리스트와 연주자를 위한 모든 음악적인 세부 내용이 포함되지만, 무대 위 대사에 대한 다른 정보는 없습니다.

단면도Section　중심선을 지나는 가상 평면에 걸쳐 나타난 극장 공연 요소의 축척 도면으로, 무대 장치, 조명 파이프, 그리드 및 기타 건축 요소의 상대적 높이를 보여 줍니다.

오디션 대본 Sides　오디션 과정에서 배우가 읽는 발췌 대본.

시각선Sightline　객석의 특정 좌석에서 보이는 무대의 범위를 표현한 선으로, 일반적으로 객석의 가장 바깥쪽에 위치하며, 무대의 어느 부분이 시야에서 가려지는지 확인하는 데 사용됩니다. 또한 시각선은 무대 뒤에서 배우가 입장을 기다릴 때 관객의 시야에서 벗어나기 위해 서야 하는 위치와 범위를 나타냅니다.

특수 효과 Special Effect　작품에서 안개, 불꽃, 섬광 조명 등 "연극적 마술"을 사용하는 것.

스파이크Spike　무대 바닥에 테이프로 만든 표시로, 배우가 서야 할 위치 또는 가구를 놓아야 할 위치를 나타냅니다.

장면 분할 페이지 Split Page　한 장면이 끝나고 다른 장면이 시작되는 대본 페이지.

무대감독Stage Manager　연극 또는 뮤지컬의 주요 관리자로, 보통 동선 기록 및 큐 콜링(공연 진행)에 대한 주요 책임을 맡습니다.

대기Standby (**첫 번째 정의**)　무대감독이 보드 오퍼레이터 및 기타 전환수에게 다가오는 큐 또는 큐 그룹을 경고하기 위해 구두 또는 큐라이트로 전달하는 경고.

대기Standby (**두 번째 정의**)　공연에서 주역 중 하나의 대역만 맡고 그 외에 다른 역을 맡지 않는 배우.

철거Strike   연극 또는 뮤지컬의 마지막 공연 후 극장에 설치한 공연 요소를 제거하는 것.

스윙Swing   여러 배우의 대역을 맡는 배우로, 자신의 성별에 맞는 여러(또는 모든) 코러스 단원의 역할을 배우고 이 중 한 명을 커버하도록 준비합니다. 커버하는 역할 그룹을 트랙track이라고 합니다.

테이블 작업 Table work   배우와 연출가가 대본의 주제와 등장인물의 대사를 이해하는 데 집중하는 리허설 단계.

테크 리허설 Tech Rehearsal   공연의 기술적인 요소들이 하나로 통합되는 하루 이상의 리허설.

삼각법Triangulation   두 개의 임의의 고정점을 기준으로 평면도의 거리를 측정하고 테이프를 붙여 표시하는 방법으로 중심선과 플래스터 라인을 사용하는 프로시니엄 극장이 아닌 곳에서 사용합니다.

대역Understudy   주연 배우가 질병, 부상 또는 결석으로 인해 출연할 수 없는 경우 다른 배우의 역할을 배워 내신 출연힐 준비가 된 출언진.

조합Union   임금, 안전 조건 및 기타 직업 관련 요구 사항을 관철하기 위해 조직을 구성하고 단체 교섭을 진행하는 노동자 협회.

객석 통로 Vom   보미토리움Vomitorium의 약자로, 돌출 무대 또는 블랙박스 극장의 객석 사이의 통로로, 배우와 관객의 출입용으로 사용합니다. 이 용어와 건축적 특징은 모두 로마 원형 극장에서 처음 발견되었습니다.

여백White Space   문서의 공간으로 많은 정보나 세부 내용에 압도되지 않도록 독자의 눈이 쉴 수 있는 공간을 제공합니다.

근무 주 Workweek   리허설과 공연할 수 있는 주당 작업 일수. AEA 계약에 따라 근무하는 경우 일수가 정해지며 때에 따라 휴무일도 지정됩니다.

저자 약력

로리 킨크만LAURIE KINCMAN은 위스콘신 라 크로스 대학의 공연예술 학과의 부교수이며, 학부의 무대감독 전공과 예술경영 전공의 학과장을 맡았으며 학과의 제작감독과 학교의 연간 축제 감독을 겸하고 있다. 무대감독과 제작감독의 현장 경력으로는 올드 글로브 극장Old Globe Theatre, 말라샥 무용단Malashock Dance & Company, LA 셰익스피어 축제Shakespeare Festival/ LA, 퍼시픽 오페라단Opera Pacific, 캘리포니아 발레단 the California Ballet Company, 미국무대축제American Stage Festival 그리고 안무가 제시카 이완슨Jessica Iwanson 과 도널드 맥카일Donald McKayle 등을 포함한다.

저자는 다트머스 대학Dartmouth College에서 연극과 정치학으로 학사BA 학위를 받았고 캘리포니아 대학the University of California, Irvine에서 석사MFA 학위를 취득했다. KPBS-TV 드라마 「집시의 아내The Gypsy's Wife」로 태평양 남서부 지역 에미상Emmy Award 조명감독 상을 수상했다. 미국무대기술학회the United States Institute for Theatre Technology, 제작감독 포럼the Production Managers Forum, 무대감독협회the Stage Managers Association, 예술경영 교육자협회the Association for Arts Administration Educators 그리고 미국배우조합Actors' Equity Association의 회원이기도 하다.

역자 약력

어경준은 한양대 연극영화학과에서 영화를 전공하였다. 무대 제작 프리랜서, 무대 제작소 개인 사업, 학생 무대제작을 지도하는 예술감독을 거쳐, 미국으로 건너가 Yale School of Drama에서 Technical Design and Production(무대기술)으로 석사과정 (MFA)을 마쳤다. 귀국 후 용인대, 서울예술대, 상명대, 청강대, 한양대, 중앙대, 한예종, 아르코 예술인력개발원 등에서 무대기술 관련 강의, 무대예술전문인 검정위원회 검정위원, 공연장 건립 관련 기술 자문 등의 활동과 더불어 무용, 뮤지컬, 오페라, 연극 등 다양한 공연 분야에서 기술감독으로 활동하고 있으며, 현재 한국예술종합학교 연극원 무대미술과에서 부교수로 근무하고 있으며, 급변하는 공연 산업과 심각한 환경 문제 등에 대응할 무대기술 교육을 연구 중이다.